本著作系国家社科基金教育学青年课题"'创新驱动'战略下教育与社会互动机制研究"(CAA130118)资助成果

创新创业教育生态系统研究丛书

主编 王志强

"创新驱动"战略下高等教育
与社会互动机制研究

——基于大学变革的视角

王志强　卓泽林◎著

中国社会科学出版社

图书在版编目（CIP）数据

"创新驱动"战略下高等教育与社会互动机制研究：基于大学变革的视角/王志强，卓泽林著．—北京：中国社会科学出版社，2016.12

（创新创业教育生态系统研究丛书）

ISBN 978 - 7 - 5161 - 9522 - 2

Ⅰ.①创…　Ⅱ.①王…　②卓…　Ⅲ.①高等教育—教育改革—研究　Ⅳ.①G642.0

中国版本图书馆 CIP 数据核字（2016）第 326820 号

出 版 人	赵剑英
责任编辑	王　曦
责任校对	周晓东
责任印制	戴　宽

出　　版	中国社会科学出版社
社　　址	北京鼓楼西大街甲 158 号
邮　　编	100720
网　　址	http：//www.csspw.cn
发 行 部	010 - 84083685
门 市 部	010 - 84029450
经　　销	新华书店及其他书店

印刷装订	北京君升印刷有限公司
版　　次	2016 年 12 月第 1 版
印　　次	2016 年 12 月第 1 次印刷

开　　本	710×1000　1/16
印　　张	22
插　　页	2
字　　数	361 千字
定　　价	99.00 元

《创新创业教育生态系统研究丛书》总序

  大学，作为有着上千年历史的知识型组织，其内在理念和表现形态已经发生了多重嬗变：从以培养人才、传承文化为使命的古典大学到洪堡时代的教学与研究相结合的大学，再到致力于服务社会的"威斯康星理念"，到第二次世界大战结束之后以美国西部斯坦福大学等为代表的创新创业型大学的崛起和加州大学系统的"多元巨型大学"，直至今天全球大学的出现……大学在不同时代中理念变化与功能扩展的历史过程，同样也是大学从封闭走向开放、从精英走向大众、从传统走向未来的历程。大学作为教育机构，其不变的使命是培养人才，但经济社会的发展又赋予大学越来越多的使命和功能。今天，大学已经成为构造区域/国家创新创业生态系统的基础性和制度性的主体之一。在这一多元主体协同合作、"知识—技术—市场"多维聚合、全球化扩张与区域化特色发展共行的过程中，大学应该通过何种变革来融入更广阔的创新创业生态系统之中？大学变革所遵循的理念逻辑及现实路径又是如何表现的？王志强教授主编的《创新创业教育生态系统研究丛书》以广阔的研究视野、具有一定深度的理论创建和来自多年实践的探索，试图为我们寻找出上述问题的答案。

  首先，该丛书深度阐释了"创新驱动发展"阶段社会经济变革的趋势以及大学所面临的种种挑战，提出了大学变革的三重维度。"创新驱动发展战略"是党和国家顺应时代发展趋势和我国经济社会转型需求所提出的重大国家战略，这一发展战略描绘了我国中长期社会变革和经济转型的核心领域与关键特征。王志强教授认为，"'创新驱动'的社会必然是一个从封闭的创新链到开放的创新生态系统、从分布式创新到集群式创新、从层级组织到蜂巢组织的多维度变革体系"，具体到大学这一社会组织体之中，推动其变革的内在理论逻辑来自知识生产模式演进的新变化，即知识生产模式从所谓的"大学—企业—政府"三螺旋系统发展为

"大学—企业—政府—公民"的模式 3 网络。王志强博士这一理论上的分析准确地判断了大学等教育机构构建创新创业生态系统的逻辑起点。在此基础之上,他提出了"创新驱动"阶段我国大学变革的三重维度:在理念维度,大学必须从既有的经济话语体系回归到作为知识主体的学习话语体系;在结构维度上,大学要完成从知识创造主体向知识扩散主体的身份转型;在制度维度上,促进大学创新的外部规范与引导是关键的制度性安排。

其次,在全球视野之中考察世界各发达国家和地区大学参与构造创新创业生态系统的主要路径与政策支持体系。《国务院关于大力推进大众创业万众创新若干政策措施的意见》中明确提出要"构建创业生态,建设创业创新平台"。《创新创业教育生态系统研究丛书》在大范围比较研究的基础之上,对美国、欧盟、英国等国家和地区的创新创业教育生态系统结构与功能进行了完整的理论分析,以大学在生态系统中主体功能建构为主线,从创新创业文化培育、师生共创的创新创业活动、基于技术转移的知识创新创业制度、产学研协同创新机制等不同维度分析了大学内部创新创业教育生态系统的关键领域及主要特征,特别是对近几年来大学内部出现的创客教育、STEMA 教育的价值内涵进行了深度剖析,完善了创新创业教育的理论基础。

王志强教授对创新创业时代大学变革的研究进行了诸多富有洞见的思考,进行了既具有理论创新又体现全球视野和本土实践特色的研究探索,作为一名高等教育领域的研究者,既有着扎实的学术基础和广博的研究视野,又在指导和孵化大学生创新创业项目上有着多年经验,同时还负责全校层面创新创业教育体系的实施,这些优势的集合使得他的成果能够很好地将学术性与思想性、理论性与实践性有机结合在一起,这对于一名年轻的教育研究者来讲,实属可贵。我希望他能够锲而不舍、砥砺前行,在未来的学术研究道路中做出更多高质量、有影响力的学术成果。

是为序。

国家教育咨询委员会委员

中国高等教育学会会长

瞿振元

2016 年 12 月

序

今天，我们正深处变革的社会！在全球急剧变革的时代背景下，大学将扮演怎样的角色？大学如何通过不断地创新来推动经济的转型与社会的发展？大学又将如何持续地推动自身地组织变革从而更加适应这个充满活力的世界？大学又如何使学生应对充满创新的社会？在过去的十年中，我们看到了以一流大学为知识核心的区域创新创业集群的产生与繁荣。世界主要发达国家和地区的大学无不深度介入本地区，乃至全球层面的技术创新、知识创新、组织创新、文化创新。大学不仅为社会提供了具有创造潜质的优秀毕业生，也深刻地改变了知识生产的模式。

创新驱动的本质是指依靠自主创新，充分发挥科技对经济社会的支撑和引领作用，大幅提高科技进步对经济的贡献率，实现经济社会全面协调可持续发展和综合国力不断提升。无论从国家层面来讲，还是从科技组织层面来讲，实施创新驱动发展战略意义深远。创新的源头，一是大学和科学院的科学新发现所产生的原创性创新成果；二是引进先进技术，并能消化吸收并进行创新。同时，创新驱动经济发展是针对全社会而言的，不只是企业的新发明转化为新技术，更重要的是全社会推广和扩散。创新驱动的内容是以产业创新形成新型产业体系，以科技创新形成完备的技术创新体系，以产品创新形成新市场和经济增长点，以制度创新为经济发展方式提供保障，以战略创新形成协同创新体系。我国创新驱动重点应是自主创新，可以是原始创新、集成创新，也或者是引进消化吸收创新。创新驱动内容围绕科技创新和国家创新的制度展开，通过科教兴国和人才强国，为创新型经济提供创新人才。

今天，中国正处在经济社会转型发展的关键阶段。大学作为高等教育机构的重要组成，其基本职能从最早的传授经典文化知识、学者的自治共同体，到柏林大学所倡导的教学与研究相结合，再到第二次世界大战后多元巨型大学的出现，乃至创业型大学、全球大学的滥觞，其理念和功能则随着时代的变迁不断地形塑与扩充。这种大学理念的变革与外部环境的变迁有着密切的关系。王志强博士的《"创新驱动"战略下高等教育与社会互动机制研究——基于大学变革的视角》是近年来我国教育研究领域中为数不多的、以深入探讨创新创业与高等教育变革之间关系为主题的研究成果。作为我国比较教育研究领域中的后起之秀,王志强博士持续地对创新创业与高等教育系统的关系进行了深入研究,他的研究专注于国家创新创业系统演进过程中高等教育的变革,通过历时性的纵向维度分析了研究型大学对国家创新能力提升所起到的关键制度性主体作用;通过共时性的横向比较研究探讨了不同国家和地区高等教育机构在理念、组织、功能等不同维度下产生的深层次变革。

随着世界性科学技术与经济的密切结合,创新对经济活动的作用愈加明显,大学则深受工具理性主义和功利主义的影响而摆脱了象牙塔内做学术的封闭状态,逐步建构起了在创新过程中的制度性主体这一地位。美国学者沃尔马克认为,现今衡量大学科研产品的结构已不是仅仅局限于研究生学位的授予数量和科学论文的发表数量,而是专利数量、项目合同经费、创业公司的数量,而上述指标也逐渐成为衡量大学整体创新能力的重要方面。教育、科研和技术创新三者之间的互动发展,已成为大学的主导成长模式。王志强博士的研究从大学变革的维度切入,通过分析社会需求与大学内在发展逻辑的交叉点,体现了内外两种力量的撕扯对大学理念和变革路径的影响。这种张力越强,造成的撕裂空间越宽广,意味着大学变革的范围更加宽广,其影响也更加深远。

大学变革的各种要素既是承接社会变革需要的载体,也是高等教育发展方式转型的最基本变量。王志强博士提出了创新驱动过程中大学变革的三重维度,这一观点既具有理论原创性,也具有很强的实践价值。大学变革存在着理念之维、结构之维、制度之维三个维度。大学变革的理念之维,体现了文化、历史、核心价值体系对大学变革的内在规范性;大学变革的结构之维则建构了大学参与"创新驱动"过程的边界,使大学成为了三螺旋合作创新机制中的稳固结构,在这一结构之中,大学成为创新过程的知识核心组织;大学变革的制度之维则为其提供了必要的外部环境,促进了大学与其他创新主体之间的互动,为大学的变革提供了法律依据、政策保障、资源支持、制度规范。

王志强博士的这本著作以创新驱动阶段高等教育社会互动机制为主

线，以此过程中大学的变革为切入点，研究了大学在创新的产生、扩散、应用等不同阶段所发挥的作用。该著作丰富了创新系统理论的相关内容，在剖析创新驱动阶段大学功能机制演化的基础上，建立起了高等教育—社会—经济之间互动机制的分析框架，系统地阐释了创新系统中高等教育机构的定位、大学与其他创新主体之间的关联及其结构框架、互动机制，对融合教育学理论与创新系统理论的探索具有较强的理论价值。

从实践上来说，该著作通过对美国国家创新系统演进过程中研究型大学的地位和作用进行深入分析，归纳出了一些可供我国借鉴的经验，并针对我国目前存在的问题提出了一些有利于促进我国创新系统建设和研究型大学发展的对策，从而在宏观上，对政府有关部门制定创新政策，进一步优化创新系统的内部结构，协调创新系统中各要素间的关系以及促进研究型大学的创建与发展具有一定的参考价值；在微观上，也有助于我国正在建设中的研究型大学进一步认清自身在国家创新系统中的地位和作用。

总之，在党和国家大力实施"创新驱动"战略、着力构建国家创新体系、倡导"大众创新、万众创业"的时代背景下，在高等教育机构不断变革和推进区域创新体系的现实情况下，王志强博士的专著中所探讨的研究型大学与其他创新主体之间的关系，研究型大学如何服务于区域社会经济转型，研究型大学对创新和创业的支持体系，仍然是教育学及跨学科研究的一个重要领域，并对创新创业领域的政策制定与实施具有极大的实践价值。我与王志强博士有着数面之缘，深感他在创新创业领域的理论功底扎实，同时也有着较为丰富的实践工作经验，这对于年轻的创新创业领域研究者来说是难能可贵的。我希望他能够在未来的学术研究道路中持续地对这一主题进行更加深入的研究，取得更为丰硕的成绩。

刘宝存

北京师范大学国际与比较教育研究院
2016 年 10 月

目　录

绪　论

第一节　创新驱动阶段各发达国家的创新战略

　　进入 21 世纪以来，全球经济与社会的发展进入到了一个既充满无限可能性同时也伴随着剧烈震荡的年代：世纪之初美国互联网泡沫的破裂所带来的"非理性繁荣"的结束仅是一个开始，自 2007 年始的次贷危机逐渐发酵成为席卷全美的系统性经济危机并扩散至全球范围——欧洲各国的经济发展至今还没有脱离那场危机带来的阴霾。但是，我们也同样感受到了那些已经、正在和将要对我们的生活产生根本性影响的伟大变革：基于大数据、云计算技术基础之上的移动互联网对各个领域的改造与重塑；以页岩油技术的成熟和大规模开采为代表的新能源革命；以信息物理融合系统为基础，以生产高度数字化、网络化、机器自组织为标志的工业 4.0；虚拟现实技术的日趋成熟及其未来的无限想象可能，其中最令人感到惊喜的则是以中国为代表的新兴经济体的崛起。过去十年来，新兴经济体对世界经济增长的贡献率一直超过 50%，特别是 2008 年金融危机爆发以来，新兴经济体更是力挽狂澜，不但对全球经济增长贡献率超过 70%，而且在世界经济的地位和影响力也不断上升。据 IMF 统计，在世界经济中，按美元汇率计算，新兴经济体（包括发展中国家）所占比重由 2000 年的 23.6% 上升到 2012 年的 41%（不包括亚洲"四小龙"，IMF 已将其统计在发达经济体内）；按购买力平价（PPP）计算，新兴经济体则由 40.7% 上升到 53.7%；在国际贸易中，新兴经济体所占比重从 25 年前的 15% 上升到 40%；在全球 FDI 流入中，新兴经济体所占比重由 2007 年的 32% 上升到 2012 年的 58%，中国则一跃成为全球第二大经济体，这一变化对全球经济社会发展的格局产生了重大的影响。

回顾过去 15 年来全球经济发展与社会变革所面临的种种挑战与机遇，我们可以看出创新始终是贯穿于这个时代变革的主线，各种观念的、技术的、制度的、组织的创新活动极大地改变了我们所生活的世界的样貌，为经济的持续繁荣和社会的良性有序渐进式变革注入了持久的动力。也正是由于创新对国家的发展、社会的进步、个体幸福生活的实现所具有的根源性驱动力量，世界各发达国家纷纷将实现创新驱动发展作为战略选择并将其列为国家层面的发展战略。

在越来越受知识驱动的全球经济中，创新已经成为经济增长和社会发展的基本动力以及保持和提高国家长期竞争力的关键因素。有鉴于此，世界各国纷纷行动起来，在各自不同的起点上努力寻求实现创新的道路。英国、加拿大和澳大利亚等国家已经明确发布了改善其创新绩效的国家创新战略；日本 2009 年就出台《数字日本创新计划》，逐步进入科学技术立国与战略调整阶段；韩国在 2000 年制定科技发展长远规划《2025 年构想》，提出 2015 年成为亚太地区主要研究中心的目标。美国和瑞典等具有顶尖创新能力的国家虽然没有写在纸面上的创新战略，但从其始终不遗余力地支持创新的行动来看，其实是有创新战略的。

2014 年中国科学技术发展战略研究院发布《国家创新指数系列调研报告》，报告表明创新已经成为全球潮流，但是创新格局并未发生较大变动。国家创新总体表现最为突出的国家当属美国，其凭借雄厚的创新资源和优异的创新绩效，再次当选最具创新能力国家，超越瑞士领跑全球。亚洲的日本和韩国依托其突出的企业创新表现和知识创造能力，依然保持在亚洲国家中创新能力最为突出的领跑者，分居第 2 位和第 4 位；最为抢眼的是以色列，均衡的发展模式使其创新能力迅速提升，由上年度的第 11 位上升到第 6 位。欧洲地区依然是全球创新最强的区域，瑞士本年度由于其创新资源排位稍有下降，整体排位滑落至第 3 位；北欧国家瑞典、芬兰、丹麦依然保持创新强势，分列第 5 位、第 7 位和第 8 位；而西欧国家荷兰、德国占据第 9 位和第 10 位。在一个强者恒强的时代，全球创新能力排名靠前的国家位次变化不大，部分发达国家通过制定创新战略引领整个国家创新能力的持续构建，推动经济社会的转型发展。

一　美国的创新战略

美国社会中广泛存在的创新与创业文化向来被认为是这个国家最具竞争性的优势之一。创新驱动的社会发展过程中最为重要的部分就是创新基础设施的构建，它不仅涵盖了必要的资金投入、环境建设、制度变革、灵活的政策体系等领域，更为核心的是不同创新主体间所构成的区域创新生态系统。数量庞大、一流的高等教育机构、科学研究机构、国家实验室、工程研究中心、大量的创新创业企业——这些来自不同领域、承担着不同社会使命的机构通过紧密的合作关系，在生命科学、新能源、电子通信、信息技术、教育、先进制药等诸多领域中开发出了突破性的创新成果。为实现持续创新，解决美国面临的最紧迫挑战，促进经济增长，共享未来繁荣，2009 年伊始，奥巴马入主白宫所签署的第一个由国会通过的法案就是应对美国经济危机的《2009 经济复兴与再投资法案》(The American Recovery and Reinvestment Act of 2009，ARRA)。该法案提出由联邦政府投入总额为 7870 亿美元的资金用于拯救陷于瘫痪的美国经济，其中有大约 1300 亿美元的资金用于支持创新、教育和基础设施。在 ARRA 的基础上，美国总统行政办公室、国家经济委员会和科技政策办公室于 2009 年 9 月 21 日联合发布了《美国创新战略：推动可持续增长和高质量就业》。2010 年奥巴马则在国会的讲话中更加明确地指出：“（那些正在进行的，或者即将进行的提升美国社会创新活力的战略），旨在激发美国人民的创新潜力、增强私营部门的活力，以确保未来的发展更稳固、更广泛、更有力。我们成功的关键……将会是通过研发新的产品，形成新的产业，维系我们在科学探究与技术创新领域的世界引擎地位而获得。这也是我们未来绝对所必需的。”

2015 年 10 月，美国国家经济委员会（NEC）与白宫科技政策办公室（STPO）发布新版《美国创新战略》。此前，奥巴马政府先后于 2009 年、2011 年发布《美国创新战略》。2015 年版《美国创新战略》承认联邦政府在投资美国创新基本要素、激发私营部门创新、赋予全国创新者权利方面的重要作用。该战略描述了奥巴马政府如何通过三套战略计划扩建这些重要的创新要素。这三个战略计划重点为创造高质量就业岗位和持续经济增长、推动国家优先领域突破及建设创新型政府服务大众。2015 年版《美国创新战略》针对 6 个关键要素提出具体战略行动：（1）在基础研究方面进行世界领先的投资；（2）推进高质量的科学、技术、工程、数学（STEM）的教育；（3）开辟移民路径以帮助推动创新型经济；（4）建设一流的 21 世纪基础设施；（5）建设下一代数字基础设施。

二　日本的科技与创新战略

经济复兴是日本政府当前政策的最主要目标与最紧迫任务。2014年日本发布的《科学技术创新综合战略2014——为了创造未来的创新之桥》（以下简称《综合战略2014》）认为，日本正在从经济复兴迈向持续增长，而"科学、技术与创新"是日本迈向未来的"救命稻草"与"生命线"。在全球已进入真正的知识大竞争时代的背景下，日本正在转向科技创新主导的经济增长模式（工业经济模式迅速向科技经济模式转变）。《综合战略2014》提出以"综合科学技术创新会议"（Council for Science, Technology and Innovation）为平台，重点推进信息通信技术、纳米技术和环境技术三大跨领域技术发展，并使其成为日本产业竞争力增长的源泉。

一是打造"全球领先的创新中心"。日本政府旨在通过科技创新为日本经济社会提供复兴的原动力，寻找未来持续发展的突破口，提升日本在全球经济社会中的地位。《综合战略2014》提出，日本科技创新政策的基本方向是：全国上下致力于实现"全球最适宜创新的国家"，将日本打造成为"全球领先的创新中心"（the World's Leading Innovation Hub）。科学、技术与创新是日本经济发展的驱动力，科技创新政策是日本国家战略的重要组成，从国家战略的高度安排财政预算，进行必要的"先行"及"先攻"投资。《综合战略2014》提出，应将2020年东京奥运会作为向世界展示日本科技创新的大舞台，向世界宣告日本已成为"全球领先的创新中心"。

二是描绘2030年的三大战略愿景。面向2030年，日本正面临着复杂多变的形势：人口减少和快速老龄化，知识社会、信息社会和全球化的飞速发展，全球可持续发展的挑战（人口、自然资源、环境等），新兴经济体的快速发展改变着世界经济格局等。在此背景下，《综合战略2014》描绘了至2030年日本将通过科技创新实现三大愿景：（1）拥有世界一流的、可持续发展的经济；（2）国民能够切实感受到富足、安全和放心的社会；（3）与世界共生、为人类进步作出贡献的经济社会。

三　英国的国家创新战略

自20世纪90年代以来，英国政府先后出台了一系列加强创新能力的战略规划。1993年，英国政府就首次公布了题为《实现我们的潜力：科学、工程与技术战略》的创新白皮书，它是英国政府继1972年发表著名的罗斯切尔德《客户——合同制原则》以来第一份最重要的英国政府有关科学技术发展和创新政策的纲领性文件，并制定了战略实施的科学技术展望制度和以技术预测计划为代表的一系列重大科技计划（如技术预测成果应用计划、LINK 计划、公共认知计划、信息社会化计划等）。此后，1998 年《我们的竞争——建设知识型经济》、2000 年《卓越与机遇——21 世纪科学与创新政策》和 2001 年《变革世界中的机遇——创业、技能和创新》三份政府白皮书，均以创新为主题。2002 年，英国政府又提出了"对创新投资"发展战略，2003 年发表《在全球经济下竞争：创新挑战》报告，2004 年 7 月发布《英国科学与创新投资框架2004—2014》，2004 年 11 月发布《从知识中创造价值》的五年计划。2008 年 3 月，大学、技能与创新部又公布了《创新的国度——开启全民的才智》白皮书，再次强调了注重基础研究和国际合作研究，加强政府在创新政策实施中的作用，继续完善有利于创新活动的法律、法规体系。科学与创新战略必须为科研支持方式、资金分配和资助机制确定核心原则。在财政困难时期，英国政府保护科学预算，2011—2016 年每年为 46亿英镑。英国还按照"卓越研究评估框架"开展英国历来规模最大的大学科研投入质量及影响评估，涉及 5.5 万多名研究人员和 7000 个案例研究。英国政府将继续维持科研资金的稳定性，坚守科研资助的核心原则。

四　德国基于工业 4.0 的创新战略

德国是欧盟国家中较早注重创新能力构建的国家，德国联邦教研部与经济技术部在 2013 年提出了工业 4.0 的概念。它描绘了制造业的未来愿景，也提出了未来以创新、高度数字化、网络化、自组织为标志的第四次工业革命。近年来，德国联邦政府推行了一系列战略规划，并辅以有针对性的政策举措，成为世界上创新领先国家之一。

首先，注重创新战略的连续性和创新政策的系统性。

德国在创新战略制定和政策设计方面，特别注重不同背景下战略决策的连续性及政策制度的系统性。2006 年，德国首次发布《德国高科技战略》报告，从国家层面系统地提出高科技发展战略，确定了旨在加强德国创新力量的明确政策路线。《德国高科技战略》提出从科研到创新，直至最终占领市场的一体化战略，有效地实现了科研成果与市场需求的结合。为应对全球科技创新竞争发展的新形势，2010 年 7 月，德国内阁通过由联邦教研部主持制定的《德国 2020 高科技战略》，在 2006 年《德国高科技战略》的基础上汇集了德国联邦政府各部门最新的研究和创新政策举措，立足于开辟未来的新市场，并确定 5 个重点关注领域。在战略规划的指导下，政府相应地推出系统性的创新政策。高科技战略发布后，联邦政府分别在能源领域、生物技术领域、纳米技术领域、交通领域、航空领域、健康研究领域等出台了一系列的政策行动，来配合创新战略的实施。联邦政府对战略制定连续性和政策设计系统性的重视使德国在不同时期不同领域的科技发展都有明确的路径可循，具有高度的前瞻性、针对性和灵活性。

其次，德国创新驱动发展的战略与规划：将创新置于国家发展的核心位置。

德国政府高度重视战略规划对科技创新的引领作用。2002 年 2 月 16日，联邦议院通过联邦政府提交的《高校框架法第 5 修正法》草案，为在大学建立青年教授（Junior professor）制度提供了联邦法律依据。2004年 11 月，联邦政府与各州政府签订《研究与创新协议》，规定大型研究协会（马普学会、亥姆霍兹联合会、弗劳恩霍夫协会、莱布尼兹科学联合会）的研究经费每年保持至少 3% 的增幅。2006 年，联邦教研部制定《科技人员定期聘任合同法》，规定将公立科研机构研究人员的定期聘任合同的最长期限放宽至 12 年或 15 年，以留住青年科技人才。同年，联邦政府首次发布《德国高科技战略》报告，继续加大特别是 17 个创新领域的投入，以确保德国未来在世界上的竞争力和技术领先地位。2012 年 3月 28 日，德国政府推出《高科技战略行动计划》，计划从 2012 年至 2015年投资约 84 亿欧元，以推动在《德国 2020 高科技战略》框架下 10 项未来研究项目的开展。2012 年 10 月，联邦议院通过《科学自由法》，即《关于非大学研究机构财政预算框架灵活性的法律》。

五 法国 34 个振兴计划

法国总统奥朗德于 2014 年在爱丽舍宫提出了法国未来 10 年振兴工业的 34 项行动计划，提出要建设"新的工业法国"。法国还建议发展数字化教育与基础设施，加强高性能计算电子基础设施的建设，并大力发展云计算。另外，进一步促进对创新型中小企业和新兴企业的技术转移，推动以创业方式开展技术转移活动。而国家科研，则致力于对青年人才的支持，以激发青年的创造力，增强法国的国际吸引力。

六 欧洲 2020 创新战略

欧盟委员会于 2011 年 11 月公布的有关欧盟发展的"欧洲 2020 战

略"，是欧盟未来 10 年的科研与创新战略文件。文件提出了欧盟未来 10 年的发展重点和具体目标：发展以知识和创新为主的智能型经济；通过提高能源使用效率以提升竞争力，实现可持续发展；提高就业水平以增强社会凝聚力。文件同时还提出了建立"创新型联盟"等欧洲 2020 战略的七大旗舰计划。

2020 欧盟战略创新七大旗舰计划在欧盟层面和国家层面上分别对"创新型联盟"、"让年轻人才流动"、"欧洲数字化议程"、"资源节约型欧洲"、"全球化时代的产业政策"、"新技能和就业议程"和"在欧洲平台消除贫困"进行了有针对性的部署和推进，旨在整体上提升欧盟的竞争力。

在欧盟层面上，（1）在欧盟和国家层面推行"欧洲创新伙伴关系"，加快应对各种挑战所需技术的开发和部署。首批推出的项目包括："2020 年前生物经济计划"、"塑造欧洲工业未来的关键技术"以及"使老年人能够独立生活并活跃于社会的技术"等。（2）加强并进一步发挥欧盟在支持创新方面的作用，如结构基金、农村发展基金、研发框架计划等，包括通过与欧洲投资银行更为密切的合作，简化行政程序和资金获得程序，特别要为中小型企业和碳市场引进创新激励机制。（3）促进知识伙伴关系，加强教育，推进企业、研究和创新之间的联系。

在国家层面上，（1）改革国家和地区的 R&D 和创新体系，以促进其专业化发展，加强大学、研究机构和企业之间的合作关系，实施合作项目计划，在欧盟涉及的领域内加强跨国界合作，补充和调整国家拨款程序，以推进欧盟境内的技术扩散。（2）确保理科、数学和工程专业毕业生的足够数量，学校课程要注重创造力、创新和创业精神。

第二节　创新驱动阶段的社会经济变革核心趋势

一　从封闭的创新链到开放的创新生态系统

线性创新链是对创新过程的一种描述观点。该观点认为，创新过程是一个基础科学→应用科学→设计试制→制造→销售的单向的、逐次渐进的过程。在创新过程中知识的流动很简单，创新的起因和来源是科学，是基础研究，从上游端增加对科学的投入就将直接增加下游端创新的产出。实际上，技术推动型创新模式和市场拉动型创新模式都属于创新线性模式。在过去很长时期，这种简单的线性模式在人们对创新过程的认识中占据了主导地位。但是后来人们对发达国家和东亚国家发展历史的研究表明，某个国家由公开发表论文的数量所体现出来的科研潜力与其创新能力之间并没有直接的联系。例如，日本和新兴工业化国家成功地实现现代化和工业化，与它们国内新创造的知识即在基础研究中的"创新"并无直接联系，从而证明创新的线性模式与实际创新过程不相符合。由于创新线性模式忽视了创新过程的开放性、创新各阶段之间的复杂联系及反馈等因素，后来它逐渐被更加全面的创新系统方法所取代。

科学界进一步反思对技术创新的认识，创新绝不再是从研究到应用的线性链条，从小众到大众的传播过程。葛霆等在研究经济合作与发展组织（OECD）近年相关报告的基础上，总结了国际创新理论的七大进展。文中着重强调了价值实现在创新活动中的本源地位，认为这是衡量创新成败的基本判据。以此为基点，替代线性模式的动态非线性交互创新模式突出了创新的多层次、多环节和多主体参与。而非技术创新（制度创新）与创新中非技术要素作用的强化也成为创新理论发展中的关注要点。创新进一步被放置于复杂性科学的视野，技术创新被认为是各创新主体、创新要素交互复杂作用下的一种复杂涌现现象，是创新生态下技术进步与应用创新共同演进的产物，关注价值实现、关注用户参与的以人为本的创新 2.0 模式也成为新世纪对创新重新认识的重要探索。

最初的创新模式都是线性模式。线性模式认为，创新的起因与来源是科学，来源于基础研究，只要对科学增加投入就是直接增加创新的产品。线性模式最典型的代表观点反映在美国罗斯福总统的科学顾问万尼瓦尔·布什的《科学——无止境的前沿》的报告中。该报告有两个基本观点：基础研究或纯研究本身是不考虑实际后果的；基础科学有长远的根本性的意义，是技术创新的源泉。受布什思想范式的影响，产生了由基础科学到技术创新，再转化为开发、生产和经济发展的模式。这种模式是一种代表动态形式的一维的"线性模式"，即基础研究引起应用研究与开发；再依据创新是一种产品还是工艺，转到生产或经营。所以，布什的观点可表达成这样一种线性形式，即基础研究→应用研究→开发→生产经营。

司托克斯在《巴斯德象限——基础科学与技术创新》一书中肯定了

布什观点的历史作用的同时，也尖锐地指出了布什观点的局限性。司托克斯指出：

（1）基础研究与应用研究之间界限并不分明，有的应用研究同时也是杰出的基础研究；

（2）科学研究进程同时受认识目标和应用目标这双重目标的影响；巴斯德和其他许多研究中同时体现出双重目标的融合；

（3）单一的线性模型描述由科学发现向技术创新的单向流动过于简单了。

创新之所以能突破线性模式、进而突破扩散理论，进入创新 2.0 时代，取决于知识社会下形成的新环境。首先，信息通信技术的发展和知识网络的形成突破了知识传播传统上的物理"瓶颈"，人类可以利用知识网络更快捷和方便地共享和传播知识与信息；其次，知识网络的环境最大限度地消除了信息不对称性，使人为构建的知识壁垒和信息壁垒在如今的知识网络下越来越难以为继；而更重要的是越来越多的研究者和时间者开始关注知识社会的信息爆炸问题，信息可以传播不等于信息有效传播，利于知识被快速检索、理解和运用的众多知识封装技术使得知识也得以构件化和模块化，从而便于更多人利用。上述知识社会的外部环境有助于更广泛的创新群体在一个开放自由的平台上从事科技创新活动。同时，知识社会也迸发了更广泛的创新需求。外部环境造就了创新主体实施创新活动的可能，也造就了更多知识与应用场合需求碰撞的机会。这样的碰撞就是创新活动最大的原动力，同时也印证了熊彼特创新来源于生产活动的基本观点。因此，知识社会环境和需求两方面的因素催生了创新 2.0 实践活动的蓬勃发展。

构成创新过程的种种要素及其发生环节已经成为一种共存共生、协同进化的创新系统，具有类似于自然生态系统的基本特征，因此，也被称为"创新生态系统"（Innovation Ecosystem）。正如哈佛大学教授、商业生态理论的创始人马可·伊恩斯蒂在《关键优势：新型商业生态系统对战略、创新和持续性意味着什么》一书中所提到的：今天，任何不同的组织或个人都必须直接或间接地支持或依赖于特定的业务、技术或标准，所以传统的更强调企业内在能力的商业范式已经不能适应现在商业生态系统广泛联系的世界了。成功的企业都是利用了他们的"关键优势"，通过整个商业网络的合作来获得竞争力。尽管零售业王者沃尔玛和软件业霸主微软的成功可以归因于很多因素，但是这两个迥异的公司有一个共通又至关重要的方面，就是都得益于一个超乎于他们自身公司范围的更广泛的环境而成功，那就是它们各自的创新生态系统。

创新生态系统的结构复杂且处于动态循环之中，不仅有多个层次（超国家层面、国家、区域、单一企业）、多个环节（研发、知识转移、项目设计、组织管理、评测反馈），而且也包括了众多创新行动者（innovation actor），如个人、公司、行业协会、大学、科研机构、政府、中介性服务机构、消费者等。鉴于创新的复杂性和动态性，特定区域内创新系统的参与者之间的关联关系也会表现为一种高度的动态化特征。首先，从创新发生的环节来看，与创新活动有关的各个环节必须保持关联的畅通才能够保证整个创新活动的生成；其次，创新行动者的性质、价值观、行为方式各不相同，在创新的过程中如果发生行动者之间由于目标、利益等方面引起的冲突，那么将会造成创新活动的不稳定，增加创新活动的成本，降低创新过程的效率，甚至使创新活动失败。创新不同于发明和制造，创新是通过激发人的潜力，使新观念、新制度、新技术、新产品成为现实的过程。因此，我们应该将创新活动中动态的、复杂的交互关系看作是一个有"生命"活力的生态系统，这个系统将包容所有构成创新过程的环节和参与主体，涵盖它们之间的关联关系以及彼此之间的交互过程，这些主体在创新活动中形成一种稳定的分布态势，彼此具有互动、竞争、互利共生、动态平衡的关系，并且在受到外部环境压力的影响之下而不断地进行演化。同时，创新生态系统中还包括有利于创新发生的外部环境，具体包括法律体系、公共研发平台、投资/融资制度、产权交易制度、物流平台等。在营造一个良好的创新生态环境的基础上，理顺创新活动主体之间的关系，将会有利于构筑一个健康、良性循环的创新生态系统，从而提升一国、一个地区的创新能力。

二 从分布式创新到集群创新

今天，人们对于集群式创新有了新的认识。其中，最为人们所熟知的、流传最为广泛的对于创新集群的定义来自哈佛大学商学院的教授迈克尔·波特（Michael Port）。在其经典著作《国家竞争优势》一书中，他分析了技术创新与竞争优势、技术创新与产业集群的关系。波特指出，一个国家的经济体系中，有竞争力的产业通常不是均衡分布的，国家的产业竞争优势趋向于集群分布。而创新集群，就是"在一个特定的区域内，通过通用技术及技能连接起来的、在空间地理上非常接近的一组企业及其他关联性组织。它们通常存在于一个地理区域内，并由此进行信息、资源、技术、人员之间的共享与交换"。① 在欧盟专家组的最终报告中，这一定义被加入了一些新的内容：集群是一组彼此独立但相互之间有着紧密联系的公司及其他组织，这些公司或组织"竞争与合作并存、即使具有全球化扩张趋势但仍然在一个或几个地区中存在着地理上的集聚、以共有的技术与技能作为联结、既可以是制度化的也可以是非制度化的"。② 创新集群（Innovative Clusters）这一用语在国际组织的官方文件中第一次出现是在 2001 年 OECD 的研究报告《创新集群：国家创新系统的推动力》中，该报告首次提出了"创新集群"的思想，并对发达国家的创新集群进行了实证分析，研究了创新集群的模式、创新集群的竞争力、创新集群的演进机制、创新集群与国家创新系统之间的关系。在这份报告中，OECD 认为创新来源于产业部门、公共机构、教育科研组织不断的相互作用；创新集群可以被视为一种简化的国家创新系统，这有利于国民经济领域中各部门的创新。③ 在这个基础上，创新集群可以被认为是由企业、研究机构、大学、风险投资机构、中介服务组织等构成，通过产业链、价值链和知识链形成战略联盟或各种合作具有集聚经济和大量知识溢出特征的技术—经济网络。

在创新集群中，企业以生产技术密集型、知识密集型产品为主，经济活动的附加值非常高，集群所特有的技术和知识是竞争优势的主要来源。作为一种经济组织形式，创新集群内的企业、研究型大学与其他组织组成了一个完整的创新网络，从而可以发挥创新的协同效应；创新集群内部的组织机构属于学习型组织，具有很强的创新能力和学习能力；同时，高度的开放性使创新集群内部的各个组成部分可以不断地与外界进行信息交换从而提高自身的知识水平。

创新集群的构成要素中包含了各种正式的、非正式的甚至是临时性

① ［美］迈克尔·波特：《国家竞争优势》，李明轩、邱如美译，华夏出版社 2004 年版，第 160—162 页。

② Final report of the Expert Group on Enterprise Clusters and Networks, http://www.sea-mist.se/tks/ctup.nsf/（WebFiles）/728464CC5D72546BC1256F4A00590E1B/MYMFILE/European-Clusters%20eu.pdf.

③ Innovative Clusters, Drivers of National Innovation Systems, OECD Paris, 2001, p.151.

质的创新网络合作关系。集群内部的企业、政府、研发组织、金融服务机构、各类社会性组织等为了实现创新而进行了各种联系,这包含了大量的知识创造、知识转移和知识溢出的过程,并在互动学习的过程中形成这种正式和非正式关系的综合,从而充分利用组织之间的丰富资源实现集群功能的优化。在这些构成要素中,企业无疑是创新活动的主体,主导和支配了创新,成为集群的核心部分;政府在集群中发挥着引导、组织和协调作用;研究机构和大学则通过参与企业创新活动为其提供智力支持;而各类知识密集型服务机构为集群的创新活动提供了专业化的保障。这些要素之间通过以创新为目标所建立起来的区域网络合作体系构成了创新集群这一提升国家/地区竞争力和创新能力的组织形态。斯坦福大学的威廉·F. 米勒博士(William F. Miller)从全球化时代的资源分配与有效利用的角度出发,将创新集群作为全球化过程中最具生存能力的一种区域知识—技术协作形态。他将全球化分为两个阶段:旧的全球化过程基于以土地、劳动力数量、资本金额为主的低要素数量,大型企业也会投资于这些区域从而获取规模效应;而新的全球化则在世界范围内寻找能够产生高附加值、更加专业化、创新关联度高的最佳区域,企业投资这些地区可以获得高素质的员工、充足的智力资源、先进的研发基础设施、完善的创新网络。

三 从层级组织到蜂巢组织

人人皆是创新者。蜂巢组织这种蜂巢效应是指特定产业中的众多具有分工合作关系的组织,基于战略目标一致性和利益趋同性而构成的联盟。它具有突出的稳定性和抗弯曲能力。它的特点是:跨组织,它不一定是一个独立的法人实体,而是为了特定目标或项目形成的联盟;相对统一,蜂巢组织不是一成不变的,当市场需求或组织目标发生变化时立即变化;分享性,它改变了传统的等级分明的金字塔结构,允许信息横向传递与交流,使信息利用更为充分及时。"蜂巢思维"(Hive mind)(又称"蜂群思维"、"蜂巢意识")出自凯文·凯利(Kevin Kelly)著名的《失控》(1994),全名为《失控:机器、社会与经济的新生物学》(*Out of Control: The New Biology of Machines, Social Systems, and the Economic World*)。简单地说,"蜂巢思维"就是"群体思维"(Collective consciousness)。因为蜜蜂的群体结构,在蜂巢之中每个个体各有分工,自发维系整个蜂巢,蜂巢就像是一个整体,汇集了每个个体的思维。凯文·

凯利用蜂巢思维比喻人类的协作带来的群体的智慧。蚂蚁也经常被用来做类似的比喻，它们的群体结构和协作方式和蜜蜂很相似。

作为"超级有机体"的蜂群，被称为"分布式系统"，是以生物逻辑建立起来的群集模型。它依靠成千上万个发条一起驱动的一个并行的系统，来进行生产，进行自维持。它有四个突出特点，活系统的特质正是由此而来：（1）没有强制性的中心控制；（2）次级单位具有自治的特质；（3）次级单位之间彼此高度连接；（4）点对点间的影响通过网络形成了非线性因果关系。

未来的公司形态会不断地演化，去中心化，分布式，强化合作，适应变化，直到彻底地被网络化。终极公司的形式将会变得与生物体相同，无缝地集成到生态圈中，成为其中的一个环节。

"一个完全自顶向下的系统是不稳定、不持久的，很容易坍塌。未来的'One Machine'，更大程度上会是一种分布式、去中心化的结构。"凯文·凯利认为，在互联网的进化过程中，单个个体的价值和效应也许不大，但是像蜂巢一样由个体构成的集体力量是非常强大的。"未来的互联网是信息池，它正从静态变成动态。"

对于那些有着庞大用户数量和巨大流量但是至今仍未找到合适盈利模式的网站，凯文·凯利评说说："创新有时不那么有效，不那么优化，甚至暂时是不盈利的，但要跳出眼前看到更远，这样才能看到它的优势所在。我做过一个计算，这个世界上所有的音乐都可以存储在一个价值585美元的硬盘中。所以，未来的互联网经济必然不是一种基于所有权的模式（Ownership Model），而是一种基于访问权的模式（Access Model）。"

凯文·凯利在《失控：新生物文明的兴起》开篇这样写道："人类的创造力，也许总是属于那种华丽绚烂的类型，但还有另一种类型的创造力值得一提——由无数默默无闻的'零件'通过永不停歇的工作而形成的缓慢而宽广的创造力。"

群氓的智慧在这里得到了空前的肯定，当下"自组织化管理"，或简称为自组织管理，正越来越受到企业管理界的关注。这与企业当前的生存发展难题息息相关——面对质变、混沌的外部商业环境，企业如何在高度不确定性下跟客户、市场进行有效的能量交换？

显然，企业已无法完全依靠过去那种预先所确定的组织秩序和组织规则找到触发点或引爆点，而是必须具备一种能自我调节、自我适应以及自我修复的能力。这就需要组织进行结构化创新、颠覆式创新来建构这种能力，企业自组织化、自组织式管理由此进入视野。

为何会"自组织化"？

自组织概念最早来自系统控制论中的耗散结构理论，由诺贝尔奖获得者、比利时的物理学家普利戈金提出。耗散结构理论揭示了地球上的生命体和组织体都是远离平衡状态下的不平衡的开放系统，它们在不断地与外部环境进行物质和能量交换。这个系统在远离平衡状态的条件下，是无序的，但又在组织之中。而在跟外部环境进行物质、能量交换的过程中，一些非线性变量一旦发生突变，并且积累到一定程度（临界点）的能量后，就会产生质变，经自组织从无序走向有序，形成新的稳定有序结构。

从这个角度来讲，自组织是指组织受内在的、不确定性的、非线性变量所影响，通过与外部环境、信息与能量的不断自我调适，从无序结构到有序结构的一个过程。而真正把这种自组织的理论知识研究得比较深入的是系统科学里面的协同理论。协同理论认为自组织从无序到有序的这个过程，不仅仅来自某一个变量的影响，而是组织内各个成员之间、各个要素之间的非线性交互关系的影响，是在交互中找到了一种协同价值，而组织一旦产生协同就变得有序了。

所以得出一个结论：不管是耗散结构理论还是系统结构理论，它都是在研究组织如何做到从无序到有序，如何来界定和重构组织的内在秩序、规则与结构，以不断提高内在活力和效率、提高组织的协同价值，从而主动适应外部环境的变化。从这一点来讲，其实传统企业组织跟自组织化的企业组织本质上没有区别，都是在探究活力、效率及协同价值究竟来自哪里。

为什么今天我们要从管理的方向去研究自组织？笔者认为有以下几个关键点：一是欲提高组织的自适应性，让组织更开放，吸收更多的物质和能量；二是要使组织的结构和秩序（不管是规则的结构还是不规则的结构、是从有序到无序、还是从无序到有序）产生效率；三是要使组织更加充满活力，最终提高组织对外部环境的适应性，实现组织持续发展。

当前，我们所面临的环境完全是一个质变的混沌时代，完全是一个颠覆创新的时代，完全是一个不确定性的时代。企业要适应环境的变化，就必须要有一种自我调节能力、自我适应能力，以及自我修复能力。用互联网最时髦的词来形容就是"迭代"，组织是在一种无序到有一些"序"，再到有序的过程中不断被反馈，从而修复、完善，重构新秩序。

这是外部环境变化对企业组织提出的新要求。同时，对于组织内部来说，对知识型员工的管理也要求改变传统的垂直控制型的管理方式，或者权威型领导方式，转变为以激发知识型员工的价值创造活力和自主经营能力、激发组织的活力为宗旨的管理新方式。这要求组织进行结构性的创新。

"自组织"是什么？

回过头来看看，什么叫自组织？相比于传统管理方式，自组织管理有什么特点？笔者认为可以概括为以下八个方面。

第一，自组织必须要有共享的愿景、目标。从战略上讲，自组织需要愿景引领，在混沌与迷惘之中找到方向与明灯。因此，自组织的战略是一种方向、一种状态，绝对没有什么五年规划、十年规划。即它没有非常确定的战略目标，它是一种战略发展方向，并且使它的组织进入到一种战略状态。

第二，自组织是分布式、多中心的控制手段。在自组织状态下，会自然而然出现去权威、去中心化。根据任务的要求，人人都可能成为中心，人人都可能成为 CEO。要强调的是，人人都可能成为中心，并不只是说人人都是中心，只是有这种可能性。也就是说，"去中心化"并不是完全不要中心，它只是改变了原来的中央集权中心，变为多个控制中心。

第三，自组织的权威来自分布式、多层次的权威。过去企业的权威是自上而下的权威，现在是一种自下而上的权威，是流程权威和专家权威。组织的权威现在有三个：行政命令权威，流程权威和专家权威。企业内部是一定需要权威的，只是由过去单一的、自上而下的行政命令权威转变为多元的、纵横交错的权威体系。

第四，自组织没有非常明确的角色分工，它的角色有时候是自动生成的，有时候是一人扮演多重角色。也就是说，一个人在组织中不再是基于分工体系固定在一个岗位上扮演一个固定的角色，就像是一个螺丝钉、一块砖。在自组织中，一个人的角色可能是多重的，相联系的就需要具备多种技能，某种时刻可能需要你有领导和组织协调才能，另一种时刻又需要你有一线工人的操作技能，当你具备这些能力时，你就完全可以成为一个中心，可以调动组织内很多资源去完成一个目标。

第五，自组织内部是高度信任授权体系。在自组织里，一定是高度授权的，要使每个人都是自动去负责、自动去追求协同。自组织强调的是员工自主地进行价值创造。

第六，自组织是网状结构形态。它不再是过去那种矩阵式或者是直线式的结构，而是一种基于价值的网状结构形态。在非线性、网状的结构中，任何一个变量或要素都有可能带来颠覆性的创新。

第七，自组织强调利益分享而不是独享，认为信任和授权是最大压力，分享是最好的管控。

第八，自组织具有自我变革与学习力。不断自我变革与创新是永恒主题。

如何进行“自组织”？

自组织化管理的这些特点确实对传统的组织形态以及管理方式产生了很大的冲击。那么，究竟怎么在传统组织里强调自组织，发挥自组织管理的作用？要把握企业内部进行自组织式管理的三个最核心要素，即共创、共享、共治。共创，就是人人都是价值创造者，人人都可能变成价值创造的中心；共享，就是自组织更强调利益共享，更强调构建利益共同体；共享包括资源信息的共享及利益的共享；共治，就是指在组织内部是有一定的民主价值诉求表达的，它更强调群体制度，强调由大家一起来制定规则，强调所有员工的参与及达成设计。

第三节　创新驱动阶段的大学：从模式 1 走向模式 3

自洪堡创建柏林大学以来，其大学知识生产模式经历了由“模式 1”到“模式 2”，再到“模式 3”的发展路径。大学作为知识生产的关键机构，随着时代的发展，其知识生产方式呈现出明显的新特征，这些新特征预示着大学科学研究正在发生重大的转型。大学已经成为社会的轴心机构，其生产方式适应现代转型和满足时代发展的需要是知识生产范式转变的必然选择，因此，今天我们讨论和梳理知识生产方式的发展历程和问题，有现实的重要意义。

一　模式 1 研究的进展及其困境

自 1810 年起，柏林大学将科学研究纳入大学体系内致使学科组织制度化之后，形成科学家走出了作为隔绝的个体以及科学研究与社会利益脱节的局面，"转向德国式的大学和研究，就意味着一种纯粹知识的观念"。换言之，知识作为自治的知识，这也是知识自身的一个目的。知识的合法性反映在教学和科研的统一上，教育与科研共同为追求真理服务，尽管真理的真实性和获得真理的可能性随着时代的发展越来越模糊。但洪堡的文化观念对大学形成的教育与科研相结合的功能起决定性作用，所以人们通常把这种"第一次学术革命"意义下的知识生产模式称为"洪堡模式"抑或"模式 1"。"模式 1 是一种理念、方法、价值以及规范的综合体，它掌控着牛顿学说所确立的典范在越来越多领域的传播，并且确保其遵循所谓的'良好的科学实践'（Sound Scientific Practice）"。

在模式 1 中，不管是在自然科学、社会科学还是人文学科领域内，专业化都被认为是增进知识的一种可靠途径，并且其组织规则得以贯彻。传统的知识生产系统将公共部门（如大学）与产业界等私人部门明确地划分开来，勾勒出一条清晰的分界线：大学是社会知识生产的唯一提供者，是人们接受基本教育和技能训练的独立的学科提供者，是开展那些它们认为有利于公众长远利益的、能增进知识主体的研究的唯一承担者——而这种大量的知识生产的目的是使它们能够被其他社会部门所运用。大学作为知识生产的场所已经脱离了社会的边缘，对大学研究者而言，知识就是他们的财产，轻视知识最终将成为知识批判的特点。简言之，大学就是"象牙塔"，其知识不参与社会斗争，更遑论知识商品化抑或学术资本主义。

但是知识的生产已经不再是一项"自容性"的活动了，其方式的转变是以知识经济为特征的一个中心化过程。知识生产不仅在理论的模型上，而且在方法和技术上，已经从大学蔓延出来并且越过机构的边界，通过"认知的能力需求到社会合理性"。其中最显著的现象是，19 世纪后半期，应用科学引入大学之后开始对德国、法国、英国和美国国民经济的增长具有决定性的作用。"知识创造财富"，进而促进地区与国家经济繁荣发展成为知识生产的驱动力，大学的知识生产开始与经济发展和市场需求相挂钩。换言之，知识开始资本化。因此，纽曼的大学是一个普遍追求知识的地方；康德倡导的大学正当理由是理性的批判力；洪堡的大学自我修养观等纯粹的研究理念开始日益在市场化下渐行渐远。受市场力量资助并对此做出反应，大学可以在国家与市场之间找到中间道路，"为知识而知识"的理想主义者的研究理念，终究开始与现实产生冲突。

模式 1 研究陷入困境的原因在于现代社会对知识效用的极具渴求以及囿于机械主义本体论、理性主义认识论的局限，难以适应现代社会发展和转型的新要求。根据吉本斯等的观点，在模式 1 中，知识生产主要是一种学科的，主要在认知情境中进行；它以同质为特征，组织上是等级制的。

首先，当今社会是现代科学迅猛发展的时代，学科建构模式已经开始根本转型，那种自我固守一种学科边界，显然无法走出单学科研究的"孤立主义"思路，致使学科壁垒严重。"学科的边界标志着学科的范围，使其与其他学科划清了界限"。正如法国哲学家埃德加·莫兰所言："学科的边界、它的语言和它特有的概念使该学科孤立于其他学科和跨学科问题，超级的学科性精神变成地主精神，禁止任何外人对他的小块知识领地的入侵。"由此可见，基于一种学科的模式 1 知识生产使学科间的分割和封闭倾向日趋严重，至少无助于学科之间的整合，所以当它用于解释复杂的社会问题和世界观时，基于模式 1 的知识产生所呈现出来的解释力就显得苍白无力了。

其次，20 世纪 80 年代以来，科技引领发展，创新改变世界，"得高科技者得天下"的科技创新理念越来越得到各国政府的重视，可以说新一轮的科技革命和产业变革正在蓄势待发，科学技术越来越成为各国推动经济社会发展的主要力量。在这样的背景下，国家和市场对于大学科技成果转移和商业化的迫切需求使得传统的以学科为基础的知识生产方式已经不能满足国家和市场的强大需求和时代发展的需要，因为，以往的知识生产者除了发现和证明真理之外别无他用，科学研究与社会利益相脱节，知识传播和应用的渠道不通畅，因此"从所谓的以科学为基础的科学'模式 1'转变成以研究为基础的应用'模式 2'"成为知识生产模式转向的必然选择，这也凸显了知识生产模式转向的历史必然性。

诚然，以往的以研究者旨趣为主，忽视社会和市场需求，以学科为基础，"为知识而知识"的知识生产方式已经不能完全满足当代知识生产的内在复杂性及大学科学研究自身发展的需要，大学也无法独自在工业或后工业时代做提供精神领导的文化"守门人"，因为"大学已经不仅是简单地重复生产知识或为我们提供必需的科学方法或知识的工具化模式，而且也从根本上改变了社会主流文化模式"。总而言之，红衣教主纽曼和洪堡等理想主义者的大学理念与现实相冲突，随之而来的是一种新的知识模式。

二　模式1研究向模式2研究转向

从模式1转向模式2不仅反映了现代科学对知识生产模式的新需求，甚至促使科学与社会关系也发生变化，牵一发而动全身，即布鲁诺·拉图尔描述的"科学"的文化向"研究"的文化转变，科学与社会之间的辩证关系已经变成共谋关系。但这并非说明，"模式2"已完全取代"模式1"，两者不是非此即彼的关系，"实际上，两种知识生产模式存在一种内在的互动关系，'模式2'是从'模式1'的学科矩阵中衍生出来的，并且将继续与之共存"。安格（Ien Ang）也认为："知识生产模式2不会取代传统的知识生产模式1的学科结构，只会补充它并与之互动。"尤其在基于大学的知识生产方式，模式1仍是必不可少的。

但可以确定的一点是，知识生产不再局限于大学，其他知识生产主体正在形成，并对大学的知识生产的垄断地位提出了挑战，其中埃茨科维茨和雷德斯多夫提出的大学—产业—政府"三重螺旋"模式便可做最好的解释，埃茨科维茨认为："虽然大学与产业部门之间在过去存在严格的边界，但是到了今天，高等教育与产业部门之间的关系是直接的、无处不在的。"在三重螺旋结构中，大学、产业部门、政府之间通过各种网络紧密地连在一起成为新的知识生产体：大学的角色是生产知识；产业部门是利用知识；政府则提供制度环境和基础设施的保障，繁荣大学与产业之间的关系。"按照三重螺旋的结构，其内部交互作用的增强是与大学内部文化和规范的变化联系在一起的。"

传统的知识生产模式（模式1）往往囿于单一学科领域，表现出由学术兴趣所主导，由固定的学术共同体学术人员所掌控和同行评价等特征，促成了大学的知识生成结果无须经过市场检验，是一种只为科学自身发展的纯学术研究。这显然与当代社会各国政府所推行的科技支持政策以加速大学知识生产商业化进程，优化产学研联盟良性互动的种种举措相悖。在知识经济时代，知识就是最重要的生产要素，那么大学，尤其是研究型大学显然就成为各国推动经济繁荣发展的重要机构，但是，如果大学所创造的知识无法转移到社会和商业上，即知识无法转化为财富，实际上涉及的是大学知识生产的流通与应用障碍问题。

随着科学技术与经济发展的密切结合，特别是在知识经济已经蓬勃发展的今天，世界各国政府无不致力于激励和推动大学与企业之间的合作，促使大学对"创造财富"做出更直接的贡献，以模式1知识生产的大学不再游离于社会、经济之外，大学开始走出"象牙塔"，承担起新思想，发挥促进地区和国家经济发展的作用。

三 模式2研究的价值与局限

（一）模式2研究及其价值

1994年英国学者迈克尔·吉本斯（Michael Gibbons）等六人合著出版了《知识的新生产：当代社会科学与研究的动力》（*The New Production of Knowledge：The Dynamics of Science and Research in Contemporary Societies*），在书中，吉本斯等首次提出了知识生产模式1（Mode 1）和模式2（Mode 2）的概念，并对模式2进行了详细的阐述。《知识的新生产》一出版，便受到社会各界的极大关注，并被广为引用。2001年吉本斯等又再次出版了《反思科学：不确定时代的知识和公众》（*Rethinking Science：Knowledge and the Public in an Age of Uncertainty*）。在《反思科学：不确定时代的知识和公众》一书中，吉本斯等对模式2再次进行了全面考察，并对知识生产模式转型的原因进行剖析。他们认为"知识生产模式的根本性变化是从'自治文化'转向'责任文化'，而导致知识生产模式转型的主要社会情境有：科学研究商业化；高等教育系统的快速发展；人性在知识生产中的特殊角色；全球化；来自知识生产更广泛分布和更深入反思导致学科组织结构重组；对模式2知识的管理"。

吉本斯等的知识生产模式理论在西方社会赢得了巨大声誉。于是，西方高等教育界掀起了一股大学知识生产模式转型的浪潮，"模式2"成为学术界频繁使用的关键词。它的出现，促使了大学在办学理念、办学模式等范式的颠覆性转变，"大学的社会职能已经从知识拓展和智力训练，向创造经济财富的职能发展，这使大学在知识生产过程中必须向跨学科及跨机构方向转变。大学也由学科型组织转化为应用诉求导向的服务型组织。社会分布式知识生产使大学与来自社会实践领域的其他知识生产者融为一体。大学中的知识生产正在从传统型基础科学研究向基础和应用型科学研究相结合的方向转型。"可见，模式 2 知识生产打破了学科界限，形成大学与社会和市场的良性互动，更为重要的是，大量的跨学科研究开始进入大学，成为学科整合的显著标志和重要方法，致使科学研究日益呈现多元化、多视角的繁荣发展景象。"面向国家和社会需要的知识生产方式客观上要求大学的科研组织是跨学科的，这种'外生性'的跨学科科研组织具有人才的流动性和机制的灵活性，知识生产更加动态和开放，资源的配置更为优化等特征，比传统的知识生产组织具有更大的优势。"

因为知识生产模式 2 的跨学科性不像学科内和多学科，皮亚杰认为，多学科是从两门或两门以上的科学或知识领域中获取知识，它不改变或不增加所利用学科内容，也不涉及学科的相互作用；它多少有点儿像情报交流会，各门学科的专家各谈各的看法，学科之间缺乏有机的相互作用；而跨学科则实现了学科间的合作或一学科内各分支的合作，能够促进学科间密切的相互作用和"互赢"的交流。可见，多学科研究与跨学科研究虽然都有多个学科的参与，但二者存在根本区别，即多学科的知识是否在理解和接纳的基础上实现有效整合与重组。多学科研究是不同学科根据各自的理论、概念框架就同一问题提出各自的观点，其本质上仍然是单一的学科研究；而跨学科研究则是将不同学科进行融合，通过交流、沟通、协调提出一套新的、与各学科单一研究不同的理论和概念，其特征是打破学科壁垒，实现理论的整合。由于模式 2 的知识生产是在应用情境中产生的，面对社会现实问题，倾向于即时性效果，所以具有天生的跨学科性。

再者，模式 2 具有的其他自反性、社会问责等特征，意味着"传统单一认识论的思想已被多视角的思想所取代，每一个视角适合某一个地方"。"视角是一个更有用的概念，它意味着远远地观察一个特别的焦点，我们从哪里看影响着我们看到什么，这表示任何观察的焦点都只能体现部分的结果，没有一个学科能够为我们提供全貌。"因此，倡导多视角和方法成为模式 2 知识生产的必然趋势，这也是吉本斯等的知识生产理论能够在学术界引起重大反响的主要原因之一。表 0-1 说明了模式 1 和模式 2 的特征对比。

表 0 - 1   知识生产模式 1 和模式 2 的特征对比

	模式 1	模式 2
知识生产需求	单一的供需要求	多元的供需要求
知识生产情境	建立在基础研究或学科认知及社会规范上	兼顾社会和经济中各个参与者利益的应用性、问题解决情境
知识生产人员	基本固定的学术共同体内部人员	具有高度流动性的问题参与者和利益相关者
知识生产基础	学科的、制度化的	跨学科的、灵活的
知识生产组织	等级制的、同质性的	非等级制的、异质性的
知识生产结果	学科知识	社会弥散的、具有社会问责与反思性的知识
质量控制方式	同行评价	更综合的、多维度的评价

资料来源: Hessels Laurens K., Lente Harrovan, " Re – thinking New Knowledge Production : A Literature Review and a Research Agenda", *Research Policy*, Vol. 37, No. 4, 2008。

模式 2 知识生产理论接受了知识改革是不可避免的这样一种观点，并且认识到目前模式 1 和模式 2 是并列存在的。但是支持者们认为趋向模式 2 的趋势更为明显，并且它提供了积极的和创造性的机会，不同学科之间以及科学与社会之间界限的日益模糊为创新提供了可能。

（二）模式 2 研究的局限

尽管吉本斯等的大学知识生产理论在学术界赢得了很多赞誉，但同时也成为争论的焦点，观点褒贬不一。英国著名学者大卫·斯科特（David Scott）等就认为，吉本斯等的知识生产理论有一定的局限性，他们认为更为重要的是"大学理解的方式和学术知识与专业知识之间建立关系的过程"。斯科特进一步指出，现代型知识生产模式已经由传统的社会价值、古典分析、纯理论思辨知识转向知识的改良和创造力。传统上，大学从事基础科学研究是受好奇心驱使的，而现在已经发生了根本性的变革，由传统的基础科学研究向基础与应用科学相结合的方向转型。可以看到学术界对模式 2 知识生产模式仍存在许多异议与质疑，吉本斯等的新知识生产理论远未达到预想的知识新发展的程度，模式 2 知识生产模式还存在一些问题。

其一，大学具有多方面的功能，强调大学生要走出"象牙塔"，其知识生产要为市场和国家经济发展服务。这种看法本身没有什么可质疑和否定之处，问题在于，从理性的角度看，按照模式 2 知识生产理论的逻辑，将造成大学认知理性与工具理性冲突的问题抑或工具理性将统治认知理性。"工具理性与认知理性的差别在于：如果说认知理性追求的是知识的无用之用，即任何一种知识创新都有其独立的价值，那么，工具理性追求的却是知识的有用之功。"如此看来，任何对国家经济发展不起到作用的知识都被视作没有用处或者用处不大的知识。那么以往的"为科学而科学"、"为知识而知识"的只为发现和证明真理之外别无他用的知识生产模式 1 将受到冷落和排斥，认知理性将被迫臣服于工具理性。按此逻辑，知识生产模式 1 和模式 2 并非可以并存，而是一种非此即彼的关系。何况"高等教育本质上是发展认知理性的事业，工具理性不过是认知理性的应用而已。认知理性是一种辩证思维方式，它强调的是学术活动的批判反思性，鼓励人们挑战权威观念，反对把知识生产活动当作一个可以预测或者计划的刻板过程。工具理性则是一种机械化的思维方式，它蔑视学术自治和学术自由的价值，经常为了效率而强调对学术权威的绝对服从，不承认知识生产与物质生产之间存在任何实质上的差别，以工具理性统治认知理性，既会扼杀认知理性的生命力，又会使工具理性的发展后继乏力"。因此，如何抵制和解决知识模式 2 较为工具化的倾向成为新知识生产理论必须面对的问题。

其二，从知识生产模式 2 出发的研究，往往逃不出一味去适应"经济利益"的结局，弱化抑或忽视了大学引领人类社会未来发展指引作用。知识生产本质上是一种批判反思性的学术活动，学术自治和学术自由是这种活动的基本保障，知识生产活动有自己追求的目标（追求真理）、活动原则（学术自治和学术自由）和活动方式（批判反思），因此，本质上并不存在适应其他活动的问题。从另一方面来看，知识生产虽然独立于其他任何一种性质的社会活动，但其产品却又能够渗透到社会系统的任何一个部分，因此知识生产就具有某种社会"中介"的性质：通过知识产品的输出，知识生产活动既渗透到经济基础领域，也渗透到上层建筑领域，成为政治、经济、社会交往和文化传承等活动不可或缺的中间环节。但由于模式 2 知识生产所追求的是在市场和经济活动中的功用，即要求学术活动要为经济利益服务，这样就会跳进从投入和产出的角度来看待知识生产过程，知识生产只有利润的高低，没有对错之分，实现知识生产产品利润最大化成为知识生产者的终极目的。甚至知识生产者也难以避免其所进行的科学研究一味适应市场需求,随市场的指挥棒起舞,最后导致大学本身固有的思想自由和批判反思性精神丧失殆尽。

其三,模式2知识生产理论主要以"三重螺旋"为适应情境,这在一定程度上与创业型大学所强调大学科研与企业研发市场良性互动的特征在理念上有一定的叠合性。可以说,创业型大学是模式2知识生产的一种实践逻辑的结果。但是,注重大学、市场与政府之间的互动关系,却忽略了公民社会实体(公众)在知识生产过程中的作用。英国著名学者杰勒德·德兰迪(Gerard Delanty)在《知识社会中的大学》一书中尖锐地指出:吉本斯等人"对模式2的分析忽视了这样一个事实,即大学可能不再是知识唯一生产者,但它仍然是重要的证书授予者和重要的文化资本(如地位)的仲裁者。关键的问题是大学中知识生产模式2是否可以作为技术公民身份的基础,或者使用者信仰是否可以让技术革命建立在公民需求的基础之上"。信息技术是现代社会必不可少的一种技能,且如何人性化地使用技术成为公民身份进步的一种表现,而公众是知识生产和知识创新的用户群体,具有知识生产和应用的高相关性,理应成为知识生产行为主体。因此,在知识生产和知识创新政策领域必然要承认公众在实现国家创新战略中的重要价值。

四 模式2研究向模式3研究的转向

2003年,华盛顿大学教授伊莱亚斯·卡拉扬尼斯(Elias G. Carayannis)在《创造力 + 创新 = 竞争力》(*Creativity + Innovation = Competitiveness*)一文中首次提出"模式3"知识创新的思想。但当时并没有对"模式3"进行详细的论证。2006年卡拉扬尼斯与奥地利克拉根福大学(University of Klagenfurt)教授大卫·坎贝尔(David F. J. Campbell)在其《创新网络和知识集群中的知识生产、扩散和使用——一种横跨美国、欧洲和亚洲的比较体系方法》(*Knowledge Creation, Diffusion, and Use in Innovation Networks and Knowledge Clusters—A Comparative Systems Approach across the United States, Europe and Asia*)中正式以"模式3"知识生产范式阐释了美国、欧洲、亚洲三个区域的"创新网络"(Innovation Network)和"知识集群"(Knowledge Cluster)中的新知识生产现象。翌年,卡拉扬尼斯和北卡罗来纳大学克里斯多夫·菲茨姆诺威茨(Christopher Ziemnowicz)在《再发现熊彼特:从创造性破坏演进至"模式3"》(*Rediscovering Schumpeter: Creative Destruction Evolving into "Mode 3"*)一书中,通过再次

解读约瑟夫·熊彼特的"创造性破坏理论"到运用"模式3"知识创新理论对21世纪知识生产、扩散和使用的变革逻辑进行系统的阐述。2012年，卡拉扬尼斯和坎贝尔联手再出新著《四重螺旋创新体系中的模式3知识生产：为了21世纪发展的民主、创新和创业》（Mode 3 Knowledge Production in Quadruple Helix Innovation System：21th - Century Democracy，Innovation，and Entrepreneurship for Development），其间还发表了多篇学术论文对"模式3"知识生产理论进行全面的论述，并形成了独具特色的模式3知识生产理论。

模式3知识生产理论的出现有其必然性：首先，当前世界各国都面临着资源紧缺和国际竞争日益激烈的社会现实。这意味着为了促使有限资源的最大化、最优化以及引领地方和国家经济持续发展，传统由要素驱动和效率驱动的经济模式必须转向创意经济（Creativity Economy）发展模式。"创意经济（知识经济）和创意社会（知识社会）的发展程度越成熟和越高级，就会对知识、创新和创意的吸收能力变得越强，创意经济越能够创造性地将技术创新和社会创新紧密地结合在一起"。而模式3知识生产理论就是这种创意经济的逻辑向度。其次，从历史发展的轨道来看，人类社会已经进入了快速发展的高级知识经济社会，随着知识社会的快速演化和知识经济的进步，势必引起各国对更广域、更具突破性的创新模式的新需求。模式2虽然突破了模式1基础研究与应用研究二元分离的界限，促使大学知识生产走向市场和社会，但由于弱化了公民社会主体的互动参与等因素，仍存在一定的局限性。在知识经济的背景下，知识生产方式不断进行深刻变革和转型，充分展现了个人和国家层面对优势资源最大化的迫切需求，通过模式3知识生产理论研究促进地方和国家经济发展是必然的趋势。

我们再次审视和比较模式2和模式3研究会发现它们有明显的不同。模式2知识生产理论强调知识应用和以知识为基础的问题解决，其特征是：跨学科性、应用情景、知识生产者的多样性和异质性、知识组织生产形式的敏捷性和灵活性。而模式3是一个以多层次（Multi - level）、多形态（Multi - modal）、多节点（Multi - nodal）和多边界（Multi - lateral）为特征，并以联合演进（Co - evolution）、联合专属化（Co - specilization）和共同竞合（Co - opetition）为逻辑运作机理的多维协同创新系统（见图0 - 1）。

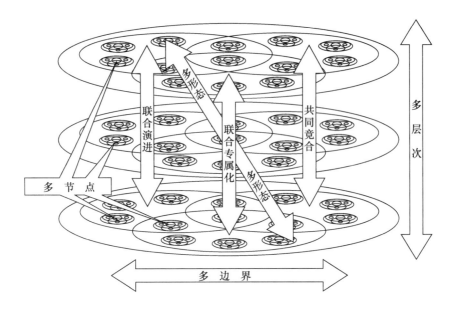

图 0-1 模式 3 知识生产模式结构

资料来源：Elias G. Carayannis, Quadruple Helix and "Mode 3" Knowledge Creation: Moving from Tactical Fragmentation to Strategic Integration, Thessaloniki, Second International Conference on Entrepreneurship, Innovation and Regional , 2009（4）：26。

　　模式 2 强调的知识生产的应用情景、社会责任和反思性等特征打破了传统的"投入—研发—创新—应用"线性创新模式，搭起知识生产活动与企业科研活动的有效联姻，以"三重螺旋"创新系统为适应性情景。而模式 3 知识生产理论是在"三重螺旋"创新系统的基础上进一步开拓边界，将公民社会（Civil Society）划入"三重螺旋"创新系统图景中，进而演进为"四重螺旋"创新系统（见图 0-2）。

　　依此趋势来看，模式 3 知识创新理论将成为大学知识生产的必然选择，它不再像模式 2 知识生产那样把目标锁定在大学、企业、政府三者身上，而是通过引入公民社会这一第四螺旋，促使科学知识生产的更广域、更包容性的理解，即知识生产"围绕共同的利益、目的及价值观等自发形成的集体行为"。作为"第四螺旋"的公众文化、价值观以及生活方式和媒体交际方式等要素，会对多层知识创新系统产生影响，即积极的创新文化能够推动高级知识经济发展；公众话语以及媒体信息传播和解说能够帮助公民社会规划知识生产和创新的优先战略。所以在模式 3

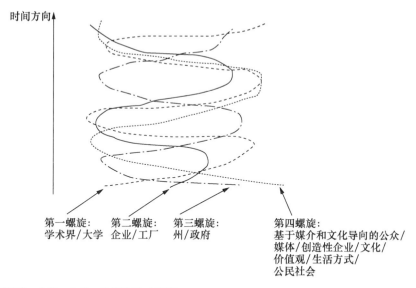

第一螺旋：学术界/大学　第二螺旋：企业/工厂　第三螺旋：州/政府　第四螺旋：基于媒介和文化导向的公众/媒体/创造性企业/文化/价值观/生活方式/公民社会

三螺旋：大学—企业—政府关系（螺旋）
四螺旋：大学—企业—政府—"基于媒介和文化导向的公众/公民社会"关系（螺旋）

图 0-2　模式 3 知识生产的适应情境：大学、企业、政府、公民社会"四重螺旋"结构

资料来源．Elias G. Carayannis, David F. J. Campbell, *Mode 3 Knowledge Production in Quadruple Helix Innovation System—21 st – Century Democracy, Innovation, and Entrepreneurship for Development*, New York：Springer, 2012, p. 14。

知识创新理论首倡者卡拉扬尼斯那里，第四螺旋直接指向"基于媒介和文化导向的公众"。

五　模式 3 研究及其价值

在 21 世纪全球知识经济社会的背景下，各国都面临着能源危机与国际竞争日益激烈的现实，而科学和技术则是国家和地区之间可持续竞争的优势资源，那么，如何把资源发挥至最大化、最优化理所当然地成为各国政府和知识生产者面临的新课题。伊莱亚斯·卡拉扬尼斯等西方学者根据知识生产方式的逻辑演进规律率先提出了"模式 3"知识生产理论，赋予了知识创新以崭新的时代使命。

模式 3 知识生产理论之于国家创新系统的重要性体现在它引入"学术性企业"（academic firm）的概念，进一步拓展了知识生产的本质属性和知识疆界。学术性企业具有以下特征："支持经济与大学之间的良性互动；支持基础研究、应用研究和实验开发的三者平衡；激励企业员工对知识进行逻辑编码；支持科研协同和科研网络；企业研发有限科学化。"在模式 3 知识生产系统中，尽管大学与企业之间存在一定的功能差异，但在创业型大学和学术性企业之间存在诸多元素的"水族叠合"，充分显示了创业型大学与学术性企业能够更容易地参与和组建大学与企业科研协同网络。从学术性企业与大学的关系看，学术性企业虽然也参与企业基础研究，但学术性企业不同于大学，它代表了企业组织的核心要素，其利益仍在于创造商业利润和价值。从学术性企业与商业企业关系看，商业企业强调利益最大化和最优化，而学术性企业则强调知识和创新的最大化和最优化。从学术性企业与创业型大学关系看，创业型大学（模式 2 大学）将部分企业要素延伸到企业界。学术性企业是以知识为导向，并与大学或高等教育部门构建协同网络，鼓励"学术文化和价值"以激励员工，承认不同形式的学术成果，支持员工的继续教育和终身学习。

可见，模式 2 研究和模式 3 研究之重要区别在于大学知识生产过程中的逻辑向度，即创业型大学（模式 2 大学）与学术性企业（模式 3 大学）之区别。模式 3 知识生产融合了知识集群和创新网络的概念，它们分别是：（1）联合专用的附属物，互为补充以及强化型知识资本；（2）服务于公共或私人环境中旨在培育创新的实体和虚拟基础设施及技术。而这些"创新网络和知识集群又在多样化的组织（如大学、企业、政府以及非政府组织等）和科技领域（信息通信技术、生物技术、高级材料、纳米技术和新能源技术等领域）中不断地重构、解构和再重构"。

在模式 3 知识创新理论中，创新网络和知识集群为衍生基础，依托"四重螺旋"创新生态系统为适应情境，以多节点、多边界、多层次、多形态为特征，嵌入联合演进、联合专属和共同竞合的逻辑运行机制，并以学术性企业为努力方向，它们共同构成了动态联系、相互交叉和融合的知识生产创新系统。

总之，在以"创新驱动"的知识经济社会，知识生产模式已经发生了深刻变革，从模式 1 知识生产走向模式 2 再过渡到模式 3 已成为知识生产转型的必然趋势。各国知识生产的创新系统必须顺应这一趋势，破除狭隘的边界意识，以广阔的胸怀和更加开放的视野积极推进知识生产模式转型。只有不断地去适应知识生产转型的变革趋势，才能服务于国家的发展战略，进而促进地区和国家的经济繁荣发展。

第一章 "创新驱动"过程中大学变革的
内涵、维度与路径

第一节 从创新系统论到创新驱动：创新
理论研究的流变

一 走出黑箱：创新研究从技术走向系统的转型

早在 20 世纪中叶，西方发达国家就开始制定以提升国家科技实力和
国际竞争力为主要内容的技术政策，这也被普遍认为是后来创新政策的
前身。这一时期的技术政策固然反映了各国已经将提升科学研究和技术
改进的能力视作推动经济增长的决定性因素，但是从各国政策制定和实
施的过程，特别是这一过程背后所蕴含的理论转向而言，新古典经济学
派对各国的政策制定仍然起着重要的影响。该学派认为在技术研发的过
程中始终存在"市场失灵"的现象，因此政府应该运用多种政策手段对
技术创新的过程进行干预并针对市场失灵的领域制定相关政策和措施。[①]
由于该理论将技术创新过程看作是一个外界无法观察和测度的"黑箱"，
并认为黑箱内部的运作过程并不重要，只要市场机制发达，就能够促使
黑箱内部保持运行，因此对当时以致力于技术创新为主的政策体系来讲
产生了很大的影响：政府只注重对知识生产过程进行大量投入，而将知
识扩散和应用看作是企业的主要职责。在这种理论的指导下，各国纷纷
将大量的经费用于资助大学、实验室及其他研究机构的研发活动，当上

---

① Alasdair Reid, Systems failures and innovation policy: do national policies reflect differentiated
challenges in the EU27 ? www. proinno – europe. eu/. . . /Systems_ failures_ and_ innovation_ policy_
presentation. pdf, 2010 – 06 – 11.

述研究机构产生了成果之后，便会自动地通过各个产业来进行创新成果的吸收、应用、扩散。实际上，这一阶段的创新政策主要是科技政策，是一种以推动公立科研机构的研究与发展（R&D）为主要目标的，通过以经费资助、试验场地和设备提供为主要形式的创新政策，故被称为"第一代创新政策"（the first generation innovation policy）。其总体特征是基于创新发展的线性过程理论（the linear model），认为创新的过程始终遵循着"投入—研发—创新—应用"的程序。这一阶段的创新政策强调的是繁荣具有关键性作用的科学与技术成果研发，同时促进知识在创新链中由上而下地流动。① 线性模式并没有合理地对创新的过程进行解释，它甚至掩盖了创新活动中所具有的复杂性、发散性、非连续性等特征。虽然大部分创新领域的研究者已经对线性模式提出了质疑，但是线性模式依旧得到了广泛的应用，尤其是在各国的创新政策制定方面。正如托马斯·库恩在其《科学革命的结构》中所说："在寻找到更好的范式作为替代之前，我们依旧会习惯于用原有的范式思考复杂的情况——即使这种范式无法有力地解释现实。"②

进入 20 世纪 80 年代之后，随着人们对创新研究的不断深入，技术创新论以及创新的线性模式已经受到了广泛的质疑。特别是伦德威尔提出国家创新系统的概念之后，学术界开始广泛利用系统方法来研究创新过程中诸要素之间存在的各种耦合关系，重视创新过程的动态化及开放式、交互式的特征，强调创新中的非技术要素，创新理论的演进也对创新政策领域产生了极大的影响。传统的线性政策模式受到挑战，随之而来的创新政策开始受到了新熊彼特主义的影响，不再将创新单纯地认为是"技术创新"，而重视对其他如制度、服务、组织等领域创新的政策制定，并将创新理解为是一个由科学、技术、市场、制度环境、参与主体等多种要素相互作用构成的复杂过程，重视对创新过程内部运行机制的揭示。因此，这一时期的创新政策从传统的线性模式转变为"大学—产业部门—政府"三方合作并形成良好互动的螺旋模式，从单一的科技政策转变为科技政策、产业政策、金融政策等构成的政策体系，大学和科研机

---

① Rossi，Federica. Innovation Policy in the European Union：Instruments and Objectives，http：//mpra. ub. uni － muenchen. de/2009/1/MPRA_ paper_ 2009. pdf，2010 － 06 － 12.

② Thomas S. Kuhn，The Structure of Scientific Revolution，University of Chicago Press。

构通过政府构建或资助的孵化设施成为企业创建者，产业部门通过政策引导进入大学（或大学进入产业）成为创新合作者，政府部门利用各种项目投资成为风险资本家。政策措施也不再局限于政府提供的直接资助，而是通过多种政策手段来激励创新，其中包括加大税收优惠政策力度、恰当运用风险资本、政府对创新产品的定购、降低新产品的进入壁垒以及相应的贸易政策等。① 这一阶段的创新政策也可称为"第二代创新政策"——强调的是支持创新的系统和基础设施的重要性，涵盖研究与发展、教育与培训、税收与财政、知识产权保护、竞争力等多个领域的政策凸显了创新政策的整合性和系统性，同时也体现出了各个领域之间加强衔接和沟通的必要性。

上述转向注重增强或改进那些能够有效改善创新系统内部的动态性、促进创新系统要素间知识流动的领域，从而使国家/区域创新系统成长为循环演进的创新生态系统。在宏观层面中，大学通过基础研究、应用研究以及技术转移活动丰富了创新系统的结构与功能，增强了创新系统各行动者之间的关联；从区域创新系统的层面来看，产业部门—大学—政府间的三重螺旋系统为解释中观层面的创新系统运行模式提供了理论依据。而世界各发达国家不断涌现的以产业链相关企业、大学、风险投资机构、金融机构、其他研究机构等形成的集聚现象，也形成了有效整合区域资源、提升区域创新能力的创新集群。无论是知名度很高的硅谷，还是 20 世纪 80 年代后发展起来的圣地亚哥集群，都从实践层面向我们呈现了三重螺旋系统的可能性与未来的发展优势；在更为微观的层面，以大学为核心形成的研究与创新集群更多地强调利用大学的智力资源，以固定的地理场所来建构起大学与其他部门之间的合作创新机制。从美国大学研究区的发展现状来看，继续增强研究区内的合作与关联、有效整合各机构的资源，充分利用大学的人才和研究优势、开展大学研究区的国际化合作是未来美国大学研究区发展的主要趋势。美国的大学在很大程度上为众多中小型的创新型企业提供了研究人员、工程技术人才与科学顾问。与欧洲和日本的同行相比，美国大学的教师拥有更大的自由度，

---

① Alasdair Reid, Systems failures and innovation policy: do national policiesreflect differentiated challenges in the EU27 ? www. proinno – europe. eu/. . . /Systems_ failures_ and_ innovation_ policy_ presentation. pdf, 2010 – 06 – 11.

可以在公立与私营部门之间流动。这种开放的、鼓励人才与资源自由流动的创新机制使许多教师投身到创业的过程中，更加促进了创新思维与创新产品的出现。

二 创新系统演化的实践形态：大学在创新集群中功能机制的建构

（一）创新集群的产生与发展

早在1890年，英国剑桥大学经济学教授马歇尔（Alfred Marshall）在其《经济学原理》一书中，就考察了工业的地区分布、运输发展对工业的影响和规模经济的问题。他认为，19世纪经济活动中所存在的空间集聚现象的优势就在于使企业获得高水平的劳动力并加强企业中各部门的专业分工，而马歇尔的这一观点也被认为是最早的产业集群思想。[1] 1909年德国经济学家韦伯（Alfred Weber）则对工业中的集群现象进行了更深入的研究。韦伯认为集群中的集聚特性体现了科技与经济在产业层次中的高度融合。生产分工的专业化在使企业生产率提高的同时，也带来了运营成本的增加。通过产业集聚，企业不仅可以节约生产成本，还能够使生产率得到提高，并能以网络形式重构信息沟通途径进而降低交易成本。[2] 1912年，创新理论的创始人熊彼特（Joseph A. Schumpeter）在《经济发展理论》一书中就注意到创新具有在时间或空间上成群出现的特征。他指出："创新不是孤立事件，并且不在时间上均匀地分布，相反，它们趋于集群，或者说，成簇地发生，这仅仅是因为，在成功的创新之后，首先是一些，接着是大多灵敏企业会步其后尘。其次，创新甚至不是随机地均匀分布于整个经济系统，而是倾向集中于某些部门或其邻近部门。"[3] 在这之后，许多经济学家开始将对"产业集群"的研究逐渐转入了"创新集群"的研究。

进入20世纪90年代，人们对于创新集群有了新的认识。其中，最为人们所熟知的、流传最为广泛的对于创新集群的定义来自哈佛大学教授迈克尔·波特（Michael Port）。在其经典著作《国家竞争优势》一书中，他分析了技术创新与竞争优势、技术创新与产业集群的关系。波特指出，一个国家的经济体系中，有竞争力的产业通常不是均衡分布的，国家的

---

① Marshall Alfred, *Principles of Economics*, London, 1920, p. 46.
② 钟书华：《创新集群：概念、特征及理论意义》，《科学学研究》2008年第2期。
③ ［美］熊彼特：《经济发展理论》，商务印书馆1990年版，第34页。

产业竞争优势趋向于集群分布。而创新集群，就是"在一个特定的区域内，通过通用技术及技能连接起来的、在空间地理上非常接近的一组企业及其他关联性组织。它们通常存在于一个地理区域内，并由此进行信息、资源、技术、人员之间的共享与交换"。① 创新集群是一组彼此独立但相互之间有着紧密联系的公司及其他组织，这些公司或组织"竞争与合作并存、即使具有全球化扩张趋势但仍然在一个或几个地区中存在着地理上的集聚、以共有的技术与技能作为联结、既可以是制度化的也可以是非制度化的"。② 2001 年，OECD 的研究报告《创新集群：国家创新系统的推动力》认为创新来源于产业部门、公共机构、教育科研组织不断地相互作用；创新集群可以被视为一种简化的国家创新系统，这有利于国民经济领域中各部门的创新。③ 在这个基础上，创新集群可以被认为是由企业、研究机构、大学、风险投资机构、中介服务组织等构成，通过产业链、价值链和知识链形成战略联盟或各种合作具有集聚经济和大量知识溢出特征的技术—经济网络。

（二）创新集群的诸要素构成

在创新集群中，企业以生产技术密集型、知识密集型产品为主，经济活动的附加值非常高，集群所特有的技术和知识是竞争优势的主要来源。作为一种经济组织形式，创新集群内的企业、大学与其他组织构成了一个完整的创新网络，从而可以发挥创新的协同效应；创新集群内部的组织机构属于学习型组织，具有很强的创新能力和学习能力；同时，高度的开放性使创新集群内部的各个组成部分可以不断地与外界进行信息交换从而提高自身的知识水平。

从结构和功能看，创新集群具有五个典型特质：一是以企业为主体，研究机构、大学、政府和中介组织等共同参与了创新活动；二是企业、研究机构、大学和消费者在创新活动中形成了各种战略联盟与合作关系；三是高强度的研发经费投入，其中大型创新企业的研发投入起举足轻重

① ［美］迈克尔·波特：《国家竞争优势》，李明轩、邱如美译，华夏出版社 2004 年版，第 160—162 页。

② Final report of the Expert Group on Enterprise Clusters and Networks, http：//www. sea - mist. se/tks/ctup. nsf/（WebFiles）/728464CC5D72546BC1256F4A00590E1B/MYMFILE/European-Clusters%20eu. pdf.

③ Innovative Clusters, Drivers of National Innovation Systems, OECD Paris, 2001, p. 151.

作用；四是大量的知识转移和知识溢出，其主要形式是专利和将新知识物化的新产品；五是快速增长的集聚经济。①

可以看出，创新集群是一个由多种要素构成的集合体，企业、政府、研究机构、金融机构以及各类服务组织在其中发挥了重要作用，而产业联盟、行业协会、技术转移的服务机构、智库等则发挥着协调作用。克里斯蒂安·凯特尔（Christian Ketel）就将创新集群中的行动者（Actor）分为以下十种：②

（1）企业，主要是指私营企业以及经济活动中的其他主体；

（2）公共部门A，主要包括了国家层面的行政机构，其功能在于促进中小型企业的发展、激励社会中的创业精神以及制定集群战略和政策；

（3）公共部门B，主要指地区层面的国家行政机构以及中央部门在地方的直属机构；

（4）公共部门C，主要指基于地方委员会合作机制而建立起来的各种地区机构；

（5）私立或公私合办的地区组织或机构；

（6）大学、科研机构、科技园区；

（7）集群组织；

（8）传媒；

（9）知识密集型的服务组织（如咨询机构、独立审计机构等）；

（10）上述部门或机构的分支组织。

创新集群的构成要素中包含了各种正式的、非正式的甚至是临时性质的创新网络合作关系。集群内部的企业、政府、研发组织、金融服务机构、各类社会性组织等为了实现创新而进行了各种联系，这包含了大量的知识创造、知识转移和知识溢出的过程，并在互动学习的过程中形成这种正式和非正式关系的综合，从而充分利用组织之间的丰富资源实现集群功能的优化。在这些构成要素中，企业无疑是创新活动的主体，主导和支配了创新，成为集群的核心部分；政府在集群中发挥着引导、组织和协调作用；研究机构和大学则通过参与企业创新活动为其提供智

---

① 钟书华：《创新集群与创新型国家建设》，《科学管理研究》2007年第12期。

② Clusters and Cluster Initiatives，http：//www. clusterobservatory. eu/upload/ClustersAndClusterOrganisations. pdf.

力支持；而各类知识密集型服务机构为集群的创新活动提供了专业化的保障。这些要素之间通过以创新为目标所建立起来的区域网络合作体系构成了创新集群这一提升国家/地区竞争力和创新能力的组织形态。

（三）大学在创新集群中的作用

斯坦福大学的经济学家保尔·罗默（Paul Romer）提出了新增长理论，提供了理解创新在现代经济中的核心作用的理论。在新增长理论中，创新思维是经济增长最主要的催化剂。通过用更有效的方式将这种思维或者观念转化为最终的创新成果并进行商业化会极大地推动区域经济增长。罗默认为，应将自然资源、劳动力数量、土地价格等单一要素整合在一起并以创新过程作为推动经济增长的动力。费尔德曼（Feldman）认为"只有随着一个区域创新的社会结构的发展，才能使大学对任何形式的经济增长产生效用"①，仅仅依靠大学自身的力量是不够的，还需要其他组织的参与及制度的保障来配合大学多样化的资源，这包括了公众对于全球化背景的理解、技术的管理及发展的社会驱动。关联机制的建立及相应的支持系统——这些因素的有效整合才能够"哺育"创新文化和必要的创新网络。在上述整合的过程中，大学的功能远远超越了作为传统的教育机构的范畴，它可以在创新集群的发展中提供以自身关键知识为基础的各种活动。大学的传统优势在于拥有许多卓越的教师和富有创新潜力的学生、丰富的图书馆资源及计算机中心和数据库系统。在创新集群中，大学则为创新集群中的其他机构提供了知识密集型服务（Knowledge Intensive Service，KIS）：

· 原创理论和技术的生成；

· 进入更加专业的知识服务中，如资本合作、产品开发、技术转移；

· 对市场需求和机遇的评估；

· 确保在公民与政府间支持性的公共政策；

· 发展社会网络及以培训方式为产业部门提供人力资源；

· 在创新网络中鼓励变革的文化；

· 机构间的开放合作与充分信任。

创新集群是创新存在的方式之一，它为创新过程中的每一个个体提供了生存范式、发展动力、目标导向与资源支持。同时，创新集群也为

---

① Innovative Clusters – Drivers of National Innovation Systems，OECD Paris，2001，p. 151.

国家和区域创新系统的构建提供了一个最佳的发展平台。加州圣莫妮卡（Santa Monica, California）独立的米利肯（Milliken）研究所的研究结果表明高技术产业与高等教育机构间的关联性决定了美国区域创新集群的成功与否，这也解释了美国在整个 21 世纪初期大都会区域（Mega City Area）中高达 65% 的新兴技术产业增长率。[①] 在这一发展过程中，大学毫无争议地成为孵化高技术企业的最重要因素。斯坦福大学与硅谷、加州大学圣地亚哥分校与圣地亚哥创新集群、MIT 与波士顿区域创新集群、得州大学奥斯丁分校与奥斯丁创新集群等都是美国大学在区域创新集群中发挥作用的典范，它们之间的彼此合作与互动已经对本区域的经济和社会发展做出了巨大的贡献。根据斯坦福大学的报告，自从 1939 年惠普公司的成立，斯坦福大学的 2325 名教师已经创办了 2454 家企业。这些企业包括了思科、谷歌、惠普、雅虎等知名的创新型企业并且迄今为止仍然是"硅谷 150 强"。实际上，这些企业一直保持前 10 名或前 15 名的位置。2013 年，这些企业的总收入达到了 2612 亿美元，占当年硅谷前 150 家企业总收入的 55%。[②]

三 "创新驱动"的内涵及其特征

熊彼特早在 1912 年出版的《经济发展理论》一书中就对创新的概念及其特征进行了深入的研究。在他看来，创新是指人们将一种生产要素和生产条件的"新组合"引入生产体系。此过程包含了五个方面：（1）研发新的产品；（2）运用新的技术；（3）开辟新的市场；（4）采用新原料或新材料的新供给；（5）建立新的组织形式。[③] 自此之后，"创新"逐渐进入了理论研究的范畴并引起了各国政策制定者的偏爱，特别是最近 30 年以来，伴随着制度创新、技术创新、新增长理论等创新分支理论的盛行，创新现在已然是政府、学者、社会大众广泛热议的一个词语。从概念起源来看，"创新驱动"这一概念最早则是由哈佛大学教授迈克尔·波特提出，他将经济发展划分为四个阶段：第一阶段是以廉价生产力、自然资源等生产要素驱动的阶段；第二阶段是大规模投资、改善技术装备为支撑经济发展的投资驱动阶段；第三阶段是以提升创新能力

---

① 韩宇：《美国高技术城市研究》，清华大学出版社 2009 年版，第 135 页。
② 同上书，第 177 页。
③ ［美］约瑟夫·熊彼特：《经济发展理论》，商务印书馆 1990 年版。

为主阶段；第四阶段则是将创新与市场紧密结合的财富效应阶段。① 在这一概念提出之后，一些国际组织也将一国／地区的发展阶段分别经历了因子驱动—效率驱动—"创新驱动"三个阶段，并指出了不同阶段社会经济发展的路径依赖特征。总体来看，在"创新驱动"的阶段，全社会将维系较高的发展水平和良好的生活标准，整个社会所创造的物质财富和精神财富都是以充分发挥每一个个体的创新能力为基础。从世界范围来看，"创新驱动"既是各国保持经济持续增长、不断提升国家竞争力、适应经济社会需求深刻变化的宏观战略，也是各国把握新科技革命、应对全球性挑战和国际金融危机的核心对策。

　　"创新驱动"强调通过富有创新精神和创新能力的个体，以观念创新、制度创新、技术创新等多种方式，利用新的思维方式、新的管理理念、新的发明创造去实现社会的持续发展。因此，在"创新驱动"阶段人成为最关键的要素，知识、信息、技术等无形资产则成为附着在人的创造性本质之外的要素投入。这类要素投入具有非稀缺性、非排他性和非消耗性等特征，其创造的价值和发展模式远远高于资本投入与资源禀赋。

　　"创新驱动"这一概念就其本质而言，是指一个国家／地区的社会进步与经济增长主要依靠原创性知识的探索、新发明和新技术的创造及其应用过程。从发达国家的经验来看，一个以"创新驱动"的社会经济体需要如下几个必要条件：第一，在各个行业与领域中具备了创新精神和创新能力的个体，如科学家、教师、研究人员、企业家、工程技术人员等。创新者的培养是整个"创新驱动"过程是否运行的基础与前提，因此，旨在鼓励和促进创新者涌现的外部环境和一系列制度措施，就显得格外重要。第二，原创性知识和各种发明创造从理论到实践应用的完整转化过程。与投资驱动和要素驱动的经济发展相比，"创新驱动"体现的则是某种类似于生态系统的自发演进特征，即动态性、栖息性、生长性，以创造最终价值为导向，一切的创新最终都要具备一定社会条件限制下实现的可能性。第三，"创新驱动"体现的是一种自下而上的、不同区域之间的多样性、自发演进性和开放互动性。因此，一个地区、一个国家、一个社会的开放性和多样性是繁荣创新的关键，包容意味着允许差异的

---

① ［美］迈克尔·波特：《国家竞争优势》，天下文化出版公司1996年版。

存在，开放意味着打破封闭的界限，互动则激发了思想和观念的无限可能。

第二节　大学在"创新驱动"过程中的主体功能建构

一　大学作为共生演进生态系统中的重要组成

20 世纪末至今，大学与产业部门之间的这种共生演进关系得到了进一步的发展。随着工业经济向知识经济的转型，美国的经济也发生了巨大的改变：制造业的地位迅速地被知识密集型服务业所超越，标准化、流水线式的生产模式被个性定制、服务外包等全球范围内配置资源的生产模式所取代，以创新型的中小企业、大学、风险投资机构、其他社会组织为主的创新集群构成了区域创新系统的核心部分。这些产业结构和经济增长路径的转变也极大地影响了美国的高等教育系统。大学逐渐融入了区域创新系统的构建乃至全球经济一体化的过程中。诸如跨学科研究、科研资助、技术转移与许可、师资构成、学生来源、学科设置、全球分校等高等教育机构中的几乎所有领域都发生了我们可称之为"组织创新"和"制度创新"的变化。在从工业社会向后工业社会转型的过程中，大学的科学与技术创新活动体现出了如下特征：首先，创新的出发点是对于特定的有序结构的兴趣的重新获取，以及技术、设备操作、实践技能和默会知识（Tacit Knowledge）在相应的分配中所发挥的作用，而不是为了寻找"第一原则"（First Principles）。其次，创新给予有关设计的知识和通过设计而进行的实践。① 在研发阶段中，大学的科研人员和研究生以参与创新过程为主要任务，越来越多地与产业部门一起致力于各个领域的科学探索和价值实现活动，并进一步推动了新知识领域的发展。此外，美国的大学跨越了原有的基础研究和应用研究的界限，将理论导向的研究与应用导向的研究结合在一起。大学利用与产业部门的联盟所

---

① ［英］迈克尔·吉本斯、卡米耶·利摩日、黑尔佳·诺沃提尼：《知识生产的新模式——当代社会科学与研究的动力学》，陈洪捷、沈文钦译，北京大学出版社 2011 年版，第 16 页。

获取的资金进行发明创造，然后通过大学内部的技术转移及专利许可机构将大学研究成果转化为各种创新产品。美国的大学也成为为其全球资本主义扩张提供各种智力资源的重要场所。"它寻求在组织的特性上做出实质性的转变，以便将来取得更有前途的态势。通过有组织的创新，改革大学的结构和方向，经过若干年的努力才能发生。在这些层次的集体的创业行动，才是转型现象的中心。有效的集体创新不会使一所大学越出学术合法性，引起声誉、资源和发展的市场循环。相反地，它能提供资源和基础结构，构筑超出一所大学原来具有的能力"。①

二　大学作为创新生态系统形成过程中的知识核心

知识经济时代的高等教育机构所面临的一个主要问题就是它与环境之间的不平衡：大学面临着来自政府、社会、个人等多个方面的需求，而自身所具备的反应能力却明显供应不足。与其他国家的大学相比，美国大学所具有的通过自身变革而再次达成与外部环境平衡的能力是很强的。美国大学发展过程中的历次变革都是通过对其理念和组织结构的转型来"控制需求和提高反应能力的一个手段。和谐地把各个要素结合起来，关键是大学要有个中心。……这个'有中心的大学'的概念，是指这样一种组织上的特性，即不断增加的各类大学将需要可持续的发展"。②在今天，美国大学的内部组织转型更多地体现在了与产业部门，尤其是其中的创新型企业之间建立起一种网格化的创新系统，这一点对于美国国家创新系统的绩效尤其重要。这种基于大学与企业为合作主体的创新过程更加强调了隐性知识在组织间学习的重要性。创新日益基于企业、研究组织和公共机构等经济体间的互动和知识流动。创新过程的两种特性——黏滞（Sticky）、情境依赖（Context－Laden）的隐性知识的集中化，以及社会互动的日益重要性结合在一起，就会理解地理空间对创新为何如此重要了。安娜尼·萨克森宁（AnnaLee Saxenian）曾指出，激烈而且常常是非正式的、超出企业边界的学习网络造就了硅谷的成功。在支持高科技产业区的技术开发和企业人才培养方面，各州的资助以及对美国公司经理制起核心作用的大学发挥了重要的作用。③

---

① ［美］伯顿·克拉克：《建立创业型大学——组织上转型的途径》，王承绪译，人民教育出版社2003年版，第3页。

② 同上。

③ ［挪］詹·法格博格：《牛津创新手册》，知识产权出版社2009年版，第48页。

无论是艾伦·布鲁姆在《美国心灵的封闭》中对美国高等教育越来越多的功利性和大学精神消亡的批判，还是斯特劳对美国大学中学术资本主义现象的分析与评价，美国保守主义者对于大学逐渐丧失了其最初的神圣性的种种悲观论调都是从镜子的一面来向我们展示美国高等教育在美国实用主义文化与资本主义制度形成过程中所受到的侵蚀。但是与知识分子作为社会的"良心"而保持的对上述现象的深刻批判不同，笔者更愿意从功能与关联性的分析来关注大学在美国国家创新系统中的演进是如何成为社会进步与经济发展的"动力"。大学与其他社会机构之间交互作用的增强以及合作机制的形成，大学自身不断的组织创新和制度创新，都体现了一种创新生态系统中互相合作的态势，大学与其他组织之间越来越密切的联系都是这种生态系统的展现。大学可以，也应该发挥创新生态系统中像根茎那样的作用，为其他组织的发展提供源源不断的养分。大学不能将自身的存在与创新割裂开来，这绝对不是政府政策的导向或者外力的作用，我们也同样不能主观地认定国家创新系统就是一种自上而下的、人为设计的结果——将大学纳入该系统中，拓展其作用的社会系统建制过程——从大学在美国国家创新系统中的演进过程来看，这其实是一种自下而上的、自我生长与创造的过程，是大学作为知识机构本能的一种延展和扩散，是一种对于社会使命和责任感的新时代的体现。它"改善创新生态系统任何一部分的繁荣，都能提高整体的活力与适应性。跳出原先的群落，接触其他群落的资源与智慧，这样的组织将在可持续创新上遥遥领先"。① 即使是非商业组织也可以站在"客户"（也就是组织必须满足其需求的人）的角度思考。学术机构的客户是社会大众——利用其研究、聘用其学生的人与组织。最大限度地支持大学研究服务于公众，服务于知识的传播，服务于创新思维和创新产品的涌现、扩散乃至实现，提高每个人的教育水平，帮助每个人创业，或者帮助他们过上丰富多彩的独立生活，或者帮助每个人更有效地分配资金。

通过前文中对创新生态系统的内涵及运行机制的分析，我们可以看出，组成创新生态系统的创新群落之间具有互惠共生、协同竞争、资源共享等特性。以著名的区域创新系统的典型代表硅谷为例，在硅谷中，

---

① [美]朱迪·埃斯特林：《美国创新在衰退》，翁一飞译，机械工业出版社2010年版，第35页。

美国文化中所蕴含的那种"西部牛仔"式的冒险精神、企业家精神与大学创新的不断繁荣、完善的基础设施、健全的法律制度以及创业板市场一起构成了以高科技企业为核心的创新生态系统：大学和科研机构为硅谷提供了创新的思想源泉；风险投资机构为创业企业提供了资金支持；基础设施则为创新生态系统的运行提供了保障。在这背后，则是那种敢于创新、崇尚开拓进取以及敢于承受失败的精神等为文化纽带的创新动力。因此，良性的创新生态系统的形成得益于对每一个与创新有关的环节的发展与完善。如发展出利于创新生态系统形成的创新链；鼓励创新群落中各组织成员之间的合作与交互行为，刺激知识的流动和技术转移的形成，使企业、大学、服务机构等多个部门之间保持多通道式的合作机制；建设高效运转的创新支持平台，这其中包括了政府主导和市场自发主导两种形式；营造有利于创新的物质环境和文化制度环境。

三　大学在"创新驱动"阶段中的功能转型

大学知识创新的功能就是知识的产生、扩散与传播，其作用就是发现新的知识，新的理论通过应用研究将基础研究成果转化为具有市场价值的产品，通过合作研究开发新产品、新工艺、新产业。创新的过程有许多特点：它是一个自由探索的过程，因此不能有很强的计划性；它具有失败的风险性，前景是不确定的，而且也不会立即产生经济效果，需要政府的补贴，对于市场经济是失效的；需要跨学科范围的长期研究和一种宽松的、鼓励探索和失败的外部环境；更重要的是需要一批具有创新精神的学者和学生。新增长理论的代表人物罗默将产出划分为两大部门，即消费品生产部门和研发部门。知识具有外溢效应，知识的外溢不仅使自我形成递增效应，而且使物质资本和劳动等其他投入要素具有递增效应，从而导致无约束的长期增长。美国大学承担了3/5的基础研究，100多所研究型大学则是基础科研的主要承担者。斯坦福大学、加州大学伯克利分校、加州大学圣地亚哥分校是半导体、计算机、机电一体化等科学领域重要的研究中心。创新并非某种线性的或机械的过程，而是看作在我们经济和社会许多方面具有多面性并不断相互作用的生态系统。《创新生态中的大学与私人部门研究伙伴关系》的报告进一步阐述道："在这个生态系统中包括从学术界、产业界、基金会、科学和经济组织及各级政府的一系列的行动者。在广泛承认其非线性和相互作用的同时，最简洁地说，创新过程可以看作是产生出新知识和技术两者的过程，这是一个从基础发现的研究到市场化的过程。"①

法国、德国等欧洲大陆国家在基础研究领域与大学保持着密切的合作关系。以法国为例，成立于 1939 年的法国国家科研中心（CNRS）是研究技术部领导之下的、规模最大的基础研究机构，科研经费为高校科研经费的数倍。法国大学的科研工作除了受教育部科研司的领导之外，还要接受研究技术部的管理，因此与 CNRS 保持着密切的关系，CNRS 下属 2/3 的实验室是与大学联合的，中心约 70% 的人员在与高校联合的实验室工作。CNRS 还通过与大学签订长期的"一揽子"科研协作协议方式，在财力上对大学提供长期资助。美国则是直接将大型联邦实验室设立在大学，尤其是研究型大学之中。

"创新驱动"并非单纯作为经济社会发展的一种路径，它的最终目标是要实现国家、社会、个人的现代化。作为深处变革时代的转型期国家，中国现代化的含义与发达国家的现代化必然有所不同，其现代化应该结合自身的历史文化传统、经济社会结构、政治制度和体制特征，将"创新驱动"与国家的经济社会发展战略紧密结合在一起。罗斯托的经济成长阶段论将一个国家从贫穷走向富有、从传统走向现代的历程分为六个阶段：（1）传统社会；（2）为起飞创造条件的阶段；（3）起飞阶段，这是传统社会向现代社会转变的"分水岭"；（4）向成熟推进阶段，这是社会能够有效地将现代技术应用到各个经济领域的阶段；（5）高额消费阶段，这是在工业高度发达的基础上汽车等耐用消费品推广应用的阶段；（6）追求生活质量阶段，在这个阶段中，与知识密集型服务业有关的部门将肩负着实现现代化的任务。② 可以看出，我国的经济社会发展已经进入了第五个阶段，并在某些领域中逐步开始向第六个阶段靠近。大学作为知识创造与传播的社会组织机构，在这一阶段的发展中发挥着愈加重要和不可替代的作用。创新的过程不再是杂乱无章的，它成了社会生活中有规则的、制度化的一部分，束缚经济增长的阻力最终被克服，经济和社会的现代化进入自我持续发展的阶段。就此意义而言，创新不仅意

---

① University – Private Sector Research Partnerships in the Innovation Ecosystem, Report of the University of Wisconsin, Madison. http://en. wikipedia. org/wiki/University_ of_ Wisconsin% E2% 80% 93Madison.

② 洪银兴：《现代化的"创新驱动"：理论逻辑与实践路径》，《江海学刊》2013 年第 6 期。

味着对技术进行改进和革新，其源头更在原创性知识的探索和发现，科学技术的创造与发明及其运用。因此，创新不等同于企业进行的技术创新，需要大学和企业之间的协同，原因有三：第一，原始创新的源头在大学而并非企业，没有来自大学对基础研究的探索、对新思想和新观念的革新，企业的技术应用就如同无源之水，丧失持续发展的能力；第二，与其他社会组织相比，唯有大学同时肩负着科学研究和教育两大功能，在科学研究之中培养创新的个体，以富有创新精神的个体推进科学研究，这种双螺旋的功能是其他组织所无法替代的；第三，以大学为中心可以构建起创新为导向的区域创新系统。

第三节 "创新驱动"阶段大学变革的三重维度

大学作为正规教育组织的重要组成，其基本职能从最早的传授经典文化知识、学者的自治共同体，到柏林大学所倡导的教学与研究相结合，再到第二次世界大战后多元巨型大学的出现，乃至创业型大学、全球大学的滥觞，其理念和功能则随着时代的变迁不断地形塑与扩充。这种演进与工业革命的勃兴有着密切的关系。随着世界性科学技术与经济的密切结合，创新对经济活动的作用愈加明显，大学则深受工具理性主义和功利主义的影响而摆脱了"象牙塔"内做学术的封闭状态，逐步建构起了在创新过程中的制度性主体这一地位。美国学者沃尔马克认为，现今衡量大学科研产品的结构已不再仅仅局限于研究生学位的授予数量和科学论文的发表数量，而是专利数量、项目合同经费、创业公司的数量，而上述指标也逐渐成为衡量大学整体创新能力的重要方面。[1] 教育、科研和技术创新三者之间的互动发展，已成为大学的主导成长模式。大学变革的维度通常处在社会需求与大学内在发展逻辑的交叉点上，体现了一定时代背景下内外两种力量的交锋对大学理念和变革路径的影响。这种张力越强，造成的撕裂空间越宽广，意味着大学变革的范围将更加宽广，其影响也更加深远。大学变革的各种要素既是承接社会变革需要的载体，也是高等教育发展方式转型的最基本变量。从这个意义上来讲，大学变

---

① "What Do We Know about Innovation?", *Research Policy*, No. 33, 2004, pp. 1253–1258.

革存在着理念之维、结构之维、制度之维三个维度。大学变革的理念之维，体现了文化、历史、核心价值体系对大学变革的内在规范性；大学变革的结构之维则建构了大学参与"创新驱动"过程的边界，使大学成为三重螺旋合作创新机制中的稳固结构，在这一结构之中，大学成为创新过程的知识核心组织；大学变革的制度之维则为其提供了必要的外部环境，促进了大学与其他创新主体之间的互动，为大学的变革提供了法律依据、政策保障、资源支持、制度规范。

一 理念之维：大学从经济话语向学习话语的回归

大学在不断变革的过程中，推进了自身内部逻辑与运行方式的演进与发展。现代意义上的教学型高等教育机构的大学出现已经有近千年的历史，而研究型大学的出现也有400多年的发展历程。在大学漫长的历史演进过程之中，它始终处于变革之中。这种变革的动力来源有外部社会经济结构的变化，更多地则体现了大学内生性发展力量的一种观念影响。自19世纪的第一次工业革命兴起以来，大学的理念以培养能够适应职业发展需求的高级劳动力为主，强调的是外部控制下的一系列显性目标。自工业革命以来，各种运用于产业部门、政府管理的词汇纷纷进入大学的内部组织文化之中，如质量控制、绩效管理、成本收益分析、招生数量、专业设置与产业部门发展需求的一致性、专业设置与就业之间的关系等，纷纷体现了历次工业革命对大学变革的影响。今天，在"创新驱动"阶段，大学变革的内在隐含目标和实现方式需要考虑到如下几个基本规律：第一，"创新驱动"旨在关注大学发展方式的创新，是各种具有前瞻性的教育理念、教育方式和教育实践的有效集成。第二，"创新驱动"体现在产学研协同创新的形式上，旨在强调大学原创性知识探索与科学研究如何通过系统性的模式构建来服务于社会经济的持续发展。因此，需要改变过去那种相对单向、封闭、互相疏离的发展理念，建立起大学、产业部门、研究机构彼此之间包容合作、知识共享、开放互动的大学创新体系，对于促进大学的创新具有关键的作用。第三，"创新驱动"下的大学变革，其最终目标在于培养具有独立精神、自由思想、具备创造力的个体，因此，这一阶段的大学变革在理念层面，更多地应该思考如何吸引一流的创新人才，培育"创新驱动"并不意味着投资驱动和要素驱动不重要，恰恰相反，在"创新驱动"的社会中，大量的投入必须进入以大学为代表的知识密集型组织之中，才能够维系"创新驱动"

的过程。比如科研经费的稳定增长、投资于教师与科研人员的人力资源开支等支出。教师群体是大学维系其卓越研究能力、教学功能、创新能力、社会声望的关键，综观世界各国的一流大学，无不以拥有一批杰出的教师群体为傲。大学的教师是创新理念的推动者、原创性知识的发现者、创新个体培养的教育者、科学技术的探究者、创新成果转化的合作者。

大学在现代工业化国家和正在工业化进程中的国家中发挥着日益重要的作用：它是"基于知识的经济"中创新活动的源泉，同时也是基础研究或应用研究中各种创新成果的思想和方法来源。从对历史的分析来看，正是凭借着先进的大学理念和制度，德国研究型大学在19世纪后期成为世界科学技术的领导者和国际学术与高等教育的中心，美国研究型大学则在20世纪以后使美国的科学技术和学术研究走在世界前列。自20世纪80年代以来，发达国家为回应世界范围内日益激烈的经济竞争，迫切希望研究型大学在科技创新与技术转化方面发挥更重要的作用，以斯坦福大学、麻省理工学院等为代表的美国研究型大学也在这一背景下拓展了自身的功能和领域，通过建立大学研究区、加强与产业部门的合作、鼓励内部员工的知识创新等方式提升大学的创新能力，这不仅缩小了基础研究与应用研究之间的距离，而且引领了新一轮科技革命的浪潮，不少研究型大学更是在此过程中形成了创业型大学（entrepreneurial university）的新模式。

知识经济的出现要求大学在推动经济发展方面发挥比过去更为重要的作用。大学的很多部门和领域也在知识与人力资源的输出方面取得了巨大的成功。社会一直将大学视为提供接受高等教育劳动力的基地以及通过新发明、新创造而进行创新的源泉。大学的这一功能在过去几十年里表现得日益明显。同时，大学自身在技术转让方面所具有的优势不仅加速了创新的扩散，同时也提升了大学自身的研究能力。大学不仅可以支持并推动知识进步，更重要的贡献在于新发明和创新。大学内部所进行的创新活动不仅关注技术，更注重从根本上改变解决问题的方式，产生根本性的突破。而这一点，也正是从事长期性基础研究的大学有别于社会部门中其他创新主体最关键的地方。

二　结构之维：大学知识创造向创新扩散的转型

18世纪柏林大学的建立虽然带来了研究型大学的使命，使大学成为了正规的教育组织；但更多地反映了民族国家兴起的背景下，大学的理念和功能发生了相应的变化，世俗性的、功利性的学科知识体系和课程设置逐渐进入了大学，大学也承担起了为社会经济发展培养专门人才、为国家竞争和民族强盛培养高级人才的功能。在"创新驱动"阶段的大学变革，不仅意味着大学要强化知识的创新、传播与应用，增强技术创新的能力，而且要在推动经济增长和促进社会进步方面发挥积极作用。从狭义来看，这是一个过程行为；从广义来讲，则是一个系统概念。大学的每一次变革都体现着所处时代各种观念、制度和技术的影响。"创新驱动"社会中的大学，其内部结构将实现从科层制到后工业化的转型，更加开放、合作、扁平、互动，大学与外部组织之间的合作范围将更广，程度也会更深，美国顶尖的大学已经发展了跨学科研究机构。在专业设置上，现代大学的校、院、系三级管理体系和专业设置都体现了工业时代欧洲带来的影响，强调的是规范性的建立，自上而下的管理和控制，专业设置与产业部门的发展需求相匹配，而在"创新驱动"的时代，更加强调人的创造性的发挥，尊重每一个学生的差异性。

从"创新驱动"下大学变革的结构之维来看，伴随着全球化进程的加剧和第三次工业革命的到来，大学作为学术权力领域的重要参与者和国家象征性资本的维护者，长期以来其稳固的内在结构正在发生着剧烈的变化。在经典的洪堡模式下，科学研究被纳入大学体系内致使学科组织制度化之后，被称为"第一次学术革命"的知识旨在遵循学科知识的生产、合法化以及扩散认知和社会准则下的单一范式。因此，不管是在自然科学、社会科学还是人文学科领域内，专业化都被认为是增进知识的一种可靠途径，并且其组织规则得以贯彻。传统的知识生产系统将公共部门（如大学）与产业界等私人部门明确地划分开来，勾勒出一条清晰的分界线：大学是社会知识生产的唯一提供者，是人们接受基本教育和技能训练的独立的学科提供者，是开展那些它们认为有利于公众长远利益的、能增进知识主体的研究的唯一承担者——而这种大量的知识生产的目的是它们能够被其他社会部门所运用。

但是在"创新驱动"的过程中，新的知识生产模式已经到来，社会弥散式的知识生产使大学变得更加开放，大学内部所存在的学科结构开始松动，大学变成了更加疏松的组织。这种变化反映了一种新的知识生产模式正在形成，它表现为跨越自然科学、社会科学和人文学科的领域并由学科性组织转化为应用型组织的诉求导向，旧的结构分崩离析，新的结构正在建立之中，大学"正在被经济资本和新管理主义所破坏"。开放性的社会经济结构同样要求大学摆脱自诩为"知识生产领域唯一支配者"的身份认同，而是将知识的传授、扩散看作是一个民主的过程。知识生产从一维走向多元的过程中，大学与产业部门、独立研究机构、政府之间的竞争、合作、交易、依附、学习等多重关系构成了"创新驱动"过程中大学自身结构变革的动态常量。

大学必须从知识生产的垄断提供者转变为国内与国际环境的合作者、社会弥散的知识系统的重要参与者、创新系统发展中的关键制度性主体。为了应对这一挑战，大学需要对自身的形态和功能产生进一步的变化和多样化：放弃知识生产的垄断者地位、持有开放与灵活的态度、通过大学内部的跨学科研究机构与更广阔的社会环境联系起来……这些变化都将重新构建大学与其他组织之间的关系网络，从而使大学彻底地融入弥散式的知识系统中并扮演重要的角色。此外，变革的压力来源还包括与知识生产存在利益关系的机构，特别是各个层面的政府都在向大学施压，从而迫使其进行变革。在许多地区，大学被看作是知识生产主体中的核心，可以在推动创新和区域经济发展过程中扮演更为"有用的"角色，或者是作为创新系统中的关键要素而行动，为企业和产业部门提供知识。大学创造的知识的转移和商业化也在许多层级的政府政策中占据重要位置——"许多政府和机构的政策举措也将注意力转移到了在发展创新性、可持续和繁荣的区域及国家经济中大学知识商业化所起到的作用"①。

三　制度之维：大学创新过程的外部规范与引导

创新并非一种稳定不变的过程，由于它在不同组织机构的互相渗透及随之而来的系统内部关联性增强，因此对于包括大学在内的创新主体来讲，为了维持系统的运转而需要一系列内在的制度性规范。从这个角度来看，以知识创造、应用与扩散为主要特征的创新系统可以被看作是"社会系统建构过程中的一个次级系统，它与其他次级系统之间的互动作用，如创新市场扩散过程中的知识产权问题等，都是建立在一系列互动

---

① Robert Huggins, "Universities, Knowledge Networks and Regional Policy", *Cambridge Journal of Regions, Economy and Society*, Vol. 1, Issue 2, 2008, pp. 321–340.

的递归性之上"①。在这样的非线性创新过程中，这种不确定性更加体现了创新的复杂本质，创新系统内部机构的独立性也会发生相应的变化。但是这并不意味着创新系统内部的变化就是杂乱无章的，恰恰相反，系统中各行动者之间的影响并不会改变创新系统的内在稳定性。从新演进经济学的观点来看，人们可以观察到的社会结构往往被认为是伴随着之前的制度化和冲突的解决。这种"解决过程"中所爆发出的推动力促使创新系统形成某种改变，但是隐藏在制度变革与矛盾冲突背后的系统内核依旧保持了稳定性。从长远来看，（创新系统中的）机构之间在相关环境中的关系可以得到优化。比如说，彼此之间学会处理不确定性。这并非意味着不同机构之间放弃其赖以生存的"原则"，而是通过互相合作与互动学习，发现与创新有关的、值得共同努力的目标。因此，这些机构的知识基础都会得到进一步的发展。通过以上分析，我们可以得出这样的一个结论：无论是大学内部知识生产模式的变革，还是大学与其他创新主体之间的关联，抑或是"创新驱动"过程中不同要素的耦合，都需要一个稳定的、可调整的、具有演化性质的制度规范。大学在"创新驱动"过程中的变革，不能被看作是一个人为地、先验地设定了发展模式与路径的过程，它需要的是一个能够促使其发展并在发展的不同阶段加以调适的制度体系，也就是"创新驱动"下大学变革的制度之维。

诺恩认为："制度是为了约束在谋求财富或本人效用最大化中的个人行为而制定的一组规章、依循程序和伦理道德行为准则。"制度提供了人类在其中相互影响的框架，是协作和竞争关系的确定，从而构成了一个社会运行的内在规则，特别是构成了一种经济秩序。由此可见，制度是关于人类行为和相互关系的法律和道德规范，它包括了法律、规则、准则、习俗和惯例等。制度不仅涉及个人，而且涉及机构和整个系统。"创新驱动"下大学变革的制度之维，涵盖了旨在推动大学知识生产、大学理念、大学治理机制、大学—产业部门合作机制等多个范畴的法律、规则、准则与惯例。具体而言，鼓励大学原创知识成果和技术发明的扩散

---

① H. Etzkowitz, The dynamics of innovation: from national systems and "mode 2" to a Triple Helix of university – industry – government relations, http://cmapspublic3.ihmc.us/rid% 3 D1223538615937_ 1419971854_ 1861/etzkowitz – innovation% 2520triple% 2520helix.pdf, 2011 – 04 – 19.

政策、保护大学教师创新成果的知识产权制度、鼓励大学与企业合作创新的法案、鼓励大学创新创业发展的风险投资机制、以价值创造而非以量化考核为主的大学科研评价与教师职称晋升制度等。这些制度的设计与实施，其前提是要尊重大学变革的理念之维，在理念引领下规范大学创新的范式，使大学的知识创造能够更加有效地与创新的价值衔接在一起。制度的另一个作用则在于避免和化解不同创新主体之间可能存在的利益冲突和利益倾轧，通过博弈程序的设计，将创新主体之间潜在的冲突化于无形，建立起不同创新主体之间的合作框架。如果说理念之维引领了大学变革的方向，使之不会滑向工具理性的深渊，结构之维塑造了大学变革的整体框架，使之具有无限发展的可能性，那么制度之维则编织出了一层保护网，避免大学在充满不确定的创新环境中受到伤害。

从世界发达国家和地区的趋势来看，形成鼓励创新、充分保障和发挥大学在"创新驱动"过程中作用的制度框架，已然是一大趋势。欧盟陆续发布了《大学在知识型欧洲中的作用》《创建创新型欧洲》《实现大学现代化的议程：教育、研究与创新》等报告，在实施团结政策、第七个研究与开发项目、竞争力和创新项目等发展战略上，强化了激励大学参与创新过程的相关条款，增加了对大学的拨款和政策倾斜。"建设现代化的大学"是欧盟高等教育改革的一个重点，其目标则是增强大学创新的能力，消除欧洲大学的知识创造与创新之间的鸿沟，最终服务于欧盟的"创新驱动"。美国作为一个世界头号创新强国，20 世纪 80 年代《拜杜法案》《怀德勒—斯蒂文森技术创新法案》《合作创新法案》等一系列立法就已经为大学参与创新系统的建设构建起了完备的制度环境。进入 21 世纪以来，随着《美国竞争法》《美国创新战略》《国家创新系统中的大学》《经济复兴与再投资法案》等法律的制定与报告的公布，其重点则在于强化创新要素在大学—产业部门之间的流动、激励创新创业、推动大学范围内前沿技术领域的突破创新三大领域，不断完善旨在鼓励大学创新的法律和知识产权制度，产业部门与大学之间合作创新机制、在北美社会中富有传统而依然具有强大生命力的企业家精神……这些制度设计都为大学的持续变革和参与创新系统的构建创制了坚硬的保护层。

第四节 "创新驱动"阶段大学变革
发展的战略转型

自党的十六届五中全会提出建设创新型国家的战略思想之后，培养创新人才、增强大学在国家创新系统中的基础性地位就成为中国国家创新战略的一个重要组成部分。近年来，国家先后实施了"知识创新工程试点"、《面向21世纪教育振兴行动计划》、"高层次创造性人才工程"等一系列政策措施。《国家中长期教育改革和发展规划纲要（2010—2020）》则进一步明确了到2020年培养创新人才的战略措施，强调系统培养理念，产学研合作培养创新人才，重视在实践环节强化学生的创新能力。2012年年底召开的党的十八大明确提出："科技创新是提高社会生产力和综合国力的战略支撑，必须摆在国家发展全局的核心位置。"强调要坚持走中国特色自主创新道路、实施"创新驱动"发展战略。这是我们党放眼世界、立足全局、面向未来做出的重大决策。

目前，中国社会与经济的发展已经进入了重大转型期，但是依旧存在一系列阻碍"创新驱动"战略实施的体制机制性障碍，如教育与培训制度、人才培养制度、知识产权制度、缺乏鼓励创新宽容失败的文化环境等，特别是创新过程中所具有的动态化、开放式、交互性特征，亟须大学与其他社会组织之间建立起以推进创新、形成区域创新生态系统为目标的互动机制，通过协同创新的方式提升全社会的创新能力。中国大学的变革，也同样存在几个核心的问题：第一，大学就其本质而言，依然是一个追求理性、探索知识、崇尚自由的教育机构，"创新驱动"中的大学变革，如何将创新的内核与大学的理念完美融合，在国家意志和国家战略之下，将国家的意志与大学自身的理性思考结合，在创新的过程中不丧失自己的理性，又能推动社会经济的转型；第二，大学变革在技术操作层面，意味着大学需要完善与产业部门之间的合作，大学的知识创造发明需要不断地转化，这就涉及如何为大学教师提供知识产权保护，如何激励大学教师的原创探索，因为大学是创新的源泉，所以大学自身要有自由的、宽松的、鼓励创新的内部环境和制度设计；第三，从大学变革的外部效应来看，体现在大学构建创新生态系统，大学与不同创新主体之间的合作网络如何形成。

一　重新审视大学的理念与价值，形塑鼓励创新和自由探索的大学理念

"创新驱动"的社会在改变我国经济与社会发展方向的同时，也为中国大学未来的变革之路提供了更多的可能。大学在知识生产、知识传递、知识扩散和知识创新的每一阶段都发挥着重要的作用。由大学所创造的知识成果以及知识对经济的广泛应用性，对提升国家竞争力和创新能力显得日益重要。从人的发展本质来讲，工业文明时代将人看作发展的工具，通过制度化的教育机构、严格的流程标准、目标导向的评估体系等手段，将人的自身属性割裂开来，仅仅将人看作是实现社会发展、国家富强的工具，并没有将人自身的发展性、开创性统合起来。由此所导致的一个结果就是中国的大学长期以来提供的都是一种理智教育或者说是一种为职业做准备的专业教育，造成了大学文化素质教育与人文教育之间关系的割裂。"我国大学人文教育方面，目前最大的通病就是把人文教育等同于通识教育，把开设大学生文化素质课当成进行通识教育，然后在骨子里又极其简单地把通识教育看成是在主课之外增扩一点学生的兴趣点和知识面，没有真正像美国一样把通识教育课程提升到大学本科阶段的主要课程和基础学术训练的高度。这实际上表现出了一种大学教育价值取向上的巨大差异"。①

这种现象之所以产生，正是源于中国大学长期以来对大学本质、目的、功能等理念上的认识不清及由此而造成的一系列制度性偏差。中国的改革开放是一个后发国家进行赶超的过程，在这一过程中，从以先进科技、管理技术和方法为代表的"器物层面的学习"，到以制度、法律体系为代表的"制度层面的学习"，再到以文化比较、观念冲突与融合为代表的"观念的学习"，每一个层面的学习逐步递进，但难度倍增。观念层面的学习是最难的，也充满了最多的冲突和矛盾。自清末以来，我国的近代大学制度和现代大学制度都是以学习国外，尤其是西方发达国家为起始。但是在这一赶超和学习的过程中，中国的大学并没有首先从理念层面梳理和建立起既能够体现自身传统与文化、又融合了现代大学理念的"何为大学"、"大学何为"的大学观。从历史的角度来看待我国大学

---

① 张学文：《大学理性研究》，北京师范大学出版社 2013 年版。

的发展史，其实是一个"器物层面"和"制度层面"的学习模仿史。在这样的一种历史和文化背景下，中国的大学在理性层面的迷茫及随之诱发的理念模糊不清，严重误导了大学变革的方向和路径。大学丧失了对什么是大学目的与理念的原初探讨，由此造成了大学将培养接受了专业教育、能够与社会经济发展相适应的有用之才作为大学的目标。在这种理念引导之下，大学教育的价值取向注重实用而忽略形而上，注重专才的培养而忽略了人的教育。在"创新驱动"的时代，大学需要的是理性回归与文化重建，即在继承中国传统文化的基础之上，探讨如何建立具有自身独特理念和价值的新大学，将责任伦理与信念伦理结合在一起。正如一些学者所主张的，大学既具有自身的逻辑和相对独立的性格，又是一种受宏观和微观环境影响并赖以生存的有机体，大学理性视野下的大学行动者就必须把自身作为目的的实践原则与价值中立、一贯性"理性的诚实"。唯一可能的出路就在于责任伦理。通过责任伦理，一方面可以导出大学理性视野下的目标合理性行动，为大学及其学者的行动方式提供理论价值；另一方面又与信念伦理相衔接，为行动者的抽象道德理念奠定现实的实践基础。[①]

在"创新驱动"的时代，混合学习、大规模在线开放课程、企业大学、全球大学、工作场所学习、终身学习等理念不仅引领着人们学习方式与生活方式的变革，也通过技术的大范围市场应用而实实在在地对我们每一个人产生了影响。在"创新驱动"的社会中，大学的理念、目标、功能都在发生着剧烈的变革。如何在社会经济发展目标对人的规制与人类与生俱来的自由本质之间达成某种平衡，如何以一种更为自由的、灵活的、个性化的方式培养人的创造性，这都是当今的中国大学在理念层面需要认真思考的地方，也是中国大学的变革首先需要正视的问题。

二　发挥市场在创新资源配置中的决定性作用，构建产学研协同创新的机制

"创新驱动"需要创新改革的形式。中国 30 多年的制度变迁经验表明，政府主导的强制性制度变迁是改革的主要形式，政府是政治权力的持有者、经济资源的支配者，它几乎没有为个人和其他社会组织的制度创新提供足够的空间，非政府制度创新者面临着极高的制度创新成本，

---

① 张学文：《大学理性研究》，北京师范大学出版社 2013 年版。

因此缺乏制度创新的动力。随着改革的深入，微观层面的制度创新需要自发形成，政府的权力逐渐收缩，政府与社会、个人之间的边界逐渐清晰，不同类型的社会组织将逐渐开始学会如何在市场之中寻找到能够真正长期有效促进自身发展的资源。既然"创新驱动"需要发挥市场资源配置功能作为基础，那么我国大学未来的变革，也必然面对着政府管制减少、资源投入减少等趋势。可以说，2014 年以来的逐项改革措施已经体现了这一趋势。形成现代大学治理机制、部分本科高校转型为职业本科院校、扩大高校的自主办学权、教师职称评定权力下移等具体措施都是在减少政府权力对大学的影响，改变过去大学的各项资源几乎全部来源于政府，从而丧失其自身独立性和发展活力的状况。以市场配置资源在大学的体现，就是要让大学变得更加开放、更加高效，逐步建立起产学研协同创新机制并使之成为促进大学独立和提升大学创新能力的主要方式。

"创新"一词目前使用频率很高，而且外延也很广，如文化创新、制度创新、管理创新、市场创新、技术创新、教育创新等，这些创新对经济发展都是必不可少的。但是作为经济增长方式的"创新驱动"的创新应该主要是科技创新，过去常用的概念是技术创新，现在突出科技创新，这反映了创新源头的改变，即创新成果主要是指依靠科学发现产生的原始创新的成果。大学是知识创新的主体，他们提供原始创新的成果，各种类型的孵化器是将知识创新的成果孵化为高新技术的基地，企业作为技术创新的主体将高新技术转化为现实的产品和现实的生产力。首先，产学研协同创新并不是将大学的知识创新与企业的应用之间看作供给与需求的关系，而是在形成区域系统的愿景目标下，鼓励大学和企业共同参与研发新技术、创造和传播新理念，最终建立创新互动网络的过程。其次，产学研协同创新不仅是产业部门、大学、科研机构三方之间的关系问题，更是涵盖产业创新、大学人才培养、科学研究三大领域的功能耦合问题。长期以来，我国大学虽然也存在教师与企业之间的技术合作现象，但是这种合作更多的是以满足企业短期盈利和教师个人利益等层面，这种合作的维系以利益为纽带，更多的是一种个人行为。在产学研协同创新的机制之下，大学将主动地与产业部门之间形成合作创新的网络，创设良好的制度环境，引导和激励教师群体参与从知识创新到最终价值创造的全过程。这意味着大学的知识创新从创造阶段延伸到了孵化阶段。大学作为知识创新的主体与企业为代表的技术创新主体的交会，形成了企业家与科学家的合作、学术价值与商业价值之间的融合。因此，与过去碎片化的、非制度性的大学知识成果转化体系相比，产学研协同创新机制将是实现"创新驱动"下大学变革的有效路径：通过大学与产业部门等其他创新主体之间有组织、系统化地合作，进入协同创新平台的将不再是个人，而是依托大学的人才优势、基础设施优势、研发优势。这种协同将不限于单纯的项目合作，而是扩展到了原创理念、管理方法、技术创新、创意创业等几乎所有领域，从而形成源源不断的创新成果。建基于此的协同创新将不再是以满足短期利益为彼此关系维系的纽带，而是真正形成具有相同价值导向、稳固的制度基础、良性的运行机制所构成的共生演进的利益共同体。产学研协同创新意味着大学的知识创新延伸到了孵化阶段，知识创新主体与技术创新主体交会，形成了企业家与科学家的互动合作，解决了学术价值和商业价值的结合。

三 营造自由、开放、允许失败的创新环境，建立大学变革的制度体系

如前文所述，"创新驱动"是要素驱动与投资驱动之后社会发展的第三个阶段，但我们应该注意的是，"创新驱动"的社会和经济发展并不意味着不需要各种生产要素的投入和投资的驱动。恰恰相反，"创新驱动"意味着通过更高密度的资本投入来维持其驱动过程。只不过这个时候的投入并非流向土地、生产资料等各种固定资本，而是以巨量的研发投入和人力资本投入为主，并辅之以相对应的物质资本投入。这也正是西方发达国家在"创新驱动"阶段投入大量资金和资源于大学，鼓励大学进行高科技创新和创业活动的原因。在社会组织中，只有大学才具备将资金、知识、技术、人才等多项要素综合，并将之转化为创新成果的功能。因此，"创新驱动"下的大学变革不仅意味着投入大量的资金、资源、设施用于支持大学原创性知识和发明创造的产生，更加需要重视创新成果的扩散和应用，也就是技术、知识、商业之间的融合。当我们回顾发达国家的大学在激励和繁荣创新的过程中所起到的作用时，我们不仅要关注这些世界一流大学对基础研究的重视以及与产业部门之间的合作创新，还应该深入地理解一个自由、开放、允许失败的创新环境和制度体系对大学变革的基础性作用。以美国为例，20世纪80年代以来的一系列鼓励大学技术转移的法案，其出发点固然是促进大学教师和学生群体的知识和技术能够转化为创新成果,但这些法律的核心精神是承认大学教师和科研人员在创新过程中的唯一重要性及其创新成果毋庸置疑的知识所有权,以这种核心精神所引领的法律和制度体系也允许教师在创新过程中不断地试错和进行较长时间的研究。创新是一个充满了不确定、非线性和需要系统构建的过程。从这个意义来讲,在"创新驱动"时代中国大学变革所需要的,不仅是资源投入模式的转变,更重要的是理解创新的本质,重新认识推动创新的个体所应该具有的价值,将保护和珍视大学校园内每个个体的创造力和创新能力作为变革的理念,建立起一个能够发挥每个人创新精神的外部环境。此外,我国大学在保护教师知识成果的各项专利转让制度方面也十分薄弱,大学内部的技术转移组织发展还十分滞后,与美国这样的创新强国相比,我国的大学并不重视专业化的、以服务大学教师和学生创新成果扩散和应用的技术转移机构,大学内部所设立的科研管理机构更多地被赋予了管理国家、省市各级科研项目及各类学术成果的功能。党的十八届三中全会提出要"发挥市场在资源配置过程中的决定性作用",对中国的大学来讲,这意味着大学需要更多地依靠市场机制来促进自身知识产出的转化。因此,我国的大学需要建立专业化的技术转移机构,通过与校外资源,尤其是市场资源的合作,将大学已有的知识、技术、教育基础转化为现实性的、能够产生社会价值并体现个人价值的创新成果,从而实现大学、市场、个人三者利益的正和博弈。随着大学创新成果的日渐增多,大学可获取和可支配的资源也将呈现快速增长态势,这又反过来增强了大学基础研究的实力,为合作研究和应用研究提供了源源不断的知识和理念,最终实现我国大学在"创新驱动"过程中的良性循环发展。

第二章 "创新驱动"阶段美国大学变革的关键领域及其趋势

第一节 创新驱动下美国大学持续变革的关键领域

近年来,随着一些新兴工业化国家和地区对创新和教育的大规模投入,它们逐渐构成了对过去半个世纪以来美国作为全球创新领导者地位的重大挑战。当然,美国的大学依旧维系着其领导地位,全世界超过一半的原创性发明创造都来自美国的一流大学。总体来看,美国的大学善于利用多样化的路径鼓励创新思维和创新活动,如利用地理上的产业集群优势、不同机构间的合作、全球大学所带来的信息规模优势、鼓励创新创业的历史和文化传统、充足而持续的资金来源等。可以说,这种发展路径的多样化已经被证明对于大学持续变革来讲,是至关重要的。

整个美国已经形成了一个完整的创新生态系统——它以鼓励和推动创新为核心要素,包括了政府、产业部门、非营利性机构、高等教育机构等多个部门,以分享共同认可的目标和价值观为系统存在的基础,从而实现繁荣市场为导向的创新和培育更多的创业企业。同时,全球化的挑战也要求美国保持与其经济规模相当的工作机会。比如,新增企业的数量只占到美国总就业的 3%,但是它们却贡献了 20% 的新增就业岗位。①

---

① Haltiwanger, John C., Ron S. Jarmin, and Javier Miranda, "Who Creates Jobs? Small vs Large vs Young", NBER Working Paper No. 16300, https://www.pwcmoneytree.com/MTPublic/ns/nav.jsp%3Fpage = notice&iden = B.

值得注意的是，美国的新创企业增长率却在最近几年中连续下滑。根据麦肯锡全球机构的分析，如果自 2007 年以来美国新创企业能够维持之前不变的年增长幅度，那么截至 2012 年就可以多创造超过 20 万个就业岗位。这一现实提醒了美国社会各界，他们长期以来引以为豪的美国创新潮如果缺乏持续有力的推动，那么终有逐渐消退的一天。在一个创新文化繁荣的社会中，创新环境、创新基础设施、创新资金支持构成了三大支柱，而大学则在每一个支柱中发挥着独特的作用，也扮演着创新驱动者的角色。

首先，大学有利于培育创新生态系统，形成一种创业的文化，提供可持续资本的融资方式。从更为长远的角度来看，创造一个创新生态系统对于创业行为来讲至关重要。创业需要一个坚实的本土化经济社会基础，它需要来自区域范围内的技术、资金、产业、知识、信息的综合支持。而美国大学对于区域创新系统所具有的整合作用和推动作用是毋庸置疑的，在北卡研究三角、奥斯丁创新集群、圣地亚哥创新集群等成功的案例中我们不难看到大学所起到的关键性作用。

其次，一所具有创业精神的大学会推动校园内的文化变革，维系创新生态系统的存在。虽然大学从历史上来讲并没有为新创企业提供资金支持的传统，但是许多大学领导者都要求联邦政府提供资助以及其他的项目支持，以帮助创新成果和创业企业在其生命周期中度过艰难的"死亡谷"（death of valley）阶段。[①] 这对今日的公立大学来讲更为迫切，根据全国风险投资协会（National Venture Capital Association）的数据，2012 年上半年，全美 3/4 的风险投资都集中在美国的三个州——加利福尼亚、马萨诸塞、纽约。与此同时，全美却有几乎一半的州只有不到 5% 的风投资本支持。[②] 这一状况导致了位于其他州的公立大学，如果想促进大学内部创新与外部市场发展之间的衔接，则必须寻求联邦政府和州政府的资金支持。目前，全美有超过 1700 多所大学开设了创业类课程，其中 450 多所大学形成了完整的创业项目。美国商务部创新与创业办公室发布的

---

　　① 80% 的新创企业会在其成立的 6 个月之内被淘汰，由于此阶段中存在大量的不确定性和高风险，因此被称为创业企业的"死亡谷"。

　　② Price water house Coopers and National Venture Capital Association，"Investments by Stage of Development Q1 1995 - Q2 2012"，Money Tree Report，August 2010，http：//www.nber.org/papers/w16300.pdf? new_ window = 1.

报告表明，大学已经成为所在区域中主要的创新提供者和区域创新生态系统的重要参与伙伴。① 许多大学都将其在区域创新系统中所应该发挥的作用与此领域的标杆大学——麻省理工学院进行对比，以期达到同样的社会经济效益。麻省理工学院的相关研究也发现，近年来大学研究区内新创企业中有1/3并非传统的工程专业，而是来自其他学科，这反映了创新来源正在扩散，大学内部的学术文化也发生了相应的变化。② 一些社会科学，甚至是人文学科的教师和学生也开始进行了探索性的创新创业活动，其中形成跨学科的创业团队俨然已成为美国大学研究区发展的趋势。

全美研究委员会（National Research Council）的报告《增长中的挑战：全球经济下的美国创新政策》（*Rising to the Challenge：US. Innovation Policy for the Global Economy*）认为建立并维系大学与市场之间的关联不仅有利于原创性思想和技术的扩散所带来的对社会福祉的增进，更为重要的是改变了大学的文化和自我认知，提升了大学研究的基础能力。该报告认为美国的大学主要通过四个支持性战略来贡献于区域范围内的创新基础设施：

·鼓励教师和学生进行创新和创业活动；

·建立与完善大学附属的研究区和孵化器，帮助衍生企业与区域创新系统之间的沟通；

·完善资金支持机制来帮助大学研究区内企业的发展并度过"死亡谷"；

·创设大学之间的合作机制，保持对变革的实践、政策、创新的观念与技术的关注。③

从内部推动和外部拉动的合力作用下，以创新为导向的各种变革正驱动着美国大学的发展，这些变革领域主要包括了激励学生创新与创业精神、繁荣教师的创新创业活动、推动大学的技术转移、深化大学—产

① McKinsey, Company, "The Power of Many：Realizing the Socioeconomic Potential of Entrepreneurs in the 21st Century Economy", G20 Young Entrepreneur Summit, October 2011. See http：//www. mckinsey. com/locations/paris/home/The Power of Many - McKinsey Report - 20111005. pdf.

② Roberts, Edward B. , Charles Eesley, "Entrepreneurial Impact：The Role of MIT", MIT Sloan School of Management, February 2009. http：//entrepreneurship. mit. edu/sites/default/files/files/Entrepreneurial_ Impact_ The_ Role_ of_ MIT. pdf.

③ National Research Council, *Rising to the Challenge：U. S. Innovation Policy for the Global Economy*, The National Academies Press, Washington, DC. , 2012.

业部门之间的合作、参与区域创新系统的形成。

一 大学变革的基础：培育学生的创新创业精神

最近几年，美国的许多大学都在设计新的课程与项目来繁荣全校范围内的创新创业活动，其中较有代表性的做法就是增加创业方面的课程，鼓励本科生和研究生进行更多的创业尝试。通过完整的课程体系、创业学分、资格认证等方式鼓励大学生选择与创新和创业有关的课程项目。许多大学也通过商业计划书竞赛、创业导师指导、创业拓展训练等活动加强对大学生创新与创业精神的培养。

（一）开发创新创业课程和学位项目

近年来，以谷歌、推特（Twitter）、脸书（Facebook）等为代表的互联网创业企业取得了巨大的成功，一批以知识和技术为基础的成功创业者普遍具有年轻化并倾向于知识创业的特征。这些创业偶像的出现也更进一步激发了美国高校学生创新创业的热情，随之而来的则是大学生对于创新和创业课程与实践项目需求的增加。许多商学院也开始尝试通过跨学科的课程项目吸引更多的大学生参与创新与创新教育。如科罗拉多大学提供的创新与创业学位教育就具有非常显著的跨学科学习特征，该项目的学生来自全校不同学科，除了完成传统的创业类课程学习之外，还要掌握必要的计算机科学领域的课程，如大数据的分析、移动互联时代的技术创新等前沿领域。除了知识和技术的传授，这些创新创业课程还十分重视不同学科的学生之间团队合作技巧与学习能力的培养，鼓励创业过程中的实践协作与相关商业和知识产权法律的学习。

（二）实践性学习

实践性学习或应用性学习是美国大学教学传统中非常重要的一个组成部分，这种强调"学以致用"和"行动中反思"的教育模式不断改进和丰富着大学传统的课堂教学中以知识课（Lecture）、研究课（Seminar）和阅读课（Colloquium）为主的学习方式。实践性学习的理念和模式鼓励学生积极参与到创新和创业活动中。研讨会、实习、项目合作等活动继续延伸并与课程紧密结合。同时，实践性学习的理念也已经从商学院扩展到了涵盖艺术、人文、科学、工程等在内的人文社科领域，一些实习项目则关注于技术创新和相关的创业活动，引导学生在新创企业项目、技术转移、风险投资和产业部门的需求之间建立关联，这种支持性的教育环境为学生提供了一个可在真实世界中迎接挑战的机会。传统的实践性学习所关注的是如何创设一个可以锻炼和发展学生各项能力的真实情境，但从近年来美国部分大学来看，未来的实践性学习将不仅限于此，如何在真实情境中发挥学生之间的合作精神，利用跨学科领域的专业合作开展创新，已经成为变革的一种趋势。

伊利诺伊大学的专利与知识产权办公室就制定了专门政策，允许法学院学生为学生的发明创造制定专利草案，有着潜在专利发明成果的学生也可以通过位于工程学院的技术创业中心（Technology Entrepreneur Center）得到授权。随后，专利与知识产权办公室会评审该成果并寻找与该专利相匹配的法学院学生。在随后的知识产权转让过程中，来自法学院的学生将与这些同为发明者的学生一起合作，发挥彼此在专业领域的优势，制定专利申请草案。加州大学圣地亚哥分校的里德商学院则开设了"市场实验室"（Lab to Market）的课程，选修这门课程的学生在教师和企业导师的指导下进行一系列的新产品、新服务的开发过程，其中大部分成果都会得到商业化应用。

（三）竞争性机遇

竞争是美国大学之间非常明显的一个特征。西部大学的崛起形成了所谓的"中西部大学精神"，同时也对东部沿海地区的研究型大学形成了竞争的压力。在地域所形成的这种分化和竞争态势中，东部沿海被认为是代表着书本、传统和衰落的不受欢迎的"文化"，相反，西部意味着行动、实践、现实主义和进步。[①] 当然，美国大学的多样性和竞争性即使是在东部地区也依旧存在着。今天，美国的大学在人才、资源、排名等方面的竞争依旧激烈，这种竞争的特性也自然地传递到了大学内部的教师和学生群体之间。竞争，成为教师和学生在学习过程中积极参与的一种方式。从鼓励创新和创业的角度来讲，美国的大学一般采用商业计划书竞赛的方式，激励学生如何在课堂之外进行综合的思考，加强来自不同学科学生的合作。竞争为学生实践性技能的提升提供了平台，在制定和完善商业计划书的过程中，学生的领导力、沟通与协调能力、把握机遇和风险承担的能力都得到了拓展。一些大学开展了丰富多样的学生创业竞赛，吸引教师和毕业校友的参与，增强了资源获取的强度（见表 2-1）。

---

① ［美］克劳斯·维赛：《美国现代大学的崛起》，北京大学出版社 2011 年版。

表 2 – 1   美国部分大学的创业资助项目

代表性大学	主要做法
莱斯大学	全校范围内提供超过 120 万美元的创业计划竞赛奖金，为获胜团队提供种子资本（Seed Capital）用于新创企业和后续的技术支持
佛罗里达大学	在大学研究区内设立专门的大学生创业孵化器，为那些在创业计划竞赛中获胜的团队提供一年时间的免费场地和设备
密歇根技术大学	创业计划书竞赛中的获胜者可以得到 10 万美元的启动资金支持，这些资金直接资助创业企业而非个人，学校联系专门的企业导师，帮助学生创业项目的发展
华盛顿大学	改革创业计划书竞赛的流程和参与团队，鼓励来自不同学院的学生组成跨学科的创业团队，竞赛项目也扩充为涵盖研讨、课程、导师制在内的多种形式
俄勒冈大学	2011 年启动了"Venture Launch Pathway"项目，参与该项目的学生团队可以从联邦实验室、跨国企业、工程研究中心等机构中获得各种支持
路易斯安那大学	鼓励环境科学、艺术和其他人文学科的创新创业活动，8 个创业竞赛项目特别强调与本地社区发展的一致性
威斯康星大学	利用威斯康星研究区和 WARF 的资源支持，每年开展超过 50 项学生创新创业计划竞赛

资料来源：笔者根据相关资料整理。

过去两年来奥巴马政府也制定了一系列支持和鼓励大学创业计划竞赛的政策，这些新的政策措施作为 2006 年《美国创新法》的延续，为大学参与区域创新生态系统创造了良好的政策环境。2012 年美国能源部启动了全国商业计划竞赛（National Business Plan Contests，NBPC），在全美范围内为大学的区域商业计划竞赛提供种子资本和技术支持。这一竞赛同时与能源部现有的技术创新项目相连接，将一大批该领域的创业领袖和创新者会集在一起，发现大学中潜在的创新想法和技术，更重要的则是利用这样的机会，将最前沿的技术解决方案与企业需求建立关联，从而找到一条更持久的创新路径。此外，美国财政部也投入资金帮助大学的创新创业活动，增加对学生创业者的资助。这一来自财政部的计划不仅鼓励大学创新向营利性行业转化，也推动大学加强在食品安全、健康医疗等领域的技术转移。

二 大学变革的动力：激励教师的创新创业活动

教师是引导学生进行创新和创业的关键因素。学生创新创业精神培养的前提是大学中有着一批同样热衷于创新和创业活动的教师群体。与过去相比，美国高校中新一代的教师更加擅长于将知识、技术与资本和商业世界联系在一起，更有着将自身研究成果用于解决现实世界问题的强烈动机。过去20多年来，美国的大学更加鼓励教师的知识产权转让和技术转移、增加创新成果的商业化、进行跨学科的合作等措施培育了教师的创新意识，提升了教师创新的能力。

（一）变革中的创新文化

以生物技术、信息技术、材料科学等为代表的"新经济"的崛起，促进了基础产业与大学之间的交互活动，大学强化了对于效率、产出、回报等经济指标的认同，资本的重要性逐渐影响了大学内部结构的变化，甚至成为一些大学维系基本运行的关键因素。① 从相关研究者的角度来看，美国高等教育中存在的"学术资本主义"包含了如下三个关键要素：（1）通过市场手段追逐利润，包括了大学中教职员工的专利发明及大学技术许可部门的授权活动、在大学园区或研究区中产生的"衍生企业"、与公司之间紧密存在的其他联系等。（2）公共—私人知识网络的发展导致了大学与产业部门之间合作网络的密集化与多通道化。斯劳特（Slaughter）和莱斯利（Leslie）认为资本的力量开始深刻地嵌入了大学的结构之中，像经营一家公司那样来经营大学成为"成功"的标准。② （3）大学的投入与产出之间开始保持高度的一致，即大学投资的回报结构也开始发生轻微的改变，结果就是大学的研究投入与研究成果商业化所产生的经济效益之间要画上等号。比如生物和医学领域的研究正在成为大学研究活动的中心，这些学科与市场之间的关系更加紧密并且拥有较多的资源。

今天美国大学所招聘的教师不仅要求在学术领域中做出贡献，也需要将其技术用于商业化应用的探索，或者参与与其学术领域相关的创业活动。新教师的入职程序中新增了关于技术转移和知识产权转让方面的

---

① Blumenthal D., Causino N., Campbell E., et al., "Relationships between Academic Institutions and Industry in the Life Sciences—An Industry Survery", *The New England Journal of Medicine*, No. 8, 1996, pp. 368 - 373.

② Coopers, Lybrand L. L. P. Trendsetter Barometer, January 26, 1995.

内容。匹兹堡大学就为新进教师提供了创新商业化的培训课程，该校的技术管理办公室（The Office of Technology Management）和教务长办公室每年都会为教师提供一个长达 7 周的创新创业课程，涵盖了创新精神、知识产权保护和授权、新兴市场研究、互联网络创业战略、早期创业风险控制等不同内容。该校技术管理办公室主任斯科特（Scott）认为，"未来的创业型大学将具有更加多元的维度培育和支持教师的创新创业精神，只有教师群体中有着创新精神的觉醒，我们才能推动大学创新文化的生成"。①

（二）支持教师创新与创业

除了营造一个鼓励教师创新创业的文化氛围，美国许多大学还在全校范围内设立了不同侧重点的荣誉和奖励项目。如"年度创新人物"（innovator of the year）、年度教师创业者（faculty entrepreneur of the year）等都是为了激励教师的创新和创业行为。大学也在终身教职和带薪年假等方面给予那些敢于进行创新和创业的教师以鼓励。还有一些大学允许教师离职一段期限，参与到创业活动中，并且根据其创新和创业活动的效果加以奖励。上述措施激发了教师追求创业活动的热情，激励了教师将科学研究用于技术转移和成果商业化的动力，同时也改变了许多教师对于创新的理解，帮助他们在教学过程中融入创业活动中所积累的经验。南加州大学的罗伊德·格里夫创业研究中心（the lioyd greif center for entrepreneurial studies）每年为全校教师提供 3 个名额，分别资助总额约为 5 万美元的创业启动资金，鼓励在校教师的创新和创业活动。② 该中心还专门设立了"格里夫研究影响力奖"（grief research impact award），用以鼓励那些在创业领域中撰写了高水平论文的教师。

弗吉尼亚大学则于 2010 年修订了原有的教师晋升和终身教职标准，其中增加了以教师的创新创业活动为参考的条款。候选人在提升和获取终身教职时，会就自己过去几年内发明和专利授权的状况进行陈述，并

① Association of University Technology Managers, "AUTM U. S. Licensing Activity Survey: Highlights", http: //www. autm. net/AM/Template. cfm? Section = FY _ 2011 _ Licensing _ Activity _ Survey&Template = /CM/ContentDisplay. cfm&ContentID = 8731.

② U. S. Department of Commerce, "The Competitiveness and Innovative Capacity of the United States", January 2012. http: //www. commerce. gov/sites/default/files/documents/2012/january/competes_ 010511_ 0. pdf.

就其他的技术转移活动及对经济社会发展的影响列出相应的报告。当然，一些大学在职称评定标准中增加教师创新创业的要求并不意味着这是一种强制性措施，美国大学的学术自治传统还是决定类似的条款仅仅是不同院系的自主选择而非校方自上而下的强制性规定。

（三）鼓励跨学科的创新合作

随着大学教师对于创新成果的商业转化兴趣愈加浓厚，美国的一些大学也开始为教师提供社会网络构建方面的支持，如在本地区产业发展的框架内增强教师的渗透，一些大学还设立相关项目，由不同领域的教师组成联合研发团队，彼此分享企业创办的经验，进行知识和技术的交流，开展跨学科的研究和创新活动。此外，一些大学还定期邀请其他社会组织和本地创业者加入到大学教师的研发团队中，以开放和合作的格局促进大学内外知识生产的扩散，帮助教师创新和创业活动的健康运行。诸如辛辛那提大学、南加州大学、加州大学圣地亚哥分校等知名大学甚至允许教师创业活动结束后可以返回大学继续进行教学和研究活动，允许其他与创新有关的合作伙伴成为新创企业的领导者。辛辛那提大学近年来就支持跨国性的企业成为大学研究的合作伙伴，帮助教师和学生提升研究成果的应用能力。这些大型企业不仅与大学保持密切的联系，激励大学研究的商业化，同时也有助于提升教师的应用研究经验和与企业合作的能力。

许多大学设立了"本地创业"（Entrepreneur In – Residence，EIR）的项目，这些项目着眼于鼓励大学服务于本地社区。通过大学教师、学生与本地创业者之间的合作，共同支持本地新创企业的早期发展和相关的技术研发。这些面向本土创业企业的项目体现了美国大学传统中服务于区域经济发展的特征，它们帮助教师更好地理解大学所在区域的产业发展结构和创业企业的特性，更加深刻地理解了创业的内涵，对已有的技术和知识产权也可以进行评估。

三 大学变革的桥梁：推动大学的技术转移活动

（一）减少技术转移的障碍

美国的许多大学正在考虑减少技术转移过程中的潜在障碍，从而使教师的科研转化更为顺畅并发现更多有市场潜力的研究成果。目前，美国的许多大学正在增强技术转移办公室的功能，拓宽其服务的领域，以最小化的成本改进大学技术转移的流程，雇用熟悉知识产权法案的员工，增加对大学科技成果转化的资金支持。上述变化已经被近年来的调查数据所证实。根据全美大学技术转移管理协会的调查,全美范围内大学技术转移和授权许可活动过去3年来增长了24%,与2010年相比,来自大学的新创企业则增长了超过30%。①

(二)拓展技术转移机构的范围

相较于过去,大学的技术转移机构正在雇用更多的有技能的、专业的员工从事这一领域的工作,如知识产权法、授权许可、发展和管理大学—产业合作伙伴关系等领域。此外,大学的技术转移机构也逐渐倾向于将资源提供给那些来自法学院和商学院的教师、学生。近年来,美国大学的技术转移机构还开始推广"一站式"扶持的做法(one stop shop),为教师和学生提供包括导师制、专利信息和授权许可在内的一整套服务,他们将各种新发明和新技术整体披露给企业,教师和学生也可以寻找相关企业并获得帮助,从而实现技术转移的双向式发展。技术转移机构所关注的领域也超越了传统的学科,甚至衍生到包括教育、社会学、音乐、舞蹈等社会科学和人文学科中。比较有代表性的是近年来出现在不同大学的理念中心(concept center),这些中心增加了校园内创新创业活动的多样性和覆盖范围,提升了校内创业者和新创企业的质量,增加了本地投资者和创业者介入到大学内部创新活动的可能性。

(三)建立校内外合作的区域技术转移中心

与过去大学内部的技术转移路径不同,未来大学的技术转移更加具有开放性和区域联合的趋势。大学与所在区域的企业、行业协会、非营利组织等共同设立技术转移机构,实现了信息、技术、资源的全面融合。根据APLU(The Association of Public and Land – Grant Universities)的一份调查报告,近一半的全美主要公立大学已经不再单独拥有技术转移机构,而是与校外组织合作设立类似机构,充分利用产业部门和其他组织的资金和技术优势帮助大学内部知识成果的转化。② 此外,学生也并非仅在校内的技术转移机构中进行授权转让,而是在大学所在的区域技术转移中

---

① Anthony Warren, Ralph Hanke, "Models for University Technology Transfer: Resolving Conflicts between Mission and Methods and the Dependency on Geographic Location", *Cambridge Journal of Regions*, No. 1, 2008, pp. 219 – 232.

② Yukio Miyata, "An Empirical Analysis of Innovative Activity of Universities in the United States", *Research Policy*, No. 4, 2010, pp. 317 – 331.

心得到更为充足的技术支持、资金支持和信息来源。一些主要的公立大学已经在建立区域技术转移中心方面进行了尝试，表2-2向我们展示了几所代表性大学所建立的区域技术转移中心及其主要功能。

表2-2　　几所代表性大学所建立的区域技术转移中心及其主要功能

代表性大学	项目	主要职责
北卡罗来纳大学	技术发展实习项目	为研究生和博士提供8个月的知识产权保护和技术商业化培训。参与者还可以接受涵盖技术转移、市场评估、营销战略等知识的学习并得到来自大学和产业部门的支持
罗切斯特大学	FIRE 项目	常规讲座系列课程，帮助教师和学生理解技术转移的相关流程和法律制度，使教师和学生知道如何保护潜在的知识产权
康奈尔大学	IP & Pizza 和 IP & Pasta 项目	为教师和研究人员开展拓展活动，增强大学研究成果被社会的接受程度，在全校范围内提供关于知识产权保护的基本知识
南得克萨斯大学	南得克萨斯技术管理项目	附属于得克萨斯大学健康医学中心，提供区域技术转移的服务，包括科研基金管理、专利申请、联合研发。与STTM合作建立技术转移的区域支持系统

四　大学变革的轨迹：产学合作创新的机制

大学与产业部门之间的合作来源于两个方面：首先是站在产业部门角度而言的"需求方"；其次则是从大学立场来考虑的"供给方"。大学与产业部门之间的"关联"体现在三种形式中：一是大学的教育与培训为产业部门提供了优质的人力资源；二是在创新系统内，由研究型大学与产业部门构成的各种社会网络以及非正式的"契约"促进了知识和信息在不同机构间的流动，激发了各种新思维、新理念的出现；三是研究型大学日益繁荣的知识产权保护与授权许可通过各种技术转移的形式进入了产业部门中，在节省企业研发成本的同时也提升了大学的研究能力。

(一)　大学—产业部门之间的资源共享

随着联邦政府资源的日益减少，美国的大学开始寻求更为广阔的技术和资金支持渠道。一些大学制定了"前门政策"（front-door policies）

以更加容易地与产业部门发生关联。大学则拥有了更多的资金以维系自身的人力和智力投资以及研发基础设施等投资。一些在先进制造业和能源领域具有独特优势的大学也与大企业之间建立起了长期合作的关系。产业部门获得了来自大学的智力支持,而大学有了更多的财富资源,包括人力和智力资本、研发基础设施。学生和教师也参与到与企业的合作研究之中,在帮助企业解决创新问题的同时建立起了与本地企业之间的合作关系。

此外,美国的许多大学更加充分地利用自身在设施和设备方面的成本优势,他们将实验室空间和研发设施与产业部门共享,包括合同研究和授权协议给本地创业者。明尼苏达大学于 2000 年设立的"空间界面与材料工程产业伙伴研究项目"(Industrial Partnership for Research Interfacial and Materials Engineering),就是一个非常典型的大学—产业部门合作创新伙伴关系的范例。该项目通过双向的知识与技术转移,建立起了覆盖本地 40 多家精密制造、纳米材料等领域的企业与明尼苏达大学之间的合作网络。① 明尼苏达大学与这些企业在多个领域展开合作研究,将企业研发人员与大学的教师、研究者、学生聚合在一起,共同参与技术研发与创新,从而构建了一个在非竞争性的、合作开放的环境中进行产学研合作创新的机制。

(二)大学—产业部门之间的合作研发

许多大学为产业部门提供了一个共享大学资源的政策和空间,通过学术论坛、圆桌会议等形式增进教师和学生对本地企业的了解。一些大学采取的企业发言人方式,则是吸引大学的研究者与产业部门研发人员就共同感兴趣的领域展开讨论。还有一些大学采取灵活的学期制实习,鼓励学生和教师在一定时间内参与产业部门的研发工作,学习行业领域中最前沿的应用技术。上述做法增强了大学研究者对产业部门的了解,在诸如医药、页岩气开发、绿色能源、生物制药、外太空工程技术等尖端领域推动了大学教师的应用性创新能力。特拉华大学经济创新与伙伴关系办公室(Office of Economic Innovation & Partnership,OEIP)由工程学院和商学院共同建立,在技术转让、专利申请、产品研发等方面与本地

---

① National Research Council, *Rising to the Challenge: U. S. Innovation Policy for the Global Economy*, The National Academies Press, Washington, DC. , 2012.

创业企业合作。OEIP则鼓励不同学院的学生作为开发团队，将创新所涉及的产品研发、营销等问题交给学生。

（三）大学——产业部门之间的数据分享

美国大学与产业部门合作创新深化的第三个趋势则是大学开始利用社交媒体和移动互联网络开展研究项目的信息甄别与在线数据库的建立。一些大学通过开放校园数据库系统，为注册的用户和商业伙伴提供配套的数据解决方案。从另一方面来讲，大学数据系统的开放，也为企业寻找大学内部相匹配的潜在创新项目提供了良好的平台。如密苏里大学开展的资源链接工具就强调学校资源为产业部门的技术创新服务，为新创企业提供必要的数据检索和分析服务。

五 大学变革的目标：促进区域创新生态系统的形成

创新被认为是美国文化的核心精神之一，创新能力也被视为美国竞争力的一个重要组成部分。正如《创新美国》中所认为的那样，"创新精神是决定美国在21世纪获得成功的唯一最重要因素"，"我们美国人一旦停止创新，就不再是真正的美国人"。① 2009年的13名诺贝尔奖获得者中，有9名是美国人。美国仍然在信息技术、生命科学、纳米技术、生物制药等领域占据优势地位。但是伴随着中国、欧盟、印度等其他国家和地区对研发投入的大幅增长，美国的创新优势正在逐渐消失。正如美国《新闻周刊》在2009年的一期封面故事中所指出的，"过去的20多年来，美国的创新力正在衰竭，而其他国家正以惊人的速度在迎头追赶……中国已经宣布，20年内，其GDP的60%将与科学技术有关……2012年，全球5.5%的药物专利申请中有1名以上的专利人来自印度，8.4%的药物专利申请中，有1名以上的专利人来自中国，这相比1995年增长了4倍。而在美国，自冷战结束以后，投入到应用科学的研发资金急剧下降，整个90年代下降了40%"。② 近年来，美国对于科学研究的投入下降、教育体系的国际竞争力逐渐下降、对顶尖人才的吸引力也逐渐丧失。上述状况的出现使长久以来笼罩在美国身上的"光环"开始消退，世界上其他国家和地区与美国在创新能力上的差距正在逐渐缩小，而美

---

① National Science Foundation，"Science and Engineering Indicators，2012"，See http：//www.nsf.gov/statistics/digest12/portfolio.cfm # 4 and http：//www.nsf.gov/statistics/digest12/funding.cfm#3.

② http：//finance.sina.com.cn/roll/20091117/20406977849.shtml.

国的创新生态系统也出现了严重的失衡。

在这种背景之下，"创新美国"、"维护美国的创新生态系统"、"提升美国的创新力"也成为近年来美国摆脱经济危机的主要口号。2009年伊始，奥巴马入主白宫所签署的第一个由国会通过的法案就是应对美国经济危机的《2009经济复兴与再投资法案》（The American Recovery and Reinvestment Act of 2009，ARRA）。该法案提出由联邦政府投入总额为7870亿美元的资金用于拯救陷于瘫痪的美国经济，其中有大约1300亿美元的资金用于支持创新、教育和基础设施。[①] 在ARRA的基础上，美国总统行政办公室、国家经济委员会和科技政策办公室于2009年9月21日联合发布了《美国创新战略：推动可持续增长和高质量就业》。2010年奥巴马则在国会的讲话中更加明确地指出："（那些正在进行的，或者即将进行的提升美国社会创新活力的战略），旨在激发美国人民的创新潜力、增强私营部门的活力，以确保未来的发展更稳固、更广泛、更有力。我们成功的关键……将会是通过研发新的产品，形成新的产业，维系我们在科学探究与技术创新领域的世界引擎地位而获得。这也是我们未来绝对所必需的。"[②]

美国社会中广泛存在的创新与创业文化向来被认为是这个国家最具竞争性的优势之一。创新驱动的社会发展过程中，最为重要的部分就是创新基础设施的构建，它不仅涵盖了必要的资金投入、环境建设、制度变革、灵活的政策体系等领域，更为核心的是不同创新主体间所构成的区域创新生态系统。数量庞大的、一流的高等教育机构、科学研究机构、国家实验室、工程研究中心、大量的创新创业企业——这些来自不同领域、承担着不同社会使命的机构通过紧密的合作关系，在生命科学、新能源、电子通信、信息技术、教育、先进制药等诸多领域中开发出了突破性的创新成果。今天，创新日益基于企业、研究组织和公共机构等经济体间的互动和知识流动。在这一过程中，高等教育机构所面临的一个主要问题就是它与环境之间的不平衡：大学面临着来自政府、社会、个人等多个方面的需求，而自身所具备的反应能力却明显供应不足。与其

---

① A strategy for American innovation: driving towards sustainable growth and quality jobs, http://www. whitehouse. gov/assets/documents/innovation_ one – pager_ 9 – 20 – 09. pdf. 2010 – 09 – 24.

② The innovative and entrepreneurial university, http://www. eda. gov/pdf/The_ Innovative_ and_ Entrepreneurial_ University_ Report. pdf.

他国家的高等教育体系相比,美国大学具有很强的通过自身变革而达成与外部环境平衡的能力。美国大学的内部组织转型更多地体现在了与产业部门,尤其是其中的创新型企业之间建立起一种网络化的创新机制。从美国大学变革的现状及主要领域来看,大学将会更加开放,大学与其他社会组织之间在知识方面的流动也将更加频繁,最终形成充满"生命活力"的区域创新生态系统——它容纳了所有构成创新过程的环节和参与主体,涵盖了它们之间的关联关系以及彼此之间的交互过程,这些主体在创新活动中形成一种稳定的分布态势,彼此具有互动、竞争、互利共生、动态平衡的关系,并且在受到外部环境压力的影响之下而不断地进行演化,最终构建起一个国家/地区的持续创新能力。

第二节　创新驱动阶段美国大学变革战略趋势

美国已经形成了一个完整的创新生态系统,它以鼓励和推动创新为核心要素,包括了政府、产业部门、非营利性机构、高等教育机构等多个部门,以分享共同认可的目标和价值观为系统存在的基础,从而实现繁荣市场为导向的创新和培育更多的创业企业,为了进一步深化研究型大学的创新创业能力,进而推动国家和区域的经济发展。

2013 年 7 月,美国商务部(U. S. Department of Commerce)发布了《创新与创业型大学:聚焦高等教育创新和创业》(*Innovative and Entrepreneurial University*: *Higher Education*, *Innovation & Entrepreneurship in Focus*)报告(以下简称《报告》)。该《报告》是由美国 140 多位研究型大学校长主动联名推动而成文的,《报告》内容主要包括以下五个方面:学生创业;教师创业;科技转化;校企合作;参与区域经济发展。[①] 从报告内容来看,美国的研究型大学善于利用多样化的路径鼓励创新思维和创新活动,如利用地理上的产业集群优势、不同机构间的合作、鼓励创新创业的历史文化传统、充足而持续的资金来源等,可以说这种发展路径多样化对大学的持续变革是至关重要的。因此,研究和探讨世界上创新力量

---

① 刘宝存:《美国产学研协同创新机制什么样——评蓝晓霞美国产学研协同创新机制研究》,《中国教育报》2015 年 3 月 10 日。

最强国家的研究型大学在推进和鼓励创新创业中的路径与举措，对于破解我国大学在协同创新方面存在的体制机制障碍，具有重要的意义。

一 研究型大学是构建国家创新创业生态系统的主体

美国是全球的科技创新大国，一直将科技创新创业作为维持经济增长和未来经济繁荣以及全球科技领先地位的重要因素。自 1999 年以来，美国开始通过报告界定国家创新体系的概念，2004 年美国提出报告《创新美国》，制定国家创新倡议，建设国家创新系统，对创新机制中的程序进行完善。[①] 2006 年 2 月，布什总统签署的《美国竞争力计划——在创新中引领世界》，明确了美国政府有关创新和竞争力问题的观点及未来的发展思路[②]，到 2009 年奥巴马政府推行的《美国复兴与再投资法案》和《美国创新战略：推动可持续增长和高质量就业》，2011 年的《美国创新战略：确保我们的经济增长与繁荣》以及奥巴马历年的国情咨文，都能发现美国政府始终将创新作为提升国家竞争力的核心。

这些创新主体主要包括大学与学院、研究机构、实验室和大学衍生公司，它们分布在美国的各州，从大城市到郊区，无处不在，这些机构通常会与联邦资助的代理机构合作，进而在生命科学、能源、远程通信、信息技术、教育、社会创新等领域取得重大突破。可见，州与地方政府、经济发展机构、非营利机构、大学和商业团体正在努力地发展社会创新、创业生态体系，他们之间相互交错，连成一体，呈现出全面协作、更为开放的趋势。从宏观层面上看，基础研究领域、大学内部科技和知识成果的转化、大学与产业部门的协同创新，大学科技园等一系列制度性安排奠基了大学在美国国家创新创业服务中的主体地位。从微观而言，为了鼓励和营造大学内部的创新创业氛围，很多大学已经建立了多样化的孵化机构，为新企业的创建、发展直至成功保驾护航，这类机构主要包括大学内部的技术转化办公室、科技园、概念证明中心、孵化器等，美国著名大学的技术转化办公室规模一般都在 10—25 人，他们各自的分工精细，确保每个人在各个领域的专业性。美国已成立 1250 个商业孵化器，其中 2/3 建立在大学校园内。

---

① 罗冠男：《美国科技成果转化优先序研究》，《科技与法律》2014 年第 4 期。

② 赵中建：《创新引领世界——美国创新和竞争力战略》，华东师范大学出版社 2007 年版，第 13 页。

美国现在至少有 450 所大学和学院拥有创业项目①，虽然每所大学的起点不同，但是他们动员所在社区进行创业的能力，在创造高增长新衍生企业中的作用是至关重要的，根据麦肯锡全球机构（Mckinsey Global Institute，MGI）的报告，美国国内大约 1/3 的经济增长变化可以用新企业成立的比率来解释。② 换言之，大约 1/3 的经济增长都可归因于新企业增长。这些新公司、新企业主要创生于大学环境，主要在大学研发活动产生的技术成果基础上，由大学教师和学生等参与创建，斯坦福大学和硅谷以及北卡三角科技园就是典型代表。当然，必须指出的是，只有结合当地政策和宽松的法律环境，才能刺激大学衍生企业的创建，进而通过知识资本化服务于当地经济。

大学试图为主要的社会经济问题找到更多的解决办法，特别是研究型大学，通过研发努力、资源支持以及营造浓厚的创新创业文化等支持机制，寻求更好的行业合作和新科技的商业化。布莱兹尼茨·丹（Breznitz Dan）认为，大学的创业导向型文化既鼓励了师生创造性地思考和实践，也促成了大学与企业合作研究的开放环境，从而产生了大量衍生企业。③ 总而言之，大学正在打破作为社区主要创新的提供方的传统，转而逐渐活跃于本州或区域生态系统中，诸如与其他大学、国家实验室、新衍生企业、孵化器、州与地方组织等形成伙伴。

美国国会推行的《拜杜法案》及随后的一系列鼓励大学科技转化政策法规，极大地鼓励和促进了大学与产业部门之间的互动和合作。在 20 世纪 80 年代和 90 年代，美国的科技政策是对美国战后科技政策进行全面反思和促使其形成新特点的大变革时期，出现了大量关于科技成果转化的联邦立法（见表 2 - 3）。④

---

① U. S. Department of Commerce, The Innovative and Entrepreneurial University: Higher Education, Innovation & Entrepreneurship in Focus, The Office of Innovation and Entrepreneurship at the Economic Development Administration, 2013（10）: 15, 24, 28.

② Mckinsey & Company, "The Power of Many: Realizing the Socioeconomic Potential of Entrepreneurs in the 21th Century Economy", G20 Young Entrepreneur Summit, October 2011, http://www.mckinsey.com/locations/paris/home/The Power of Many - McKinsey Report - 20111005. pdf.

③ Breznits Dan, Innovation and the State: Political choice and strategies for growth in Israel, Taiwan, and Ireland, Yale University Press, 2007: 115 - 116.

④ 罗冠男：《美国科技成果转化优先序研究》，《科技与法律》2014 年第 4 期。

表 2 - 3   美国关于科技成果转化的联邦立法

时间	名称
1980 年	斯蒂文森·维勃技术创新法案（Stevenson - Wydler Technology Innovation Act）
1980 年	拜杜法案（Bayh - Dole Act）
1982 年	小企业创新发展法案（Small Business Innovation Development Act）
1984 年	国家合作研究法案（National Cooperative Research Act）
1986 年	联邦技术转化法案（Federal Technology Transfer Act）
1988 年	综合贸易和竞争法案（Omnibus Trade and Competitiveness Act）
1989 年	国家竞争性技术转化法（National Competiveness Technology Transfer Act）
1991 年	国防授权法案（National Defense Authorization Act）
1992 年	小企业技术转化法案（Small Business Technology Transfer Act）
1992 年	国防工业改造、再投资和转向援助法（Defense Conversion, Reinvestment, and Transition Assistance Act）
1995 年	国家技术转化和进步法案（National Technology Transfer and Advancement Act）
1997 年	联邦技术转化法案（Federal Technology Transfer Commercialization Act）
2000 年	技术转化法案（Technology Transfer Commercialization Act）

自此，大学与企业界的合作研究开始大量增加，大学衍生企业也呈现迅猛发展的态势，这完全得益于国家技术转化政策的转向，通过颁发法律法规的形式来支持大学的创业活动，根据美国国家科学基金会（NSF）的一项全国性调查研究显示：20 世纪 80 年代由企业和大学合作建立的研究中心共 286 个，是 70 年代的 4 倍；截至 2010 年，从事生物化学研究的企业 90% 以上都与大学建立了合作研究关系。[1] 另一项全国性调查则指出，与大学研究联系密切的企业比其他同类企业具有更高的生产效率；[2] 另有统计数据表明，在快速增长的美国公司中，41% 同大学有合作研究关系，它们的生产率比同行平均高出 59%。[3] 这种校企合作所体现出的积极成效充分地说明在国家创新驱动的系统中，大学正在发挥越来

---

① National Science Board, Science and Engineering Indicator - 2010, Washington, D. C., U. S: Government Printing Office, 2010.

② Blumenthal D. et al., "Relationship between academic institutions and industry in the life sciences—A Industry survey", *The New England Journal of Medicine*, No. 8, 1996, pp. 368 -373.

③ Coopers, Lybrand L. L. P. Trendsetter Barometer, 1995（1）.

越重要的作用。

二　研究型大学为创新创业服务的实施路径

（一）促进学生创新和创业

美国大学正在为本科生、研究生和博士后研究人员提供更多创业及相关领域的课程和计划。学生通过参加新开设、跨越不同学科的课程、辅修专业、主要专业、证书项目以及强调实际操作学习的教育项目，能够更好地理解创新和创业。很多大学还以新颖的方式增加传统课堂指导。除此之外，大学还将教育机会延伸到学生宿舍等其他课堂外的地方，以便直接培养学生的创业精神。以多维创业活动为中心的学生俱乐部也在校园不断增长，很多校园运行种类多样的商业计划和投资竞赛，它们向学生提供网络支持，例如导师和培训机会，从而帮助他们进一步发展创新思维。总体而言，美国大学主要通过以下途径促进学生的创新创业意愿。

1. 开办创新创业课程和学位项目

美国高等教育研究协会（ASHE）在 2009 年新发布的高等教育报告中指出，大学生获得创业教育的最佳途径在于通过跨学科教育模式（Cross – disciplinary Entrepreneurship Education）：某种能力应该通过从事需要这种能力的活动来获得。换言之，创业能力的培养不应游离于学科课程之外，培养创业能力所需的与其说是一门新的独立研究领域，不如说是对学科教学过程的"重构"。[1] 所以，跨学科创业教育模式在美国高校备受推崇，大学校方认为，创业课程和项目使学生具备了广泛的有用技能，包括制作商业计划，推销，建立网络，培养学生"电梯内推销"（elevator pitches）技能，吸引资金（例如种子资金），结识当地的商业领导。从长远角度来看，"在大学阶段对青年实施创业教育是终身教育目标达成的重要途径，是对终身教育理念的最好回应"。[2]

在这样的背景下，一些大学还在传统的文学学士和理学学士学位的基础上，提供有关创新和创业的学士和硕士研究生计划；商学院则打破传统，鼓励所有学科的学生通过跨学科的课程和项目进行创业。在此领

---

① Mars M. M. Metcalfe A . S . ，"Entrepreneurship Education"，*ASHE Higher Education Report*，Vol. 34，No. 5，2009，pp. 63 – 73.

② 卢丽华：《美国大学实施创业教育的特点及启示》，《外国教育研究》2007 年第 5 期。

域最有代表性的是科罗拉多大学创新和创业学位项目（The University of Colorado's Innovation and Entrepreneur Degree Program）。科罗拉多大学斯普林斯校区的创新和创业项目提供了创新学士学位（Bachelor's Degree in Innovation），该项目采用一个独特的多学科团队方法进行教学。例如，学生除了完成计算机科学课程外，计算机科学的创新学士学位还要求发展坚实的团队技能，学习创新，投入创业，练习写作计划案，学习商业和知识产权法。简言之，像海啸一样，强调跨学科性是未来发展的潮流，富有先见之明的大学在未来发展规划中把自己定位于这股潮流的有益地位。①

2. 提倡经验学习和应用学习

近年来，经验学习和应用学习在美国研究型大学的受欢迎程度不断上升。这种教育方式是在传统课堂教育的基础上进行改进的，传统课堂主要是演讲和事实记忆，而现在大学更多的是通过工作坊、会议、实习、实际操作经验和实践项目，来积极鼓励学生参与到创新和创业活动中。大学和学院还支持聚焦创业教育和科技创新的专业实习项目，以为学生将来进入新公司、技术转化办公室、风险投资公司和企业做准备。这些多样化的教育机会有助于学生解决现实环境中的严峻挑战。

威斯康星大学麦迪逊分校的"创业食品店"（The University of Wisconsin - Madison's "Entrepreneur Deli"）是美国高校鼓励学生运用经验学习和应用学习的典范。该项目旨在帮助学生与具有丰富经验的年轻创业家交流和学习。研讨会使用"抓住机会，赶紧创业"（Grab's Go Entrepreneurship）的口号，鼓励学生从经验老到的创业家身上学习新企业面对不同问题时的解决方案。不仅如此，该大学还专门成立了威斯康星创业训练基地（Wisconsin Entrepreneurship Bootcamp，WEB），促使学生从实践中锻炼自己的创业和商业技能，举例而言，物理生命与工程的研究生参与该项目后，将会接受为期一周的集中训练，通过与科技创业企业家接触，学习从机会识别到商业化过程中所需的基本技能。WEB项目由权威创业专家，威斯康星大学教师和项目专业人员担任导师。他们采用案例研究、小组讨论、实验联系和社会活动等方式。在教学的过程中，学

---

① Holden Throp & Buck Goldstein, *Engines of Innovation: The Entrepreneurship University in 21 Century*, Chapel Hill: The University of North Carolina Press, 2010, p. 70.

生们首先介绍他们在科技创业中将面临的问题及初步的解决方案，再由经验老练的企业家和教师进行指导纠正；此外，WEB 项目还向学生推介校园里其他创业学习机会，如学位辅修课程、不带学分的研讨会以及跨校园的商业计划竞赛等。[①]

由上述可见，通过创业实习项目来推广实用知识和技术服务，为本州经济发展提供智力支持和人才支撑是威斯康星大学麦迪逊分校为区域经济发展服务的重要举措，这也是威斯康星理念的重要组成部分。现今，美国等其他国家的很多大学都颁布了鼓励创业的政策，包括设立专门的办事机构以支持全程创业，制定特别的规程以方便创业人员使用研发实验室和科研设施，成立创业基金或种子基金，制定灵活的人事政策，给予研发人员合适的专利费用、奖励政策以及开展创业培训等。[②]

（二）鼓励教师创新和创业

当前，经济发展方式已由传统的大规模生产和线性转移关系演化到后工业化、知识驱动、开放和更加交互的创新体系，应用和扩散已生成的知识成为确保大学履行其使命并在当今社会环境中保持繁荣的关键所在。[③] 而大学教师作为经济社会"知识中心"大学中的主力军，他们在知识扩散和创新变革中扮演着非常重要的角色，因此，通过转变创新文化、激励政策以及采用新的组织模式让教师投入到产品研发、技术发展和创办衍生公司中，是美国研究型大学在创新驱动发展战略中的共性举措。

1. 推行人事激励政策

伯顿·克拉克（Burton R. Clark）曾说过，创业型大学的核心是开拓与创新的企业家精神，浓厚的校园创业文化是大学组织转型和新企业创建的必备因素。[④] 近年来，美国高校开始出现教师聘用和晋升文化的转变，即高校教师聘用和晋升时，大学不仅强调教师对研究的学术领域发

---

① 李康杰：《美国考夫曼校园计划的创业教育研究》，硕士学位论文，浙江师范大学，2012 年。

② 庞文、丁云龙：《大学衍生企业创业及其成功的政策原则》，《科研管理》2014 年第 11 期。

③ Sharabati - Shahin M. H. N, Thiruchelvam K. , "The role of Diaspora in University—industry relationships in Globalized Knowledge Economy: The Case of Palestine", *Higher Education*, No. 5, 2013, pp. 613 - 629.

④ Clark B. R. , *Sustaining Change in Universities: Contnuities in casestudies and concepts*, Berkshire: Open University Press, 2004: 104 - 115.

展感兴趣,而且须将掌握的技术应用到商业领域并从事与他们学科相关的创业活动。2010 年,弗吉尼亚大学医学院(UVA's School of Medicine)首次将创新创业活动纳入教师晋升和获得终身教职标准的学院,该学院要求参与晋升或竞争终身教职的候选人提供一份他们发明及这些发明申请专利的情况报告、已注册的版权材料、技术许可证以及其他在创业和创新领域产生过影响的技术转化活动。①

当然,培养教师参与到创新创业活动,并非一蹴而就,所以,大学在新教师入职培训中,为他们提供职业指导、模型发展、商业计划和市场测试等培训,为他们走向创业和商业领域铺路。诸如,匹兹堡大学(The University of Pittsburg)的技术管理办公室(The Office of Technology Management)和教务长办公室(The Office of the Provost)联合主办了一个每年为期 7 周的课程,该课程目的在于激励教师和学生进行创新、科研成果商业化和创业。参会者将经历创新和商业化过程的每个步骤,从思维概念到知识产权保护及认可,再一直到早期市场研究和建立关系的策略。此外,还向学生提供私人的单独研讨会,以帮助他们的团队探索创新思想。总而言之,一个逐渐发展的大学创新文化氛围给教师提供了必要的信息和刺激,促使他们从一个视野狭隘的科学研究传统跨越到综合性创新过程。

2. 实施奖励认可制度

与此同时,大学也逐渐推出各种奖励制度来鼓励和认可教师在学科同行中所取得的成就,像"年度创新奖"(Innovator of the Year)和"年度教师企业家"(Faculty Entrepreneur of the Year),比如,为了促进教师创业创新,南加州大学(University of Southern California)的劳埃德·格雷夫创业研究中心(The Lloyd Greif Center for Entrepreneurial Studies)给 3 位教师颁发了"年度教师研究奖"(Annual Faculty Research Awards)作为鼓励。该中心还颁发"年度格雷夫研究影响奖"(The Annual Greif Research Impact Award),以奖励具有创新思维的教师,他们写了一篇在创业领域最具影响力的文章。这样的奖项在大学很受欢迎,他们奖励教师在

---

① U. S. Department of Commerce, The Innovative and Entrepreneurial University: Higher Education, Innovation & Entrepreneurship in Focus, The Office of Innovation and Entrepreneurship at the Economic Development Administration, 2013 (10): 15, 24, 28.

传统研究和教学成果之外的成就。

大学对教师的时间管理也变得富有弹性，弗吉尼亚大学、匹兹堡大学、南加州大学等顶尖研究型大学正在赋予教师更长和宽松的学术假制度，以鼓励他们与企业进行合作和创业，一些项目给教师额外的时间去从事创新和创业，但却没有影响他们晋升和获得终身教职时间。教师通过假期时间进行创业活动，增加教师对于商业化过程的理解、使他们将新的材料整合到教学过程中，增加了成功技术的发展和将研究商业化的潜能。随着大学向教师提供越来越多的教育机会，庆祝和认可它们的创新成就，鼓励与有经验的创业家和商业团体合作，大学校园逐渐形成了相互渗透、浓厚的创业文化。学生也从教师持续的教育和经历中获益。简言之，通过大学专门的支持，不同学科的教师能够与同行、社区创业者和商业团体合作，以开发新技术，创立新公司。

（三）积极支持大学科技成果转化

科技成果转化，是指为提高生产力水平而对科学研究与技术开发所产生的具有实用价值的科技成果所进行的后续试验、开发、应用、推广直至形成新产品、新工艺、新材料，发展新产业等活动。科技成果转化是科学技术转为生产力的最后一个关键环节。① 可见，将研究和思想有效地转化为市场产品和服务通常是一个冗长、复杂的过程，需要大量的资源。美国国会虽然在 1980 年推行因极大促进科技成果转化而著名的《拜杜法案》及随后一系列有关科技成果转化的法律法规，奠定了美国科技成果转化在速度和效率上的国际领先地位。但是转化率仍然比较低，约有 75% 的发明专利从来没有得以商业化，如 2008 年斯坦福大学科技授权办公室收到 400 项专利申请，获得批准的 200 项中只有 100 项得以转移。②

大学衍生企业最重要的一个环节是减少大学科技成果转化的障碍，确保科技转化的流程，以便更加有效地确定研究的市场潜力，将研究推向市场。这方面的工作离不开大学各方面的支持，大学通过优化技术转化办公室（Technology Transfer Office，TTO）和创建概念证明中心来推动

---

① 罗冠男：《美国科技成果转化优先序研究》，《科技与法律》2014 年第 4 期。

② Swamidass P. M. , "University Startups As a Commercialization Alternative: Lessons from Three Contrasting Case Studies", *The Journal of Technology Transfer*, Vol. 38, No. 6, 2013, pp. 788 – 808.

科技成果的转化。

1. 减少科技成果转化障碍

大学技术转化办公室的目标是通过商业化和专利来保护和促进教师和学生的发展研究。大学正在加强技术转化办公室的功能,通过聘请具有丰富商业经验的人员、扩充办公室的转化设施、提升对研究员的技术支持,赋予研究员使用资本的权力等途径来减少科技成果转化的障碍。因为分工精细,有成功经验和商业化技能的技术转化办公室职员能够使科技成果转化顺利进行,减少其可能存在的隐疾。技术转化办公室在知识产权保护、科技成果商业化运作、基础设施和融资支持等方面对衍生企业都有积极的影响。[1] 与此相反,缺乏商业技巧、市场知识和法律技能的人员对指导创业具有显著的负面影响,因此技术转化办公室等机构应进行持续的组织学习,花费大量时间进行资源的调配,知识、经验的生产和内化,或者吸引、招募具有丰富商业化技巧、有创业经历的人。根据美国大学科技管理者协会(The Association of University Technology Managers, AUTM)的一份认证报告显示,与 2010 财年相比,2011 财年年底颁发的证书量上升了 14%,大学衍生企业同期增长了 3%。[2] 通过认证许可的增加和大学衍生企业的增长,我们可以看出大学在科技成果转化中取得了显著成效。

2. 创建概念证明中心

概念证明中心(Proof of Concept Centers, PoCCs)是美国大学和政府为了提高科研成果商业化能力,促进科技成果转化速度而采用的一种新的组织模式。"它是一种在大学之内运行或与大学有关的促进大学科研成果商业化的服务组织,它通过提供种子资金、商业化顾问、创业教育、孵化空间和市场研究等对概念证明活动进行个性化的支持,如开发和证明商业概念、确定合适的目标市场和实施知识产权保护等。"[3] 通过 PoC-

---

① Meseri O., Maital S., "A Survey Analysis of University – Technology Transfer in Israel: Evaluation of Projects and Determinants of Success", *Journal of Technology Transfer*, Vol. 26, No. 1, 2001, pp. 115 – 125.

② Association of University Technology Managers. AUTM U. S. Licensing Activity Survey: Highlight, 2011. http://www. autm. net/AM/Template. cfm? Section = FY_ 2011_ Licensing_ Activity_ Survey&Template = /CM/ContentDisplay. cfm&ContentID = 8731.

③ 王凯、邹晓东:《美国大学技术商业化组织模式创新的经验与启示——以"概念证明中心"为例》,《科学学研究》2014 年第 11 期。

Cs 这个公共平台，大学可以知道他们的同行正在进行的研究、知识产权发展和各类项目。截至 2012 年，美国大学已建立了 32 个 PoCCs（见图 2-1），它们分布在美国各个州，所附属和合作的大学都是科研实力较强，排名名列前茅的大学。例如科罗拉多大学的概念证明项目（University of Colorado System's TTO Proof of Concept Program）、麻省理工学院的德什潘德科技创新中心（MIT Deshpande Center for Technological Innovation）、加州大学圣地亚哥分校冯·李比希创业中心（the Von Liebig Center at the University of California of San Diego）、亚拉巴马大学的创新和创业指导中心（Alabama Innovation and Mentoring of Entrepreneurs Center）等。它们的名称虽然没有全部冠以 PoCCs 的称谓，但均表现出类似的功能和共同目标，"（1）增加校园创业的数量和多样性；（2）改进大学衍生企业和企业家的质量；（3）增强与当地投资者和创业家的接触，以留住大学衍生企业在本州区域发展"。①

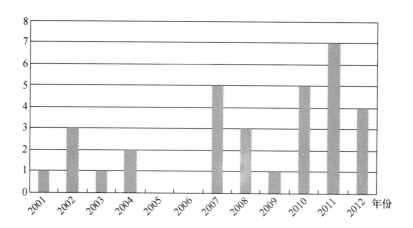

图 2-1 美国大学概念证明中心每年增长数量

资料来源：Samantha R. et al., "Proof of Concept Centers in the United States: An Exploratory Look", *Journal Technology Transfer*, No. 38, 2013, pp. 349-381。

2009 年，美国大学的 32 个概念证明中心平均科研经费大概有 5000

---

① U. S. Department of Commerce, The Innovative and Entrepreneurial University: Higher Education, Innovation& Entrepreneurship in Focus, The Office of Innovation and Entrepreneurship at the Economic Development Administration, 2013（10）: 15, 24, 28.

多万元,他们已经非常有效地促进大学衍生企业的发展①,但是,概念证明中心的启动资金来源也比较多样化,有的来自联邦资金,有的则依托大学知识产权商业化的收入,科罗拉多大学体系的科技转移办公室的概念证明项目资金支持来自该校知识产权的商业化。该大学已经为研究和商业发展创立自己的概念证明资金。该项目迄今为止已经支持超过110个研究项目,总资金超过1300万美元。而马里兰大学的概念证明联盟的启动资金则来自联邦基金。

总而言之,经过十几年的发展,概念证明中心在促进大学科技成果转化和商业化领域已经取得显著的成效,得到广泛的认可,2011年3月,奥巴马宣称"概念证明中心是国家基础设施中富有潜力的要素之一"。②

(四)促进校企合作

校企合作是进一步发展基于大学研究科技成果和科技商业化的重要渠道,尤其当大学与企业在技术发展和推销阶段,由于信息、动机的不对称以及科学、技术和商业企业之间存在的制度距离,那么校企合作对于帮助和填补他们之间的信息不对称就显得意义重大了。应该说,这种合作取得了优势互补、互惠互利的效果。大学在知识传播、知识扩散和知识创造过程中与企业形成研发伙伴关系,可以有效地促使研究成果在更大范围内迅速扩散。而更重要的是,这一渠道使大学与学生通过实际科研活动探索与创新活动,提升了大学的创新能力,夯实了学生的研究基础。而企业则通过与大学合作,充分利用他们设备精良的实验室和丰富的技能、知识产权保护等从大学鼎足相助中获益。

1. 开通校企合作的绿色通道

20世纪80年代以来,美国大学与企业之间的合作呈现上升趋势。"研究型大学通过为企业提供咨询服务、建立工业联系项目、成立大学—企业合作研究中心、工程研究中心以及建立科学园等形式与产业界建立了广泛的联系,两者的成功合作已成为促进美国经济发展的重要手段"。③校企合作已经成为美国国家创新生态中的本质特征。从1971年到2006年

---

① Samantha R. et al. , " Proof of Concept Centers in the United States: an exploratory look", *Journal Technology Transfer*, No. 38, 2013, pp. 349 – 381.

② Ibid.

③ 殷朝晖、沈红:《美国研究型大学与产业界的合作及其启示》,《江苏高教》2006年第2期。

这 35 年期间，美国大学在研发与创新活动上体现出与企业、联邦资助实验室等其他研究机构之间紧密合作的态势（见图 2 - 2），在 2006 年，大学与其他机构之间，尤其是企业之间的合作创新已经成为美国机构间在创新领域合作的主流，这种趋势也体现出了创新的系统性因素正发挥着越来越重要的作用，过去那种单独依靠某一类机构进行研发与创新的模式已经被淘汰，随之而来的则是大学、企业、政府实验室之间积极互动、全面合作的创新模式。

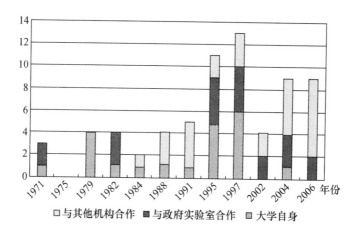

图 2 - 2　1971—2006 年美国大学自身创新与其他机构合作创新统计

资料来源：Fred Block, Matthew R. Keller, Where Do Innovations Come From? transformations in the U. S. National Innovation System, 1970 - 2006, The Information Technology & Innovation Foundation, 2008（7）. http：//www. itif. org/files/Where_ do_ innovations_ come_ from. pdf。

除此之外，一些大学甚至开启"前门政策"（front - door policies）吸引私人企业和初创公司与其进行合作。大学有很多可供企业使用的资源，包括人力资本、知识资本和用于研发的基础设施和孵化机构。所以"前门政策"、网络入口（Web - portals）和易于通过认证等策略，使私人企业和初创公司与大学的合作开启了绿色通道，私人企业和初创公司通过与大学的合作能够更好、更方便地使用大学的物理设施，例如实验室，进而降低企业生存风险，"尤其是大学孵化机构，在学术与商业之间扮演分界角色，避免利益和文化方面的冲突；利用自身与产业界的联系为企业扩展社会网络,达到吸纳资源,增强市场导向的目的"①。密苏里大学(the University of Missouri)和其他研究型大学开放了像"源链接"(Source Link)这样的网络入口,以突出校园内的教育资源,便于让企业找到他们对大学感兴趣的地方。这些入口将所有相关的信息集合到一个点,减少了搜索的次数,增加了确定潜在商业机会时的效率。通过提高开放度和透明度,企业能够轻易使用大学的资源和信息。

现在一些大学已经和大型公司(例如 BMW、FedEx、Johnson Controls、IBM、Cisco、Proctor & Gamble and Minova)建立了长期合作伙伴关系。这种研发合作关系在帮助企业解决问题的同时,也给大学教师和学生参与实践探索提供平台。但是,从大学与产业部门的合作领域来看,生物技术和生物医学才是美国大学频繁合作的对象,近 10 年来,随着生物技术和生物医学领域研究的快速发展,美国联邦政府对重点资助生物医学领域的国立卫生研究院(NIH)的资助大幅增加,从 2000 年到 2010年,NIH 的研究经费增长了 53%。② 2005 年,国立卫生研究院的研发经费(R&D)预算为 279.23 亿美元,占联邦政府研发经费预算总额的21.2%,其中近 55% 的经费将用来资助美国各大学和研究机构的科研课题。③ 在国立卫生研究院科研经费的大力支持下,美国大学积极开展生物技术和生物医学领域的研究工作,研究力量得到了很大的加强并在此研究领域中做出了重要的贡献。

2. 提供知识产权和版税的指导

随着校企合作关系的不断深入,一些影响双方进一步合作的深层次问题逐渐暴露出来,例如知识产权归属和收益问题、利益分配和版税等,这些问题倘若处理不好,将会引发矛盾和冲突,将直接影响校企双方的合作关系。大学和企业正在跨越这些困难,积极地解决双方在合作和共同发展中面临的知识产权等问题。为了增强合作,一些大学已经开发了一套与所有企业合作时使用的标准政策和协议。有些大学效仿宾夕法尼

---

① Rasmussen. E., Borch O. J., "University Capabilities in Facilitating Entrepreneurship: A Longitudinal Study of Spin – off Ventures at Mid – rage University", *Research Policy*, Vol. 39, No. 5, 2010, pp. 602 –612.

② 《美国联邦政府 R&D 经费分配趋势》, http://www.stic.gov.tw/stic/policy/sr/sr8904/SR8904T2. HTM, 2015 –03 –15。

③ Intersociety Working Group. Research and Development FY2005, AAAS, Washington DC.

亚州立大学模式（The Pennsylvania State University Model），该模式中使用的简单、灵活的协议，通常会授予企业伙伴独有的知识产权。明尼苏达大学则在降低对知识产权拖延谈判上有着独特的方法：允许赞助公司提前支付费用，并收获一个独家的全球认证及相关的版税。简言之，通过建立一个灵活、互利的协议和方法，大学正在尝试与更多的企业展开合作。

为了进一步鼓励和增加校企合作的透明度，美国大学正在建立统一的结构化知识产权政策。这些政策将直接对知识产权和版税分配起决定作用。比如，一些研究型大学已经建立放弃大比例版税（大约在25%—35%之间）的政策，以对赞助企业公开。这些新的知识产权策略降低了不稳定性，缓解了校企合作的紧张关系。

（五）参与区域与地方经济发展

在知识经济时代，知识经济不仅依赖于知识创造和技术开发，更依赖于基础性的科学研究，大学在基础性科学研究中发挥着源头性作用，这种基础性科学研究不但决定国家知识创新体系核心竞争力的强弱，而且是保持国家和区域经济增长和未来经济持续繁荣的主体。大学已经采取了不同的措施来推动国家、区域和地方经济的发展。具体包括：鼓励大学直接参与到地方的商业和社区中；与地方政府、企业和其他的利益相关者合作，开发区域创新和经济发展的综合方法。

1. 与地方企业和社区互动与合作

2014年11月12日，世界大学新闻网站（Global University News）在《参与型大学促进经济发展》（*Engaged universities contribute to economic development*）一文中指出，大学参与社区服务、与社区间有更多互动，不仅可以让大学的教育更具相关性，还可让学生在为社区提供良好服务的同时增强技能，让自己在就业中更具竞争力，甚至促进创业，这对缺乏就业机会的社会尤其重要。实践也表明，参与社区服务的学生具备更好的组织和管理能力，在搜集资料和分析复杂事务方面的能力也比较突出。[1]21世纪以来，美国大学与地方企业和社区的互动趋于频繁，一些大学甚

---

① Global University News. Engaged universities contribute to economic development，http：//www. universityworldnews. com/article. php？story = 20141119095107901&query = engaged + universities，2014 – 11 – 12.

至收购了当地的小型企业，允许学生去管理和运作这些企业，让他们在实践中磨炼技能。比如，杜兰大学的社会创新和创业行动（Tulane University's Social Innovation and Social Entrepreneurship Initiatives）将整个学校整合到周边的经济和社会生态系统中，为地方经济发展做出了贡献。与包括自由人商学院（The AB Freeman School of Business）、建筑学院（School of Architecture）、科学和工程学院（School of Science and Engineering）在内的学院进行合作，该计划已经创建了很多由学生领导的社会组织和企业，帮助学生走出课堂，进入到新奥尔良社区。杜兰大学已经开办了一些大学竞赛：杜兰商业计划竞赛（The Tulane Business Plan Competition）、城市创新挑战（The Urban Innovation Challenge）、新日社会创新挑战（The New Day Social Innovation Chanllenge），目的是为学生和社区提供经济和技术支持，鼓励他们合作解决地方所面临的挑战。这些项目给予学生每年 10 万美元基金的机会。

对此，美国宾夕法尼亚大学教授艾勒·哈克考维（Ira Harkavy）指出，大学与地方企业和社区的直接合作除了带来的积极效应之外，大学正在成为拉动所在地区经济发展的引擎。例如，一所大学除了吸引企业和高级技术人才来到学校所在的城市以外，还能提供相应的文化设施，如博物馆、剧院和相关课程，满足城市及周边居民的教育需求。如果一所大学将"为公民服务，满足公民需求"当作其发展决策的一部分，在教学、科研、技术和业务发展等环节中加大公民参与力度，就能为当地的地区建设带来积极的影响。

2. 推动区域经济发展的若干方式

美国大学在推动区域和地方经济发展中进行着长期的不懈努力。他们与区域利益相关者（政府、公司、企业资本家、企业家和工人等）密切合作，改进使用大学资产的权力，以实施区域创业和经济策略。大学使用多种多样的合作模式：研究园（Research Parks）、大学走廊（University Corridors）、衍生企业催化剂（Startup Accelerators）、共享实验空间（Shared Laboratory Space）、孵化器（Incubators）、创新和生产集群（Innovation and Manufacturing Clusters）。这些不同的模式汇聚了基础设施和才智，以解决创新和商业挑战，进而发展地方经济。

大学还通过创建研究走廊（Research Corridors）来鼓励地方经济发展。这些走廊广泛分布于整个地区内，并且通常拥有一项具体的技术特长，例如生物技术、纳米技术、健康、能源和高级材料。走廊为当地拥有相似研究兴趣和挑战的社区、大学和学院提供了资源渠道，通过提供技术支持、可用资本和具有成功创业经历的企业家，吸引企业到当地发展。一些研究走廊甚至把不同州之间的社区团结起来，这使他们能够就区域重要问题，例如绿色技术、失业人员工作培训和小型商业创生聚集在一起。此外，还对区域经济进行分析，得到有关区域经济，例如，工作增长、州收入和州内初创公司数量等信息。为本地区创造工作岗位是很多研究走廊关注的重点。总的来说，通过参与地方大学进行合作的研究走廊，从而充分利用所有参与机构的才能和资源，大学正在扩大他们的影响，更好地为社区服务。一言以蔽之，美国大学职能正从研究型大学、创业型大学演变成参与型大学。也就是说，除了知识传播、知识创造和知识扩散之外，大学还将参与广泛社区活动视为自身使命，通过一系列社区活动以及与地方企业合作推动地方经济发展。

为了让国家保持经济和国际地位的竞争力，研究型大学在美国国家创新系统中主体地位的构建过程仍在持续。每一次重大的变化都可以被认为是引入了新的生产要素，或实现了生产要素的新组合，其结果也必然产生了熊彼特所言的"创造性毁灭"——而这也正是创新的本质特征。创新，就其本身而言，并不一定会转化为经济活动。相反，我们必须把它引进并应用到市场才能激发经济增长。对于基于科技基础的经济而言，拥有一个强大研发基地是必要的，而不是充分条件。也就是说，通过知识创造、扩散和使用，创新不仅成为经济增长的关键驱动力，也是应对社会发展过程中不断涌现新挑战的主要策略。[①] 本章介绍和分析了美国研究型大学在国家创新系统中所采取的五种路径和举措，并结合实际案例分析各种路径所造成的实际影响，可以使我们更为全面和深入地理解美国国家创新系统的形成过程，以及大学如何在这一过程中更好地为一个国家和地方经济发展和社会转型服务。

---

① Romoe S. Guinet J., Dynamising National Innovation Systems, OECD Publishing, 2002：3.

第三节 基于创造的学习：美国创客教育融入工程教育的主要战略

一 创客运动的兴起及创客教育的价值内涵

（一）创客运动兴起的经济与社会背景

随着移动互联时代的到来以及 3D 打印技术、智能制造技术、开源硬件平台的迅速发展，"创客运动"（Maker Movement）正在成为一股席卷全球的变革力量。创客源自英文单词"Maker"，原意是指"创造者"。现在，创客被广泛指代那些能够利用 3D 打印技术和开源硬件平台，迅速地通过互联网进行学习和创造，将自己层出不穷的创意和想法转化为现实、勇于创新的一群人。[1] 创客这个群体最早出现在美国绝非偶然，它不仅是 20 世纪 80 年代以来技术消费主义和"黑客"（Haker）思潮的产物，其思想来源甚至早已潜藏在美国国家形成的历史文化背景之中。《创客》杂志的创始人戴尔·多尔蒂认为"创客是一群富有创造性的、创新精神的、能够产生源源不断的新发明和合作精神的人，他们看待事物的角度有所不同，而能够善于利用技术实现创意的他们，将是未来新一代的科学家、工程师、发明家"。[2] 创客将技术看作实现自己个人理想和满足内心创造欲望的工具，他们喜欢探究事物的构成、事物运行的内在机理，并在此基础上探讨如何进一步地改进和完善。或者说，在全新的方式之下使用它。创客是非线性思维的思考者、富有好奇心的发明者和问题解决者。白宫科学与技术政策办公室副主任托马斯·凯利认为，创客运动"发端于创客群体自身——这是一群依靠创意和想法来制作、发明、改进、进行问题解决、探索和分享内在荣誉的人"。[3]

在创客们看来，自己不仅是工业生产和产品设计的最终消费者——自工业革命以降，人类社会就被分为了生产者与消费者两大阵营，他们

---

① 李凌、王颉：《"创客"：柔软地改变教育》，《中国教育报》2014 年 9 月 23 日。

② New York hall of science. A blueprint：maker programs for youth，http：//nysci. org/wp - content/uploads/nysci_ maker_ blueprint. pdf，2015 - 05 - 13.

③ Martinez S.，Stager G.，Invent to learn：Making，Tinkering，and Engineering the Classroom，California：Constructing Modern Knowledge Press，2013.

彼此之间唯一的纽带则是基于需求满足的利益竞合关系。在消费主义盛行的时代，"用户体验"、"标准化生产"、"流程控制"等概念成为构建工业文明中人与人之间关系格局的基本概念。但是伴随着互联网的出现，每个人不再是精神产品和物质产品的消费者，他们同样也是创造者，创客的理念正是建基于此。创客们所具有的充沛精力和旺盛的探索意愿成为推动他们创造新事物的内驱力，特别是通过原型设计和在线分享等交互体验方式寻求对创造感的满足。与传统的工业文明所孕育的手工业者相比，虽然二者都是一种以实践动手为主的活动，但支撑传统手工业者实践活动的原动力来自自身生存的经济利益，而支撑创客各种实践的原动力则来自物质产品极大丰富和社会经济达到较高阶段后的自由意志探索。简言之，创客并非是为了物质的激励而进行实践，他们会非常执着于自己所动手创造的事物——即使这个事物或这个项目没有所谓的商业价值，但依旧无法消退他们在创造过程中所具有的欢乐。与传统手工业者相比，创客更加开放与包容，他们愿意吸纳任何对创造感兴趣的人或群体，也愿意为新创客们提供各种支持，这种建立在共同兴趣之上的相互激励与支持，构成了创客群体内生发展和演进的循环系统。

（二）创客运动的技术与环境基础

自 2000 年以来，技术发展已经大大降低了 3D 打印技术的成本，移动互联网的繁荣使人们在线实时交流更加频繁和有效。更重要的是，上述技术进步不是来自工业，而是来自学术研究者和狂热兴趣者的活动，他们的首要目标是利用这些技术制作出各种新颖的成型产品，基于开源平台的自主设计与创新，随后在以互联网为平台的社群之中进行广泛扩散。正如媒体所描述的那样，创客运动使得"无论是作为业余爱好者还是作为专业人士，创客都是富有创造性的，有资源使用的和具有好奇心的，能够发展一个项目展示他们如何与周围世界互动的"。① 创客运动遵循着三大原则：第一，人们使用桌面工具设计新的产品；第二，人们通过互联网，在创客社群中进行合作，免费分享这些设计；第三，人们使用标准化文档设计使得个体将自己的设计发送到工厂。

此外，开源硬件（Open Source Hardware）的出现及低成本化趋势也

---

① Makermedia, Leading the Maker Movement, June 5, 2015, http：//makermedia.com, 2015 - 04 - 20.

促进了创客运动朝着更为广阔的空间发展。由个体组成的在线社群则通过免费交换信息和协作进行创造活动。开源硬件平台体现了开放设计的理念——人工制品的核心组成部分及其设计信息的过程可以由终端用户便捷地获取,而无论其地理位置、社会和经济水平。只需要通过互联网连接,地球上任意地方的人们就可以在任意时间进行创造性的实践合作。迭代设计的理念则构建了渐进式创新与协同创新的意义,将过去那种在封闭的知识组织中才能够进行的创新转化为开放式的、民主化的参与过程。

(三)创客运动的发展现状

创客运动正在方兴未艾。目前,全球已有超过 1400 个创客空间,而创客空间的数量仍然保持着大幅增长的速度。各种类型的创客活动,如创客嘉年华、创客节、创客工坊、创客社区也层出不穷,它们向人们展示着创客的理念、创客的设计、创客的产品,从而吸引了更多的人对创客产生兴趣。3D 打印技术和以 Arduino 为代表的开源硬件平台给人们提供了更便宜、更便捷的原型设计和产品制造元素。创客杂志认为创客运动的流行将对社会产生一种类似于火箭发射的推动力,使人类社会中最有创造力的、对技术有着狂热兴趣的人实现高度的满足感和成就感。[1] 今日的创客运动已然发展成为一种社会运动,它在利用互联网连接起全球不同国家、不同文化的人群时,也在纵向的时间维度上将过去、现在与未来相连接。

克里斯·安德森在《创客:新工业革命》一书中认为,创客不仅具备接受技术挑战和将创意转化为现实的能力,更重要的是要拥有一种首创精神、实践精神以及与他者分享和交流的价值观。[2] 互联网时代的到来使人类的创新理念与创新产品可以得到实时的分享与交流,也激励了更多的人加入创客的行列。在这种背景之下,美国、英国等发达国家中正在出现众多的创客空间——一个具有加工车间、工作室功能的、开放的实验室环境,创客们可以在创客空间里共享资源、创意、技术、知识,并通过协作和基于项目的实践来实现各种天马行空的创意。通过实践革

---

[1] Maker Education Initiative, The Maker Education Initiative's Mission, http: // maker. org /about – us /mission, 2015 – 04 – 17.

[2] [美] 克里斯·安德森:《创客:新工业革命》,中信出版社 2012 年版。

新技术、发展新的生产工具是人类文明不断进取的原动力。而进行创造的冲动则是这一原动力最核心的那个"原点",以这一原点为核心所产生的各种思想与知识"爆炸"使人类大脑中的创新潜力得到激发。今天,互联网时代的到来使人与人之间的迅捷沟通成为可能,3D 打印技术、机器人技术、开源硬件平台、可穿戴设备、交互式电子设备、可拆解材料——这些正在实现或即将实现的技术变革使个体第一次在现实世界中拥有了充分利用自身创造潜能的机遇。对于青少年来讲,他们正处在最具有创造力的阶段,而充分利用上述工具实现自己的各种疯狂想法。免费与分享是互联网最核心的精神,在今天这个时代,任何人都可以利用、改进、分享这些工具、讲解创造的过程、分享创造的喜悦与经验,从而通过虚拟世界中的在线合作解决现实生活中的种种难题。

二　创客教育＋STEM 教育:美国高校工程人才培养战略的变革路径

(一)培养具有创客精神的 STEM 人才

美国的国家战略中始终将创新放在优先地位,强调国家与公民、经济与环境的健康可持续发展都要极大地依赖于技术创新。为了保持其创新的国际领先地位和竞争力,美国在过去 10 年来陆续通过《美国创新法》、《美国竞争法》等一系列法案和政策维系其持续的创新能力。近年来,美国政府高度重视科学、技术、工程和数学领域的教育(Science, Technology, Engineer, Math,以下简称 STEM 教育),强调通过跨学科领域的学习,培养大学生的多学科知识结构与开放的知识视野、基于创新和团队合作的实践能力、基于信息资源检索与分析的数据整合应用能力等未来新经济形态下大学毕业生所必须具备的基本素养。2013 年 5 月,在奥巴马的发起下,美国国家科学与技术委员会向美国国会提交了《联邦政府关于科学、技术、工程和数学教育战略规划(2013—2018)》,对美国未来 5 年高等教育中 STEM 教育发展的战略目标、实施路径、评估方式等做出了中期规划,旨在加强美国 STEM 领域的人才培养与储备,以继续保持美国在未来国际竞争中的优先地位。其实早在奥巴马的第一个任期里,他就已经确定了 STEM 在美国教育系统中的优先资助地位,通过与企业界之间的沟通协调,筹措数千万美元的资金资助美国 STEM 教师的培训,在 2010 年和 2012 年分别举办了白宫科学节,利用总统的个人影响力号召 20 万名科学家和工程师为地方和相关部门 STEM 教育提供帮助。①

2012 年 1 月美国商务部发布了《美国竞争力与创新力报告》，这份报告认为"创新"的内涵与外延将发生极大的变化。未来的创新不仅涵盖了新产品、新服务、新流程、新制度与组织形态的变革，更重要的是强调个性化定制产品与服务、为客户创造价值、开放的创新链等新经济模式。为了实现这一创新战略，高等教育的改革与发展就成为关键所在。而 STEM 教育则当仁不让地成为推动美国高等教育领域中创新人才培养的重要领域。STEM 教育涵盖了科学、技术、工程、数学等跨学科领域的学习，毕业生则覆盖了计算机科学、应用数学、工程技术、智能制造、新能源技术、生命科学等多个知识密集型的产业部门。可以说，美国过去 30 多年来持续的经济繁荣和创新强国地位，都建基于大量 STEM 领域的人才效应。它不仅构成了美国创新的基石，也成为未来推动美国创新更进一步繁荣的发动机。以美国过去 10 年来 STEM 领域就业量的增加作为指标，我们可以看出美国对 STEM 人才的需求程度。2000 年至 2010 年的 10 年之中，美国 STEM 领域的职位增长率年均达到了 7.9%，远远高于其他领域的职位增长率（2.6%）。2010 年，美国共有 760 万 STEM 领域的从业人员，占据了全社会劳动力的 12%。其中，计算机科学与数学领域的从业人员几乎占据 STEM 从业人员总数的一半，工程学领域的从业人员占比为 32%，物理和生命科学领域从业人员占 13%。② 但是，伴随着高端制造业回流美国以及智能制造、页岩气革命等新技术为支撑的经济复苏，美国对 STEM 领域人才需求显得更为迫切，与此相对应的则是高校培养的 STEM 毕业生无法达到劳动力市场的需要。

创客教育内在的跨学科、实践导向、极客等特质使其广受世界各国大学生的欢迎，其影响力也与日俱增，而创客教育与 STEM 教育的融合，则有力地增强了 STEM 教育在美国高校工程人才培养中的发展趋势，吸引了更多的大学生学习 STEM 教育。因此，美国政府早在 2012 年就开始启动"创客教育计划"（Maker Education Initiative，MEI），该项目由创客运

① Committee on STEM Education, National Science and Technology Council. Federal Science, Technology, Engineering, and Mathematics (STEM) Education 5 - Year Strategic Plan, http://www. whitehouse. gov/sites/default/files/microsites/ostp/stem_ stratplan_ 2013. 2015 - 06 - 17.

② U. S. department of commence, The competitiveness and innovative capacity of the united staes, http://www. commerce. gov/sites/default/files/documents/2012/january/competes_ 010511_ 0. pdf.

动的发起者、《MAKER》杂志创始人戴尔·道尔特（Dale Dougherty）作为首席负责人。该计划旨在激发学生的创造天赋，培养他们的自信和动手实践能力，使每一个学生都有可能成长为创客。该计划目前正在对传统的学校 STEM 进行设计与改造，大力推动创客空间和繁荣各种类型的创客项目，最终推进美国高校创客教育的繁荣。创客运动的盛行以及迅速融入学校教育的趋势点燃了美国学生的想象力，培养了他们面对未来工业 4.0 时代所需要的技能和创造力。创客教育所营造的团队协作与动手实践过程不仅提升了学生的创造力、问题解决能力、沟通协作能力和自我表达能力，也有力地支撑了 K – 12 阶段 STEM 教育的实现方式。除了"创客教育计划"之外，目前，美国联邦教育部也已经启动了"Make O-ver"计划，该计划将在全美的各类型学校中建立更多的创客空间，对现有学校的职业与技术教育课程（CTE）进行重新设计，融入创客的理念和实践经验。此外，联邦教育部还与企业、非政府组织等合作，引入"Career and Technical Education Make Over Challenge"项目，在全美范围内的高中将职业生涯教育与创客教育相融合，提供专业发展指导、技术保障、信息合作网络等支持。

（二）革新 STEM 教育的教学模式，通过创客教育实现 STEM 的创新与设计理念

通过移动设备的教学、混合学习、虚拟视觉影像技术的应用，STEM教育的未来发展模式得到了更新。STEM 教育涵盖了科学、技术、工程和数学四大学科，同时也包含了在真实世界中如何使用这些学科知识解决问题的能力。根据相关报告，到 2018 年，将有十二大技术影响 STEM 教育，其中具备直接影响能力的 3D 打印、数学建模、游戏化教学、可穿戴设备等十二项技术的广泛应用会促成 STEM 教育的变革。[①] 在上述变革中所形成的浸入式学习环境，将为学生提供更具个性和创造力的学习方式从而在实践和团队合作中提升技能，增强学生的学习体验，丰富学习的情境。

年轻的创客正在使用诸如 3D 打印技术、激光切割机、开源硬件设备来设计和激发个性化的表达。今天，包括大学校长和行政机构、教师群

---

① Dian Schaffhauser. 12 Technologies To Dominate STEM Education，http：//campustechnolo-gy. com/articles/2013/10/21/12 – technologies – to – dominate – stem – education. aspx，2015 – 6 – 20.

体、产业部门在内的更广范围的利益相关群体，通过创客文化的培育与创客教育的实施确保 STEM 教育在大学生之中持续具备吸引力。美国认为创客文化对高等教育的未来变革将扮演重要的角色。创客可以激发大学生在 STEM 教育中的积极性和创造性，在工业设计、智能制造、创业等各个领域中培养大学生的能力。创客所具有的实践和团队合作特征也有助于增强大学生在真实社会情境中解决问题的能力。有数据表明，超过 2/3 的大学生认为他们在创客活动中所获取的进步要高于其他学术课程。目前，美国联邦教育部推行的 21 世纪社区学习中心（21st century community learning centers）正计划在加利福尼亚、佛罗里达、纽约、宾夕法尼亚和得克萨斯等多个州的大学中发展创客中心，促进创客教育的繁荣。美国创客教育计划也正在为 24 个州的超过 14 万名大学生提供创客教育。[①]

除了制定国家层面的创客教育发展战略，奥巴马政府通过各种活动形式来推广创客理念在全社会的影响力，激发更多的社会成员和组织参与到创客教育之中，尤其是在将创客教育与 STEM 教育相结合方面，美国政府更是提供了尽可能多的措施。2015 年白宫创客节的主题就是 STEM 教育在全美高等教育领域中的进一步发展。在此次创客节中，奥巴马宣布将投入 2.4 亿美元用于支持大学生以创客的形式参与到 STEM 教育中，他所力推的"为创新而教育"（Educate to Innovate）运动则为 STEM 教育提供了超过 10 亿美元的经费支持。其中包括了募集 1.5 亿美元的慈善经费，专门用于为大学中表现优异的创客提供经费，为其成长过程提供足够的资金保障，使其成为未来的科学领袖；设立 9000 万美元"让每个人充满梦想"（Let Everyone Dream）基金，扩大 STEM 教育在年轻人群体中的影响力；美国联邦教育部则设立了高达 2500 万美元的创客竞赛，鼓励大学生在学习 STEM 的基础上进行创客方面的探索，培养其科学与技术素养；在超过 120 所大学和学院培训 20000 名熟悉 STEM 与创客的专业教师以加强此领域的师资建设。[②]

---

① Tom Kalil, Roberto Rodriguez. Building a Nation of Makers , https：//www. whitehouse. gov/blog/2015/05/04/building – nation – makers，2015 – 06 – 21.

② FACT SHEET：President Obama Announces Over MYM240 Million in New STEM Commitments at the 2015 White House Science Fair, https：//www. whitehouse. gov/the – press – office/2015/03/23/fact – sheet – president – obama – announces – over – 240 – million – new – stem – commitmen.

（三）创设开放、合作的创客空间，为 STEM 教育提供实践性场所

创造性和学科整合性是 STEM 教育的核心价值。然而，大学现有的教育理念及其制度设计却并不鼓励开放导向的、实践创造为基础的教育。在大学已有的 STEM 课程中，大学的制造与建模空间更像是典型的"机器商店"，在这里学生放弃了实际的建模活动来训练专业性或者仅仅是作为高度训练学生的学术入口。制造设计与建模师工程专业大学生必须具备的学历体验。为了改变这一状况，培养学生在实践过程中的创造力，佐治亚大学技术研究所就建造了 3000 平方米的发明工作室，免费向大学生提供，用于进行各种创客活动，将 STEM 教育中的核心知识内容与实践性、开放性、团队合作、强调设计和原创性的创客相结合。虽然刚开始建设的目的是为了一门设计课程，但是发明工作室为自己带来了生命与文化，也远超过最开始的预期。在这里每个月都会有超过 1000 名大学生进行创客活动，并与工程领域相关的导师建立合作关系。

美国国家研究委员会的《工程 2020 报告》提出创造、发明、创新是工程教育的核心价值，培养具备创造力的创新能力的大学生是工程教育的终极目标。然而，在传统的标准化工程教育环节中，学生通常并不进行创造或者发明任何有形事物的学习经历，他们只被要求最后毕业设计阶段才进行创造性的问题解决。过去，工程教育从以实践为基础转向了理论为基础的路径，特别强调数学模型在工程教育中的作用。许多教育者如构思—设计—执行—运营（Conceive - Design - Implement - Operate，CDIO）则满足了产业部门的需求，需要更多的工程师毕业生追寻技术知识的轨迹，包括个人成熟度、人际交往技能以及整体和批判性思维等。与此相反的趋势在最近一些年出现，则是重新引入了动手实践的学习，一些项目开始启动了很新的设计体验。这种体验的好处已经在科罗拉多大学得到了印证。比如说，那里的学生参与到早期设计的体验之中，与工程专业学生一起设计新项目而完全没有指导手册。这一发现表明了早期实践创造性和开放性活动的潜在影响。佐治亚大学创造工作室的目标就是提供一个创客空间——学生可以在课堂中应用自身所学的理论设计项目、制造工具、材料并与社区导师进行交流，学生自己也会制定课程要求的独立性、课堂项目、课程作业的层级结构等。

近年来，在创客文化的影响下，许多大学开始创设独立运营的创客空间。波士顿大学计算机协会 2010 年建立了美国较早的、由大学生设计

和管理的创客空间。这些空间支持了"自下而上"的理念,鼓励大学生自主的探索精神和创新精神,完成创客空间的所有活动,强调跨学科的互动与经验分享。宾夕法尼亚州立大学、华盛顿大学、北卡罗来纳大学也通过创客空间的发展来促进和激励工程人才培养的效果。在这些创客空间中,主要凸显了三大原则:第一,空间的每一个参与者都必须要求是天赋的、创造力的、热爱工程领域和设计领域的大学生;第二,学生强烈要求更丰富的、实践导向的课程以便将理论知识打通,使他们能够更加有效地将结构化的知识体系与非线性的创造过程相结合;第三,教师群体创客们的导向是将自己的创造活动与真实世界的问题解决和产业需求联系在一起。[1]

三 创客教育对大学创新能力的塑造:以卡内基梅隆大学为例

卡内基梅隆大学(以下简称 CMU)校长 Suresh 认为 CMU 之所以能够发展成为世界顶尖的研究型大学,就是源于对创新的追逐和设计创意的结合。早在 20 世纪 90 年代,CMU 的机器人研究所就已经开始进行此领域的探索,随后又展开了 3D 打印技术的研究。CMU 也是世界上第一个为本科生提供创客教育的大学。近年来,CMU 为本科生提供了大量的设施设备和资源支持,建设分层次和完善的创客教育资源基础设施,为大学生的创客活动提供机会和平台。它也是全美最早为本科生提供创客空间和创客平台的大学,通过一系列整合性的资源供给,为大学生在以市场为导向的创新过程中奠定了跨学科的实践基础。

CMU 的整合设计艺术与技术网络(Integrative Design Arts and Technology,IDEATE)于 2014 年启动。在这个综合性的创意设计网络中,大学生可以选择 8 门跨学科选修课程,为其提供超过 30 个新建实验室的活动机会,通过协作性的创客经历培养大学生对新技术运用的敏感性、团队合作和沟通能力,其中许多课程都是通过 IDEATE 协作创客网络进行的。自创建以来,IDEATE 已经成为一个校园内的协作创客空间,通过该设施,图书馆可以为学生提供各种新的帮助。超过 3000 平方英尺的图书馆被改造成创客空间,其中以数字制造为特征的商店、实体的计算机实

---

[1] Martinez S & Stager. G. S. How the Maker Movement is Transforming Education,http://www.weareteachers.com/hot-topics/special-reports/how-the-maker-movement-is-transformingeducation,2015-04-8.

验室、交互性的媒体实验室、虚拟计算机集群和协作设计工作室成为创客空间的主要组成部分。此外，IDEATE 也扩展了与校外合作伙伴的联系，为大学以外的其他群体提供创客工作室和建模工作室，鼓励 CMU 的教师、校友、学生、周边社区的高科技企业等都可以充分利用大学创客空间的设施和工具来实现自己的创新性想法。在 2014—2015 年，CMU 也在匹兹堡地区建设了新的先进制造实验室以进行高分子聚合材料领域的研发工作，CMU 利用这些设施与美国创客、全国添加剂制造创新研究所等机构进行合作。作为西蒙计划（Simon Initiative）的一部分，CMU 于2014 年 9 月启动了学习媒体设计中心项目，为大学生提供新媒体和创客经验的交流学习平台，该中心同时还会与匹兹堡再造学习委员会进行合作，整合社区、图书馆、大学、博物馆等来激发大学的研究和创新。

IDEATE 所设计的一系列活动主题有效地将创客精神与 STEM 人才培养的要求结合在了一起，使学生在充满快乐、趣味、创造、探索的环境中，通过彼此间的分享与合作、实践与改进掌握 STEM 领域的跨学科知识。这些活动涵盖了 3D 游戏设计、动画模型与特效、媒体设计与展示、音效设计、学习媒体设计、创意产业创业、知识环境营造等新兴的技术领域，而艺术学院、计算机科学学院、工程学院也都开始纷纷设置新媒体、计算机数据分析科学、整合创新、城市设计等学士学位，从而打通创意、设计与创新，培养在前沿领域具备跨学科知识与能力结构的工程人才。[1]

四 创客教育对我国高校工程人才培养的借鉴价值

近年来，创客运动在我国也逐渐兴起并在社会上产生了一定的影响。部分高校也开始逐步引入创客教育的理念并进行了初步的实践探索。当我们通过创客教育的实践形态分析转而从更深层次来理解创客教育的内涵及其价值潜能之时，我们会发现它蕴藏着深刻的教育哲学观。其中，最明显的便是杜威提出的"做中学"（Learning By Doing）思想。"做中学"也就是"从活动中学""从真实体验中学"，将所学知识与生活实践联系起来，知行合一。杜威提出的"做中学"主要涵盖艺术活动（如绘画、唱歌）、手工活动（如烹饪、纺织）和需要动手操作的科学研究（如

---

① Martinez S., & Stager, G., *Invent to learn: Making, tinkering, and engineering the class-room*, California: Constructing Modern Knowledge Press, 2013.

机器人研发、物质合成)三个方面。今天,伴随着互联网平台的出现和智能制造技术的成熟,杜威所强调的"做"被赋予了更多的技术呈现方式,学生之间在"做"的资讯获取与信息交流、"做"的技术实现以及"做"的成果扩散方面都比工业时代显得更加便捷、更加广阔。在尝试创客教育的学校中,孩子们可以利用3D打印技术制作出美术作品的原型产品并添加最新的创意设计,随后通过创客社区、社交媒体等渠道进行分享和传播;综合实践课堂则完全可以通过 Arduino 等开源硬件平台和Makeblock 等模块搭建平台进行包括各种小型智能机器人、飞行器、体感驾驶设备等原型产品的设计和制作场所;学生也可以利用音乐编程软件进行原创音乐的创作与分享,创编属于自己的音乐世界……一系列充满创新与崇尚快乐的快乐教育也是创客教育背后的重要理念。创客教育往往指向现实问题的解决,是一种问题导向式教育,让学生发现现实问题,寻求创意的解决方法并通过努力使之变成现实。

创客运动面临最大的挑战和机遇是高等教育的转型。技术正在赋予大学生更多的学习自主权,同时也激发了学生不断创造的潜力。在教育中带来创客运动的建议:(1)创设一种发展创客理念的情境,一种鼓励学生相信自己可以学习任何事物的理念;(2)建造一种新的实践实体来教授创客和发展实践的团队;(3)在多样化的社区情境之中设计和发展创客空间,为多样化的学习群体提供服务,分享彼此的资源;(4)界定、发展和分享广阔的框架项目和工具包,基于更广范围的工具和材料,将学生兴趣与学校内外相连接;(5)设计和建立在线社会平台,促进学生、教师和社区之间的协作;(6)为年轻人发展项目,允许他们在创造更多的学校创客活动中占据领导地位;(7)创设一种社区情境,让学生在所有创客和创客活动中展示工作关系,比如创造人们实践的新机遇;(8)允许个体和小组建造创客社区的实践记录,对学术和职业升级有用;(9)发展教育情境将创客实践与正式教育的理论相结合,支持探索和探究性地引入新工具发展设计和关于创客的新的思维方式的探索性;(10)发展所有学生全部的潜能、创造性、自信心;(11)开始将个体生活和所处社区的变革连接。

笔者认为,创客教育的出现为我国高校工程人才培养模式的改革提供了一种新的思路和新的机遇。体现创客文化的创业教育课程可以帮助每位学生在科学、技术、工程和数学领域做得更好。体现 STEM 精神的活动常常自发地在创客空间当中发生。创客教育与传统教育的课程要求与知识体系并不冲突,二者完全可以进行有效的结合,产生更优的效果。对于我国高校工程人才培养的未来发展而言,我们首先需要的是增强对创客文化的理解,特别是来自高校领导者的支持和"创客教师"群体的扩大。只有让人们沉浸在创客活动所带来的预约之中,使人们发现自身的创造潜力并以群体的方式进行情感沟通与互相扶持,分享创造的喜悦,创客教育才能真正在我国未来的教育变革浪潮中发挥重要的引领作用。

第三章 欧洲国家创新战略驱动下的大学变革

第一节 欧盟层面加强大学创新创业
能力的主要路径

当今的世界正处在一个充满着各种不确定性与激烈震荡的时代。全球金融危机带来的余波至今没有消弭，世界主要发达国家的经济复苏依然困难重重。在这样的一种大背景之下，欧美各国纷纷将鼓励全社会的创业活动作为破解经济与社会发展难题的重要战略选择，通过战略规划、政策制定、环境塑造、文化引领等多种手段构建创业型的社会，从而推动就业的增长与经济的繁荣。世界范围内的创业教育浪潮汹涌而至，创业教育也成为各国提升大学生创新能力、促进区域经济增长与技术变革、提升国家竞争力的重要政策议题。作为社会建制力量中具有基础性地位的高等教育机构，自然而然地成为推动创业教育的主要载体。

在 2000 年 3 月所通过的《里斯本战略》中，欧盟就希望通过鼓励创新、大力推动 ICT 技术的应用与发展，探索面向知识经济的下一代创新，即创新 2.0 模式。其目标是使欧盟在 2010 年前成为"以知识为基础的、世界上最有竞争力的经济体"。① 但是迄今为止，欧洲依然深陷经济危机的阴影中：失业率居高不下、经济增长乏力、欧盟内部各成员国之间的差距进一步拉大。在这种背景之下，欧盟委员会及部分成员国开始制定专门的创业教育发展战略和创业教育实施计划，将创业教育作为未来欧盟高等教育改革的重点议题之一。在欧盟近年来的一系列促进创新创业的报告和文件中，创业教育一直被视为培养青少年创新精神、创业意识、

① 里斯本战略，http://baike.baid.com/view/962766.htm?fr=ala0_1。

创业能力、创造知识密集型工作岗位和提升欧盟整体竞争力的重要途径。与美国相比，欧盟在创业教育方面起步较晚、差距较大，各种现实性的障碍横亘在欧盟创业教育发展的道路上。自《里斯本战略》实施之后，欧盟委员会（the Commission of European Union）、欧洲经济与社会委员会（The European Economic and Social Committee，ECS）、地区委员会（The Committee of the Regions，CoR）等欧盟常设机构通过组织创业教育的专题会议、成立由不同领域专家组成的研究小组、进行欧洲创业精神调查等一系列活动来指导并推动欧盟范围内的创业教育。在制定统一的创业教育战略目标的基础上，充分尊重各成员国的具体情况，以建立欧盟范围内信息交流与合作平台的方式促进各国发展创业教育并维持政策实践的一致性，保障各成员国创业教育始终处于不断发展的状态。

一 超国家层面的欧盟创业教育政策

（一）欧盟教育政策的制定与实施

作为推动欧洲一体化进程、具有超国家特征的组织机构，欧盟的出现成为最近 20 年来国家间政治经济社会全面合作的一个标志性事件。欧盟的出现不仅标志着统一市场、统一货币时代的到来，同时也意味着欧盟的超国家治理权限已经代替了国家的一部分主权，传统意义上的民族国家及其政府架构在区域合作的趋势下将被边缘化。这种超越民族国家主权之上的超国家治理结构对不同国家之间所存在的共同利益和一致性需求做出了反应，欧洲议会、欧盟委员会等立法和决策层在尊重各成员国的基础之上，制定、实施并调整各国普遍认可的规则。

从构成来看，欧盟成员国之间的文化传统各异、政治架构不同、经济与社会发展现状差异较大。已经成为发达经济体的英、德、法等西欧各国与尚处于经济转型期的东欧诸国之间在教育领域的关注点也不尽相同。因此，欧盟的教育政策并不可能完全地在超国家层面上达成一致，它必然是一种成员国之间沟通、协调、合作的结果。《欧洲联盟条约》作为欧盟的根本大法，对欧盟教育政策的性质、目标和原则进行了界定。该条约规定，共同体将在充分尊重各成员国对于其教学内容和教育体系的组织以及各自文化与语言多样性的责任的同时，通过鼓励各成员国之间的合作，促进高质量教育的发展，并在必要时支持和补充其行动。①

欧盟教育政策的治理结构是由不同层次的法律法规和政策措施组成。从超国家的层面来看，依据欧洲联盟条约的赋权，欧盟的教育政策中既可以包括具有约束力的相关法规，如条例、指令、决定等；也可以包括不具有约束力但是能够就教育领域中的一些战略性问题提出建议的白皮书、绿皮书、研究报告等。从国家和地区层面来看，为了保证欧盟教育政策在各成员国之间的统一，协调不同国家在教育政策执行过程中产生的差异，欧盟教育政策还涵盖了结合各成员国、各区域和学校层面的教育法规和教育措施。在欧盟常设机构中，欧盟委员会、欧洲议会和欧洲法院分别代表了欧盟立法、行政、司法三大权力相互制衡的原则，其中对超国家层面的教育战略和教育政策问题直接发挥作用的则是欧盟委员会。它依据欧洲联盟条约中的相关规定和欧洲理事会的决议执行相应的政策措施，并向欧洲理事会和欧洲议会定期提交关于教育与培训方面的研究报告和立法动议。欧盟委员会下设若干个总司（Directorates - General），分管不同的领域。教育领域的事务由第十二总司——科学、研究与教育总司负责。例如，它需要负责实施有关教育、培训等方面的方针政策和计划项目。目前在该总司下面还设有五个分工不同的司。例如，"在董事会A（有关普通教育）里，董事会A-2、A-3和A-4负责苏格拉底计划的实施；在董事会B（有关职业教育）里，董事会B-2负责列奥纳多计划的实施。董事会A和董事会B的其他部门负责计划项目其他事项的管理"。②

（二）高等教育一体化进程中的欧盟创业教育

"在多元中团结"是欧盟的格言，也是欧盟创立的主要动力。但是教育问题在欧洲一体化过程中并没有受到太多的重视，与社会发展和经济结构中所存在的差异一样，欧盟各成员国的高等教育体系结构复杂、彼此相异，导致了各国之间高等教育发展战略与政策实施在目标上的不一致，也造成了跨国间人才与知识交流的诸多不便。但是随着欧洲一体化进程的加速，欧盟开始致力于形成超国家层面的教育发展战略和政策体

① 李晓强：《超国家层面的欧盟教育政策：影响及其限度》，《外国教育研究》2007年第8期

② 傅松涛：《欧盟教育计划的发展及其实施组织》，《外国教育研究》2006年第11期。

系,通过对教育领域的介入影响和推进欧盟一体化进程,促进各国教育的交流、合作与改进。随着《欧洲联盟条约》的生效,欧盟在继续加强经济一体化建设的同时,开始更多地关注政治一体化建设,并越来越强烈地意识到教育应该在欧洲一体化建设中发挥更大的作用。欧盟应加强对共同体层面教育问题的干预力度,并推动各成员国加强教育合作。正是在这样的背景下,《欧洲联盟条约》首次以基本条约的形式对教育问题做出了全面的规定,也为此后欧盟制定教育政策提供了新的法律基础。《欧洲联盟条约》第126条第1款明确指出:"共同体应该通过鼓励成员国间的合作,如有必要,通过支持和补充它们的行动,从而促进优质教育的发展,同时,充分尊重成员国在教学内容、教育制度和组织上的职权及其文化、语言的多样性。"[1] 1999年29国欧洲教育部长共同签署的《博洛尼亚宣言》拉开了欧洲高等教育一体化进程的序幕。在这份宣言中,欧洲各国承诺要建立可以比较的学位体系、促进师生和学术人员的流动、保证欧洲高等教育的质量、促进欧洲范围内的高等教育合作。[2]

可以看出,欧盟高等教育一体化进程最大的推动力来源于欧盟加快各国经济改革、促进各国人才培养质量、增进就业的要求。如欧盟2000年提出的《里斯本战略》要求将欧盟建设成为"以知识为基础的、世界上最有竞争力的经济体"。在这样的一种背景之下,以培养青少年创新创业精神、传授大学生创业知识、提升大学生创业能力的创业教育自然而然地成为增强欧盟经济活力、维系欧盟在世界范围内竞争力的重要战略选择,创业教育也开始成为欧盟高等教育政策中非常重要的一个环节。欧盟认为:"创业教育的益处不仅仅局限于创办企业和提供新的工作岗位。创业指的是个人将创意转化为行动的能力。它包括创造力、创新和风险意识,以及计划和管理项目从而达到目标的能力。因此,创业是所有人应该掌握的关键能力。无论青少年将来从事什么工作,学校的任务是帮助他们变得更加具有创造力和自信。"[3] 为此,欧盟开始逐步实施贯

---

① 申超:《欧盟的教育政策:一种超国家层面的教育政策》,《外国教育研究》2008年第10期。

② David Phillips, Hubert Ert, *Implementing European Union Education and Training Policy—A Comparative Study of Issues in Four Member States*, Dordrecht: Kluwer Academic Publishers, 2006, pp. 220 – 238.

③ 徐小洲、梅伟惠:《高校创业教育的战略选择:美国模式与欧盟模式》,《高等教育研究》2010年第6期。

穿初等教育、中等教育、高等教育和职业教育的终身创业教育系统。在欧洲社会中形成鼓励创业氛围，营造有利于创业教育开展的外部环境，增强年轻人的创业意识，培养大学生的创业能力。自欧盟于 2000 年提出《里斯本战略》以来，欧盟委员会下属的科学、研究与教育总司和企业与工业总司先后发布了一系列旨在激发欧洲创业潜力、鼓励创业教育实施的报告，其中包括了 2003 年发布的《欧洲创业绿皮书》、2004 年发布的《帮助营造创业型文化》，2005 年《里斯本战略》重新启动之后，欧盟委员会又于 2006 年发布了《实施创业行动计划》的白皮书，制定了推动创业教育的具体措施。2010 年发布的《迈向更大合作和一致性的创业教育》报告则开始强调用开放、合作的态度发展创业教育，鼓励各成员国继续制定专门的创业教育发展战略，鼓励企业和高等教育机构之间在创业教育领域上的合作，改革创业教育的自治模式，营造更加适合创业型企业发展的规制框架。

　　近年来，一系列推动创业教育发展的政策与措施已经在欧盟范围内得以实施，如团结政策（Cohesion Policy）、第七个研究与开发框架项目（the 7th Research and Development Framework）、竞争力和创新框架项目（Competitiveness & Innovation Framework Program）以及在 2007—2013 年的结构基金拨款项目等领域。但是根据 2009 年欧洲创新记分牌的结果，虽然欧盟与美国在创新创业教育方面的差距在逐步缩小，但是这种差距仍旧十分明显。在与创新和创业有关的各类指标中，美国分别有 12 项，领先欧盟。[①] 可以说，欧盟的经济并没有达到广泛创新的程度，欧盟的创业教育依旧处于起步阶段。从欧盟以及许多成员国的教育政策来看，欧盟已经在制定创业教育的统一发展战略以便在各成员国之间实现政策协调与实施方面的一致性。将创业教育纳入国家课程体系、建立欧盟范围内创业教育的政策交流与学习平台、制定更为具体的创业教育国家战略、将创业教育纳入国家课程体系之中、强化创业教育专业师资的培养、增强高等教育机构对创业教育的重视、建立创业教育发展的社会参与机制等内容已经成为欧洲创业教育政策改革举措中的重心。

----

　　① Commission of the European Communities. Delivering on the Modernization Agenda for Universities：Education, Research and Innovation，http：//www. ihep. org/assets/files/gcfp – files/Delivering_ Modernisation_ Agenda_ for_ Universities_ Educatio_ Research_ and_ Innovation_ May_ 2006. pdf.

二 统一性与碎片化：欧盟创业教育发展的现状与困境

（一） 欧盟层面创业教育战略目标的统一性

2000 年 3 月在葡萄牙首都里斯本召开的欧盟首脑会议制定了 21 世纪欧洲社会和经济发展的战略目标："鼓励创新、大力推动信息通信技术的发展，探索面向知识经济的下一代创新，使欧盟成为在经济上可持续发展并拥有更多更好的就业岗位以及更强的社会凝聚力的、世界上最具竞争力和活力的知识型经济体。"[①] 可以看出，早在 21 世纪初欧盟就已经在各成员国层面达成了促进就业与创业的一致意见。随之而来的则是欧盟采用了"开放式协调"（Open Method of Coordination） 的政策制定机制发展教育与培训政策，当然也包括了创业教育政策。开放式协调的政策机制考虑到了各成员国之间在文化和教育方面所存在的多元特征，因此并没有规定任何具有硬性约束力的法律法规，而是重视不同国家和地区之间在教育政策方面的经验交流与合作，通过互相学习而达成具有一致性结论的共识。在此基础上各成员国制定符合自身实际情况的创业教育政策措施，从而实现欧盟统一战略目标。

《欧盟创业行动计划》 就体现了欧盟委员会在对各成员国指导性政策方面的特征。该行动计划要求各国重视推广创业教育及相关的培训活动，平衡创业的风险与回报，在高等教育机构与企业之间建立 "企业转移" 的校企创业教育合作模式，通过发展创新集群来推动区域范围内创业活动与创业教育之间的紧密联系。在行动计划所指定的五大战略领域中，排名第一的就是创业理念的培育，其关键措施就是通过创业教育促进欧盟范围内大学生的创业意识与创业能力。1999 年 6 月召开的斯图加特欧洲大会，其主题就是 "创业家的独立性——欧洲教育的一个目标"。大会最后形成了关于推动欧洲加强创业教育的几点共识：（1）必须在中小学时期就开始鼓励创业家式的思维。（2）学生和教师必须更好地了解创业家的独立性。与此同时，学生和教师也应有更多的机会创办企业。

---

① Commission of the European Communities. Continuing Education and Lifelong Learning （Brussels, 30 June 2008）; Curriculum Development and Entrepreneurship （Tenerife, 30 – 31）, Knowledge Transfer （Brussels, 7 November 2008）, http: //ec. europa. eu/education/higher – education/doc/business/com158_ en. pdf.

（3）学生最好通过创业的实例来进行实习。①

　　欧盟委员会于 2006 年进一步发布关于创业教育的报告，将创业教育与培育欧洲独特的创业文化联系在一起。该报告认为各国创业教育的初始阶段应重在培养学生的创业意识与创业精神，将创业作为未来的选择并使欧洲的大学生更富有创造性和创新能力。高等教育机构的任务则是整合创业课程、提供专业化的创业师资、增加创业教育的投入等方式发展创业教育。作为协调与制定欧盟教育文化政策的常设机构，教育与文化总司不仅单独发布关于创业教育的报告和调查研究，同时也和企业与工业总司合作共同制定发展创业教育的政策措施与实践项目，从而推动各成员国教育部在创业教育方面的一致性，具体的措施包括构建跨欧盟范围的创业教育信息交流平台、在国家课程体系中融入创业类课程、鼓励企业与高校在创业教育领域的合作、推动伊拉斯谟计划和莱昂纳多计划的实施，推动跨国间高等教育人员的交流与合作，从而消除各成员国在创业教育过程中所存在的目标偏差与发展差距。② 欧盟委员会也开始在维护创业教育共同战略目标的前提之下引入更多的行政与经济支持，通过建立成员国教育部之间的沟通协调机制来促进创业教育在欧盟范围内的顺利实施。

　　（二）欧盟各国创业教育政策发展路径的碎片化

　　尽管自博洛尼亚进程和里斯本战略实施以来欧盟已经通过了一系列旨在促进创业教育的计划和项目，但是欧盟在创业教育方面依然落后于美国。与美国浓厚的创业文化不同，欧洲的创业教育依然需要在大学中寻找自身的位置。而欧盟高等教育机构中创业教育的发展还呈现出一种碎片化的状态：创业教育的动力依然来自经济发展与就业增长等外部因素驱动，创业教育还没有得到大学内部文化的认同，因此也缺乏基于大学变革诉求的原动力，只有少数几个欧洲国家的大学拥有进行创业教育的院系，创业教育的师资来源也基本都是经济学或商业管理学科，专门的创业管理领域毕业的师资十分匮乏。在创业教育的教学方面，与美国

① University – Business Cooperation. Thematic Forum on Curriculum Development and Entrepreneurship Report. 30 – 31 October 2008，http：//ec. europa. eu/education/higher – education/doc/business/october08/report_ en. pdf.

② European Commission，Report on the Implementation of the Entrepreneurship Action Plan，http：//adcmourapt/ start/ Report _ Entrepreneurship _ ActionPlan. pdf .

高校创业教育中广泛采用的案例研究和实践导向的课程体系不同，欧洲大学的创业教育更多的还是沿用传统的讲座制，创业教育的教学质量难以得到保证。另外，欧洲大学多以公立大学为主，因此与美国的大学相比，它们显然也缺乏与企业合作进行创业教育的动力。

与美国的高校相比，欧洲大部分的创业教育课程都是由商学院开设的，创业教育还没有扩展到整个大学并成为一种文化。在师资方面，根据调查，美国有400名创业学方面的教授而欧盟只有100名。虽然欧盟各成员国的大学之中已经拥有了超过100个创业研究中心，但是与美国高校相比，这些中心在规模和数量上都有很大的差距。①

当然，欧盟成员国之间的异质性决定了创业教育在欧盟各国之间也存在发展路径的碎片化特征。如英国、爱尔兰、法国、德国、西班牙等国在创业教育方面扮演了更为积极主动的角色，这些国家的大学也更愿意与企业、社会组织进行合作，在创业教育方面形成全社会共同参与的机制。各国在发展创业教育的决心和力度方面呈现出了巨大的差异。目前已有9个国家或地区制定了专门的创业教育战略，它们是英国、芬兰、丹麦、比利时（荷语区）、立陶宛、荷兰、挪威、葡萄牙和瑞典；有8个国家或地区正在计划制定创业教育战略，它们分别是比利时（法语区）、爱沙尼亚、冰岛、爱尔兰、马耳他、波兰、斯洛文尼亚、西班牙。这些跨国或国家层面的政策报告明确了创业教育的重要性和内涵，并对高校、商业界、社区、个人等利益相关者提出建议。但是仍然有近半数的欧盟成员国未将创业教育纳入国家发展战略中或制定专门的创业教育发展战略。

欧盟和各成员国政府通过各种政策导向，鼓励高校将创业教育融入不同的学科发展中，为所有对创业感兴趣的学生提供创业课程和活动。以英国为例，2007年"英格兰高等教育创业调查"显示，高校学生参与创业教育的比率为11%，其中，36%的创业活动在课程中进行，其余的64%在课程外进行。在课程内部，商学院和管理学院是创业教育的主要提供者，占61%；其余9%由工程学院提供，8%由艺术和设计学科提供，

---

① Entrepreneurship education in Europe：fostering entrepreneurial mindsets through education and learning，http：//ec. europa. eu/enterprise/policies/sme/promoting – entrepreneurship/education – training – entrepreneurship/policy – framework/2006 – conference/.

4%由科学学科提供。[①]

英国早已认识到创业教育的重要性，英国财政部早在1999年11月就曾投资7000万英镑给剑桥大学，希望剑桥大学能够学习MIT开展创业的经验，同时进一步推动英国大学的创业教育和创业活动的开展。近几年来，英国政府认识到，创业教育必须有一定的超前性，2005年，英国政府发起一项中学生创业计划，要求所有12—18岁的中学生必须参加为期两周的商业培训课程，以培养创业意识和能力。[②]

在创业教育的资助方面，欧盟范围内每所大学用于创业教育的资助平均只有100万欧元，远低于美国每所大学600万欧元的资助标准。即使是相对不足的经费资助，由于各成员国经济实力和对创业教育认识的不同，各国用于创业教育投入差距也很明显。如英国每所大学用于创业教育的平均资助会达到160万欧元，西班牙为80万欧元，法国为59万欧元，爱尔兰为56万欧元，瑞士甚至达到了186万欧元，但是欧盟其他成员国在创业教育方面的资助就非常少。[③] 资助金额的多寡不仅体现了各国对创业教育的重视程度，也进一步拉大了成员国之间在创业教育领域的差距，不利于欧盟统一战略的实现。

（三）欧洲大学组织转型的文化困境

欧盟必须要建设现代化的大学，对于高等教育机构来讲，欧洲的大学不仅需要更多的自主性，同时也需要在知识社会中更加具有开放的特征，不同类型的社会组织在大学的科研、教学、服务等环节中必须发挥恰当的功用，以便使大学能够在知识弥散式的社会中满足不同利益群体的需求。但是与美国的大学相比，欧洲的高等教育机构受洪堡大学理念的影响非常深。大学意味着是一个"学者的社团，大学是高等学术机构……大学具有双重职能，一是对科学的探索，二是个性与道德的修养"。[④] 因此，大学的主要任务是从学术或理论的角度去研究问题。但在

---

① HM Treasury, Department for Trade and Industry, Department for Education and Skills and Department for Health, Science & Innovation investment framework 2004 – 2014, http：//www. hm – treasury. gov. uk/media/1E1/5E/bud06_ science_ 332. pdf.

② Ibid.

③ Bert W. M. Twaalfhoven. Entrepreneurship education and its funding：A comparison between Europe and the United States, http：// www. efer. nl/pdf/ RP2 Enrepreneurship Education & Funding 2000. pdf.

④ 刘宝存：《大学理念的传统与变革》，教育科学出版社2004年版，第136页。

创新与竞争力日益成为各发达国家经济政策和产业政策中的重要方面，高等教育机构在培养创新型人才方面的基础性作用日益显现。"象牙塔"显然已经不适合知识经济时代对大学的描述，大学不再是一个封闭的、内部循环的学术系统，而是成为完全开放的、扁平化世界中的一个组成部分。与大学所拥有的"光荣而自豪"知识中心地位相比，随着互联网的技术变革和大数据时代所带来的强烈冲击，大学所具有的知识资源垄断地位正在迅速消失。数字化学习的到来、远程教育的兴起……这些趋势都迫使大学不断地增强与外部世界的沟通互联，大学的本质和功能也得到了重新界定。与此同时，扁平化的世界使得传统的知识学习的"金字塔"结构被完全颠覆，一个去中心化的、共同参与的大学治理结构成为必然。在这些大趋势的冲击之下，欧洲大学的封闭和保守性传统正在丧失。虽然与欧洲的企业界参与大学内部治理的作用尚不明显，但是这种变革的持续影响将会在未来的欧洲大学组织转型过程中发挥作用。

三 未来欧盟创业教育改革与发展的三大领域

（一）构建创业教育的发展战略与政策机制

作为一个不同主权国家组成的超国家政治经济联盟，统一协调且兼顾各国具体情况的政策措施对于创业教育的发展具有重要的作用。近年来，欧盟也开始重视在最高决策层面构建支持创业教育发展的政策框架，在里斯本战略和"欧洲创新 2020 战略"的目标和具体实施路径中融入创业教育的内容，从而在成员国、地方政府、不同行政机构与社会组织之间建立起促进创业教育的政策协调机制。为达成此目标，欧盟还将把创业教育的实施过程纳入里斯本战略的监管和评估体系中，对各成员国在创业教育领域的改革措施进行评估和指导，从而逐步形成一种超国家层面的硬性约束力量。当然，鉴于欧盟各成员国在创业教育发展方面所存在的现实性差距，欧盟也将会通过专家工作组的形式进行调查研究，构建多元的创业教育评估指标体系，在评估内容和评价方式上考虑各成员国的差异性，公平合理地对各成员国的创业教育绩效进行测度。从未来的改革举措来看，欧盟将会把促进创业教育的政策重心放在如下几个领域：

第一，推动创业教育的国家战略制定，在各成员国努力形成涵盖所有教育阶段的创业教育发展战略。目前，已有 8 个欧盟成员国制定了创业教育发展战略及政策措施，其他国家则将创业教育纳入了国家终身学习的发展战略、经济增长战略或教育发展战略中。有超过一半的欧盟成员国开始高度重视创业教育的发展，在教育改革的政策制定过程中不断增加创业教育的比重。在这一过程中，欧盟教育政策制定与实施的多样性非常明显，如丹麦和瑞典的创业教育发展战略是由不同的行政机构合作制定、实施和评估，体现了在教育决策过程中的跨部门合作趋势；芬兰和挪威则重点将创业教育纳入国家课程体系中，注重通过课程体系的变革加强创业教育在初等教育至高等教育全阶段的实施；荷兰和英国的做法则是在创业教育战略与政策的制定过程中建立社会广泛参与的机制，鼓励企业界加入创业教育的改革与发展过程中，在学校中试点创业教育项目。

第二，增强对创业教育的投入、加强对教师和学生的创业教育培训、增强欧洲范围内的创业研究人员和创业者的流动性。在创业教育的经费资助方面，欧盟教育与文化总司利用现有的夸美纽斯计划、伊拉斯谟计划、莱昂纳多计划、新的终身学习项目（The New Lifelong Learning Program）、欧洲社会基金（Europe Social Fund）以及欧洲地区发展基金（The European Regional Development Fund）等跨国性的高等教育合作项目为各成员国创业教育的发展和人员流动提供经费资助。

第三，建设创业教育欧盟观察这一跨国范围的信息平台，在欧盟层面协调各成员国的需求，为创业教育的展开提供综合性的信息交流平台。建立创业的最佳实践模式和欧洲/地区创业案例研究平台，探索欧盟范围内成功的创业教育经验，为各成员国提供一个创业教育政策制定与实践的交流学习平台、重新评估博洛尼亚进程的内容和目标，将创业教育纳入欧洲高等教育一体化进程之中。

第四，构建开放的创业教育参与机制。在欧盟、成员国、地方政府等不同层面，所有的相关利益群体都可以参与到创业教育的改革探讨与政策制定和实施过程。构建终身创业教育系统，为创业教育的持续稳定发展建立机制保障。

（二）形成各成员国创业教育多元化的发展路径

为了改变创业教育在欧盟国家发展滞后且发展不均衡的现状，欧盟委员会正在计划构建涵盖初等教育、中等教育、高等教育、职业技术教育所有层次的终身创业教育体系。与欧盟层面统一的战略相比，各成员国则根据自身的实际情况采取了相应政策措施：如挪威政府就专门制定

"2004—2008 年创业教育发展战略",研究与教育部、地方政府与区域发展部、贸易与工业部三个政府职能部门合作负责创业教育的政策制定、实施、评估。创业教育的战略目标在于激励各级教育机构、产业部门、社会组织共同关注并支持创业教育的发展,在全社会形成鼓励创业与创业教育的氛围。不同行政机构之间的合作有利于跨部门协调发展创业教育,而初等教育与中等教育中的课程中也会引入创业教育的相关理念和内容,使之与高等教育阶段的创业教育相衔接,构成一个完整的终身创业教育系统。爱尔兰创业教育则采取了职业资格证书和证书应用项目的方式,重点在高等教育阶段进行创业教育,为参与创业教育的学生颁发创业类的资格证书,鼓励学生参与到不同的创业项目中。社区、企业、社会组织之间紧密合作,支持大学生的创业活动。创业教育也不仅限于高校内部而是采用开放式的创业教育形态。企业的资深经理人、独立的企业家、自由职业者等不同社会组织的从业者都可以受聘在大学里讲授创业类课程,教学方式借鉴美国创业教育的方法,多采用案例教学与项目组的形式。英国是欧盟成员国中较早重视创业教育的国家。早在 1993 年英国发布的白皮书《实现我们的潜力:科学、工程与技术战略》中就提出了要大力促进就业,在英国教育机构中开展创业教育。2001 年《变革世界中的机遇——创业、技能和创新》白皮书更是将创业与创业教育作为英国未来实现经济持续增长和创新引领的国家战略中的重要组成部分。为此,《英国科学与创新投资框架 2004—2014》设立专款用于高校中开展创业教育,鼓励大学生的创新创业项目,支持创业教育专业师资的培养与培训工作。2005 年,当时的教育与技能部制定了英国创业教育战略,计划自 2005 年起用两年时间在超过 700 所学校中设立 258 个创业教育试点项目。与其他欧盟成员国不同,企业界也参与到了英国创业教育战略及政策的制定过程中,关于创业教育质量评估标准与反馈机制的部分就是由企业界、大学与技能部共同研究制定。

(三)加强创业教育在大学的地位和作用

与美国的大学相比,欧洲大学显然还没有在观念和组织结构上做好迎接创业时代到来的准备。哈佛大学早在 1948 年就开设了创业类课程,掀起了创业教育在美国高等教育领域中发展的序幕。而欧洲的高等教育机构时至今日依然将创业教育的理念排斥在大学传统的价值体系之外。与美国同行相比,欧洲大学中从事创业教育的教师不仅要面对支持资源匮乏和缺乏社会认同的困难，同时也要与来自大学内部的传统力量抗衡。与美国高校创业教育强大的师资力量相比，欧洲大学内部从事创业教育的教师和研究人员基本都来自传统学科如经济学或商业管理，拥有创业管理学位的教师数量很少。在创业教育的跨学科研究与跨组织合作领域，欧洲大学也远远落后于美国高校。在这样的现状之下，一些成员国的高等教育机构已经进行了创业教育领域的各项改革。如英国和爱尔兰就力图通过创业教育社会共同参与的方式，增强创业教育在大学的重要性，唤起社会公众对创业教育的关注与重视。一些欧洲大学则开始改革课程内容，将创业教育的课程从理论讲授为主转向发展问题解决的知识和技能，改革创业教育的教学方式。

欧洲大学所面临的一项挑战就是如何构建培育学生独立性、创造性，激发其创业精神的学习环境。在创业教育的教学方面应该改革传统的教学方式，减少理论教学的课时，鼓励案例研究、问题解决为导向的项目学习、模拟创业等多种行动式的教学方法。这些教学方法更能够唤起学生的创业意识、激发学生的创业激情、提升学生实际解决问题的能力。因此，高校和创业教育者要创设一个开放的、灵活的、多元的学习环境提升学生的创业能力。同时，欧洲的大学要在教师群体中形成认同和理解创业教育的文化，使教师意识到创业教育的积极意义和正面价值，使之持有开放和积极的态度。开发基于实践的教学方式，通过各种模拟创业与经营的项目纳入正规的大学课程教学模块中，尝试在大学中开设试点性的创业教育学习项目，以探索创业教育的不同教学方式。

创业教育不仅要面向商学院、工程学院中试图创业的学生，作为一种培养人的创新精神和创新能力的教育形态，创业教育完全有必要面向不同类型的学生群体和所有的学科领域。通过创业教育与学科之间的融合，使得创业对学生产生不同层次的影响。在这一点上，欧洲的高等教育机构必然会在创业课程的教学中吸收企业家和经理人员的参与，聘请优秀的企业家担任学校客座教授。今天，大学需要在一个动态的、迅速变革的创业和全球环境中生存发展，这就要求大学整体的范式转换，鼓励大学成立各种创业教育与创业研究中心。大学应在政策、资源、制度方面保证创业教育的开展。这些中心应该具有共同的理念与使命：在不同领域的学习中扩散创业的知识与技能；繁荣创业研究与新商业理念的探索；建立与企业之间的有效联系；研究创业教育的有效途径；进行创业教育的过程与结果评估，制定创业教育指标体系。欧洲的高等教育正面临着巨大的外部挑战与冲击，这就促使欧洲的大学必须扮演促进创新创业教育的环境塑造者角色。大学的创业教育不仅要体现在通过科技园区、校企合作等方式激励大学生的创业精神，更要通过有效的创业教育实施过程培养大学生的创业知识和创业技能。

在创业教育的师资培养方面，欧洲大学的首要任务是在全球化与知识经济时代的背景之下，在教师群体中形成一种认同创业教育理念的文化。在此基础之上为创业教育的师资提供专门的教育和培训，引入各种创新的教学方式和培训项目，如案例研究和其他人际互动性较强的教学方式。鼓励教师通过真实的企业项目对学生进行创业教育，甚至教师自己通过创办企业的方式来获取直接的创业经验。欧洲的一些大学则通过建立专业发展基金的形式激励教师进行创业教育。欧盟委员会还鼓励欧洲大学之间支持创业教育学习共同体的发展，促进创业教育的国际合作与人员的自由流动，鼓励大学与企业、社会机构之间在创业教育领域的合作，从而形成一个以大学为主体的、合作共赢的创业教育生态系统。

在创业教育的资助方面，欧盟将会逐步改变现有的政府投入占创业教育资助比重较大的情况，更多地引入社会组织的参与，吸纳来自企业、个人的捐赠资金。大学也将通过创新与企业合作的方式获取更为持续稳定的创业教育经费来源，从而使大学创业教育的质量和绩效得到保证。

四 团结之路：欧盟加强大学创新创业教育的未来趋势

欧洲创业基金会（The European Foundation for Entrepreneurship，EFER）近年来对欧盟范围内的创业教育进行了大量的调查研究。2004年欧洲创业基金会与欧洲管理发展基金会（The European Foundation for Management Development，EFMD）进行的联合调查项目对欧盟创业教育的现状、发展趋势等方面与美国进行了比较研究，结果发现欧盟与美国的创业教育之间存在巨大的差距，特别是在如下领域需要进行迅速的变革：创业教育的课程体系、专业化创业教育师资的培养、针对创业教育的有效资助、教师与研究者的跨界流动与合作、高等教育机构与企业之间在创业教育领域的合作。

上述差距产生的原因是多方面的，但是与欧洲国家在民族心理和文化特质方面趋于保守有很强的关联性。欧洲大学的创业教育时至今日依然处于前期发展阶段，并非是由结构上的缺陷造成而是来源于欧洲地区普遍的心理特征：创业需要勇气、风险承担和敢于冒险的企业家精神，这也是创业教育能否生根发芽、苗壮成长的文化根源。大多数欧盟国家从政府到民众在普遍心理上惧怕创办自己的企业以及承担相应的风险，这种传统保守的价值观念带来的结果就是虽然在欧盟层面出台了一系列促进创业教育发展的政策措施并试图建立起跨国范围内的创业教育协调发展体系，但是由于不同成员国在经济发展结构、社会转型与文化理念上的差异，创业活动的繁荣、创业教育在各国教育体系中权重的增加依然是一个艰难的目标。根据调查，接近一半的欧盟受调查者表示如果存在失败的风险他们就不会开办自己的企业。而美国受调查者则有 2/3 甘愿冒险进行创业。尽管中小型企业在欧洲 27 国的就业比重达到了 70%，但是只有 4% 的欧洲人在过去 3 年内创办过企业，而这一比例在美国则达到了 11%。① 从里斯本战略的制定到 2005 年该战略的重启，再到欧盟 2020 战略，欧盟及其成员国逐步加强了对创业教育领域的研究，将创业教育纳入了欧盟创新与竞争力战略的框架之内，并将创业教育视为欧盟在知识经济时代获取持续竞争力的重要手段。许多欧洲大学纷纷尝试改革现有的课程体系，重视创业教育师资的培养与创业教育的投入。

　　创业教育作为激发人的创业精神、培育人的创业知识和创业能力的教育，其发展动力应该是内生性的，即创业教育的发展路径必须与社会经济发展的现状、文化历史的特性相融合。创业教育的发展不应该也不可能遵循着一条自上而下、整齐划一的道路，它只能是在尊重各国历史文化传统和社会整体心理的基础上自发地形成。在促进各国创业教育发展路径的多元化方面，欧盟近年来在高等教育领域的研究和相关的政策措施都体现出了如何将促进人的发展的最基本理念与实践过程中的多样性结合在一起，从改造全社会关于创业的认知开始，欧盟逐渐摆脱了单纯地以外部激励推动创业教育发展的做法，而是更加注重最为基础性的理念革新、创业文化塑造等工作，虽然目前看来欧盟与美国在创业教育的发展程度上依然存在不小的差距，但是随着欧洲社会对于创业教育的认同不断增强，这种文化与社会心理的变化将成为促进欧盟创业教育持

---

① Directorate – General for Enterprise and Industry, Effects and impact of entrepreneurship programmes in higher education, http：//ec. europa. eu/enterprise/newsroom/cf/_ getdocument. cfm？doc_ id = 7428.

续稳定发展的最主要动力。

第二节　英国创新战略中的大学变革

一　英国创新战略的整合

自 20 世纪 90 年代以来，英国政府先后出台了一系列加强创新能力的战略规划。1993 年，英国政府就首次公布了题为《实现我们的潜力：科学、工程与技术战略》的创新白皮书，它是英国政府继 1972 年发表著名的罗斯切尔德《客户——合同制原则》以来第一份最重要的英国政府有关科学技术发展和创新政策的纲领性文件，并制定了战略实施的科学技术展望制度和以技术预测计划为代表的一系列重大科技计划（如技术预测成果应用计划、LINK 计划、公共认知计划、信息社会化计划等）。此后，1998 年《我们的竞争——建设知识型经济》、2000 年《卓越与机遇——21 世纪科学与创新政策》和 2001 年《变革世界中的机遇——创业、技能和创新》三份政府白皮书，均以创新为主题。2002 年，英国政府又提出了"对创新投资"发展战略，2003 年发表《在全球经济下竞争：创新挑战》报告，2004 年 7 月发布《英国科学与创新投资框架 2004—2014》，2004 年 11 月发布《从知识中创造价值》的五年计划。2008 年 3 月，大学、技能与创新部又公布了《创新的国度——开启全民的才智》白皮书，再次强调了注重基础研究和国际合作研究，加强政府在创新政策实施中的作用，继续完善有利于创新活动的法律、法规体系。①

虽然英国政府在最近十年中连续出台了多份有关创新政策的文件，并大力推进国家创新系统的完善，但是仍旧面临着巨大的挑战。2003 年的《在全球经济下竞争：创新挑战》中就认为，当前的创新活动中，以下三个方面亟待改进：（1）需要大力提高企业，尤其是中小型企业中相对较少的知识创新活动；（2）加强研发基地（如大学、科研机构）与企业之间的联系；（3）明确未来创新国家中所需要的各种技能并提供高素

---

① Excellence and opportunity：a science and innovation policy for the 21 century，http：//www. dius. gov. uk/ ~ /media/publications/F/file12002.

质的劳动力。①

可以看出，教育在英国的创新战略中起着基础性作用。无论是科技研发实力的提升，抑或是培育全社会的创新精神，其基础都有赖于教育对于创新型人才的培养。只有当教育系统的创新和变革先行一步，才能够为未来的知识型社会提供有着创新精神、掌握一定技能的高素质劳动力。有鉴于此，近年来英国政府所发布的各项与创新有关的政策文件中，都用一定的篇幅涉及教育系统的创新。其中，作为衔接初等教育与高等教育的重要一环——中等教育阶段的改革成为上述政策的着眼点。在2004 年 7 月发布的《英国科学与创新投资框架 2004—2014》中，就提出了要加强中等学校中的科学、工程、技术教育（Science, Engineering and Technology, SET)，增强包括数学在内的此类课程对于学生的吸引力，提高上述课程中学生的学业成就、对中等教育阶段的学校进行重组等问题。这体现了英国力图成为全球知识经济枢纽，同时成为将知识转化成新产品和服务的全球领先者的雄心壮志。② 2008 年年底，新成立的英国儿童、学校与家庭部在其发布的报告《21 世纪的学校：为每一名学生提供一流的教育》中，提出了 21 世纪的中等学校应该达成的愿景以及为达到此愿景而必须确立的关键性要素。在此报告的基础上，2009 年 6 月的白皮书——《你们的孩子，你们的学校，我们的未来：创建 21 世纪的教育系统》，从提升学校教学质量、建立泛教育系统内部的合作关系、强化对学校的问责机制、改革政府与学校之间的关系、培养优质师资等多个角度为我们勾勒了未来英国中等教育改革的路径及其指导原则。上述政策文件向我们展示了在全球竞争日趋激烈的背景下，近年来英国中等教育改革的重点及未来趋势，这些最新的文件也体现了英国政府力图通过对中等教育的全面改革来应对全球竞争中的挑战，提升国家竞争力的战略规划。

二　创新战略实施以来英国高等教育的变革

自 20 世纪 90 年代以来，为了增强英国的国际竞争力、实现国家整体

---

① DTI Innovation Report . *Competing in the global economy*: *the innovation challenge*, http: // www. dti. gov. uk/files/file12093. pdf, 2010 – 04 – 27.

② HM Treasury, Department for Trade and Industry, Department for Education and Skills and Department for Health, *Science & Innovation investment framework* 2004 – 2014, http: // webarchive. nationalarchives. gov. uk/ + /http: //www. hm – treasury. gov. uk/spending _ sr04 _ science. htm. 2004 – 07 – 12.

经济结构的转型，英国政府先后出台了一系列加强创新能力的战略规划，无论是早在 1993 年就已公布的《实现我们的潜力：科学、工程与技术战略》创新白皮书，还是于 2004 年 7 月发布的《英国科学与创新投资框架 2004—2014》，英国政府都将教育视为确保英国产业优势，提升国家竞争力，解决英国所面临的各种社会和经济问题的关键因素。而英国的教育行政机构也以积极的姿态来回应英国的这一国家战略。为此，刚刚成立仅半年的大学、技能与创新部就于 2008 年 3 月公布了《创新的国度——开启全民的才智》白皮书。通过对这份白皮书的解读我们可以发现，英国教育部所关注的事务已经不仅仅局限于教育事务本身，更将目光放在了影响教育发展的法律、制度、文化等其他要素上，并着重强调了加强基础研究和国际合作研究，提升政府在创新政策实施中的作用，继续完善有利于大学科研成果转化的法律、法规体系等内容。

《创新的国度——开启全民的才智》所关注领域的扩展反映了国家创新系统对其教育系统变革的强烈意愿。近年来，英国的创新模式已经从先前单纯强调知识的创造，转向了既注重知识的生产和传播，又重视技术创新，即知识的生产、储存、转移和扩散；以中小型企业为主体的技术创新固然是创新的主体，但大学，尤其是研究型大学，在整个国家创新系统中的作用将会显著增强。在 2003 年 7 月教育与技能部发布的技术战略白皮书《认识到我们的潜力》中，就重点强调了大学、科研机构、企业三者之间在提高国家竞争力方面应该起到相互联系的作用；[1] 2003 年 12 月发布的《在全球经济下竞争：创新挑战》报告则对英国的创新系统和创新绩效做出了大量的评论，并明确指出了当前英国所面临的主要挑战——如何在新的经济发展阶段中成功转型，即由过去以降低成本为基础的竞争向以创新为基础的竞争转型。新战略中与教育有关的内容主要包括：重视研究与开发、大力发展科技和教育、加强对科技人才的培养、使大学处于创新活动的关键位置，促使大学将研究成果与企业的技术创新优势结合起来，使之成为经济增长的发动机；随后，2004 年的《英国科学与创新投资框架 2004—2014》则是一份重量级的战略计划，体现了英国意图成为全球知识经济枢纽，同时成为将知识转化成新产品和服务

---

[1] 21 st Century Skills – Realizing Our Potential，http：//www. dius. gov. uk/ ~ /media/publications/2/21st Century skills.

的全球领先者的雄心壮志。根据该框架中对研发投入的计划，英国政府
对科学的总投入将从 2004—2005 财年的 42.0 亿英镑增加到 2007—2008
财年的 53.6 亿英镑，年均增幅 5.7%，R&D 投入的总目标从目前占 GDP
的 1.9% 增加到 2014 年的 2.5%。① 具体目标为：将英国的科研机构建设
成为世界最优秀的研发中心，继续加大公共投入的研究机构对经济需求
和公共服务的反馈能力，增加企业对研发的投入，提高少数族裔和妇女
接受高等教育的比例，提升大学知识成果在商业领域的转化率。

在 OECD 的出版物《为了增长而前行》中，也提出了许多在国家层
面上对创新政策进行评估的措施，强调了这些措施的优势与弱势。根据
该报告的内容，英国在服务部门中具有一流的研发基地和强有力的创新
能力，但是企业研发投入这一项在 OECD 国家中只处于中间水平。为此，
该报告对英国提出了一系列建议：确保对公共部门的研发有足够的投入，
提升公共部门研发系统的能力；通过足够的资金投入对研究基础设施进
行维护和升级；应适当考虑平衡中小企业在研发方面的直接投资；提高
义务教育阶段后的入学率；提高全体劳动力的技能水平，特别是要提高
中等教育阶段职业课程的质量；促进大学创新能力的培养，增加对大学
的投入，尤其是对那些与企业有着良好合作传统的大学。②

《英国科学与创新投资框架 2004—2014》中有关加强学校课程中的科
学、工程、技术（Science，Engineering and Technology，SET）以及数学科
目对学生的吸引力，提高学生在上述科目中的学业成就、支持卓越的大
学研究，创新并增强企业—大学之间的联系、改革学校组织等方面的内
容，体现了英国政府力图通过教育创新，应对上述挑战，提升国家竞争
力的战略规划。

（一）加强学校课程中的 SET 教育

2002 年出版的一份报告显示，商业和管理仍是最受欢迎的专业，
12.5% 的学生选择学习这一专业的课程，而学生选择科学、工程、数学
等专业的比例却逐年下降，如 1999—2000 学年与 2000—2001 学年相比，

① HM Treasury, Department for Trade and Industry, Department for Education and Skills and De-
partment for Health, Science& Innovation investment framework 2004 – 2014, http：//www. hm – treas-
ury. gov. uk/media/1E1/5E/bud06_ science_ 332. pdf.

② OECD, DSTI/STP/TIP（96）, http：//www. OECD. org/dsti/sti.

选择物理学作为本科专业的学生比例同比下降了 8 个百分点。① 为改变此种情况，《英国科学与创新投资框架 2004—2014》从学校课程、继续教育、高等教育、教师专业发展等方面提出了加强 SET 教育的具体措施，如在为包括科学和技术在内的短缺学科提供教师培训和招聘资金方面，从 2005 年 9 月起，将科学专业毕业生的教师培训补助金从 6000 英镑增加到 7000 英镑，对于那些新任的科学教师，如果取得了研究生教育证书或修读过同等课程，其高额应聘金（Golden Hello）将从 4000 英镑增加到 5000 英镑；增强科学学习中心（Science Learning Centre）对教师的支持作用，扩大科学教师接受专业发展的机会以提高科学课程的教学质量；在高等教育方面，政府将会继续增加对高等教育机构中研发的投入，通过高等教育基金管理委员会为科学基础设施提供资助，改善现有的学术高速网络，为英国的 200 所高等教育机构和 600 所继续教育机构提供更为迅速、方便的国际网络连接服务；增加对科学、技术、工程等专业研究生的资助额度，尤其是大幅增加博士研究生科研津贴，以吸引人学生选择科学、工程、技术等专业。此外，在改进科学课程，提高教学质量、严格科学教师任职资格，促进教师专业发展、吸引海外优秀人才从事 SET 研究等方面，该框架也制定了相应的政策措施。

（二）对学校进行改革

政府必须通过各种创新措施对现行的学校组织进行改革，即重整学校组织，加强学校在创新政策实践中所起的作用：

·通过自我评估、合作、有效的持续改进规划等手段，将学校建设成为学习型组织；

·依靠严格但是外部干涉度较低的知识绩效责任框架（Intelligent Accountability Framework），向所有的学校和家长提供他们所需要的各类信息；

·以年度规划、业务拓展、评估、持续改进作为学校工作的一个循环周期，使学校执行一条更为简单的流线型自我发展过程；

·在学校与更广范围内的教育系统之间建立以同一标准为基础的对话机制，使学校变革过程中产生的有良好效果的实践得以传播，以此改进整个教育系统。

为了进一步推进教育改革，提升中等教育水准，英国积极推进将综

---

① HMT, DTI & DFES, Investing in innovation – A Strategy for science, technology and engineering.

合中学转型为专门学校（Specialist Schools），政府鼓励每所综合中学自行规划所要发展的特色，向政府提出申请转型为专门中学。目前已经有经过认定的专门科学学院 224 所，工程学院 35 所，技术学院 535 所。① 这些学校中专业化、个性化的课程设置使学生在充满创造性的环境中自由地发展，此外，政府也允许这些学校在教与学的过程中不断进行创新的实践，以便为学生提供更有延伸性、扩展性的课程资源。

除了对学校组织进行"流线型改造"，英国政府也认识到创设良好的学校环境在学生的发展中所起到的重要作用。为此，政府将会继续改进学校建筑的质量，营造一种能够激发学生对科学产生兴趣的学习环境，从而加强英国学校中的 SET 课程：

·从 2005 年开始的 10—15 年里，通过"为未来建筑学校"、科学拨款等方式，重建英国所有的中等学校，使其充分体现创新、科技、教育相结合的学校建筑理念；

·为中等学校提供投资基金，对学校实验室和实验设备进行改造升级，使其在 2005—2006 年达到令人满意的标准，到 2010 年达到良好或优秀的标准；

·为中等学校提供在一定范围内可供模仿的设计，基准到学校设计标准以达到 21 世纪教与学在灵活性与可持续方面的要求；

·采用"未来教室"计划，为科学课程的教学提供新的形式和体现创新、科技、人文等特点的教学环境。

（三）促进集群企业和大学合作的发展，实现更高水平的创新和知识转移

首届高等教育大会指出，大学的根本使命就是促进社会的可持续发展和进步。在知识经济时代，大学与社会经济发展的联系更加紧密，已经成为经济科技发展的发动机。作为技术创新的主体——企业，与作为知识生产和传播的主体——大学，二者在资源上的相互吸收和利用是生成新的生产力并获取竞争优势的关键。大学与企业之间的良性互动、谋求共同发展已成为知识经济时代大学—企业关系发展的必然。

---

① H. M. Treasury, Department for Trade and Industry, Department for Education and Skills and Department for Health, Science & Innovation investment framework 2004 - 2014, http：//www. hm - treasury. gov. uk/media/1E1/5E/bud06_ science_ 332. pdf.

虽然英国大学—企业关系在近年来已经得到了加强,但是二者之间的合作还远远不够,特别是促进企业家与大学研究人员在知识转移过程中的理解、沟通与合作。此外,在大学知识产权的商业利用、大学与中小型企业(SMEs)的合作、大学—企业信息共享、成立专门机构引导企业与大学研发合作等方面亟待加强。为此,英国政府通过建立地区发展机构,设立高等教育创新基金(Higher Education Innovation Funds,HEIE),发展合同研究、合作研究、咨询服务等大学—企业合作形式的措施不断创新大学—企业关系。

在地方一级建立地区发展机构(Regional Development Agencies,RDA)。该机构的成立有助于发挥政府以引导者和协调者的身份促进大学—企业关系的发展,尤其是对于各地方的中小型企业,更加需要来自大学强有力的智力支持,而RDA的建立对促进中小型企业的发展、提升其技术创新能力、建立与大学的合作机制起着关键作用。所有的RDA都建立了科技与产业委员会,作为知识转移的平台为地区层面的大学—企业合作提供新的模式与机遇。此外,RDA还要发挥连接国家创新政策与地方创新项目实施之间"桥梁"的作用,在地方投资中应确保优先考虑国家创新战略中所划定的领域。

2002年,为推动大学的知识转移并将与之有关的一系列投资方案合并,英国政府设立了有关大学—企业知识转移的统一基金——高等教育创新基金。第一轮HEIE达到了1.87亿英镑,2004年开始的HEIE2更是超过了3亿英镑。[1] 该基金要求所申请的大学必须有与地方企业进行良好合作的经历,或有长期的合作规划。目前得到该基金支持的大学已有116所,其中绝大多数都与企业保持着持续性的合作关系,并在具有研发潜力的领域中进行合作。同时,HEIE还通过成立专门机构促进大学的知识转移,如非营利性公司——伦敦技术网络。

合同研究、合作研究、咨询服务是大学—企业合作中的三种主要形式。在合同研究中,企业资助大学的研究机构或个人进行与企业技术创新有关的研发活动。根据高等教育—企业互动调查的结果,2000—2001年,英国企业已经与大学签署了10951项研究合同,其中,4000项合同

---

① H. M. Treasury/DTI (2005), The 2005 Productivity & Competitiveness Indicators. http://www.dti.gov.uk/files/file21917.pdf.

是与中小型企业签订的。这些合作形式不仅提升了中小型企业的创新能力，也拓展了大学为社会经济发展服务的功能。

英国的创新战略迄今已实施了十多年时间。虽然在政策实施过程中存在着不足之处，但是对创新的呼唤毕竟为其经济的发展注入了新的活力。2009 年 7 月 13 日，英国科学与创新部长德雷森在位于伦敦的科学博物馆宣布英国设立英国创新奖（Iawards），以表彰英国最优秀的创新活动，在 13 个奖项中也包括了对提供公共服务的教育系统做出的种种变革进行表彰。这一奖项的设立表明了英国坚持创新的决心和意志：在知识经济时代的背景之下，要想在未来的国家竞争中取得成功，不仅需要全体国民的智慧和勇气，更需要对教育系统进行持续、深刻的变革。

第四章 区域创新体系中的大学变革与发展

第一节 区域创新体系的主体、结构与功能

一 区域创新体系的主体分析

熊彼特式创新理论将"创新"的概念界定为新市场、新产品、新技术、新来源、新组织五大类，融合技术创新与制度创新，成为区域创新体系创新内容认知的基础。迄今为止，国内外许多学者对区域创新体系的概念进行了阐述，其中较早对其做出较全面理论研究和实证研究的是英国卡迪夫大学的库克（Philip Nicholas Cooke）教授、挪威学者魏格（Wiig），国内的代表学者有胡志坚、王稼琼、冯之浚等。

（一）区域创新体系的概念及其主体构成

区域创新体系的概念最早是由库克（Cooke, 1992）教授于1992年提出来的，他在其1996年主编的《全球化背景下区域创新体系中区域政府管理的作用》一书中将区域创新体系定义为：地理上相互分工与关联的企业、研究机构以及高等教育机构等组成的以根植性为特性的从事交互学习、产生创新的制度环境系统。

这一定义可以从三个方面进行理解：首先，"环境"相当于一个开放的区域性组织，包括一定的规则、价值认同、人力和物质资源等；其次，"交互学习"是指知识通过各类行为主体的交互作用结合而成的一种集体资产；最后，"根植性"是指企业进行技术创新和经济复制的过程，这些过程通过某种特定的"社会交互方式"来完成，且因形式的不同而复制难度增加。魏格（Wiig, 1995）认为，广义的区域创新体系应包含以下五个方面：进行创新产品生产供应的产业集群、培养创新人才的教育机构、进行创新知识与技术生产的研究机构，为创新活动提供金融、政策

法规约束与支持的政府机构、金融、商业等中介服务机构。奥蒂奥（Au-tio, 1998）则认为区域创新体系是一个基本的社会系统，该系统由"知识应用和利用子系统"和"知识产生和扩散子系统"两个相互作用的子系统构成。知识应用和利用子系统是指企业及其顾客、供应商、合作者和竞争者等行为主体，知识产生和扩散子系统则由教育机构、公共研究机构及中介机构（包括技术中介机构、劳动中介机构等）组成。[1]

　　区域创新体系这一概念于 20 世纪 90 年代末引入我国。国内学者胡志坚（1999）认为，区域创新体系是企业、大学和科研机构、中介服务机构及地方政府等主体因素，制度创新、技术创新、服务创新在内的功能要素，以及涉及体制、政府或法制调控、基础设施建设和保障的环境要素相互作用的创新网络系统。而王稼琼等（1999）则认为，区域创新体系由创新资源、创新环境、创新基础设施及创新机构四个相互联系、相互协同的要素有机组合而成。其中，创新机构主要是指企业、大学、科研机构及其他中介服务机构。[2] 冯之浚（1999）在其主编的《国家创新系统的理论与政策》一书中将区域创新体系定义为：由某一区域内的企业、大学和科研机构、中介服务机构及地方政府构成的创新系统，对地区经济发展起到举足轻重的作用。[3]

　　区域创新体系的主体，即区域创新活动的行为主体。从熊彼特（Schumpeter, 1990）提出的五种创新类型可以看出，熊彼特式创新理论提倡的创新主体是企业。随着市场需求及社会需要的发展，创新作为一种推动社会全面进步的不竭动力，不仅存在于企业层面、经济生活领域，而且存在于人类从事的其他社会活动中。综合国内外学者关于区域创新体系的定义，可以得出：创新的主体除企业外，还包括大学和科研机构、教育培训机构、中介服务机构及地方政府等。如表 4 - 1 所示。

　　（二）区域创新体系的主体分析

　　本书认为，区域创新活动的行为主体，涵盖了如大企业、中小企业、创新型企业、大学、科研机构、金融服务机构、技术转移机构和政府部门等在内的不同创新主体要素。因此，区域创新体系可分为四大创新主

　　① Autio, E. , "Evaluation of RTD in Regional System of Innovation", *European Planning Studies*, Vol. 6, No. 2, 1998.

　　② 王稼琼、绳丽惠：《区域创新体系的功能和特征分析》，《中国软科学》1999 年第 2 期。

　　③ 冯之浚：《国家创新系统的理论与政策》，经济科学出版社 1999 年版。

表4-1　　　　　　国内外学者关于区域创新体系主体的分类

作者及年份	所理解的区域创新体系主体
熊彼特（1990）	企业
库克（1996）	企业、研究机构以及高等教育机构
魏格（1995）	产业集群、教育机构、研究机构、政府机构、中介服务机构
奥蒂奥（1998）	企业及其顾客、供应商、合作者和竞争者，教育机构、公共研究机构及中介机构（包括技术中介机构、劳动中介机构等）
胡志坚（1999）	企业、大学和科研机构、中介服务机构及地方政府
王稼琼（1999）	企业、大学、科研机构及其他中介服务机构
冯之浚（1999）	企业、大学和科研机构、中介服务机构及地方政府

体：技术创新主体（大企业、中小企业、创新型企业）、知识创新主体（大学和科研机构）、制度创新主体（政府部门）和服务创新主体（中介服务机构）。区域创新体系的运行框架是企业、大学和科研机构、政府部门和中介服务机构四大主体要素之间相互联系、相互作用的双向运行过程。

1. 技术创新主体

企业是技术创新主体的主要作用者，包括大企业、中小企业和创新型企业。在一个完整的区域创新体系中，技术创新是最重要的部分，因此企业是区域创新体系的核心和归宿。技术创新这一概念最早起源于熊彼特的"创新理论"。现代创新理论总结熊彼特的概念，将技术创新发展为以下六种论点：①新产品和新工艺的创始、演进与开发；②科技成果商业化应用；③涉及发明构思、产品设计、生产和应用等所有环节；④从思路创新到将适销产品推向市场的整个过程；⑤以新的技术创造尽可能获取最大的企业利润；⑥对生产要素重新组合，或者是对企业的生产函数做出某种改变。企业作为技术创新的主体，必须实现以下方面的内容：第一，产品角度。企业要根据自身发展情况和客户需求，对已有产品进行更新提升、研制销售新产品、研发调研潜力产品。第二，生产工艺角度。包括已有工艺的改造整合及新工艺的磨合应用。第三，管理角度。企业要定期变更产权制度、更新管理体制、重塑销售体制。另外，提高企业的技术创新能力还要做到：加大R&D投入力度，形成有效的创新激励机制，增强与科研机构的合作关系，加快科技成果的转移。

2. 知识创新主体

知识创新主体是指大学，尤其是研究型大学。知识创新是技术创新的基础，大学主要通过知识的生产与传播、基础性科学研究、创新型人才培养、产学研合作创新的参与等途径成为知识创新的主体。大学内外部环境的不断变迁促使人们加深了对研究型大学的内涵的认识：首先，与其他大学相比，研究型大学更能得到政府的财政、物资和政策支持，强大的财政实力和良好的物质基础有利于引进优秀的专家学者、思维活跃的学术带头人，进而开展具有开创性和前沿性的科学研究；其次，研究型大学拥有与特定行业和领域有着密切的联系重点学科和特色专业，研究层次高，加之高水平的院士和长江学者以及浓厚的创新文化氛围，科研成果丰富；最后，研究型大学注重研究生的科研能力和实践能力，以便培养出满足新领域、新行业发展的应用型人才。科研机构主要包括大学科研机构、企业从属科研机构、国有独立科研机构三类，其中大学科研机构是知识创新的主体之一，要同大学一样，进行重要项目研发。

3. 制度创新主体

在区域创新体系中，政府是重要的参与者，同时也是制度创新的主体，包括各级人民政府、开发区管委会及其他政府管理机构。作为经济学一直以来的研究对象之一，政府在古典政治经济学被描述成一个守夜人的形象；马克思经济学中政府则被看成是阶级间暴力压迫的工具；而新制度经济学则认为政府本质上是"契约执行体"。制度创新可以理解为政府管理活动的机构、宏观管理运行机制及法律、法规及政策保障的创新，包括组织创新、管理创新、服务创新三大类。组织创新是指组织管理者与其他成员对各个系统及其相互作用机制进行调整、开发和完善，以使组织系统适应外部变化或满足自身内在需要的过程。管理创新通过调整各个创新主体的管理模式与思路，有效提高各创新主体的运行效率和创新能力。服务创新在于为创新活动提供物质载体和为各创新主体提供有效联络。此外，制度还包括风险管理制度、奖励制度、知识产权制度、税收制度，以及不直接相关的金融制度、分配制度、政府补贴体系，与市场机制健全有关的人事合同、雇佣制度、社会文化价值观等。

4. 服务创新主体

中介机构是在市场经济运行的条件下，协调供需双方或各类利益集团之间利益关系的服务组织。如科技中介服务机构、信息中介服务机构、人才中介服务机构和金融中介服务机构等，是区域创新的纽带及区域创新体系中的服务创新体系。从发展模式的角度看，可以将中介服务机构分为两种：一种是非营利性中介服务机构，由政府主导成立并推动科技成果产业化，如科技孵化器、技术市场等；另一种是营利性的中介服务机构，由社会团体或个人出资设立并进行企业化经营。从活动和职能范围的角度看，可以将中介服务机构分为三类：第一，从事科技成果设计与完善服务的服务机构，如技术开发中心等；第二，提供商业化过程中满足技术创新所需各种资源的服务机构，如法律顾问、专利申请、融资担保等；第三，为创新活动提供场所、设备的服务机构，如大学科技园、高新区等。

二 区域创新体系的结构分析

(一) 区域创新体系的结构组成

区域创新体系的组织结构具有多样性、系统性和协调性的特征，不同结构模型反映了创新活动在不同状态和角度下的特点。奥蒂奥（Autio，1998）将区域创新体系定义为一个基本的社会系统，认为该系统涵盖了两个相互作用的子系统：知识应用和利用子系统和知识产生和扩散子系统。[1] 这一观点也得到了库克（Cooke，2002）的认同，他从互动性创新、相近性资本、聚集经济、制度学习和联合治理五个方面出发，对欧洲11个地区的创新体系作了研究，并形成了"二系统模型"。[2] 国内学者对该领域的研究主要包括：王松等遵循老三论（系统论、控制论、信息论）的基本原理，将区域创新体系分为创新投入、创新内容、创新产出、创新主体四大子系统，各子系统分别包含三大要素，最终形成区域创新体系的"四三结构"。[3] 龚荒等分别从创新过程、创新结构、创新动态过程及创新对象的角度出发，对区域创新体系作了分类。如从创新的结构上看，区域创新体系由创新主体子系统、创新基础子系统（技术标准、数据库、信息网络、科技设施等）、创新资源子系统（人才、知识、专利、信息、资金等）和创新环境子系统（政策法规、管理体制、市场和服务

---

① Autio E. ，"Evaluation of RTD in Regional System of Innovation"，*European Planning Studies*，Vol. 6，No. 2，1998.

② Cooke P. ，Bocholt，P. ，Tooedtling F. ，*The Governance of Innovation in Europe*，London：London Printer，2002.

③ 王松等：《区域创新体系理论溯源与框架》，《科学学研究》2013年第3期。

等）构成。① 周柏翔等认为，区域创新体系的总体框架模型主要包括六个部分：科研开发系统、企业技术创新系统、创新成果扩散系统、教育培训系统、区域宏观调控系统以及社会服务支撑系统。这六个子系统分为两个层次，即创新运营层次和创新支撑层次。② 陈琪等则从创新资源的功能、创新要素的产业分布、创新资源的区域分布三个角度出发，分别将区域创新体系划分为知识—技术—传播扩散—产业化的系统结构、若干产业创新系统（产业创新链）及重点突出重点经济区、重点城市和特色产业基地的创新体系。③

（二）区域创新体系的结构特征

根据现有的研究成果，区域创新体系的结构可以从不同的角度进行分析。本书主要从区域创新体系的主体要素、区域创新体系的网络要素及区域创新体系的文化要素三个方面着重分析。

1. 从区域创新体系的主体要素看，区域创新体系是一个组织系统

主要包括企业、大学、科研机构、教育培训机构、金融服务机构、技术转移机构、政府机构及基础设施等，它们是区域创新活动的主要载体。各个主体自身的优化是提高整个系统效率的基础，行为主体间良好的运行机制是决定区域创新体系创新能力和竞争能力的重要因素。

所有的科技创新活动皆是在特定区域的社会经济条件下进行的，是整个社会大体系下多主体的行为过程，区域创新活动实质是区域的创新功能体现。从体系论的观点出发，区域创新体系是国家创新体系在区域层次的子体系，其创新能力大小直接关系到国家创新体系的质量和效率，而区域创新体系的创新能力主要取决于各创新主体的创新能力。企业是区域创新体系的核心要素，其创新能力主要体现在 R&D 投入能力、设计能力、制造能力以及创新的产出能力。大学和科研机构是进行知识生产、科学研究的重要基地，为高科技领域的技术创新提供知识支撑，其科研活动具有基础性、前沿性、战略性的特点。政府的创新能力主要体现在政策制度的制定和创新环境的塑造上，主要包含了区域创新战略、相关

---

① 龚荒、聂锐：《区域创新体系的构建原则、组织结构与推进措施》，《软科学》2002 年第 6 期。

② 周柏翔等：《区域创新体系的结构模式及运行机制研究》，《中国软科学》2007 年第 3 期。

③ 陈琪、徐东：《区域创新体系的系统结构研究》，《科技进步与对策》2007 年第 8 期。

的创新制度框架、政府的调控参与和技术市场等，该结构主要通过相关法律法规、科技计划、创新基础设施、调控市场需求、加大教育投资和研发经费的投入等方式成为调控区域创新活动的主要手段和工具。中介机构尤其是科技中介机构，既可以有效地帮助新兴高科技企业改进管理、寻找合作伙伴和推动新科技成果快速打入市场，也可以向企业提供接待、文秘等办公服务，法律、会计等专业服务，技术咨询、转让和指导服务等。

2. 从区域创新体系的网络要素看，区域创新体系是一个网络系统

主要涉及个人关系网络、社会关系网络、服务网络、研发网络、市场交易网络、生产网络、销售网络、供应商网络等。依据网络经济学的解释，网络是指处在同样等级层次不同的合作伙伴在一种互相理解和信任的环境中形成的一种长期关系。从这个意义上讲，区域创新体系可以被认为是由区域创新网络和区域创新环境共同构成的。区域创新网络通过加快区域人才、资金、知识等创新资源的流动和创新资源配置效率的优化，对区域的创新活动和创新能力产生一定的影响。

首先，企业、大学和科研机构、政府、中介服务机构是区域创新网络最基本的节点，在区域创新网络中发挥着各自的作用。其次，各节点之间的链接便产生了关系链条，各节点之间可以进行直接或间接的链接，形成各种关系链条。比如企业既可以与其他企业建立链接，还包括与大学、政府、中介等其他机构因创新合作而建立起来的关系链条。这些关系链条不仅成为人才、知识、信息扩散的关键渠道，还是技术扩散、价值创造和增值的关键。最后，各种关系链条建立起来的子网络共同构成了区域创新网络的网络体系。具体而言，区域内的企业与网络中的其他结点建立长期而稳定的合作关系，便形成了网络体系。如企业与银行、金融等中介机构建立起来的网络链接组成了技术创新服务网络，与供应商之间建立起来的原材料供应、产品生产及销售网络组成了市场交易网络，与其他企业或政府、大学等机构建立起来的网络链接则形成了技术研发网络，以技术研发为主要目的。

3. 从区域创新体系的文化要素看，区域创新体系是一个文化系统

由物质要素、制度要素、观念要素组成的文化本身就是一个发展着的系统，而且要素与要素之间存在内在的结构关系。物质文化奠定了形成文化的物质基础，是最基本的要素；制度文化规定了文化整体的性质，

是最中间的要素；精神文化塑造了文化的灵魂，是最本质的要素。区域创新体系中的文化是区域创新文化，以创新观念为核心，包括创新物质文化、创新制度文化和创新观念文化。

创新文化是区域创新体系发展的软基础，是推动区域创新体系发展的内在动力。第一，区域创新体系是一个动态的概念，需要随着经济和社会的发展而不断完善，因此，系统的每个参与者都要进行观念文化的不断更新。创新价值观将参与者的价值观统一起来，以保证创新活动能够以最大的动力去实现共同的目标。第二，区域创新体系的创新能力以各创新主体的创新功能发挥为基础，知识、资源和人力资本在系统内的高效流通和运作离不开各主体间的相互协调与沟通，各主体间优越的思维方式、竞争意识和利益观念等文化方面的内容是创新系统的必要条件。第三，区域创新体系有效运行的关键是知识转移，即知识从供给者转移到需求者的过程。因此，文化中人们长期建立的相互信任、相互忠诚的创新环境是区域创新体系成功的必然选择。

三　区域创新体系的功能分析

区域创新体系是国家创新体系的区域化体现。区域创新体系的形成，使得人力、资金、技术、信息、物资等创新资源的有机整合，从而有效地组织和调动区域内外部创新资源，解决区域创新的薄弱环节，提高区域创新能力，促进区域经济加速发展。2002 年中国区域创新能力报告指出区域创新能力是指一个地区将知识转化为新产品、新工艺、新服务的能力，主要由知识创造能力、知识流动能力、企业的技术创新能力、创新的环境以及创新的效绩五个要素构成。[1] 区域创新能力体系是区域创新体系主体创新能力的有机整合，即四大主体要素的功能体现：

（一）企业在区域创新体系中的功能

企业在区域创新体系中居于主体地位，是区域创新体系的核心和归宿，也是技术创新的主体，即投入主体、活动主体、科技成果转化主体、利益承担主体和风险承担主体。[2] 企业作为技术创新的投入主体主要表现在资金和科技人力资源的投入；在企业内开展或以企业为主导的技术研

---

① 曾小彬、包叶群：《试论区域创新主体及其能力体系》，《国际经贸探索》2008 年第 6 期。

② 陈云：《以企业为主体的区域创新体系建设的范式研究》，《江汉论坛》2011 年第 9 期。

发活动促使企业成为创新的活动主体；企业的创新功能还体现在将高等院校或科研机构研发的先进生产技术转化为现实的生产力和社会财富上，即科技成果转化主体；技术创新具有的高收益、高风险性，既可让企业获取高额利润，也可能导致其超过自身的承受能力，因此企业成为技术创新的利益承担主体和风险承担主体。

企业的功能定位在技术创新、管理创新和制度创新。技术创新功能分解为三个方面：①要素创新，包括材料、资源设备和人力资源的创新等；②要素组合方法创新，主要指在生产过程中采用合理的组合方法来提高资源配置效率；③产品创新，目的是满足消费者的基本需求，包括效用、品种、结构等方面的创新。管理创新是指企业根据市场和竞争的变化，对传统的经营管理模式及方法进行的革新，包括管理理念与战略创新、企业组织结构创新及市场竞争方式创新等。企业的制度创新不同于政府所承担的制度创新功能，主要是指企业为有效激励与约束而创新的经营与管理制度、产权制度等。

研究区域创新体系中企业主体的功能定位，产业集群始终是一个不容忽视的现象。哈佛大学的迈克尔·E. 波特（M. E. Porter）教授在其《国家竞争优势》一书中首次用"产业集群"（Industrial Cluster）一词对集群现象分析，他从经济竞争优势的角度出发研究了产业集群的经济现象，认为产业集群有利于区域和地区获得竞争优势，并把它提升到增强国家竞争力的高度。[①] 企业是产业集群中最主要的市场主体，根据企业规模和技术创新能力的高低可以将产业集群分为三类：非正式集群、有组织集群和创新集群。非正式集群内部集结的多是个体、小企业，技术创新能力低；有组织集群内部主要是中小企业，技术创新能力处于中等水平；创新集群集聚的主要是大企业和高新技术企业，技术创新能力相对较高。高技术产业集群内部集结了大批拥有相同或相似业务的企业或机构，地理上的靠近，背景文化的相似以及相互之间长期建立的信任感所形成的网络，更加有利于知识和技术的创新、扩散与分享。例如，世界高新技术产业和信息技术的中心——硅谷成功的根本原因就在于永不停息的创新活动。择址硅谷的计算机公司已经发展到大约 1500 家，苹果、

---

① Michael E. Porter, "Clusters and the new economics of competition", *Harvard Business Review*, 1998, pp. 77–90.

谷歌、惠普等高科技公司均在此落户，同时集聚了斯坦福大学、加州大学伯克利分校等世界知名大学。

（二）大学和科研机构在区域创新体系中的功能

大学及其从属的科研机构作为知识经济发展的动力源是区域创新体系中的知识创新主体，是区域创新的源头，是区域创新体系中最活跃的部分。"三螺旋"之父亨利·埃茨科威兹（Henry·Etzkowitz）创立的三螺旋理论从构建区域知识空间、趋同空间和创新空间的角度出发，论证了大学—产业—政府三个螺旋体的相互作用成为创新系统运行的核心，而创业型大学则处于三螺旋创新系统的核心。[1] 大学已突破"教学型"、"科研型"的角色定位，作为新的创新主体脱颖而出，承担起区域经济发展和社会服务的使命。

一般来说，大学和科研机构在区域创新体系中的作用主要表现在以下几个方面：首先，提供知识基础与创新思维。特别是研究型大学逐步打破纯学术活动和以教学为主的封闭状态，通过大学科技园、高科技中心等机构将新知识、新技术推向社会，从而推动区域技术进步和经济发展。其次，培养和提供创新人才。创新创造性的人才是区域创新体系建设的保障，大学里思想活跃、经验丰富的院士、教授、学者及博士后都是区域创新的重要人才力量。以优越的科研环境和技术创新著称的研究型大学为区域创新体系建设培养了大批具有技术与管理才能的硕士生、博士生。如哈佛大学、麻省理工学院和其他如波士顿大学等地方大学及不断增加的工业实验室，为公路地区提供了全美最强大的知识分子和技术工人队伍，斯坦福大学在硅谷区域创新能力培养过程中起到了中坚力量的作用。[2] 最后，开发技术创新产品。技术创新产品数量的多少和质量的高低直接影响企业转化现实的生产力和社会财富的能力。

大学和科研机构肩负的知识创新、人才培养、科学研究三项功能都可以通过大学科技园集中体现。斯坦福大学于20世纪50年代率先创办了大学科技园，以大学科研开发为依托，与公司联姻将科研成果商业化、产业化，实行学、研、产相结合，极大地推动了高新技术产业的发展。

---

① Henry Etzkowitz, The triple helix of University – Industry – Government implications for policy and evaluation, www. sister. nu. , 2002.

② 曲志超：《区域创新体系中研究型大学的作用研究》，硕士学位论文，哈尔滨工程大学，2012年。

自 20 世纪 70 年代开始,英国也陆续在几十所大学周围创办了大学科技园。2001 年,科技部、教育部颁布的《国家大学科技园"十一五"发展规划纲要》将大学科技园描述为:"国家创新体系的重要组成部分、区域自主创新的重要基地、区域经济发展和行业技术进步以及高新区二次创业的主要创新源泉之一、高等学校产学研结合的重要平台。"大学科技园在区域创新体系中逐渐显现出集聚性、创新性、开放性、融合性和动态适应性的特点,其功能定位具体表现为:连接大学与企业、知识与技术的纽带,大学科研技术成果的转化平台,高新技术产业的技术创新基地和孵化基地,创新创业人才的培养基地。

(三) 政府部门在区域创新体系中的功能

政府部门是区域创新体系建设中的制度创新主体,有着举足轻重的作用。库克(Cooke)认为,政府应从三个层面来制定制度:第一,基于区域现有产业优势,制定一个未来发展战略;第二,全面分析创新供给和创新需求,明确供需差距,设计一个连续性的长期创新战略;第三,考虑企业创新活动发生的地域范围和运作空间,明确自己在区域创新体系建设中的职责,协调各创新主体之间的协作关系。① 政府是区域创新体系宏观制度的制定者,一般来说,政府在区域创新体系中的角色定位是调控者、维护者,而非直接参与者。政府功能定位的重点在于宏观调控。一方面,政府通过制定各种法律法规、产业政策、经济计划,为区域创新营造良好的软环境;另一方面,当出现"创新系统或市场失灵"现象时,政府可依据这些规则,对区域其他创新主体及其创新活动进行干预、管理和协调。

政府对区域其他创新主体及其创新活动的作用,主要体现在以下几个方面:第一,在企业技术创新能力不足的情况下,通过提供金融、财税、知识产权、风险投资等支持创新的政策法规,为企业开展技术创新创造良好的软环境。如我国证监会专门针对高新产业或高新区所成立的区域性银行、金融超市等。第二,创新创造性人才是区域创新体系建设的关键,针对高端创新型人才,我国已制定了"长江学者""千人计划"等专项人才聚集制度,同时省级政府也推出了如"芙蓉学者""楚天学

---

① Cooke, Schienstock, "Structural Competitiveness and Learning Region", *Enterprise and Innovation Management Studies*, No. 3, 2000, pp. 265 – 280.

者"等适合各区域实际的人才聚集计划。同时加大对大学和科研机构的研发经费，充分发挥其知识创造、科学研究和人才培养的潜能。第三，通过培育中介组织，下放管理职能，使中介机构成为政府职能转移的载体，进而提高区域创新的自我管理能力。

（四）中介服务机构在区域创新体系中的功能

中介服务机构是连接知识和技术供给方与需求方的桥梁，通过向双方提供信息、场地、融资或咨询服务等方式，加快知识和技术转移和扩散的运行效率，是技术创新的润滑剂。而且，通过信息收集、存储与加工，为区域创新提供全面而准确的信息资源，既有效降低了各要素之间联系的费用，更有助于区域创新资源的优化配置和整合，提高先进技术的转化速度。在全球金融危机的背景下，有的区域创新体系将金融机构从原有的服务中介机构中分离出来，以创造一种更为有效的金融资源配置方式，用金融创新带动科技创新，来推动区域金融结构调整、升级和区域经济的发展。

从中国区域创新体系的现状来看，中介机构以中小型企业为主要帮助对象，以政府部门监督下的自主行为为准则，提供的主要是专业知识和专业技术为基础的服务创新。计划经济下，政府直接参与创新资源的配置和组合，创新资源难以被有效配置。随着市场经济的发展，各创新行为主体越来越热衷于追求技术创新带来的经济利益，中介服务机构应运而生。通过开展投资协助、科技评估、技术转移、成果转化和管理咨询等活动，密切联系区域内各创新主体，优化资源要素，降低交易成本，加速成果转化，为区域创新活动和经济发展提供了必要的支撑性服务。

第二节　区域创新体系中大学—企业的合作机制

一　大学—企业合作机制的整体协调性

大学—企业的合作是指学校与企业两方面在市场经济规律的运行下，本着平等互利、风险共担、社会效益优先的原则，通过信息、技术、资源和人才共享及优势互补等途径，共同参与科学技术创新的全过程或某些环节的合作与交流。在区域创新体系中，大学和企业分别扮演着知识创新主体和技术创新主体的角色，功能定位也不尽相同，但二者存在整体协调的可能性。

（一）人才培养目标的协调

大学和企业的共同合作是为了培养面向 21 世纪的高素质综合性人才。教育的本质属性是培养人，无论采用哪种培养方式，也不能改变这一点。因此，大学与企业的合作应该以提高学生综合素质为目标。现代社会对人的素质发展提出了更高的要求，大学生不仅要有全面的知识理论、更好的适应性与创新创造性，还要有更加健全的心理素质。大学企业的合作模式与传统教育模式的最大区别是学生在完成学校教学要求的前提下，可以一个"职业人"的身份进入到相关的企业中从事实践性生产工作，承担相应的工作和任务，并有机会参与一定的科研和工程项目。实践证明，创新能力和实践能力的培养，仅靠课堂中的理论学习是不够的，还必须到实践中去锻炼。大学—企业的合作恰好为学生进入社会提供了机会，有助于培养和提高学生的综合素质。在这个过程中，要求学生有相当长的时间参与到实践中，将学到的理论和现实的企业运营紧密结合在一起，既可以从实际生产中发现问题，带着问题进行学习，不断提高自身的科学素质；另外，通过人与人之间的社会交际、经验传递与科研交流，使学生学会做人，培养自身的合作意识与团队精神。具体来讲，大学—企业合作模式的最大特点就是它打破了传统高等教育的自我封闭性和校内培养格局的单一性，最大限度地利用了大学和企业各自在人才培养方面的优势。大学—企业的合作模式可以从两个维度进行人才培养，一方面，企业参与到大学的办学过程中，旨在培养学生基础理论和专业知识的基础上，通过训练学生的实践动手能力，提高学生在毕业之后的就业能力。另一方面，学生以"职业人"的身份在真实的场景下工作，将所学的理论知识得以巩固、发现问题，从而有针对性地再学习、再创造。这个循环往复的过程必将提升学生的创新实践能力，较为全面地提高学生的自身素质，成为适应市场经济发展需要的创新创造性应用人才。

（二）经济利益的协调

大学和企业两方利益具有相通性。大学和企业是两个主体的结合，必须兼顾双方的需要，寻找利益共同点，互利互补，使大学和企业的合作具有更强大的生命力，能够长远发展。具体表现在：①专利许可与技术转让。专利许可与技术转让是大学—企业合作的主要形式之一，它是合作双方为使各自的利、权、责得到保障和约束，在诚实守信、自愿平等、互利互惠的原则下，针对新技术、新材料和新产品的专利申请权、专利实施权或非专利技术转让等签订的技术合同书。合作双方在合作中必须以签订的合同为依据，共担风险、共享利益。如大学和企业在教育和科研方面通常是长期的合作关系，大学可以将自己的专利技术成果或非专利技术成果，包括新产品、新发明等，通过与企业签订技术合同的方式，将授权许可和技术转让给企业。从这个意义上讲，大学是企业的人才培训基地，而企业则是大学的教学实习基地。②校办产业。校办企业是指有教师和学生或毕业生参与的，产生于大学附近并利用大学的智力、科技资源的科技型企业。如清华同方、北大方正、上交大昂立、东大阿尔派、云大科技及新兴崛起的北大未名、清华紫光等企业集团。据统计，截至 2013 年末，我国共计 29 个省、自治区、直辖市（西藏自治区和宁夏回族自治区除外）552 所普通大学涉及校办企业 5279 家，其中国有控股企业 3985 家，非国有控股企业 1294 家。所有者权益总额为1334.52 亿元，实现净利润 83.12 亿元，吸收企业职工 32.01 万人；拥有获授权的专利数共 3206 项，其中获国家级、省部级的奖项共 1985 项。①③共建研究中心或大学科技园。共建研究中心或科技园是大学与企业合作最紧密、最有效的形式。以大学为依托建立起来的工程研究中心是大学与企业在较高层次上集工程研究、开发、生产和市场为一体的组织形式，既是科技成果产业化的"通道"，也为大学与企业的经济利益结合找到了"接口"。大学科技园是大学—产业合作的产业，逐渐取代大学成为大学企业的孵化器，成为高科技成果转化与产业化的重要平台，是区域创新体系的重要组成部分。

（三）社会效益的协调

大学在大学—企业合作机制中的社会效益主要体现在：一是提高教学质量，为社会培养出具备创新创造性的高素质人才；二是通过与企业的联系，强化全校师生的科研能力和生产实践能力等，以不断适应社会的需要；三是学习企业高效的办事作风和处事原则，不断强化学校的教风、学风和作风建设；四是为企业或科研机构提供人才和智力支持；五

---

① 《中国高等学校校办企业统计概要公告（2013 年）》，中华校企网，http：//www.517191. com/shownewscenter. asp? id = 10539。

是学习市场的竞争机制，推动高等教育的体制改革。企业在大学—企业合作机制中的社会效益主要体现在：一是获取新的技术发展动态，吸收优秀的创新型应用人才；二是依靠大学的科技、人才、资源等优势，增强了自身的技术创新能力和市场竞争力；三是利用接受学生实践的机会解决企业内部人力不足的困窘；四是优先从大学获取技术转让成果，加速科技成果转化效率，提高生产效益；五是依托大学加强在职员工培训和技术人员的深造，促进企业的改革。总的来说，大学和企业都开始强调自身的社会服务功能，两者相加便会出现"1 + 1 > 2"的整体效益。

二 大学—企业合作机制的价值差异性

（一）大学与企业之间的价值差异

尽管大学和企业的合作有着整体协调性，但大学与企业归根结底是两种本质不同的组织，在性质、价值取向、使命、工作人员、管理、文化等方面存在差异。具体表现为：①性质差异。从社会属性来看，大学在我国属于准公共产品，其知识具有外部性的特点；而企业要求研究的成果只属于企业自身，私人性特点明显。大学是承担着学术使命和培养人才为目的的非营利组织，而企业则是以营利为目的的商业机构。②价值取向差异。大学作为一个学术组织，其科学研究必须根植于学科的内在逻辑系统；而工业性技术则侧重于取得的具体结果而不是发现的普遍规律。大学所进行的活动是一种追求知识的学术活动，企业进行的活动则属于追求利润的商业活动。③使命差异。学术活动和商业活动有着不同的使命和取向。学术活动的目的是探索真理、发现真理、传播真理；而商业活动的目的则是通过产品的开发和供应来获取相应的利润。④工作人员差异。主要是指双方认知上的差异。首先，基于科学研究的严谨性，大学教师倾向于与企业开展长期合作的研究项目，但基于产业生产的快节奏性，企业工作人员认为大学教师作风拖沓，对彼此间的合作缺乏紧迫感；其次，大学教师的科研成果会与其他同行进行研讨和共享，而企业通常要求其科研开发人员对研究成果进行保密，造成了教授们对应用研究的轻视；最后，大学教授对企业的发展需要认识不到位，企业人员也无法理解大学教师的某些新思想，不能够了解其潜在价值。[①] ⑤管理方式差异。大学的基础任务是传播知识、培养人才，大学教师分属不

---

① 徐辉：《高等教育发展的新阶段论：大学与工业的关系》，杭州大学出版社1990年版。

同的部门和领域，管理起来相对比较松散。在企业，所有员工的共同目的只有一个，就是为企业创造更多的利润，工作人员集中在某一特定的专业领域，为了一个共同的目标前进，管理起来相对比较严格。⑥文化差异。大学文化的气氛是学术自由，注重知识的发现和传播，所以大学进行的研究不是某一种研究活动的短期行为。而企业追求的是快速转化为生产力的应用和开发研究，产业文化中包含着追求高效率、高收益的精神。

（二）大学与企业合作的互补可能

综上所述，大学与企业是两种不同的组织，分别承担着不同的使命和职责，正是这种差异使两者之间的合作互补成为一种可能。大学—企业合作机制的建立，实质上就是一个以问题探索为主的学术组织和一个以利润创造为主的商业组织的相互结合。在这种互动过程中，要根据双方合作的不同点，寻找彼此合作的共同点，互相影响、资源互补，找到合作的普遍规律，才能实现创新和发展的目标。解决双方合作的关键点在于，寻找合适的合作机制和合作模式。大学—企业的合作机制可分为两种：一是以大学为主体的合作机制。大学积极参与与企业的合作，最终目的是为了培养全面发展的人才。通过为企业的生产发展提供人才、技术支持，不断提高自身的教学质量，提升教师的科研能力，促进大学的进一步发展。因此，大学的主体作用主要表现在改革课程设置，更新教学内容，建立有效的评价机制和激励机制，提升科研能力，为企业的技术创新和管理决策提供相应的人才、技术支持或咨询服务等。二是以企业为中心的共享机制。利润是企业的本质追求，与大学合作是由其内在特性决定的。企业与大学合作，是获取新的前沿技术动态，实现新产品开发，开拓市场空间，收获经济效益的有效途径。企业利润的最终目的是服务社会发展。同时，大学因为科研成果转化，既获得了经济效益，也获取了社会效益。因此，建立以企业为中心的利益共享机制，有助于实现双方资源互补、优势共享的合作发展。

（三）大学与企业合作的主要路径

根据合作的主导方不同，可以将大学和企业的合作分为大学主导型合作模式和企业主导型合作模式两大类。企业主导型合作模式是指企业从自身的经济利益出发，为了弥补自身科研开发和技术创新的不足，主动寻求与大学展开合作，并在合作中始终处于主导地位，承担相应成果转化风险的合作模式。在该模式下，企业始终处于主导地位，既要致力于自身科研开发和创新能力的提升，又要基于自身的需求与大学进行合作，并且决定着大学科研开发活动的内容、形式和范围。大学主导型合作模式主要是指大学发挥的人才支持和科研优势。一方面，高校的主要职能之一就是培养社会及企业需要的高科技应用型人才；另一方面，通过转让技术和专利等方式向企业转移，或通过校办企业、成立大学科技园和研发中心等形式，推动科研成果向生产力转化的运行效率。在这一模式中，大学始终处于主导地位，决定科技开发的内容、范围和合作对象，并独立承担相应的风险。

三　大学—企业合作机制的动态适应性

（一）大学—企业合作的组织动态的理论分析

区域产业结构与大学专业设置有着紧密的联系。一方面，区域产业结构调整升级所催生的人才需求是大学专业设置的出发点和落脚点，产业机构的发展趋势直接决定着大学专业设置的方向和思路；另一方面，大学专业设置合理与否，直接关系到大学能否培养出社会急需的高技能应用型人才，而人才的质量又将直接影响到区域产业结构发展目标的最终实现。如1982年，英国萨尔福特大学通过与多家企业共同设立"联合教授"席位的方式，来加强大学专业课程设置与区域产业结构所需人才的联系。因此，在国内产业结构不断优化升级的背景下，如何实现企业与大学专业设置的高度融合，即如何建立一个大学和企业之间动态适应的合作机制成为大学和企业合作的首要问题。从生态学的角度讲，"适应性"是指通过生物遗传赋予某物种赖以生存的能力，即生物体在自然选择压力下，为了适应环境的变化所做出的适合生存的改变。在研究组织动态行为时，时常通过适应性研究在复杂、动态的环境中，为有效实现组织目标主动适应外界的变化，利用相应的变化培育组织持续竞争力。①

（二）大学—企业合作机制的动态特征

企业动态中的"适应性"研究是指企业组织为了不被市场所淘汰，必须及时识别外部市场非线性、非连续的瞬时变化。在这一过程中，通过与外部环境进行能量、信息、物质等的交换，企业可以在保持既有竞

---

① 杨晓颖：《研究型大学学部制改革的动态战略适应性研究》，硕士学位论文，大连理工大学，2013年。

争优势的前提下不断获得新的竞争优势。动态环境中的资源以及能力变化可以被企业通过获取、整合以及重构的方式识别，以此形成产业内部持续发展的竞争优势。对于大学和企业来说，两者之间的合作形式、合作内容、合作机制不是一成不变的，而是随着外部环境的变迁动态变化的。因此，动态适应是一种有利的态势，处于这种状态下的大学和企业正在走向有序发展。从这个意义上说，大学—企业合作机制的动态适应性是指大学和企业面对不确定的外部因素时，进行合理重构及再配置的能力。高等教育领域的动态适应性与企业相比更为复杂，不论是在大学组织内部还是大学组织与外部要素的互动中，大学自身及其外部环境均处于不断的变化中，给大学发展带来更加严峻的挑战。大学的动态适应性表现在两个方面：第一，大学与外部动态因素之间的平衡，如外部环境、政策等因素的变化，大学要直面外部环境的变迁，注重提高自身竞争力，迎接新的机遇与挑战；第二，大学需要从内部教学内容、教学方法、教学组织形式甚至整个教育结构出发做出适应的调整或改革，包括大学内部各要素之间的互动关系。从这个意义上讲，大学—企业合作的动态适应性是大学和企业与外部环境以及内部因素综合作用的结果。无论是从大学还是企业的角度出发，单一要素的分析会导致合作机制的分析存在片面性，尤其是在内外部环境不断变化的状态下。因此，大学—企业之间的合作机制除了分析其内部资源因素，更应该从外部环境要素来分析。

（三）大学—企业合作机制的外部环境

大学和企业合作面临的外部环境可以分为：市场环境、技术环境、政策环境和社会文化环境。

1. 市场环境

市场环境可以从组织环境和市场的全球化趋势两个方面进行考虑。首先，狄奥（Dill）通过对市场集中度与合作行为的考察，发现两者之间的关系呈倒"U"形二次曲线关系，即不管是在市场集中度比较高，还是在集中度比较低的市场环境下，大学与企业的合作行为都不容易形成，而处于中间水平集中度的市场环境则是大学和企业合作行为发生的最佳组织环境。其次，市场全球化促成了跨国公司的发展及产业集中度的强化，极大地促进了国际经济合作与发展。

2. 技术环境

产业技术环境是企业创新和技术发展的基础。企业技术创新的知识来源必须立足于已有的社会技术环境，依靠好的技术环境大学和企业之间的合作行为才有可能发生；相反，如果技术环境水平低下，会对大学和企业的合作产生制约作用。当前的技术环境不同于过去的相对稳定，越来越多变、难以预测，其发展趋势呈现出不确定性、开发成本和风险增大、产品生命周期缩短、技术边界模糊的特点，成为大学和企业合作的动力之一。

3. 政策环境

法律政策是一种强制性的社会规范，是经济进步、科技发展的保障。大学与企业创新合作顺利开展在很大程度上依赖于政府颁发的相关科技立法的政策制度。如资金支持政策、技术导向政策、产业政策及相关的奖励政策等，还包括《技术合同法》《经济合同法》《著作权法》《专利法》《科技进步法》《促进科技成果转化法》等监督保障性法律体系。

4. 社会文化环境

社会文化环境包括价值取向、意识形态、文化背景等，它处在外部环境中的最不易被发觉的层次，对大学和企业合作的影响是潜移默化的。不同的文化差异不仅影响大学—企业合作中技术转化的运行效率，而且容易造成文化摩擦和合作的破裂。大学的创新目标是知识的生产和传播，企业的目标是面对高速竞争下的新产品、新服务的生产和提供；大学关注的是创新活动的理论价值，而企业关注的是市场竞争、投入产出等利益指标；大学预期的创新成果是理论基础上的突破，而企业期望的是真实的产品生产和市场交易额。以上差异本质上源于大学文化是一种自由探索的学术文化，而产业文化是一种追求功利性的文化。因此，要推动大学和企业的合作就必须协调好大学和企业之间及其他组织的文化差异。

四 大学—企业合作机制的有序平衡性

（一）知识资本化过程中大学内在价值的失序与冲突

当大学增加与知识资本化相关的创业活动时，现存产业可能同时既把它看作是竞争对手，又把它看作是合作伙伴。[①] 首先，大学与企业的竞争性主要表现在以下两个方面：一是功能重叠。一方面，大学利用自己

---

① 亨利·埃茨科威兹：《三螺旋：大学、产业、政府三元一体的创新战略》，周春彦译，东方出版社 2005 年版。

的知识技术优势，成立技术转移中心，甚至通过投资创办公司直接进行技术转化，在一定程度上承担了产业的功能，在知识创新转化上与企业形成竞争局面；另一方面，企业利用人员培训、成立实验室或研究中心等途径从事技术研发，势必会引起人力资源、政府项目与技术产市场的竞争。二是价值冲突。大学与企业分别属于不同的场域，大学属于科学场域，体现的是探求真理、发展知识的学术价值；企业属于经济场域，主要从事应用研究和技术开发，体现的是追求财富与经济效益的商业价值。大学与企业各自担负着不同的功能，遵循着不同的行为逻辑与价值准则，因而在大学—企业合作中容易出现学术价值与商业价值的价值冲突。其次，从协同学的观点出发，区域创新体系各创新主体之间始终保持着多种关联，若将之视为影响区域创新体系发展的变量，当其中某个变量发生变化时，其他变量势必与其发生作用并产生集体性联动。而且，各变量只有通过相互合作才能体现自身的价值与存在的必要。所以，除了竞争行为之外，大学—企业还应当平等合作，既要致力于实用科学的研究，更要瞄准现代科技前沿，以国家战略需求为基准，创造国内外高水平原创成果，最大限度地发挥协同创新的作用，最大限度地促进区域经济的发展，最大限度地为建设创新型国家做贡献。当然，利益互惠与平等性是两者双向平等合作的前提。① 因此，大学作为知识与技术的生产者与知识和技术的应用者——企业，为了彼此的利益，自然建立互利互惠的合作关系。

（二）大学—企业和合作机制中有序平衡性的构建

建立健全大学—企业合作机制中的利益分配机制和风险预警机制是大学和企业合作能否有序平衡、巩固发展的关键和保障。（1）合理的大学—企业利益分配机制应当坚持以下原则：第一，利益分配的基本原则是互惠互利、各得其所。大学和企业是独立的社会主体，双方组织目标有异，但各方的自主利益必须充分保证，否则会极大地削弱双方合作的积极性，甚至会导致合作失败。第二，大学与企业应按投资比例分成，坚持结构利益最优的原则，确定合理的利益分配最优比例结构，比如，超出的基数也应按超出的比例分成，只有这样才能使双方的利益分配公

---

① 明铭：《区域创新体系中的大学行为研究——以"武汉中国光谷"为例》，博士学位论文，华中科技大学，2012年。

平合理、协调发展。第三，大学和企业各自为对方提供的服务或做出的整体功能都是有偿的，应坚持按劳分配的原则。同时，利益分配还应当与各方承担的风险相称，科技开发风险与生产经营风险要谨慎区分，坚持风险利益对称原则，制定合适的风险补偿措施，以增强双方合作的信心。第四，大学和企业的合作还应坚持业绩津贴原则，设立双方合作人员的业绩津贴，定期对合作的成果进行组织评奖，并将其作为晋级提职的依据之一。（2）建立大学和企业合作的风险预警机制。可以从以下几方面入手：第一，建立和完善技术创新的风险预警机制。技术环境是变化着的，要想不断修正技术创新的发展进程，就必须及时搜集技术发展的相关信息，通过过滤、整理、分析和判断，力图将潜在的各种技术危机消灭于萌芽之中。同时，坚持进行技术创新危机的培训和演练，来提高应急能力和防范水平。第二，增强主体的风险共担意识。大学与企业合作的核心是科技成果的转化与推广，因为科技成果转化具有高风险性和高收益性的特点，合作双方应建立起风险共担的责任制度。一般情况下，大学主导的合作项目由大学承担相应的风险，但大学也可以让企业尽早参与研究开发，共担费用和风险。相反，企业主导的合作项目带来的市场风险就应当由企业承担，但企业可以鼓励大学参与合作，将大学应得的报酬与产业的经济效益挂钩，以此减少自身的风险压力等。因此，为了大学与企业之间合作的有序平衡，必须建立相应的风险责任制度，使双方在获取利益的同时又能约束双方共担风险。

另外，大学是传承文明、培养人才、创新科技的主要阵地，唯有与企业有序平衡、协同创新，才能构建与我国经济社会发展需求相适应、同产业发展相衔接的充满活力、机制灵活、类型多样、结构合理的区域创新体系。所以，必须协调好两者关系，使大学与企业之间形成一种有序平衡的发展、相互促进的良性关系。实践证明，创业型大学是大学—企业合作的产物，也是大学、企业、政府全面合作的助推器。大学科技园、高科技产业孵化器、工程研究中心和重点实验室都是大学与企业之间实现有序平衡的最有效形式。

第三节　区域创新体系中大学与产业部门合作的现实问题

近年来，随着世界经济的不断发展需求，各国间的大学与产业之间的合作互动日益紧密。"大学通过对技术人员的培训，通过科技中心等机构，通过教授的私人关系网络，广泛地与产业界建立了密切的联系，同样也为技术创新和技术进步做出了相应的贡献。"建设创新型国家、建立区域创新的和谐系统，这不仅仅是对全国大学、各类产业部门的挑战，同样也对政府政策的制定和执行以及国家法律体系的完备提出了挑战。

从现实情况来看，在区域创新体系内大学与产业部门之间的合作过程中，部分大学仍然过分注重文章的优先发表权、重视学术界的学术威望以及学术名声；同时，产业部门在与大学进行创新合作过程中也较为注重产品的商业化前景。另外，政府也会因过度干预抑或放权过多导致产学研合作中的创新驱动失灵，因此，为保证在未来的区域创新体系中让资源合理地配置、让大学与产业部门得以有效地合作，需要大学、产业界、政府以及法律体系的各方完善与配合。

一　大学与产业部门协同创新的机制建设不足

（一）大学与产业部门协同创新的必要条件尚未满足

创新驱动这一概念就其本质而言，是指一个国家/地区的社会进步与经济增长主要依靠原创性知识的探索、新发明和新技术的创造及其应用过程。从发达国家的经验来看，一个以创新驱动的社会经济体需要如下几个必要条件：第一，在各个行业与领域中具备了创新精神和创新能力的个体。创新者的培养是整个创新驱动过程是否运行的基础与前提，因此，旨在鼓励和促进创新者涌现的外部环境和一系列制度措施，就显得格外重要。第二，原创性知识和各种发明创造从理论到实践应用的完整转化过程。与投资驱动和要素驱动的经济发展相比，创新驱动体现的则是某种类似于生态系统的自发演进特征，以创造最终价值为导向，一切的创新最终都要具备一定社会条件限制下实现的可能性。第三，创新驱动体现的是一种自下而上的、不同区域之间的多样性、自发演进性和开放互动性。对于大学来说，大学的重点职能之一是科技研发，而花费了大量人力、物力、财力和智力的科学技术必须也只有投入市场、投放社会，才能充分体现出其应有价值，为产业部门注入新鲜血液。而从现实情况来看，目前的大学尚存在着创新能力薄弱、过分重视学术声望、经费投入不足等缺陷和不足。这就使得在实际操作中，大学的科技研发很难全部投放到市场，更好地为产业部门所用，这就难免会造成在区域创新体系内产、学、研三者难以落实对接的现实状况。那么从目前的实际情况来看，让大学介入经济活动不仅仅是可能，更是一种必要。

（二）大学与产业部门协同创新的中介服务组织尚不完善

任何创新活动都意味着风险，所以必须通过完善国家制度、政府政策和市场机制，促进创新活动的广泛开展，但是从现实角度来看，我国大学构建区域创新生态系统的能力与发达国家相比有一定差距，特别是在创新实践环节的重视和投入不足。主要表现在传统教育理念依旧阻碍大学生创新思维的形成及大学生创新创业能力的培养，缺乏鼓励大学生创新创业的大学文化、制度保障与社会环境，大学内部组织结构亟须变革，现有的大学课程体系并没有以创新能力的培育为基础、与创新活动密切相关的中介服务机构还很不完善。在我国的创新系统中，为技术创新服务的中介服务机构是特别薄弱的一个环节，是创新成果流动和配置过程中的"瓶颈"和制约因素。由于创新服务中介机构不完善，导致大学和科研院所研发的大量科技成果、发明专利被束之高阁，公众和市场无从了解。这样造成了一种"两难"困境：一方面，科技人员缺乏创新方面的服务；另一方面，企业在技术创新过程中难以获取技术支援、技术咨询、技术信息。此外，与创新活动关系密切的知识产权保护制度、标准体系等还很不完善，政府、大学和企业等主体间没有形成有机互动的协作关系，鼓励创新的产学研协同创新机制不足。

（三）大学与产业部门协同创新的利益目标矛盾

对于社会大市场中的产业部门来说，产业界的技术创新从来都是较为薄弱的一环。要使市场更具活力与创造力，其中重要的一点便是让大学科研投入产业，实现创新科技与产业链的对接。以美国为例，在20世纪80年代以前的美国，市场尚未被完全打开，在美国只存在少部分大学涉足技术转让工作，而直到1980年12月美国贝多法案的颁布才根本改变了美国大学与产业部门间的现状。贝多法案规定，"联邦政府资助的研究发明归大学所有，大学必须申请专利并不遗余力地寻找被许可方以实现商业化"。自贝多法案颁布后，美国各类大学的科研技术转让工作迅速得到了迅猛发展，全国的各个大学纷纷设立了专门的科研技术转让部门以帮助校内的科研技术迅速地投放市场，实现其商业价值。"根据美国国家科学基金会的统计，美国大学的专利正以指数倍增长，到 2000 年，美国研究型大学的技术转让已为全国经济做出了 300 亿美元的贡献，并每年提供 25 万个就业机会，市场上有超过 1000 种产品来自大学研究成果。"

大学与企业之间的合作涉及了知识主体、经济主体等不同社会体系或同一体系内的不同要素，彼此之间在文化、资源、能力等方面存在明显的差异，而这必然也为双方的合作带来了障碍。知识信息缺乏引起了沟通服务障碍。有研究表明，大学向企业知识转移水平较低，是由于企业一方对知识结构认识的缺乏以及大学一方对科学知识分享满足感的缺少。如何提高企业界在科技产品阅历方面的需求，提高学术界在市场运作和管理能力方面的需求，是我国健全协同创新机制必须面对的两大主题。

二　大学与产业部门的分层分类合作形式尚未建立

（一）大学与产业部门合作的范围过于狭窄

产学研协同合作的范围过于狭窄。与发达国家的大学相比，我国大学与产业部门之间的合作创新在形式、范围、质量等多个方面存在着较大的差距。技术转移、合作研发、委托科研、知识密集型创业等活动并不发达，我国目前大学与产业部门合作的主要内容还是限于技术咨询与合同委托开发，甚至占到了大学与企业之间合作类型的 70% 。这种低层次、短期化的合作方式无法持续发挥大学的原始创新优势，不能为企业提供具有较高附加值和创新性的产品。对于企业来讲，过于功利的合作思路表现为对短期直接经济利益的关注，忽略了充分利用大学的人力资源和知识资源，进行中长期的联合研发攻关与后续创新活动。相比于国外存在的众多产学研合作联盟与共建研发机构，我国大学与企业之间的合作形式显得过于单一。

（二）大学与企业合作的质量较低

从大学与企业合作的质量来看，由于我国众多中小企业是以低成本、低科技含量为主的特征，因此很多企业只对短期效应感兴趣，只希望与大学的合作能够在短时间内带来利润，因此忽略了对企业转型升级具有重要价值的共性技术。即使大学与科研机构愿意与企业建立起长期稳定的、以创新为核心的合作机制，我国中小企业资金实力不足的"瓶颈"也使其无法建立起彼此间的合作机制。此外，我国知识产权保护力度的不足也使大部分企业不愿意投资于关键共性技术和原创产品的研发。作为产业部门来说，要想通过在区域创新体系中与大学的合作模式以推动其自身企业运营发展，光是研究一些低水平的技术开发活动是远远不够的，还应在一定程度上增强合作项目的技术性、创新性。

同样以美国为例，在建立了硅谷这样一个世界性的电子工业和计算机产业的王国之后，美国的产业界越来越多地把目光投向了类似于生物技术、生物医学、新能源、新材料等这些高新技术领域，并以此为中介纽带来寻找愿意接收研究此类项目的研究型院校。这样一来，通过产业部门的资金支持和研究型大学的技术研发的融合，美国的高新技术产业正逐步蓬勃发展，其综合国力、科技实力、创新能力也同样领先于其他国家。

由此可见，当产业部门在区域创新体系中选择研究方向与研究领域时，应尽可能地投眼于目前国内的新型科技项目、更有发展潜力和创新价值的高新技术产业，并以此类优秀研究项目为纽带寻找合作目标，在高新技术领域与研究型大学建立长期稳定的交流与合作，从而使研究型大学在为产业部门输送源源不断的技术性资源和人才的同时，产业部门自身的科研能力和产出效率也得到大大提升。

（三）大学与企业合作的理念较为薄弱

与世界发达国家相比，我国大学与企业在合作研发、参与区域创新体系的观念与意识方面，都还存在较大的差距。就大学而言，相对封闭的环境和对外部变化的反应滞后性使其没有清晰地意识到大科学时代知识生产模式变革的趋势，大学主动寻求变革与合作的内在驱动力严重不足，进行协同创新的紧迫感和使命感不强，区域创新体系内的各个主体之间长期以来处于一种各自为政的状态，分散、封闭、僵化依然是我国构建区域创新体系中大学—企业合作的主要问题。知识产权是一种人们对自己的智力活动创造的成果和经营管理活动中的标记、信誉依法享有的权利。伴随着我国法治化进程的不断推进，人们的法律思维正逐步完善，整个社会对知识产权的保护力度也正不断加强。

而知识产权是区域创新体系中产学研合作中一项最为重要的产权，美国经济学家和经济史学家道格拉斯·C.诺思对经济史的变迁进行了深入研究后指出："技术在整个历史的大部分阶段进步缓慢，其原因是知识产权的创新程度难以计量，投资新知识和开放新技术的盈利能力需要在某种程度上具备对思想和创新的产权，在缺乏这种产权的情况下，新技术便不可能来临。"由此可见，知识产权对于知识经济时代的意义已不仅仅是一部法律文献那样简单。加强对知识产权的保护，就是要通过电视、网络等媒体进一步宣传对知识产权保护的重要性、加大抽查冒充专利和假冒他人专利行为的处罚力度、形成以政府为核心的自上而下的一套价值体系，营造让守法者一路畅通、让失信者寸步难行的和谐社会氛围。

三　大学与企业合作的制度建设与资源分配机制尚不完善

（一）我国还没有形成大学—企业合作法律与政策体系

创新是一个持续的以资源和资金投入迎接复杂性和不确定性结果的过程。从这个意义上来理解，创新是一件个体的主观意识无法操纵同时具备着极高风险性的事情。大学与企业之间的合作研发固然会带来关键共性技术的突破或新产品、新服务、新的商业模式的诞生，但是对于大部分合作过程来讲，大部分资金投入的结果是并不一定带来新技术的研发，或者说有了新的技术却无法产生较好的经济效益。创新环节中任意一个组成部分的失误都有可能造成整个过程的失败，作为以营利为目的的企业自然不愿意长期投入无明确回报的创新，大学作为公立机构也缺乏相应的资金用于创新投入。正是基于以上考虑，世界各发达国家都陆续通过设立校企合作基金或小企业投资法案等形式对大学与企业的合作创新进行资助和补贴，如美国的《斯蒂文森·怀德勒技术创新法案》《小企业合作创新法案》《拜杜法案》等。反观我国，到目前为止尚没有专门面对大学和中小企业之间合作创新的专项政府资金或基金，而以火炬计划为代表的科技创新基金大部分都流向了知名大学和大企业，占比绝大多数的中小企业和地方大学却无法获得充足的资金支持用于校企合作创新。全社会风险投资机构、金融机构、政府扶持政策等因素的缺失进一步制约了大学与企业合作创新的程度。

在进入市场经济以来，政府的作用便开始变得微妙而又重要。政府管得太多，易导致市场的灵活性难以充分发挥，市场竞争力不足；而政府若过度无为，则极易导致市场杂乱无规、驱动失灵。因此，在区域创新体系中，政府作为大学和产业部门间的一根重要纽带发挥着不可替代的重大作用。

一方面，政府应适当增加对研究型大学的科研经费投入。与美国相比，美国研究型大学与产业界之间的合作经费数额占总投入经费的比例之所以远少于我国，就是得益于美国联邦政府和州政府在财政上的大力支持。倘若政府对于研究型大学的财政补贴力度不够，那便必然会导致国内部分研究型大学采取直接创办公司企业以达到提高其科研经费的商业活动。为保证我国大学能安心于科学研究、专注于有市场潜力的高新技术产业，国家政府要做的重要一条便是适当提高研究型大学的科研经费投入。

另一方面，政府应推动创新资源信息的自由流动。"创新资源是指产学研合作创新必需的投入，包括人力、物力、财力各方面的要素。"倘使政府在行使其自身职能的过程中干预不当或没能积极推动市场信息资源的有效流动，就容易形成市场资金和人才短缺、市场创新驱动失灵。因而政府在区域创新体系中行使其推动资源自由流动的职能时，首先，应当为产学研合作创新搭建有效的信息服务平台，方便创业创新最新的资源信息的自由流动。例如建立科技孵化器、国家大学科技园等；其次，政府还应进行资金和税收政策的改革，以增加现有投资者的投资力度，同时挖掘潜在投资者，为产学研合作创新提供充足资金，让大学科研工作者免予后顾之忧地坐起"冷板凳"；再次，政府还要适当调整产学研机构技术人员的选人用人机制，通过扩大人才流动和互补，建立起一个开放、竞争、有序的人才互动和交流机制，为创新体系不断注入新能量；最后，政府还要加大对创新体制中的劳动力人员的教育和技能培训，不断提高创新体制机制中的人员素质。

（二）大学与企业合作的资源配置不合理，创新主体积极性受到严重制约

我国缺少激发资源活力的机制。尚未建立以整体效率最大化为目标的创新资源配置机制，资源过于分散和过于集中的现象同时存在；缺乏以共享为核心的配置体系，平台布局和大型贵重仪器购置有重复，单位或个人往往将资源视为己有，不与他人分享；一些大型贵重仪器设备使用率偏低，资源效能未充分发挥。

政府引导产学研协同创新的政策环境不够完善，政府有关部门为了推动产学研合作创新，虽然出台了许多相关政策，但没有从根本上解决问题，政策环境还有待完善。一是相关法规的缺失。目前我国尚未制定

产学研协同创新方面的专项法规及其实施细则，具体可操作的实施细则还有待制定。二是相关制度不完善。我国的知识产权制度在制度和管理体制方面还不够完善，产学研协同创新中遇到的问题无法依法行事和按章解决。三是政策导向不明确。政府在人事、信贷、税收、奖惩、考核等方面的政策导向不够有力，不利于调动合作双方的积极性。四是促进产学研协同创新的公共技术平台和中介服务体系有待健全。

利益分配机制不健全。利益分配问题存在于我国现阶段的产学研合作创新各方的内部，始终得不到很好的处理，尤其是知识产权的分配、创新转化资金的分配等。在合作初期，由于各方还没有太多利益冲突，谈判时比较容易达成一致协议，然而随着合作项目的进行，科学研究成果转化并带来具有经济效益的产品时，常常会发生利益分配的分歧。即使是大学内部，因为校办企业创办时多为学校独资的全民所有制企业，个人不能持股，教师和创办人员对企业的贡献经常无法在企业资产中得到很好的体现。

（三）大学与企业彼此间参与区域创新体系的动力不足

从现实情况来看，在区域创新体系内大学与产业部门之间的合作过程中，部分大学仍然过分注重文章的优先发表权、重视学术界的学术威望以及学术名声。同时，产业部门在与大学进行创新合作过程中也较为注重产品的商业化前景。另外，政府也会因过度干预抑或放权过多导致产学研合作中的创新驱动失灵。因此，为保证在未来的区域创新体系中让资源合理地配置、让大学与产业部门得以有效地合作，需要大学、产业界、政府以及法律体系的各方完善。大学与企业共同合作参与区域创新体系的动力不足。这种动力的不足来源于两个方面：首先是大学与企业的价值取向不同。作为盈利为导向的企业所进行的每一笔投资都是为了获得更多的利润，而创新从投入到最终获取高额回报则是一个漫长的高风险过程，尤其是我国大部分企业盈利水平低下、利润微薄的现状促使这些企业不愿意、也没有能力投资于创新。作为学术为导向的大学，其追求的价值在于新知识的发现和文明的传承，大学教师的职称评定、奖惩机制也是围绕这个核心来制定，对科研成果的转化、创新成果的市场化、学术创业等领域的关注并不足，这就造成了大学创新的主体——教师，缺乏与企业合作的动力。

建设创新型国家，对大学提出了新的挑战。全国各类研究型大学只有在自身创新和不断参与国家创新体系建设过程中努力应对挑战，不断思考对策，主动走向市场，积极投放社会，不断增强自身自主创新能力与科研水平，将产出效益商业化、价值化，才能真正融入国家创新体系，获得新的发展。

一方面，"在区域创新中，大学应当为所在区域经济建设和社会发展提供人才支持、技术支持和知识贡献，引领区域科技创新和文化创新。"一些有基础专业背景的例如农、林、水、矿、油等研究型大学应当充分发挥其行业优势和专业特色，充分把握市场需求创业创新，为国家基础工程建设提供资源价值。同时，国防院校和军事院校也更应该加强与国防、军事研究的密切程度，积极推进国家的军事化战略程度，提高国防建设现代化的水平与实力。

同时，从另一方面来看，我们还应正确对待我国研究型大学直接创办并运营企业的现象。从整个世界范围来看，建立研究型大学特有的公司产业是中国特有的创新模式。这一极具"中国特色"的创新模式是在我国研究型大学办学经费紧张的情况下建立起来的。虽然从一定程度上来看，研究型大学直接创办公司企业对于解决大学科研经费紧张、企业科研力量薄弱的问题在短时间内能起到一定的缓和作用，同时，它对于提升产业结构并形成区域经济创新新的增长点也有一定的积极推动作用。但从长远角度看，"研究型大学在严重依赖于瞬息万变的市场需求的应用技术开发和技术创新领域内并不具备竞争优势，直接介入经济活动并不见得是研究型大学服务社会的最佳方式"。从国际视野角度来看，虽然美国的研究型大学重视与产业的联合研发创造，但其大学直接参与经济活动的现象还比较少。在北大百年校庆上斯坦福大学荣誉校长杰拉德·卡斯帕尔就曾在讲话中指出，"斯坦福大学的故事不是一所大学试图成为地区的和国家经济发展的火车头的故事，而是承诺并成功担负起高质量的教学、科学研究和革新责任的历程。斯坦福的成功之处在于顽强地坚持了一所注重研究型大学的总体目标和基本原则"。因此，从长远角度和借鉴世界范围内其他国家创新经验来看，直接创办并经营企业并非大学的长远之计，国内各类研究型大学还是应当注重科学研究、人才培养，以更好地服务社会。

第四节　区域创新体系中大学—企业合作机制的政策建议

2014 年 11 月，习近平总书记在亚太经合组织（APEC）会议上作了题为《谋求持久发展，共筑亚太梦想》的主题报告，向包括 130 多家跨国公司领导人在内的世界工商领袖们，阐述了我国经济发展的新常态现象。早在 2012 年党的十八大会议上就针对当前我国经济发展的问题提出要转变经济发展方式，逐渐从传统的"要素驱动"、"投资驱动"转变为"创新驱动"，坚持走中国特色自主创新道路，实现创新驱动发展战略，构建和谐的经济生态系统。

一　重塑大学在创新驱动过程中的知识主体功能

2014 年 9 月，世界经济论坛发布的《2014—2015 年全球竞争力报告》中，在 144 个经济体中，我国位于第 28 名（得分 4.89），比上年上升了一名。[①] 报告指出在竞争力的排名中，创新、制度保障以及人才开发仍旧发挥着决定性的作用。而人才成长与创新靠教育的发展，在区域创新主体的研究过程中，大学不仅是一整套行之有效的高等教育体系的拥有者，而且是知识传播和知识创新的主体。因此，形塑大学在创新驱动过程中的知识主体功能成为构建区域创新体系的必不可少的要素。

激活地方大学在区域创新体系中知识创新的核心地位和功能。首先，重塑大学的治理理念，回归大学理性。知识经济带来高等教育大众化趋势，国民关注的重点不再是高等教育的质量，而变成高等教育之后的就业率。因此要转变大学的角色定位理念，改变为职业做准备的功利性教育定位，不再仅仅是在传统的要素驱动、投资驱动阶段的知识劳动力资源的提供者，而变成了创新资源的传播源和主体。改变传统的大学理念。"学而优则仕"的传统教学理念，本身就把政治性的情怀赋予高等教育，将高等教育看作是一种为国家建设服务的机器，忽略了知识本位的大学理念，高等教育的建设方向正由功利性大学取代了经典大学。忽视高等教育质量，高等教育质量观应是一种思想或知识存在，知识论乃是西方

---

① 《2014—2015 年全球竞争力报告》，www.weforum.org/gcr. 2015 - 01 - 31。

哲学史上历久弥新的主题（周作宇，2012）。因此，大学的理性回归有待重塑高等教育知识本位的经典理念，同时要在吸纳传统和历史的以及西方大学理念中值得我们借鉴的基础上，以开放、包容、学习的心态塑造中国大学自己的理念，这种理念应该是在重视知识的基础上，尊重个体差异，鼓励教师和学生的创新创业活动，鼓励自由探索，真正地以学生和教师为本。其次，建设研究型大学，充分发挥大学基础研究在创新源泉中独一无二的作用。李克强说："一个国家基础科学研究的深度和广度，决定着这个国家原始创新的动力和活力。"大学作为拥有着某区域最多高学历人群、受过良好教育的群体、承担着教学—科研—社会服务三大功能、拥有大量研究资源、图书馆的机构，如何在区域创新体系中发挥大学创新驱动核心的地位和功能，关系区域创新和发展。对于一流研究型大学，当然是以原创知识的发现、社会文化的创新以及前沿科学技术的探索为自身主要功能。对于地方大学，则应该重点发挥他们服务地方区域经济发展，根据自身区位优势、办学定位与办学特色，重点放在已有知识、技术、理念的本土化更新，成为区域创新体系中的知识发动机，在此基础上进行创新能力的转移。所谓研究型大学创新能力转移，就是利用研究型大学人才、技术及其资源优势，借助其创新平台体系，系统地优化配置创新资源，提升企业创新能力与核心竞争力，实现产学研有机互动，从而达到帕累托最优的动态过程。① 最后，变革现代大学的运行使命机制。大学的主要功能应该包括专业教学、科学研究、文化传授和新科学家的培养四项功能（奥尔特加·加塞特，1930）。当前现代大学的"官僚主义"的行政等级制度，扼杀了大学教育者地位的至高性，忽略了知识至上性而向实用性和世俗化的方向转变，同时教学与科研不再关注学者自身兴趣而变成了经济利益实现的场所。多数大学和学院如火如荼进行的改革仅仅停留在实用的层面，几乎没有几所大学考虑到大学使命与特征这一更深的层面，而这个瞬息万变的世界呼唤的正是这种深层次的变革。② 现代大学的自身变革，不应受市场变化影响而产生盲目性，忽略大学自身的使命和理性观。要根据大学理性视野下的大学行动

---

① 孟浩、王艳慧：《研究型大学创新能力转移的机理分析》，《科技进步与对策》2008 年第 8 期。

② ［美］詹姆斯·杜德斯达：《21 世纪的大学》，刘彤等译，北京大学出版社 2005 年版，第 31 页。

模式，在责任伦理支配下履行自己独特职能与使命，而不是依据信念伦理包揽太多，负载太多……①在课程、教学、实践等方面倡导发现每一个学生的内在发展潜力和每个学生不同的、具有差异性的发展需求。要真正以学生为本，以教师为本，培养创新创业人才。变革学校教学内容，将大多数学生理应掌握和迫切掌握的知识需要作为大学教学改革的核心；同时也要尊重差异，开设种类多样、充足的选修课也是必要的。转变教师的个体定位，教师是学者，有学术自由的权利，所研究内容多关注于自身的兴趣和爱好，而不是必要地承担所规定的学术责任和学术义务。

二　完善创新政策体系，创设激励创新的制度环境

活跃的创新思想是创新行为的基础，而一个良好的创新环境又是持续不断创新的保障。② 在区域创新体系的创新环境的营造和维护上，政府发挥着重要作用。20 世纪 90 年代以后，美国经历了经济低迷阶段之后，开始实现财政盈余，出现了持续繁荣的"新经济"或称"克林顿经济"，这就得益于当时的政府在美国的创新体系中发挥了重要作用。当前我国处于创新驱动阶段，实现经济新常态，就要充分发挥政府在区域创新体系中的政策主体的创新作用，积极协调创新主体的竞争合作关系和维护区域创新体系。

首先，制定以创新为主导，融合教育、科技、人才以及知识产权等在内的创新政策。任何一个区域能否将创新作为推动经济发展的主要动力，关键在于这个地区的国民是否充满创造力、创业精神，并愿意为了创新而承担一定程度的风险。对于一个社会系统来讲，要成为创新的社会则必须体现出一种渴望进取、热衷于创新的意愿，而这个社会系统的各个部门也必须遵循一定的规则，能够控制因为创新而产生的其他附加成本，制定灵活的创新政策，规范和保障创新行为合法化对这个社会系统的创新力量的壮大具有积极作用。早在尼克松政府时期，美国就对政府在创新活动中的重要性地位有了明确清晰的认识，虽然当时的"新技术计划"（1971）最终也夭折了，但促使以后的政府开始重新审视政府在创新活动中的积极作为。到了卡特政府时期，国会通过了"国家 1979 技

---

① 张学文：《大学理性研究》，北京师范大学出版社 2013 年版，第 176—181 页。
② 周琪、徐修德：《试析美国国家创新体系的现状及特点》，《山东教育学院学报》2005 年第 3 期。

术创新法",在法律意义上使得政府推动、资助技术创新的行为合法化。因此,将创新上升到法案的角度,把创新政策以法律形式确定下来,为区域创新体系的有效运行营造一个规范而稳定的创新环境,同时将各个领域的创新政策统合在一起,构成彼此间互补、不冲突的创新战略和政策体系。其次,政策"去形式化",建立长效的政策监控和追踪机制。2012年党的十八大上我国正式提出创新驱动阶段的概念,各地方政府响应国家号召,立足于当地发展的实际情况,纷纷出台各地的创新支持政策,同时加强对地区创新政策宣传推进,如全面推进科技体制机制改革,为山西创新驱动低碳发展提供支撑(山西,2015-01-10);大力推进"三个转化",全面加快创新发展(吉林,2015-01-10);着力推动高新技术成果落地转化(黑龙江,2015-01-10)等。政府参与创新是创新推动发展的强大动力,但是政策的顺利施行和推进,有待于长效的政策监控和追踪机制。并对政策施行过程建立评估机制,及时反馈政策施行过程中的问题,对政策加以完善。除此之外,区域创新政策的制定要立足于长远战略,遵循系统性、动态性以及开放性的原则,便于政策发展升级。最后,搭建互动平台,促进创新主体间的联系以及不同区域之间创新战略和政策之间的经验介绍与交流。1996年,欧盟委员会发布的《欧洲创新的第一个行动计划》中使用了创新的系统观,重新定义了创新。认为创新是个体、企业、科研部门以及政府等各个创新主体之间互动作用的结果。政府作为创新政策的主体,转变自身角色定位,做服务型而非管制型政府,遵循市场在资源配置中的决定性作用,搭建起校企交流合作的平台,实现二者之间有效地衔接,从而构成科学研究激发创新,进而由创新支持新的科学研究这样一个良性循环。除此之外,要加强官产研三方良性互动,发挥研究型大学为区域创新体系服务的主要途径是进行技术转移,但是技术转移一个重要方面就是研究型大学所研究的技术恰好为市场或者企业所需。这就需要深化官产研互动平台建设,实现信息沟通以及信息对称。

三 发挥企业在创新转化过程中的主体作用

2014年3月,中国科学技术发展战略研究院公布《2013年国家创新指数报告》(以下简称《报告》),报告显示:我国创新能力稳定上升,继续领跑"金砖国家"。企业是开展创新活动的重要主体,也是国家创新体系的重要组成部分,中国企业创新能力持续增强,逐渐成为全社会研发经费投入和研发活动的执行主体。同时，"企业创新"这一指标也成为国家创新能力的一个重要的衡量标准。我国政府对企业的研发经费投入呈逐年上涨的趋势，2013年，我国研发经费投入与国内生产总值之比，首次突破2%，其中对企业的投入在所有创新主体中占所有经费的76.6%，企业成为科技研发的主体和我国创新的主流力量。因此，强化企业的科技创新主体的重要地位，扩大企业创新规模，对提高我国国际竞争力，实现经济新常态具有重要意义。

科研是一个将金钱转化为知识的过程，而创新则是一个将知识转化为金钱的过程。积极发挥企业在创新转化过程中的主体作用，加强企业与大学在技术转移、科技园区、大学生创新创业以及创新成果的市场转化等领域的全面合作。与大学建立合作创新机制。将企业的市场优势和资金优势与大学的知识基础和创新基础的优势充分结合起来。首先，加强校企合作互动，实现信息对称。当前我们提倡校企合作，实现研究型大学创新能力或者知识产权的自主转移，但是校企合作的机制尚不健全，双方信息并不完全对称。比如研究型大学的研究成果顺利转移的一个重要方面就是它所转移的成果恰好为企业发展所需要，或者企业本身的资源恰好能够将这个研究成果转化为现实成果，否则就会造成研究成果的滞留。因此，要建立校企交流平台，及时将双方发展状况或者自身需要透明化，实现信息对称。其次，构建创新型企业文化，培养创新思维的创新企业家。受传统习俗的影响，守业文化主导下的企业生产力受到极大的限制，这也是部分企业不想通过转型，成为高度前摄性的发展模式的重要原因。经过调查，很多企业人员参与创新创业的比例较低，缺乏创业活力等，这就使企业经济长期处于低迷状态或者是在这种状态下，不知自救。当然，也有很多传统的企业想要尽可能地保持其自身的旧的运作模式，并试图按照这种模式长久地发展下去，而对创新创业则采取一种犹豫不决或者模糊不定的态度。它们所表现出的"模糊"或者"惰性"有一部分取决于它们在试图进行转型时，意志力的持续性和作用力。据《报告》显示，在全社会的研发经费中，企业为国内社会研发提供了"3/4"的研发经费，成为名副其实的科技创新的主流力量。因此，培养新时代具有创新思维的企业家或者创业人员是必不可少的，要通过这种创新的承载体，加大对企业创业文化氛围的营造，塑造创业型企业，提高"瞪羚企业"的数量，加快企业转型创新的步伐。最后，培养企业自身的创新科研团队，培养岗位创业者。2014 年的《报告》相比之前国家创新能力衡量标准，又增加了"有效专利数量"、"万名企业研究人员拥有 PCT 专利数"和"企业研究人员占全社会研究人员比重"三项重要指标。可见，培养一支具有创新能力的科研团队是多么重要。美国大约有 3/4 的科技研究开发者工作是在企业完成的，3/4 的科技研究人员分布在企业科研单位。① 因此，创建创新型企业，要注重创新人员的培养，这包括注重岗位创业者的发展，依托于企业的优势环境，充分发挥创业者自身的潜质，从而为企业的创新提供内驱力。除此之外，"企业创新的规模和质量，在很大程度上代表着一个国家的创新能力与水平"。同时，小微企业在解决就业方面起到主要作用，要积极鼓励小微企业的创新发展，减小依赖制造业和劳动力发展的企业比例，实现企业发展的升级。

四 建立社会化、网络化的中介服务机构

习近平同志在 2014 年 APEC 会议上指出当前我国是新常态的发展，"要采取更加有效的措施把创新引擎全速发动起来"，"更多支持创新型企业、充满活力的中小企业，促进传统产业改造升级，尽快形成新增长点和驱动力"。在创新驱动阶段，建立社会化、网络化的中介服务机构，能够为构建开放、充满活力的区域创新体系，提高创新驱动力，增强区域创新主体合作互动力创造良好条件，同时也为科技理论成果产业化提供推动力、扩大企业创新质量和规模提供资金支持。

中介服务机构在创新系统中具有"桥梁"的作用。在区域创新体系中，能够活跃创新氛围，加速创新成果的产业化，我们理应支持和完善中介服务系统。首先，规范风险资本支持系统。中介活动的健康发育是建立体系内各创新单元有机联系与自我调节机制必不可少的因素。② 企业在创新系统中处于主体地位，根据统计，2012 年的企业数量是 2004 年的 2 倍之多，企业之所以在创新的环境中生存和不断扩展规模，除了得益于长期宽松的创新政策之外，更大程度上也来源于逐渐上涨的风险资本数量，根据《报告》显示，我国企业创新项目获得风险投资的难度降低，这在一定程度上更容易进行企业融资，但是这就需要进一步规范风险资本运作系统，使其在一个健康的环境中进行资本投资。其次，建立规范

---

① 谭贤楚：《对美国创新系统的分析与思考》，《创新论坛》2005 年第 2 期。

② 路甬祥：《对国家创新体系的再思考》，《中国科学院》2003 年第 1 期。

的信息服务中心或者政策咨询中心。当前我国针对大学生创业颁布了很多政策性文件，给予较多优惠政策。但是我国大学生创业成功率仍旧不足1%，除了与其自身缺乏创业经验有关，很大程度上也源于我国并不成熟的创业环境。这就需要针对创业大学生自身的特点，建立规范的信息服务中心、政策咨询中心以及风险投资研究机构，给予创业大学生专业的指导，弥补创业大学生自身缺陷。最后，建立创业风险保险基金。当前大学创业主体在创业过程中首先面临的就是资金来源，无法将自身的科技成果转化为社会生产力，因此，要建立充足的资金支持体系，为区域创新体系提供充足的创新资金的支持。同时，也要成立项目评估组织，对创业主体本身存在的项目进行评估，从而降低创业风险。

美国迈克尔·波特教授将后发国家参与国际竞争的过程划分为4个阶段，分别是要素驱动、投资驱动、创新驱动以及财富驱动的发展阶段。我国经过多年的发展，逐渐实现从投资驱动到创新驱动的转型，而在创新驱动阶段，我们更应该注重系统内部要素的互动，激发每个个体的创新潜力而有效地互动合作，构建生态型创新系统。习近平总书记曾指出，"发展必须是遵循经济规律的科学发展，必须是遵循自然规律的可持续发展，必须是遵循社会规律的包容性发展"。因此，在当前实施创新驱动战略、建设创新型国家的过程中，要遵循社会发展规律，积极发挥各创新主体的作用，构建开放互动、充满活力的区域创新体系。

第五章　区域创新创业体系中的大学变革

——以三所研究型大学为例

第一节　圣地亚哥创新集群形成过程中的大学

美国是全球的科技创新大国，一直将科技创新创业作为维持经济增长和未来经济繁荣以及全球科技领先地位的驱动战略，大学是创新创业的滋生地，亦是国家创新创业系统中的主要创新主体，一直"试图为主要的社会经济问题寻找更多的解决办法，特别是研究型大学，通过研发努力、资源支持以及营造浓厚的创新创业文化等支持机制，寻求更好的行业合作和新科技的商业化"。[①] 加州大学圣地亚哥分校创立于 1960 年，建校 50 多年来，该校坚持开拓创新、不断进取的时代精神，在创新创业、人才培养、社会服务等领域都取得了辉煌的成就，尤其是生物技术创新集群领域，该校通过衔接政府、产业以及当地市民这样四位一体的伙伴关系构建起了独具特色的"圣地亚哥模式"，"如今圣地亚哥是美国第三大科技中心和世界上唯一的一个真正的生物科技产业集聚区，它主导的产业逐渐升级为生物科技产业和高科技产业，不仅无线通信公司数位居全美第一、生物科技公司数位居全美第三，而且十多家世界一流研究机构也汇聚在此"。[②]

一　加州大学圣地亚哥分校创新创业的表现形式

（一）完善创新创业资金支持和政策保障

加州大学圣地亚哥分校在 20 世纪 60 年代成立以来，一直都是政府研

---

① 赵中建、卓泽林：《美国研究型大学在国家创新创业系统中的路径探究——基于美国商务部〈创新与创业型大学〉报告的解读与分析》，《全球教育展望》2015 年第 8 期。

② 卓泽林：《美国圣地亚哥创新集群发展的原因探析》，《科学与管理》2015 年第 5 期。

发经费主要资助对象。1963 年，在大学成立的第三年里，联邦政府对该
大学的资助就高达 1108.4 万美元，名列所有美国高校的第 24 位①，当
时，UCSD 还没有本科生就读，而且注册研究生数量仅有 205 名。到 1972
年，UCSD 联邦支持的研发经费已经上升了 5 倍，达到 5730 万美元，在
全美高校中名列第 5 位。在成立仅仅几十年的时间里，UCSD 在联邦科研
经费方面已经超越了加州大学系统中历史更为悠久的伯克利分校和洛杉
矶分校，除了 20 世纪 80 年代和 90 年代早期联邦经费增长有所放缓外，
UCSD 在全美高校所获得的联邦科研资助排名中一直保持在前 10 名的位
置，而且一直超过加州大学系统的其他 9 所分校。美国科学基金会
（NSF）的调查也进一步指出，2010 年 UCSD 获得了 58030 万美元的联邦
合同与资助，位列全美高校第 7 位；总支出达到 94320 万美元，位列第 6
位。②（见图 5 – 1）由此可见，从研发经费来源来看，UCSD 无论在创建
初期还是进入正常发展轨道以来，联邦政府一直以来都是 UCSD 研发投入
的核心主体。

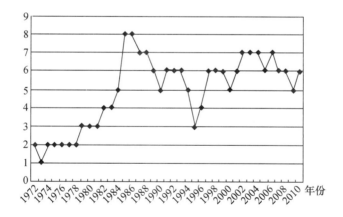

图 5 – 1 加州大学圣地亚哥分校研究与试验发展经费及排名

资料来源：Thomas J. Allen, Rory O'Shea, *Building Technology Transfer within Research Universities: An Entrepreneurship Approach*, Cambridge University Press, 2014, p. 138。

---

① William V. Consolazio, The Dynamics of Academic Science: A Degree Profile of Academic Science and Technology and the Contributions of Federal Funds for Academic Science to Universities and Colleges, National Science Foundation, 1967: 67.

② National Science Foundation, WebCASPAR: Survey of R&D Expenditures at Universitiesand Colleges (1972 – 2011).

除了在研发经费上给予大力支持与投入外，当地政府在土地政策等方面也为加州大学圣地亚哥分校在创新创业能力培育上提供了政策保障。例如，圣地亚哥政府以零费用的无偿政策让加州大学圣地亚哥分校建立在第二次世界大战时海军训练营的旧址上，地点与斯克利普斯海洋研究所在多利松（Torrey Pines）区域位置相邻近；因此，UCSD 创建初期就在地域环境中形成了校企紧密合作的先天优势，为该校在科学技术转化上打下坚实的根基。不仅如此，通用原子技术公司（General Atomics）从政府那里得到免费的地皮建立了新的科研设施，继而在 1955 年引进了第一批物理学家来到了圣地亚哥。1960 年，时任圣地亚哥市长向乔纳斯·萨克（Jonas Salk）承诺以 1 美元的价格向其出租土地，以此吸引乔纳斯·萨克也在多利松区域范围内成立了萨克生物研究所（Salk Institute），这些企业、研究机构在圣地亚哥政府土地政策的扶持下紧紧凝聚在同一区域内，因此，它们所创造的知识可以在创新主体中互相流动、合作、传播以及通过正式与非正式知识分享促使圣地亚哥地区的创新能力在较短的时间内掀起汹涌的波涛，实现地区创新主体之间紧密相连、共生共荣。①

（二）构建创新创业师资队伍能力建设

科研人力资源是一个大学创新创业能力建设的核心力量，该方面的投入是创新创业投入的重要衡量指标。因此，通过科研人力资源方面的分析，可以了解加州大学圣地亚哥分校在创新创业能力建设过程中的状况和进展。从教师科研总数和质量来看，UCSD 的研发人员呈现快速崛起的态势。自 1960 年建校以来，UCSD 一直致力于把全球最优秀的科学家和学者扩充到教师队伍中来。UCSD 的创建者们为了吸引世界范围内的科学家前来 UCSD 服务，他们提出了"自由追求科学研究兴趣并共襄盛举地筹建加州大学圣地亚哥分校使命"的条件，以及在招聘战略上利用大学和社会资源建立创新激励计划，承诺高层次人才提供发展机会、资金和高标准的工资，促使一批物理学家和工程师离开历史悠久的东海岸大学来到西海岸这家新崛起大学。

例如，在 20 世纪 60 年代，美国许多研究型大学设立了 65 岁退休的强制性政策，UCSD 就利用了这些僵硬的退休政策，为那些富有声誉的科学家们提供超过正常退休年龄后继续工作的机会。UCSD 在第一次实行招

① 卓泽林：《美国圣地亚哥创新集群发展的原因探析》，《科学与管理》2015 年第 5 期。

聘战略就招收了在芝加哥大学因为退休政策离职的诺贝尔奖得主哈罗德·尤里（Harold Urey）以及一批参与曼哈顿项目的物理学家，这些重量级的科学家们的到来既是获得了国防部以及海军研究办公室的大力资助，更为重要的是，由于这批科学家在学术界既有威信和声誉吸引了一大批资金和研究设施，不但在 UCSD 科研人力资源建设上做出了一定贡献，同时增加了 UCSD 的研发收入，这也进一步说明了相对于资本吸引人才，人才可以更有效地吸引资本。

　　除了吸引退休的科学家外，UCSD 的领导层保证为他们的配偶提供工作岗位，以消除这些科学家的后顾之忧。很多科学家夫妇，例如玛格丽特·伯比奇（Margaret Burbidge）和诺贝尔奖获得者玛利亚·迈尔（Maria Mayer），都是各自领域内享有世界级声誉的科学家，但是却在获得 USCD 的任命以后才得以在大学内有了真正的工作岗位。圣地亚哥地区其他研究机构也采取了类似的激励招聘政策，将很多夫妻科学家队伍，如威廉（William）莉莲·吴锡桑（Lillian Fishm）吸引到了圣地亚哥，他们是拉荷亚癌症研究基金会（the La Jolla Cancer Research Foundation）——如今斯坦福—伯恩汉姆医学研究院（the Sanford – Burnham Medical Research Institute）——的创始人。确实，优秀人才对加州大学圣地亚哥分校在创新创业能力建设和后续推行的创新创业举措中起着脊梁作用。正如加州大学系统总校长克拉克·科尔（Clark Kerr）在加州大学圣地亚哥分校成立典礼上所说，"如果人才招聘做得不好而其他所有事情做得都很好，那么你不可能拥有一所优秀的大学；但是，如果人才招聘做得好而其他事情做得不太好，你仍然可以拥有一所优秀的大学"。①

　　（三）衔接大学与商界的创新创业网络

　　20 世纪 80 年代初期，越来越多的圣地亚哥人意识到了全球竞争所带来的挑战；从某种程度上说，这种挑战意味着将已经支持该地区发展长达 20 年的研发资产从市区的经济核心中分离出来。为了促进该地区的继续繁荣发展，圣地亚哥大学学者和商界领袖在 1984 年夏天和秋天同襄共举，最后一致决定，需要在学界和商界之间搭建一座桥梁。但是圣地亚哥地区当前面临着两个主要挑战：一方面，该地区的研究文化，尤其是

　　①　Verne Stadtman，*The University of California*，1868 – 1968，New York：McGraw – Hill，1970，pp. 277 – 279.

基础研究文化在数量和质量上都非常出色，但是对于应用或是技术转化和商业化的兴趣却很淡薄；另一方面，当地商业社区的文化及优势主要还是集中在国防、房地产、旅游以及服务业上，缺乏长久稳定的风投基金、股票银行家或是大型金融机构。① 当地的技术商业网络对政府合同及采购的重视多于对营利性企业的重视。在这种情况下，在 20 世纪 80 年代初期并没有出现一个正式的机制来推动整个区域内新公司的发展。最后，校长理查德·阿特金森（Richard C. Atkinson）带领的团队做出结论：需要一个正式的机制来塑造学界和商界之间的衔接关系，只有这样才能更好地促使大学研究人员的研究成果走向商业化，随之便创建了一个项目——加州大学圣地亚哥分校技术和创业项目（UCSD Program in Technology and Entrepreneurship），后来改名为 UCSD CONNECT。

UCSD CONNECT 以一对一对话和圆桌会议的形式孕育出了很多创造性的想法。这些想法关注的是大学和社区怎样合作、学界研究者和创业家如何共事、利益相关者如何与风险资本家和商业服务供应商建立关系，最终的目的是为了创造高薪酬岗位和促进区域发展繁荣。概言之，其主要的活动有：（1）为研究人员与企业家商讨搭建平台；（2）组织金融论坛；（3）为科技创业提供孵化；（4）设立最佳创新产品奖项鼓励创新等。UCSD CONNECT 所组织的活动旨在帮助科学家、研究人员与商业人士分享观点以及文化实践，为了未来更有成效的合作和共同成长铺路。CONNECT 现在所拥有的会员超过 1000 家公司，每年提供的活动达到了 300 场，向上百家企业提供服务（见表 5 - 1），除了帮助新技术公司以外，CONNECT 还借助技术创业家所需的经验及人脉来帮助大量的商业服务供应商以及当地的风险资本家。在它建立的社区内，各种各样的专业人士不仅提供技术援助，还提供有价值的人脉关系、顾问以及资本。"如今，CONNECT 被广泛地认为是美国在连接高科技和生命科学成功企业家在技术、资金、市场、管理、合作伙伴和支持服务等资源获取上的最成功地区项目"②，为了更大范围提供服务，2003 年 UCSD CONNECT 改组为 Global CONNECT，其影响的辐射范围已拓展至全球范围。

① Mary Lindenstein Walshok, Abraham J. Shragge, *Invention and Reinvention：The Evolution of San Diego's Innovation Economy*, California：Stanford University Press, 2014, p. 133.
② 卓泽林：《美国圣地亚哥创新集群发展的原因探析》，《科学与管理》2015 年第 5 期。

表 5－1　　　　　CONNECT 1985—2010 年所举办的活动清单

年份	1985	1986	1988	1989	1991	1992	1993
活动内容	CONNECT 成立，比尔·奥特森（Bill Otterson）担任首届驻校企业家和主管	"研究者会谈"和"企业家会谈"项目发布。圣地亚哥企业集团成立	CONNECT 公布会员名录。圣地亚哥技术金融论坛成立	圣地亚哥雅典娜项目发布。生物技术和生物医药企业合作论坛成立	BIOCOM 成立	CONNECT 发布防御转换项目	春季委员会项目成立。圣地亚哥软件委员会成立

年份	1994	1996	1997	1998	2000	2001	2003
活动内容	CONNECT 促成了早期发布的 CONNECTNET（这是一个投资者和技术资源的数据库）	比尔·奥特森赢得"恩斯特和杨年度全国企业家奖"。CFO CONNECT 发布	圣地亚哥企业集团 CONNECT 合办技术聚焦年会。CONNECT 举办了 AG 生物会议。CONNECT 第一届企业家圆桌会议召开	圣地亚哥电信委员会（现在的 Comm Nexus）成立	迈克尔·波特（Michael Porter）的创新集群报告指出，圣地亚哥在工作岗位创造、生产率、出口以及风投资金上均超过全国平均水平	CONNECT 与校园内外的技术转化办公室建立更多的联系	鉴于其他区域兴趣的增长，全球性 CONNECT 成立

年份	2005	2007	2009	2010
活动内容	杜安尼·罗斯（Duane Roth）成为 CONNECT 新任主管。为了更好地为社区服务，CONNECT 从大学中独立出来	CONNECT 接管 CEO 战略论坛项目。CONNECT 发布创新报告。委员会批准建立圣地亚哥 Clean TECH	CONNECT 为国家安全会议提供创新支持。CONNECT 认可组建圣地亚哥运动创新者项目。拉荷亚研究和创新峰会成立	Biogen Idec Young 创新者项目开始运作。圣地亚哥大学和 CONNECT 共同建立了技术创业法律诊所。SPAWAR 和 CONNECT 合办无线医疗健康和电磁共振会议。罗斯参与撰写卡夫曼基金会医药探索和开发报告

（四）鼓励创新创业和强调知识应用的市民文化

圣地亚哥南邻墨西哥，西接太平洋，北面因大型海军基地把圣地亚哥与洛杉矶明显分隔开来，地理上隔离状态促使圣地亚哥的市民形成了较强的地方团结创新文化，也正是这种地方创新文化意识激励着圣地亚哥的人们共同谋求发展，通过对个人时间、人际关系以及金钱的重新投资，帮助创建新企业。因此，在圣地亚哥地区经常流行这样一个观点："如果圣地亚哥人没有为共同利益而展开合作的话，所有人的处境都会变得更加糟糕"[1]，圣地亚哥地区的市民文化主要具有以下四个特征：[2] (1) 善于管理不确定变化的风险中心文化；(2) 创业型人才，主要包括市民领导、科学家以及商业人士；(3) 高度包容性的市民表现平台；相互融合的开放创新环境；(4) 重新投资的文化。

因为缺少祖先遗留下的精神和财富的刺激，所以圣地亚哥人有创新新知识的渴望，这是其迅速发展的秘密所在。[3] 例如，当地一家初创的生物技术公司主管赞扬该地区最出色也最珍贵的社会资本和财富是信任，他说，圣地亚哥洋溢着互相支持的文化。这里的信任度似乎比硅谷的还要高，我们不会像在硅谷一样，尚未公开的协议我们绝不会向外界展示。[4] 实际上，从 CONNECT 在圣地亚哥地区发展的历程及成就中就足以看出，相比于塑造其特征的本地文化，圣地亚哥在全球竞争力的商业文化中已经发展成熟，该校区现在充满商业性机遇、合作和支持。外来的人和公司之所以选择圣地亚哥，也正是因为他们相信这里满地都是机遇，是一个网络良好的新经济体。显而易见的是，通过交叉功能网络、合作以及高水平的无偿投入，建立起具有社会动力更强的创业型商业文化。

二 加州大学圣地亚哥分校支持创新创业的组织架构

帮助大学研究人员和学生的研究技术商业化是创新创业的重要组成部分，技术商业化要求将一个有前景的思想或者研究成果转变成有用的产品或过程，要能够以一种大规模的、便宜的和可推销的方式为现实问题提供解决办法。商业化的范围不只局限于专利和知识转化，如果仅仅止步于专利活动和知识转化还是无法对大学和当地经济产生实际上的影

---

① Thomas J. Allen, Rory O'Shea, *Building Technology Transfer within Research Universities: An Entrepreneurship Approach*, Cambridge University Press, 2014, p. 135.

② Mary Lindenstein Walshok, Abraham J. Shragge, *Invention and Reinvention: The Evolution of San Diego's Innovation Economy*, California: Stanford University Press, 2014, p. 172.

③ John Kao, *Innovation Nation: How America is Losing its Innovation Edge, and What We Can do to Get it back*, New York: Free Press, 2007, p. 140.

④ Mary Lindenstein Walshok, Abraham J. Shragge, *Invention and Reinvention: The Evolution of San Diego's Innovation Economy*, California: Stanford University Press, 2014, p. 140.

响。技术商业化需要测试、演示、验证并最终将思想转变为有用的可推销的产品，这才是创业活动中的内容。CONNECT 原首席执行官杜安·罗斯（Duane Roth）曾将商业化过程描述为一次 "4D" 旅行过程，即包括：发现研究（Discovery Research）、识别有潜力的应用研究（Defining a Potential Application）、开发和验证应用（Developing and Validating the Application）、推向市场（Delivering the Solution to the Market）。① 显然，为了实现这样的旅程，大学必须为这趟 "旅程" 配套相契合的组织架构，这样所推行的商业化过程才能顺利进行，并确保项目的可持续性。为了达到这个目标，UCSD 从整体上进行顶层设计，在具体项目上分工，在总体上通力合作来推进，主要包括以下三个组织架构。

（一）加州大学系统中最大的技术转化办公室

加州大学圣地亚哥分校的技术转化办公室（Technology Transfer Office）成立于 1995 年，是加州大学系统中最大的技术转化办公室。技术转化办公室在大学科学家所披露的发明和促使这些发明商业化的企业家、公司以及风险资本家之间扮演调解人的角色，作为一种中间服务组织，技术转化办公室的主要期望是为具有市场潜力的科技从实验室走向市场应用提供支持。技术转化办公室的活动具有重要的经济和政策启示，从积极方面来看，由技术转化办公室授权许可协议和大学衍生公司能够为大学创造额外收入，为大学研究人员和研究生提供就业服务岗位；不仅如此，通过进一步的研究和试验发展（R&D）的经费投入也能带动当地经济发展、促使科技溢出以及产生更多的就业就会。消极的一面就是，技术转化办公室在活动的运作过程中，有时难免出现成本的支出高于回报；甚至有时也会出现来自长期研究活动中的潜在转移。②

那么 UCSD 的技术转化办公室在该校知识产权商业化和促使当地经济繁荣发展中究竟发挥什么样的作用？总体而言，"UCSD 的技术转化办公室每年要处理 300 项披露发明；管理超过 1700 项有效发明和 500 份专利；每年实行超过 100 个新专利的申请；为发明者及其部门分发数百万美元的

---

① Mary Lindenstein Walshok, Abraham J. Shragge, *Invention and Reinvention: The Evolution of San Diego's Innovation Economy*, California: Stanford University Press, 2014, p. 141.

② Albert N. Link, Donald S. Siegel, Mike Wright, *The Chicago Handbook of University Technology Transfer and Academic Entrepreneurship*, Chicago: The University of Chicago University, 2015, p. 2.

版税"。① 以 2014 年为例，UCSD 的技术转化办公室产生了 16 家衍生公司、439 份有效许可、409 份创新报告、68 份履行许可、233 份发行专利和 727 份生效许可协议。② 自 2007 年开始，该校的技术转化办公室运作开始由负责资源管理和规划的副校长进行管理。由此可见，学校领导对技术转化办公室在促使知识商业过程中发挥的重要作用更加认可，进一步从政策和管理的层面来加强对它的管理。技术转化办公室不但增加了加州大学圣地亚哥分校的额外收入，还促使该校的大学研究知识进一步扩散至市场。

（二）跨越"死亡之谷"的冯·李比希的创业中心

1998 年，时任美国众议院科学委员会副主席弗农·艾勒斯（Vernon Ehlers）将联邦政府重点资助的基础研究与产业领域推动的产品开发之间存在的鸿沟形象地比喻为"死亡之谷"（valley of death）③，虽然，技术转化办公室、科技园和孵化器等服务组织在填平基础研究与市场之间的死亡之谷方面已经做出一些探索和取得相当的成效，但是鉴于技术转化办公室在运作职能上的侧重点，难免顾此失彼，"在这样的背景下，一种旨在提高大学科研成果商业化能力，填平'死亡之谷'的新组织模式——'概念证明中心'（Proof of Concept Center）在美国一些研究型大学悄然兴起，并逐渐上升至国家创新驱动战略议程的重要组成部分"。④ UCSD 的概念证明中心主要与大学技术转化办公室（Technology Transfer Office）通力合作，通过加速已申请专利的科技进入市场，从而对大学技术转化办公室的工作起到补充作用。它与传统的孵化器不同，第一，在孵化器进行研发活动通常与大学隔离开来，而概念证明中心则允许受资助的教师和学生在大学实验室开展研发活动；第二，孵化器通常给已有产品的初创企业提供种子基金或分享工作环境，而概念证明中心则评估来自研究

---

① Thomas J. Allen，Rory O'Shea，*Building Technology Transfer within Research Universities：An Entrepreneurship Approach*，Cambridge University Press，2014，p. 144.

② US San Diego Technology Transfer Office. Technology Transfer AnnualReport FY2014，http：// invent. ucsd. edu/invent/wp－content/uploads/2015/07/FY14ARTTO_ web. pdf.

③ Committee on Science，U. S. House of Representative，Unlocking Our Future：Toward A New National Science Policy，1998（12）：40.

④ 卓泽林、赵中建：《"概念证明中心"：美国研究型大学促进科研成果转化的新组织模式》，《复旦教育论坛》2015 年第 4 期。

产品的商业价值，并且为科研成果吸引风险投资等其他融资资金铺路。①

加州大学圣地亚哥分校的冯·李比希创业中心成立于 2001 年，是美国高校成立最早、最为典型的两所概念证明中心之一（另外一所是 MIT 的德什潘德科技创新中心）。

UCSD 冯·李比希创业中心主要针对工程专业本科生和研究生提供创业课程；面向工程学院的创业者（教师、职工或学生）提供及时帮助；负责机构内部积极的创业者团队管理以及举办雅各布工程学院每年的商业计划竞赛。参与冯·李比希创业中心的商务顾问都是没有任何报酬的企业经理人和天使投资者，他们自愿投入时间来指导雅各布工程学院的师生们运行他们基于大学研究技术的商业计划，对于最具发展前景的创业项目，概念证明中心将给予50—75000 美元不等的资助，现在概念证明中心的服务范围已经逐渐向医学院乃至全校扩展。

（三）提升企业绩效的贝伊斯塔尔研究机构

贝伊斯塔尔研究机构（Beyster Institute）成立于 2002 年，隶属于 UCSD 雷迪学院（Rady School of Management），"旨在帮助企业推进员工所有权（employee ownership）作为一种有效和负责任商业模式的理解和实践"②，员工所有权是指员工直接或间接拥有一定数量自己公司的股票，成为公司所有者，分享公司剩余索取权的一种企业制度形式。员工所有权一般指建立在广泛基础上的员工所有权，如员工的持股计划、员工购买股票计划、大范围员工股票期权计划等，不包括主要针对公司管理层的股票期权计划和利润分享两种类型。③ 该机构主要从教育、研究和咨询三个方面来帮助企业提升员工所有权的文化，"员工所有权理论的一个基本观点是，通过赋予员工所有权，使员工真正成为公司的主人，提高员工积极性和劳动生产率，从而促进公司绩效"。④ 换句话讲，贝伊斯塔尔研究机构所提供的服务是针对大学研究发明产业化之后的后续服务，是为了初创公司更好地可持续发展。它与技术转化办公室、概念证明中心

---

① 卓泽林、赵中建：《"概念证明中心"：美国研究型大学促进科研成果转化的新组织模式》，《复旦教育论坛》2015 年第 4 期。

② 加州大学圣地亚哥分校贝伊斯塔尔研究机构官方网站（http://rady.ucsd.edu/beyster/about/）。

③ 黄忠东、杨东涛：《基于员工所有权的人力资源管理系统》，《商业经济与管理》2008 年第 2 期。

④ 同上。

不同，但又与它们息息相关，三者一起对大学研究发明进行了前期、中期和后期整个产业链的"一条龙"服务。

加州大学圣地亚哥分校在促使技术转化、商业化乃至后续的服务中除了以上三种主要组织模式外，还通过其他部门和系所来携手合作，共同推进大学与产业家之间的交流与合作（见图5－2）。

三 加州大学圣地亚哥分校创新创业的发展趋势

截至目前，加州大学圣地亚哥分校教职工、学生、校友等已经创办了650家企业，其中包括在圣地亚哥地区的著名生物科技企业，现在将近150家与UCSD相关的企业活跃于该地区，这些企业为本地区直接提供18400个工作岗位，每年销售总额达到153亿美元，这些公司的经济影响达到200亿美元。[①]

在UCSD建校至今的141000名校友中，大约有40%校友来自本地区，他们毕业后选择留在圣地亚哥为地区经济发展服务，进而为地区的人力、资金和税收等创新要素上做出了巨大贡献。除此之外，UCSD通过开办职业劳动力培训班和教育来培养多样化的劳动技能和大学生就业能力，进而促进地区经济增长。其他对加州大学圣地亚哥分校影响力的非正式评估也指出，该校的教师质量是世界一流的。根据汤普森科技信息集团（Thomson Scientific）的报告，在1995—2005年发表的科学与社会科学研究中，加州大学圣地亚哥分校的文献被引用率位列世界第7位。同时，该校在汤普森科技信息集团临床医学研究报告的被引用率中居于全美第2位，在最具影响力的药物学研究中位居第3位，在全国最具影响力的研究机构中排名第5位。[②] 这些国际性权威机构的排名也进一步说明了加州大学圣地亚哥分校在创新创业上的可持续性发展的潜力。

创新创业潜力是影响一所大学创新创业能力的重要因素，尤其对该大学长远发展而言更显得至关重要，它主要包括创新型人才资源储备以及大学周围的风险投资情况等方面。从创新创业人才资源储备来看，创新创业需要丰富的科研人力资源投入，需要以高素质的人力资源为基础，

[①] "UC San Diego, The Impact of UC San Diego's Graduate Students", *San Diego Business Journal*, No. 1, 2013, pp. 27 – 27.

[②] 加州大学圣地亚哥分校官方网站（http://in－citis.com and www.ucsd.edu/about/）。

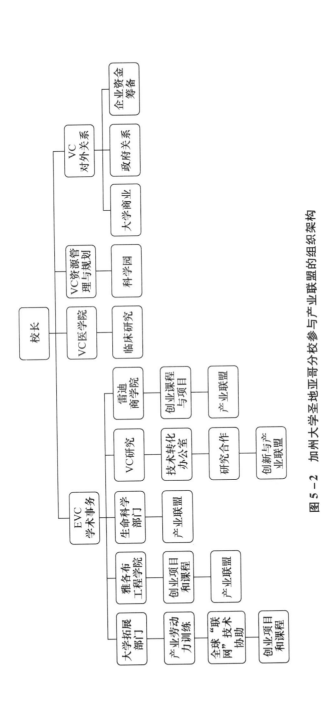

图 5-2　加州大学圣地亚哥分校参与产业联盟的组织架构

资料来源: Thomas J. Allen, Rory O' Shea, *Building Technology Transfer within Research Universities: An Entrepreneurship Approach*, Cambridge University Press, 2014, p. 144。

例如，继续吸引各个专业领域享有盛誉的科学家、诺贝尔奖获得者等高层次人才以及这些高层次人才所构成的专业在兄弟机构中的排名情况等。多种调查维度都呈现出加州大学圣地亚哥分校教师质量一直居于全美顶尖大学之列。例如，1995 年国家研究委员会（National Research Council）对研究型博士生项目的调查中发现，UCSD 的教师和研究生项目的总体质量名列第 10 位。2015 年《美国新闻与世界报道》全球性大学排名中加州大学圣地亚哥分校位居全美最好的八所公立研究型大学之一。其科学与工程系汇聚了众多一流系所，包括生物工程系（第三位）、细胞和发展生物学（第八位）、生物化学（第十位）、分子生物学（第十位）和神经科学（第七位）（见表 5-2）。这些领域正是有了各自专业内的顶尖科学家的支撑才得以在排名中名列前茅。

表 5-2　　加州大学圣地亚哥分校教师质量在以下领域的排名

领域	平均等值（最大值5）	课程排名	排名
生物科学	4.42	7	4
物理科学	4.07	6	9
工程	3.92	4	9
社会科学	3.78	6	12
艺术和人文	3.37	6	19
所有领域	3.93	29	10

资料来源：Thomas J. Allen, Rory O'Shea, *Building Technology Transfer within Research Universities: An Entrepreneurship Approach*, Cambridge University Press, 2014, p. 143。

　　大学周围地区的风险投资能力是孵化和促使大学创新能力和学术企业家（academic entrepreneurs）创建衍生企业的重要资金保障。风险投资在推动技术创新和高科技产业发展中的积极作用被广泛认同。[①] 塞缪尔·科图姆（Samuel Kortum）和乔治·勒纳（Josh Lerner）的研究发现，风险投资资本的增加将促使行业专利质量许可量的大幅度增长。与此同时，

①　苟燕楠、董静：《风险投资背景对企业技术创新的影响研究》，《科研管理》2014 年第 2 期。

获得风险投资的企业专利质量更高，研发活动更集中在其优势领域。① 自
20 世纪 80 年代开始，圣地亚哥风险投资资本总量一直处于持续上涨的趋
势，进入 21 世纪后，风险资本甚至达到 21 亿美元最高值，虽然从 2001
年开始呈现下降态势，但是目前处于上涨的趋势（见图 5 - 3）。

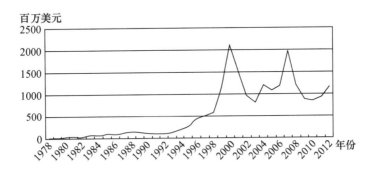

图 5 - 3　圣地亚哥风险投资规模

资料来源：Thomas J. Allen，Rory O' Shea，*Building Technology Transfer within Research Universities*：*An Entrepreneurship Approach*，Cambridge University Press，2014，p. 152。

　　无疑，强大的风险投资体系对 UCSD 研究人员及学生进行创新创业有
着促进作用，是推动大学研究成果转化并继而商品化直至最终形成产业
的重要"孵化器"，不仅如此，完备的风险投资体系能够有效化解研究人
员创新创业的风险，助推圣地亚哥创新创业活动不断涌现，进而有效地
激发地区和国家的竞争力。因此，一旦我们考虑风险投资的这些潜在能
力，我们将会意识到一个显而易见的事实，即任何研究机构和产业的创
新与周围的其他创新主体，尤其是像风险投资这种融资体系是紧密相关
的，历史上没有任何研究机构的重大创新是凭一己之力完成的。"从创新
和发展的角度来看，这种相互依存性即意味着某一行业的健康发展可能
很大程度上取决于它和其他行业的关联度及相互作用方式"。②

四　结语

　　圣地亚哥的故事清楚地表明，在知识迅速发展的今天，创新创业的

　　① Kortum S.，J. Lerner，" Assessing the Contribution of Venture Capital to Innovation"，*RAND Journal of Economics*，Vol. 31，No. 4，2000，pp. 674 - 692.

　　② ［美］加里·皮萨诺、威利·史：《制造繁荣：美国为什么需要制造业复兴》，机械工业
信息研究院战略与规划研究所译，机械工业出版社 2014 年版，第 76 页。

完善体系形成必须具备大量的资源、人才、技术来支持发明和合作。在人才资源的利用上，圣地亚哥的经验表明，只要给有才能的人提供一个宽泛的规则的自由空间，就能够鼓励和刺激他们去创造新的和非正统的东西；在主要的创新主体中，"加州大学圣地亚哥分校被称为学术版的风险投资家，以实现不同寻常的学术和财政为驱动力"。① 如今，圣地亚哥已是世界创新集群中的一颗冉冉升起的星星，闪烁光芒，其辐射范围已经影响至其他寻求发展的创新中心。圣地亚哥崛起的成功经验，吸引了全球创新集群建设的追捧和探索，"圣地亚哥模式"是美国国内创新集群建设重要参考模板，也是其他国家，尤其是新兴国家的研究对象。确实，从提升圣地亚哥经济和就业岗位等实际效果来看，圣地亚哥已经取得非凡的成绩，加州大学圣地亚哥分校作为该地区的主要创新主体，是圣地亚哥地区整体发展的中流砥柱，因此，我们有必要对其成功经验加以总结和借鉴。

第一，圣地亚哥提升地区创新创业能力和创新发展的政策具体、资源充沛。第二次世界大战以来，为了扭转圣地亚哥地区的经济发展局势，州政府陆续出台了各项土地政策培育地方的创新创业能力，从加州大学圣地亚哥分校零费用建筑用地到通用原子技术公司的免费地皮继而到萨克生物研究所的一美元租价等具体优惠政策都足以看出，政府为培育地方创新创业能力和提升区域核心竞争力提供了有力的制度保障和政策支持。事实上，这些政策支持是促进区域集群建设和地方经济发展的重要手段，它在圣地亚哥创新集群发展中起到了奠基作用，应当说，正是这片肥沃的土地，加上政府在财政、人才、技术上的激励措施，为圣地亚哥创新集群的快速崛起保驾护航。

当然，人力资本的流动性在促进圣地亚哥地区创新创业能力和激发经济潜力中也发挥了显著作用。人力资本的流动性对圣地亚哥而言是一大优势，"流动性之所以重要是因为一种生产要素的流动性越强就越能灵活地避开竞争"。② 圣地亚哥在人力资本流动性上把握先机，在20世纪50年代开始就陆续出台多项激励政策吸引优秀人才前往圣地亚哥服务，其

---

① John Kao, *Innovation Nation: How America is Losing its Innovation Edge, and What We Can do to Get it back*, New York: Free Press, 2007, p. 141.

② ［美］加里·皮萨诺、威利·史:《制造繁荣:美国为什么需要制造业复兴》,机械工业信息研究院战略与规划研究所译,机械工业出版社2014年版,第46页。

中最为典型的案例是，加州大学圣地亚哥分校为了招纳著名科学家，实施了弹性的退休政策吸引了一批物理学家和工程师，诚然，激励政策在一定程度上加速了人力资本流动性的速度，那么，人力资本可能流进来同时也有可能流出去，因此，为了挽留住优秀人才，加州大学圣地亚哥分校推行帮助解决应聘人员的伴偶岗位的策略，可见"一个地区的竞争力对在该地区工作和生活的人是至关重要的，因为他们和投资者不同，他们无法迅速地将自己的资本（人力）进行重新配置"。[①]

　　第二，领导力（leadership）对研究型大学的创新创业发展是至关重要的。倘若没有源源不断的才华横溢、训练有素同时又斗志昂扬的企业家，那么任何一种经济体都不会成功。的确，商业史学家阿尔弗雷德·钱德勒曾说过，"进入 20 世纪后半叶，美国的企业家们推动半导体、个人计算机、软件、生物技术、计算机制图、电子商务及互联网等产业的产生和发展来促使经济结构转型"。[②] 而学术领导力可以在塑造大学特色和在大学内部构建创新创业系统方面增加一种很强的目的意识。无论这种意识是通过潜移默化地发挥作用还是通过行动支持来构建校园的创新创业氛围，对鼓励大学研究人员和学生的创新创业行动都有一定的促进作用。

　　大学校长的领导力和创新创业取向对推动大学衍生公司等技术商业化行为也是非常重要的。如前所述，加州大学圣地亚哥分校校长理查德·阿特金森（Richard Atkinson）的前任校长并不支持大学与产业界的联系，导致 20 世纪 80 年代之前，大学从产业界获得的研发经费几乎为零，而自阿特金森校长上任以来，大学、产业和政府资助的研究项目之间的联系使科研经费快速增长，校长在推动大学科研成果转化和商业化在美国高校已有一定的普遍性，例如，斯坦福大学现任校长约翰·亨尼斯（John Hennessy）是一批高科技创业公司的创始人，他坚定地支持特曼的愿景，通过与产业紧密合作，将创意转化为技术。

　　第三，在区域创新集群抑或知识创新体系中各利益相关者（尤其是创新主体）必须相互沟通和通力合作。各创新主体通过正式和非正式交

---

　　① ［美］加里·皮萨诺、威利·史：《制造繁荣：美国为什么需要制造业复兴》，机械工业信息研究院战略与规划研究所译，机械工业出版社 2014 年版，第 48 页。

　　② 同上书，第 142 页。

流,密切联系,结网互动,形成不断的知识创新网络组织,即知识创新网络。在知识创新网络中,知识在各创新主体之间自由流动,这一方面扩大了知识来源,实现了知识共享;另一方面增强了主体间的交流与合作,实现了协同创新。① 确实,在圣地亚哥,大学、政府和产业界通过共享议程设置,分担投资以及共享奖励来共同支持初创企业。圣地亚哥已经开发了两个并行的文化,即大学中的"创业科技"以及社区的"创业公司",它们通过 Global CONNCET 这种具体的机构机制联系在一起,极大地促进该地区企业、就业机会以及经济的显著增长,现在,圣地亚哥因其世界级的生物技术集群和繁荣的经济发展享誉世界,加州大学圣地亚哥分校在创新创业上所取得的成就也成为其他追求创业型大学的高等院校膜拜的对象。

第二节　耶鲁大学主导的纽黑文区域创新集群

耶鲁大学坐落于康涅狄格州纽黑文市,创立于 1701 年,是美国历史上最早创办的三所大学之一,是常青藤联盟核心成员。300 年历史激荡,耶鲁大学矗立在高等教育"象牙塔"之巅。② 无论是研究队伍、基础设施还是技术转化效率都堪称世界一流,尤其在教授阵容上,该大学拥有一支规模庞大且具有无限研究潜力的生命科学专家队伍。正是这样的优势条件推动了纽黑文(New Haven)地区生物科技集群的快速发展,为地区经济发展做出了巨大贡献。在 1993 年,纽黑文科技集群只拥有 6 家生物科技制药公司,但是到了 2004 年增长到 49 家,截至 2013 年,由耶鲁大学衍生出来的公司已经增长至 70 家。③ 目前仍有许多生物科技公司正在发展中。根据美国 2015 年量入而出学院(affordable school)的独立网站调查报告,耶鲁大学在全美前 50 名最具创业能力的学校的排名中位居第

① 藤堂伟、赵培:《科学研究与高等教育"三重融合"的国家知识创新体系优化》,《科技进步与对策》2015 年第 9 期。

② 洪成文、伍宸:《耶鲁大学的当代辉煌与理查德·莱文校长办学思想研究》,《教育研究》2014 年第 7 期。

③ Shiri M. Breznitz, *The Fountain of Knowledge*: *The Role of Universities in Economic Development*, California: Stanford University Press, 2014, p. 6.

10 名。① 耶鲁大学在技术转化和商业上的积极举措使纽黑文这个在工业变迁之后经济逐渐萧条、生物科技公司极少、生物科技集群涣散的地区上升至在全美生物科技公司数量上位居第七；技术转化研究资助额度排名第三的地位，而且这些生物科技公司主要都衍生于当地的耶鲁大学。

尽管耶鲁大学拥有一支阵容强大的生命科学队伍，但是该校直到 20 世纪 90 年代中期才转变对技术转化和商业化的态度，1993 年以前对技术转化和商业化的漠视态度造成了耶鲁大学在当时流失一批著名的教授和学生，该校在高等教育体系上的地位和声望也开始受到了挑战，那么耶鲁大学如何在短短的 20 年时间创造出如此的奇迹，它究竟采取了哪种举措和路径来转变过去这种"不支持，不参与"技术转化和商业化活动的态度。分析和考察耶鲁大学在康涅狄格州纽黑文市发展生物科技集群过程中转变角色、动因、路径及其他影响因素，进而管中窥豹美国大学在区域经济发展中所体现出来的主体地位和积极作用具有重大的意义。

一 耶鲁大学向创业型大学转型的社会背景与动力

尽管关于大学创业教育的研究最早可以追溯到 17—18 世纪，大学走向创业型的发展历程也近百年了，甚至有些大学已经形成了健全、科学的创业型大学运作机制，例如，MIT 的"五分之一规则"将教授参与公司咨询的活动合法化，但同时规定了教授一周只能有一天的时间适度为企业工作。② 但是耶鲁大学直到 20 世纪中期才开始向创业型大学转型，本书认为，知识生产模式的转向是耶鲁大学走向创业型大学的根本原因，同时，外部的市场压力、经济转型压力也要求耶鲁大学进行技术转化和商业化的重视。

（一）内在驱动力：知识生产模式的转向与大学内生需求

20 世纪 80 年代以来，科技引领发展，创新改变世界，"得高科技者得天下"的科技创新理念越来越得到各国政府的重视，可以说新一轮的科技革命和产业变革正在蓄势待发，科学技术越来越成为各国推动经济

---

① 50 Most Entrepreneurship Schools in America，http：//affordableschools.net/50 - entrepreneurial - schools - america/，2015 - 09 - 01.

② ［美］亨利·埃茨科维茨：《麻省理工学院与创业科学的兴起》，王孙禺、袁本涛等译，清华大学出版社 2007 年版，第 54 页。

社会发展的主要力量。① 在这样的背景下，国家和市场对于大学科学技术转化和商业化的迫切需求使得基于学术兴趣、以学科为基础和同行评议传统的知识生产方式（模式1）已经不能满足国家和市场的强大需求和时代发展的需要。一种打破学科界限、以问题为导向和强调社会问题和质量的新知识生产模式悄然兴起（模式2）。在模式2的视域下大学、企业、政府开始携手合作，为新的知识生产、传播和使用开拓新疆域，总而言之，知识生产不再局限于大学，大学在技术转化和商业化过程中也无法单打独斗，与企业、政府构建桥梁，通力合作是大势所趋，其中埃茨科维茨和雷德斯多夫提出的大学—产业—政府"三重螺旋"模式便可做最好的解释，埃茨科维茨认为："虽然大学与产业部门之间在过去存在着严格的边界，但是到了今天，高等教育与产业部门之间的关系是直接的、无处不在的。"②

因此，大学的知识发现、传播和应用与企业紧紧地结合在一起，催生出越来越多的学术企业家和衍生公司。耶鲁大学1993年以来向创业型大学转型过程中同样在这样的背景下进行，耶鲁大学通过整合合作研究办公室、加大力度投资技术转化和商业化领域，以创新知识为依托，通过资源的整合在大学内部建立耶鲁创业机构（Entrepreneurship Institute）、鼓励发展校园创业文化，这些因素都是新的大学知识生产模式（模式2）的内在本质。简言之，作为在创业战略发展过程中趋向于保守，转型较为缓慢的研究机构，耶鲁大学在新的知识生产模式的驱动下也无法独善其身，新的知识生产模式是促进耶鲁大学向创业型大学转型的根本因素。

（二）外在推动力：区域创新集群的崛起与同行的压力

就美国创新集群的发展历程来看，20世纪50年代以来就逐步形成了圣路易斯、匹兹堡、波士顿128号公路、北卡研究三角、费城和明尼波利斯等以技术创新为核心、连接产业链上下游不同行业企业、集中了大量人才和资源的产业集群。③ 与美国东部地区的这些产业集群相比，康涅狄格州的纽黑文市虽然集成了耶鲁大学等世界名校，但大学对地区科学技术和经济的发展仍未产生实际上的影响，该地区也未发展起任何世界级

---

① 卓泽林：《从"模式2"研究走向"模式3"研究——大学知识生产范式的转向》，《教育学报》2015年第5期。

② 王成军：《官产学：三重螺旋研究》，社会科学文献出版社2005年版，第5页。

③ 卓泽林：《美国圣地亚哥创新集群的发展的原因分析》，《科学与管理》2015年第5期。

的产业创新集群，这完全与大学是当地经济发展的"发动机"的发展理念相背离，因为，"在美国，大学的知识创新成为专利申请、成果转化以及衍生公司创办的主要来源。这些基于知识的创业活动，不仅为大学带来了丰厚的收入，也极大地推动经济发展和产业结构的转型"。[①] 例如，由麻省理工学院毕业生创办的大学衍生公司中，截至目前仍在正常运作的有12900家公司，这些公司共雇用160万劳动力，每年销售额度达到一万亿美元左右。[②]

但是20世纪90年代中期以前，耶鲁大学不仅在促进当地经济发展上无所作为，科技转化和商业上也消极对待，其中最显著的差距是该大学在技术转化和商业化的效率和回报率上比其他院校付出更大的代价。例如，1994年，耶鲁大学投资了2249.39万美元用于研究与试验发展（R&D）项目，结果却只注册了16项专利。同一时期，麻省理工学院投资于研究与试验发展（R&D）项目的资金数额为3747.68万美元，最后获得99项专利。换言之，耶鲁大学需要投入140.58388万美元才能获取一项专利，但麻省理工学院对每项专利的投资只需37.85535万美元。也就是说，相比耶鲁大学而言，麻省理工学院可以用一美元的研发经费发明出更多的专利。此外，截至1993年，麻省理工学院已经拥有了30家生物科技公司；而耶鲁大学当时只有3家衍生公司，甚至只有亚力松制药公司（Alexion Pharmaceuticals）一家留在纽黑文。因此，为了在市场上立足和保持较好的声誉，耶鲁大学从1993年向创业型大学转型是在外部的推动下不得已而为之的做法。

二　耶鲁大学走向创业型大学的路径探究

（一）从保守到主动：耶鲁大学在技术转化上的态度转变

耶鲁大学作为世界顶尖研究型大学之一，在许多领域都具有卓越的表现，生命科学领域就是其中之一。然而在1993年以前耶鲁大学却很少参与社区和企业合作与发展，与当地企业形同陌路，但在各兄弟院校都如此活跃地参与技术转化和商业化的背景下，耶鲁大学这种"不支持，不参与"的文化给大学的发展造成了很大窘境，例如，一流研究人员开

[①] 梅伟惠：《西方大学创业主义的外在表现与价值意蕴》，《高等教育研究》2015年第6期。

[②] Roberts E. B, Eesley, C. E. Entrepreneurial Impact：The Role of MIT—An Updated Report [2012 - 02 - 29]（2015 - 09 - 23），http：//ilp. mit. edu/media/webpublications/pub/literature/Entrepreneurial—Impact—2011. pdf.

始向 MIT 等创业型大学跳槽、招募不到优秀的学生以及错失大学本身的知识产权专利。换言之，即使该校在当时那种闭门造车的文化氛围下，在生物科学技术上有所进展，也很难在技术转化或商业化过程中受益。例如由耶鲁大学医学院研发的转基因小鼠，由于该校的合作研究办公室并不认可这项发明的价值，造成了研究者们错过了申请专利的最佳时机，最后导致耶鲁大学在该项目上失去了知识产权的专利。由此也可以看出，作为一所顶尖的研究型大学，耶鲁大学当时只是象征性地参与当地社区和经济发展，实际上并未对康涅狄格州抑或纽黑文市在经济的发展上做出实质贡献。

这正如多年以后，耶鲁大学任期最长的校长查理德·莱文（Richard Levin）所指出的："长期以来，外界一直把耶鲁大学看作是纽黑文市最宝贵的财富，但实际上，耶鲁大学除了偶尔参与社区活动外，并没有树立起作为一个积极的、责任感强烈的城市公民的意识。毫无疑问，一个多世纪以来，我们的学生扮演了非常重要的甚至具有建设性作用的志愿者的角色，甚至在 10 年前，我们有两千名学生定期到学校、社区中心、教堂、救济站以及收容所进行义务工作，但这些志愿者的努力工作既没有得到组织协调，也没有得到政策上的支持。1993 年，我就任耶鲁大学校长一职时，有很多工作来转变耶鲁大学的角色，那就是使耶鲁大学成为一个积极奉献的大学公民，然而，在前几年，耶鲁大学在科学技术转化和商业化方面表现得相当消极和被动。"①

总而言之，耶鲁大学在 1993 年之前对技术转化和服务于当地经济发展的意识很薄弱，其保守的文化品格在 1993 年之后开始发生质的转变，自此该校对应用型研究和技术转化的重视态度为当地经济的繁荣发展奠定了坚实的基础。

（二）整合合作研究办公室：耶鲁大学技术转化的战略选择

耶鲁大学在转变技术转化和商业化态度上，合作研究办公室（Office of Cooperative Research，OCR）在当中起到了主要"推手"作用，是该校促进地区经济发展的助推器。也正因为如此，从 1993 年开始，耶鲁大学开始重组了合作研究办公室。

原先的合作研究办公室成立于 1982 年，最基本的工作就是简单地处

---

① 耶鲁大学公共事务办公室网站（http：//communications. yale. edu/）。

理专利的认证、许可和跟踪审核。尽管合作研究办公室在重组之前就有一个成功的案例，即由该部门许可的百时美施贵宝（Bristol - Myers Squibb）的一种化合物后来成为最成功的药物赛瑞特（Zerit），但是，当时合作研究办公室并没有真正地去尝试创造条件来鼓励学术研究成果向企业领域进行技术转化。换言之，即使重组之前的合作研究办公室有一次成功的案例，但是这项专利授权在当时并没有为耶鲁大学创造多少收益。直到 1998 年，也就是合作研究办公室重组之后的第五年，它却意外地创造了年收入 3000 万—4000 万美元的专利税。

为了更好地推动耶鲁大学技术转化的效率并整合和扩展合作研究办公室职责和功能，1995 年，莱文校长与时任教务长艾莉森·理查德[①]（Allison Richard）一起说服了美国瑞辉制药公司的前执行主席格雷格里·加德纳（Gregory Gardiner）担任合作研究办公室（OCR）的主管。加德纳曾是耶鲁大学化学系的一名教授，他回忆当时该校对应用型研究极其缺乏热情，但他非常乐意为变革提供帮助。加德纳根据自身创业的经验和热情，上任初期便开始整合和扩展合作研究办公室的职能。现在耶鲁大学的合作研究办公室主要负责监管专利申请与认证、管理学校的发明以及协调教职工与企业之间的合同关系等。合作研究办公室的工作人员与耶鲁大学的研究人员合作，负责鉴定哪些发明创造成果极有可能成为公众需要的商业产品和服务，他们还与企业建立合作关系，共同认证耶鲁大学的发明成果。耶鲁大学合作研究办公室最核心的一个目标就是，甄别创造型人才和创新思维，为新思想转化为实际行动提供创业基金，并为创造型人才成立公司提供设备支持，这些都会成为纽黑文市经济发展的重要组成部分。[②] 重组后的合作研究办公室使命更加明确，即"培养合作研究能力来促进学术研究转化为产品并服务于社会，支持耶鲁大学的广泛研究和教育使命。并通过促进当地经济发展；提供大学的声誉以及增加收入来更好地服务于这些使命"。[③]

---

① 艾莉森·理查德（Allison Richard）曾在 1994—2002 年担任耶鲁大学的教务长，在 2003 年至 2010 年担任剑桥大学的校长。

② Thomas J. Allen, Rory O'Shea, *Building Technology Transfer with Research Universities: An Entrepreneurship Approach*, Cambridge: Cambridge University Press, 2014, p. 199.

③ Shiri M. Breznitz, *The Fountain of Knowledge: The Role of Universities in Economic Development*, California: Stanford University Press, 2014, p. 68.

在人才使用和招聘上，合作研究办公室的工作人员非常青睐那些曾经从事过专利认证或与企业合作过的教授们，并且向他们咨询有关专利的想法和成立公司的设想，他们还聘请公司管理人才。由于这些变革，耶鲁大学已经变得更加具有企业家气质。在经过首轮政策和战略调整之后，发现耶鲁大学有近 80% 的发明专利是出自生物医学领域时，因此，合作研究办公室开始在医学院特地设置了一间自己的分支办公室，包括 4 名工作人员。

因此，重组后的合作研究办公室将会积极、有针对性地推动技术转化，协助学校新型公司的形成，促进当地经济的发展。合作研究办公室所开展的工作都具有一个明显特征，即积极地推进地区层面的学术研究商业化，而不仅仅是被动地接受。例如，在 1996—1997 年间，合作研究办公室与几家风险投资公司建立了直接的合同关系，这是因为对于很多高校附属产业来说，缺乏资金是一个很棘手的问题。他们的目标不仅要说服风险投资公司信赖高校的科技实力，而且要让这些公司相信在纽黑文创办新公司的重要意义。他们寻找合适的投资公司的努力最终得到了回报，在 1998 年，经过两年的努力，他们获得了几家风险投资公司提供的第一笔高达 2 亿美元的融资，利用这笔融资成立了 5 家公司。这些年由于耶鲁大学整体上的努力，尤其是合作研究办公室这个重要推手，目前已经有了 77 家生物科技公司在纽黑文市，而且还有许多衍生公司正在筹建中。

显而易见，风险投资是技术转化和商业化的重要"孵化器"，发展风险投资能力能够有效地提高大学的技术转化率和初创公司的生存率。换言之，任何地区和大学衍生公司的成功都离不开当地风险投资的大力支持，尽管风险投资商，其基本性质总是寻求回报率足够高从而担保其商业风险的投资机会，导致初创企业的风险资本更加难以获得。但在康涅狄格州以及纽黑文市，风险投资的发展已经形成一套有效的比较规范、科学的运行机制，对耶鲁大学技术转化和商业化乃至产业化都产生重大的影响。

（三）降低许可费比例：耶鲁大学鼓励教师直接创办衍生公司决策

为了加大力度鼓励和直接推动耶鲁大学研究成果转化为产品并继而商品化直至最终形成产业的效率，耶鲁大学实施了按收入比例（Sliding Scale）给研究人员报酬的方法，其收入分配模式的重大创新促进了大学研究人员在衍生公司创办上的积极性和主动性，因为该政策推行之后，如果研究人员想要从大学获得更高额度的许可费（Loyalties）就必须创办衍生公司，而不仅仅是许可已取得专利的研究。这项政策的实行主要是耶鲁大学认为只有创办衍生公司来提供各种产业服务才能够对当地经济产生实际上的影响。这就是说，只有有意创办大学衍生公司的研究人员才能够从耶鲁大学的这项激励政策中获得更大力度的支持。

耶鲁大学许可费的分配方法主要是由合作研究办公室来负责，采取了按比例大小来分配。即如果净许可费在 10 万美元，那么就五五分账，50% 给研究人员，另外 50% 归大学所有；如果净许可费介于 10 万美元和 20 万美元之间，那么则 40% 的收入给研究人员，另外 60% 归大学所有；如果净许可费超过 20 万美元，那么就只有 30% 的收入分配给研究人员，另外 70% 归大学所有。换言之，净许可费的收入越高，研究人员从中获取的利益则越少，这就是耶鲁大学想直接推动研究人员创办衍生公司的收入分配政策，鼓励他们在研究的过程中不要仅仅停留于专利许可过程。

2012 年，耶鲁大学的专利许可数量已经达到 24 家，尤其是自 1993 年转型以来，专利许可数量整体呈稳定上涨的趋势（如图 5 - 4 所示）。

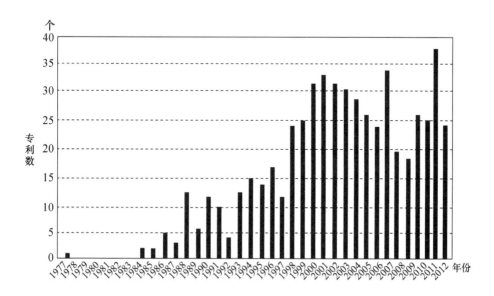

图 5 - 4 耶鲁大学专利许可数量

资料来源：US Patent and Trademark Office（2012）。

现在耶鲁大学已经拥有了 55 家衍生公司和 79 家生物科技衍生公司，实际上，迪·格雷戈里奥（Di Gregorio）和谢恩（S Shane）的研究已经证明，研究人员许可费下降能够直接提高促使他们去创办衍生公司的比例。① 因此，通过减少对研究人员的专利许可费的比例来鼓励他们加大力度去创办衍生公司，是耶鲁大学促进和鼓励研究人员创办衍生公司举措的重大创新。

（四）转变大学创业文化：促进研究人员创办衍生公司的内部因素

伯顿·克拉克（Burton R. Clark）曾说过创业型大学的核心是开拓与创新的企业家精神，浓厚的校园创业文化是大学组织转型和新企业创建的必备因素。② 已有研究也发现，大学文化的转变能够影响大学与企业的合作关系以及技术转化的产出、专利的数量、许可数量以及衍生公司的数量。③ 尽管耶鲁大学通过重组合作研究办公室和出台了相关激励政策，但是在推行政策过程中，尤其是鼓励研究人员加入创业队伍的时候仍然面临了许多挑战，例如，青年教师总会问，"如果他们参加了合作研究办公室（OCR）组织的创业项目，那么是否会影响他们获得终身教授职位的机会？"④ 也就是说，尽管耶鲁大学已经变革了自己的发展策略，但是如果变革举措没有被大家认可，仍然不会产生实际上的影响。为了实现转变大学文化观念这一目标，合作研究办公室通过与各院校的领导和教师们召开会议进行了全面讨论，系统地向他们阐述和分析了耶鲁大学在技术转化和商业化上的制度变革，并且呼吁研究人员和教师积极参与到当地经济发展的责任和义务。因此，耶鲁大学除了在政策上改变策略，还应该通过组织机构，研究人员和学生以及大学所在地来鼓励他们接受这种创业文化，只有这样才能真正发展起浓墨重彩的大学创业文化（见图 5 - 5）。

---

① Di Gregorio, D. S. Shane, " Why do some Universities Generate more Start – ups Than others?", *Research Policy*, No. 32, 2003, pp. 209 – 227.

② Clark. B. R. , *Sustaining Change in Universities: Contnuitiesin Casestudies and Concepts*, Berkshire: Open University Press, 2004, pp. 104 – 115.

③ O' Shea P. R. et al. , " Entrepreneurial Orientation, Technology Transfer and Spinoff Performance US Universities", *Research Policy*, Vol. 34, No. 7, 2005, pp. 994 – 1009.

④ Shiri M. Breznitz, *The Fountain of Knowledge: The Role of Universities in Economic Development*, California: Stanford University Press, 2014, p. 73.

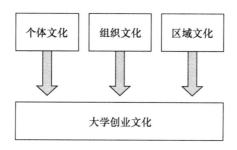

图5－5　技术转化和商业化文化

　　耶鲁大学为转变自己对技术转化、商业化与经济发展的文化所付出的努力，使得耶鲁大学无论在物质条件还是在文化精神面貌方面，都发生了翻天覆地的变化。即使耶鲁大学并没有把经济发展作为文化的变革的目标，但文化变革带动经济的增长是不可避免的。耶鲁大学投资建立技术转化办公室、招募工作人员、重建中心商业区、协助建造实验室设备以及与企业建立亲密的合作关系，这些已经向研究人员和学生证明了学校支持应用型研究和学术研究商业化的坚定态度。这种态度的转变，以及那些曾经从事应用型研究和学术商业化工作的高校教职工的到来，也感染了一些犹豫不定的教职工，鼓励他们勇敢地进入商业领域进行探险，甚至是具备企业家的冒险精神。

　　三　耶鲁大学转型后所造成的影响

　　（一）对当地经济发展的影响

　　耶鲁大学从1993年开始转型后，花了整整6年（1993—1998年）时间来推行新的改革举措，其中重组合作研究办公室，加大力度投资技术转化和商业化举措等让耶鲁大学取得显著的效果，已经给该地区和大学本身带来了直接的改变。在2004年，纽黑文市的生物科技集群已经拥有49家衍生公司，其中有24家公司，约占49%，是依赖于耶鲁大学的科技、思想或者创始人。现在纽黑文市的大学衍生公司已增长至77家，其中有59%的衍生公司与耶鲁大学保持密切和定期的合作（如图5－6所示）。这也意味着，耶鲁大学可以通过在纽黑文的衍生公司直接推动当地乃至全国的经济发展。正如美国主要经济学家兼纽黑文基于数据核心伙伴（New Haven－based DataCore Partners）主任唐纳德·克莱佩尔—斯密斯（Donald Klepper－Smith）所言：是耶鲁大学造就了现在的纽黑文，是它让纽黑文现在闪闪发光，如果现在把耶鲁大学从纽黑文市移走，那你会发现纽黑文剩下的就像新不列颠（New Britain）、哈特福特（Hartford）和布里奇波特（Bridgeport）一样。①

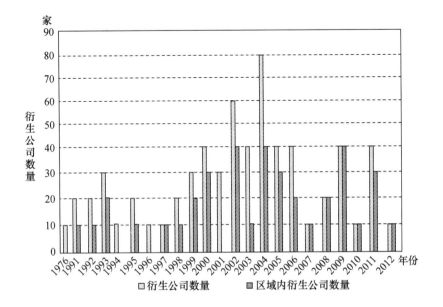

图 5-6　耶鲁大学生物科技衍生公司的数量

资料来源：Shiri M. Breznitz, *The Fountain of Knowledge: The Role of Universities in Economic Development*, California: Stanford University Press, 2014, p. 81。

　　除了创办衍生公司影响当地的经济外，耶鲁大学还是纽黑文市的最大雇主，为纽黑文市提供了将近 13800 个工作岗位。正如杰克·梅森（Jack Mason）等学者所言："事实上，如果没有大学衍生公司，就不会出现美国经济中的净工作岗位增长的情况。"② 为了更好地服务于当地的经济，原则上，耶鲁大学这种非营利性大学本身无须向纽黑文市政府缴税，

① 新不列颠、哈特福特和布里奇波特这三个地方是指缺乏像耶鲁大学这样的一流研究机构来推动当地经济发展导致经济发展滞后的地区。Yale's economic impact on Greater New Haven: more than MYM2B annually, http://www.nhregister.com/general-news/20150516/yales-economic-impact-on-greater-new-haven-more-than-2b-annually, 2015-05-16.

② Sherry Hoskinson, Donald F. Kuratko, *Innovative Pathways for University Entrepreneurship in the 21st Century*, Howard House: Emerald Group Publishing Limited, 2014, p. 41.

但是，在过去 25 年，耶鲁大学自愿上缴了 9000 万美元的税，2015 年一年就上缴了 800 多万美元税收给纽黑文市政府。康涅狄格州政府 2015 年 3 月也出台了一份分析报告，报告指出，耶鲁大学的经济贡献远远超越纽黑文的区域，该大学每年在商品和服务上支出了 7.1389 亿美元，以及每年给康涅狄格州的居民的工资支出就高达 13.2 亿美元。[1]

（二）对当地生物科技产业的影响

随着耶鲁大学在技术转化和商业化上效率的提升以及在业界取得的声誉，当地的生物科技产业也纷纷转向与其建立合作关系。纽黑文生物科技产业的优势已经改变了该区现有的制药公司之间的互动方式。该地区的制药公司也已经变革了他们的生产方式和筹资模式，而且更加重视当地的智囊库资源。该地区的制药公司与当地的高校和研究机构已经建立了持续稳定的合作关系，这也正是耶鲁大学的合作研究办公室和生物科学办公室的功劳。他们的合作关系包括了耶鲁大学与康涅狄格大学的合作，但不仅限于此。例如，美国瑞辉制药公司（Pfizer）就打算与耶鲁大学建立一种直接的伙伴关系，以充分利用当地的智力资源库。瑞辉公司曾投资 3500 万美元在纽黑文的市中心建设了一座 6 万平方英尺的临床试验基地，这座基地归属为康涅狄格州政府所有。此外，拜耳集团在 2003 年启动了一项学术项目，而且每年聘请一位能够与拜耳亲密合作的员工。

当地的制药公司与该地区的生物科技公司之间的商业伙伴关系将会越来越紧密。介质公司（Neurogen）在 1998 年与瑞辉（Pfizer）制药公司曾展开了一次为期两年的研究合作项目，共同研制 GABA 神经介质感受导向的药物，来治疗焦虑症和失眠症，增强认知能力。拜耳集团与安可济公司（Curagen）则共同研发，治疗肥胖症和糖尿病的药物，并研究药物基因组学与毒理基因组学。研究与试验发展（R&D）项目有康涅狄格州的制药企业资助，这项资助从 1995 年开始就已经增加了 2 倍，而 2003 年以来该项目经费支出占全国制药公司研发经费的 12% 以上。[2]

---

① Yale's economic impact on Greater New Haven: more than MYM2B annually, http://www.nhregister.com/general - news/20150516/yales - economic - impact - on - greater - new - haven - more - than - 2b - annually, 2015 - 05 - 16.

② Thomas J. Allen, Rory O'Shea, *Building Technology Transfer with Research Universities: An Entrepreneurship Approach*, Cambridge: Cambridge University Press, 2014, p. 206.

（三）对耶鲁大学师生的影响

耶鲁大学的变革措施使教职工的态度发生了转变，他们开始热衷于从事应用性研究，并积极与企业合作，耶鲁大学转型以来也见证了医学院的微妙变化。在 1994—2002 年，医学院授予的终身教授人数增加了22.7%，而耶鲁大学全校各专业的终身教授的增长只有 11.2%。自从1994 年开始，医学院的学生的入学人数上升了11%，而全校总的招生人数只增长了3%。① 医学院的繁荣在一定程度上取决于耶鲁大学在技术转化和商业化的成就——生物医学领域，生物技术商业化的认可也促使医学院在研究经费和政策支持上的倾斜，显然，这些都有助于该大学在知识溢出和生物医学领域做出更大的贡献。

当地生物科技产业蓬勃发展也为耶鲁大学师生带来了许多好处。企业—高校的合作关系推动了科学与学术交流，确立了学生的资助身份，企业向耶鲁大学开放了昂贵的科研设备，也为学生提供了企业实习机会。正如耶鲁大学一位教师所言："例如，现在，我们有一家公司正在租用实验室……能与它们合作真是太棒了，因为我们可以与他们有更多的互动交流机会，使学生能够灵活运用所学的专业知识。"② 必须指出的是，外界一直在担忧当教师涉及企业合作时是否会影响他们的教学任务，耶鲁大学对此也有硬性的规定，即允许教师以兼职的身份充当企业的咨询顾问，而不能以全职，这也是为了避免教师在企业充当顾问和教学任务之间出现失衡，也就是说如果一名教师成立了公司，或者担任公司的咨询顾问，他也不能削减自己的教学或行政管理任务，除非他选择离开教学工作岗位。因此，耶鲁大学所实施的变革，并不会改变教师的职责。但是这确确实实有利于企业—高校之间通过资助研究经费和签订协议的方式建立密切的合作关系，为学生提供赞助，开放企业的研发设备及分享经验。

四 结语

由于经济转型和市场需求，将学术机构的研究和技术转化成果更迅速地应用至市场成为研究人员的迫切需求，因此，高校在国家和区域经

---

① Thomas J. Allen, Rory O'Shea, *Building Technology Transfer with Research Universities*: *An Entrepreneurship Approach*, Cambridge: Cambridge University Press, 2014, pp. 206–207.

② Ibid, p. 207.

济发展中也发挥着越来越重要的作用，"近数十年来，几乎所有的美国研究型大学都成立了技术转化办公室（Technology Transfer Offices）来商业化它们所发明的知识产权"。① 2013 年，美国技术管理者协会（AUTM）的报告指出："美国大学批准的专利从 1980 年的不足 300 个上升至 2012 年的 5145 个，同时，自 1991 年以来，许可的新科技大约增长至 6 倍多，大学的许可收入也从 1991 年的大约 1.6 亿美元增长至 2012 年的 26 亿美元，其中仅在 2005 年，大学衍生公司就有 705 家，而自 1980 年以来，基于大学自身知识产权孵化出来的公司已经达到 6834 家。"②

由此可以看出，大学技术转化对当地经济发展是至关重要的，大学技术转化策略的转变能够有效地影响它们技术转化的能力和与当地产业的合作与发展关系。耶鲁大学所在区域原先是一个欠发达的区域风险生态系统，在短短的几年转型过程中却能够在技术转化、促进当地经济发展和就业需求上产生如此显著的效果，对于耶鲁大学走向创业型过程中如何做到如此成功，可能并不存在一个单一模式的通用指南，但是，我们有必要对其成功的经验加以总结。从对耶鲁大学走向创业型发展过程的分析中得出，政策制定者和大学领导层意识到设计一个有效的衍生项目时需要考虑以下重要的注意事项。

首先，因为衍生项目可能需要花费几年甚至几十年才能产生正面的投资回报，认识到建设成功的技术转化乃至商业化项目是一个长期的努力，而且持久的承诺和财政资源支持是非常重要的。由于历史因素，基础设施缺乏，或人文条件的原因，学术机构为变革所做出的努力，其影响和效果并不会即时出现，但是我们必须深刻意识到，大学技术转化和走向创业型大学这本身就是需要花费许多年甚至几十年的过程。例如，麻省理工学院可以说已经从 19 世纪开始就朝创业型大学这一方向努力。相对而言，耶鲁大学花了更少的时间，但是它们为此做出的努力也有二三十年。此外，硅谷和波士顿的"128 公路"上的科技集群也并不是突然冒出来的，如果没有大量的规划以及准备工作，它们也不会自发地或随机出现。因此，我们可以认为，在研究型大学技术转化和创办衍生公司

---

① Albert N. Link et al., *The Chicago Handbook of University Technology Transfer and Academic Entrepreneurship*, Chicago: The University of Chicago Press, 2015, p. 1.

② Association of University Technology Managers（AUTM）. The AUTM Licensing Surveying, Fiscal Year 2012, Norwalk, CT: AUTM, Inc.

的策略上，不存在快速和简单的解决方案，没有任何能够替代促进高校创业公司的制度性承诺。无论制定何种制度，成功的关键在于对教师、学生、员工和校友的创业行为予以支持的持久承诺。

其次，从耶鲁大学技术转化和创办生物医药衍生项目的成功与能够使知识迁移和创新涌现的制度安排多样性相关。换言之，为了促进区域经济发展，大学可以推行多种不同的技术商业化战略。耶鲁大学重在培养学生和教师的创业思维、发展商业合作关系，以及对其衍生计划提供正式的培养能力方面发挥着更为积极主动的作用。同样重要的是要认识到大学技术转化和创办成功的衍生公司的问题不能孤立地从外部因素理解。以创业为导向的大学，其发展除需要一所大学内部的努力外，创建一个共同愿景领导力是非常重要的，因为它在提升大学技术转化和创业策略方面提供了一种隐性支持和指导，例如，耶鲁大学将自己视为对经济发展"有贡献的制度化公民"，而非一个被动的观察者，这一愿景是大学中学术创业行为出现和转化的催化剂。

最后，人们往往认为大学在推行改革过程中应该着重强调自下而上的改革举措，因为这相对而言更加能够体现改革过程中的民主性，着力于让各种创新主体都参与到改革的过程中，避免改革领导层独占权威。但是，耶鲁大学的改革经验也表明，自上而下和自下而上的大学举措，或者两者的结合，都可以为区域经济的发展带来成功。或许不同大学的技术转化和商品化的方式不同，但是，所选择举措肯定与其所在的相关"软""硬"因素和环境息息相关，例如，耶鲁大学选择了自上而下的创业方案，但是麻省理工学院和斯坦福大学在创业领域受人们追捧的榜样，历来更多地依靠自己的创业文化并选择了自下而上的政策。耶鲁大学之所以选择其政策，是因为在其区域内几乎没有基础设施可以支持科技创业。

现代高等教育机构正在面临越来越大的压力去为高科技创业公司提供平台，并且要保证教师和研究人员有足够的机会和资源参与他们希望的创业行为。高校有许多可以为经济发展做出积极贡献的方式，但各院校必须设法以最符合自有资源和处境的方式去组织开展其各项方案。

第三节　剑桥大学在区域创新集群中的系统构建

一　导言

2015 年 8 月 30 日，全国人大常务委员会颁布了新修改的《中华人民共和国促进科技成果转化法》，着重强调科技成果转化活动应当有利于加快实施创新驱动发展战略，促进科技与经济的结合，有利于提高经济效益[①]等积极效应。可见，科技成果转化对完善国家创新体系，实施创新驱动发展战略和加速创新型国家建设都有着显著的影响。"科技成果转化可以看作是技术创新最为重要的环节，是新技术、新发明最终实现市场价值的'惊险一跳'，是科技进步支持经济发展的关键所在"[②]。经济要继续发展，必须促进产业不断升级，技术不断创新，而产业升级和技术创新过程中，大学的科技成果转化能力起主要作用，因为大学本身所具有的知识资源优势有助于培养未来创新所需要的各种人才，尤其在支持构建创业型大学的背景下，大学身份的多元性使其既可以具有传统学术机构那样的使命和责任感，也可以在某种程度上具备产业部门中所体现出的商业伦理[③]。但是，推动大学研究成果转化本身就是一项冗长、复杂的系统工程，涉及政府部门、大学自身平台及技术转化办公室、风险投资、天使投资以及科研人员个人等不同主体[④]。

本节以剑桥大学为个案研究，探讨其促进科研成果转化的政策和组织变革。实际上，对剑桥大学在科技成果转化活动的观察与思考，业界已进行过许多研究，早在 1985 年英国的西格尔·温柏·威克斯帝德公司（Segal Quince Wicksteed）就曾指出：以剑桥大学促进科技成果转化衍生的科技创新集群，在国际产业集群中已经形成了"剑桥现象"，而且，该

---

① 《中华人民共和国促进科技成果转化法》，新华网（http：//news. xinhuanet. com/politics/2015–08/30/c_ 1116414719. htm），2016 年 1 月 9 日。
② 蔡跃洲：《科技成果转化的内涵边界与统计测度》，《科学学研究》2015 年第 1 期。
③ 王志强、卓泽林、姜亚洲：《大学在美国国家创新系统中主体地位的制度演进——基于创新过程的分析》，《教育研究》2015 年第 8 期。
④ 卓泽林、赵中建：《"概念证明中心"：美国研究型大学促进科研成果转化的新组织模式》，《复旦教育论坛》2015 年第 3 期。

地区还因为大学与企业之间的紧密合作被各大新闻媒体争相报道。① 英史育②也指出，"'剑桥现象'的形成，在于剑桥大学——一个世界上领先的教育与研究机构，而剑桥大学之所以成为剑桥高科技区的龙头，在于它充分发挥自身的智力与人才优势，成功而及时地将自己的科技创新与研究成果向应用开发转移，使其在企业开花结果，实现产业化"。

近年来，业界对剑桥大学在科技成果转化活动的研究也频繁增加，但都是以赞扬的口吻来歌颂剑桥科技成果转化的成就。比如，范硕和李俊江③指出，剑桥大学专门建立了由全资控股的"剑桥企业有限公司"（Cambridge Enterprise Limited）负责剑桥大学内部的科技成果转化，在技术授权和科技创业两方面都提供了十分完善的服务。赵建林④认为，"剑桥模式"有合理的组织架构、规范的操作流程、明确的奖励机制、优惠的税务支持，政府不干涉、不参与。张华⑤则提出剑桥大学对剑桥奇迹的产生具有显著的推动作用，而剑桥大学关于教师的聘任条件和关于教师兼职及知识产权的宽容政策就是促使教师创业的制度保证。这些视角不一的分析证明，剑桥大学在科技成果转化活动的成功经验是值得我国在实施科技成果转化过程中认真思考和借鉴的。

然而在笔者看来，上述各家的解读均忽视了剑桥大学在 20 世纪 90 年代后期，所推行的一系列技术商业化政策和组织变革的行动，正因为忽视这一点，各家均未探讨剑桥大学在促进科研成果转化过程中，因为技术转化政策和组织机构的频繁变化导致大学与当地企业和其他风险投资商等外部机构在合作上表现出疲软的一面，这一转变不仅对校企之间的关系造成了恶劣的影响，也降低了剑桥大学技术商业化的能力。尽管剑桥市的很多公司到目前为止仍然依赖于剑桥大学的创新与技术发明，但在认同其重要性的同时，自 20 世纪 90 年代末以来，剑桥大学并没有在生物技术集群的创造和发展中做出积极的贡献，此外，正是对原有的技术商业化政策和组织结构进行了多次变动，才使剑桥大学将科技成果转化

---

① Segal Quince Wicksteed, *The Cambridge Phenomenon: The growth of high technology industry in a university town*, Cambridge, UK: Segal Quince Wicksteed, 1985.

② 英史育：《剑桥大学转化科技成果的启示》，《中国高等教育》2000 年第 4 期。

③ 范硕、李俊江：《剑桥大学科技商业化的经验及启示》，《中国科技论坛》2011 年第 6 期。

④ 赵建林：《英国"剑桥模式"的启示》，《工业和信息化教育》2015 年第 2 期。

⑤ 张华：《剑桥科技园与剑桥大学》，《海内与海外》2007 年第 3 期。

的能力大幅下降。因此，分析剑桥大学科技成果转化过程中政策和组织变动所造成的影响，能够为我国科技转化过程提供警示和参考。

二 分析框架

有关大学内部科技成果转化能力的影响因素，业界已经进行过许多探讨。当然，着重研究一所大学的科技转化能力，离不开分析大学所在环境和发展历史等内外因素。更为重要的是，大学内部的科技转化政策、技术转化办公室等组织结构以及科技转化文化等内在因素的作用是促进科技转化能力的根本因素，具体而言，大学（及院所）与产业界（企业）之间交流与互动、对学术机构科研人员的有效激励、发达的资本市场和融资体系、政府部门的有效规制和管理等方面的因素尤为重要。① 但是，本节在分析以往学者对剑桥大学的科技转化能力的文献综述时，得出学者们更多的是强调剑桥大学与地区企业之间的互动，例如受人膜拜的"剑桥现象"（环境因素）、文化和组织结构的影响。值得一提的是，学者们即使在分析剑桥大学组织机构所发挥的作用时，往往都是集中在某一时间段内组织架构的作用，例如，更多的研究者都是分析 2006 年剑桥大学成立的"剑桥企业有限公司"（Cambridge Enterprise Limited），而没有从纵向的时间维度对组织架构进行系统和完整的分析，这一空白处也是本节需要进行补充的；不仅如此，笔者还从政策的维度，对剑桥大学成立以来科技转化政策的嬗变进行分析。换言之，本节主要从剑桥大学的科技转化政策和组织结构的维度对该大学成立以来所进行的一系列政策和组织变革进行纵向分析。总的来说，在 20 世纪 80 年代中期，创业者将剑桥活跃的高科技集群称为"剑桥现象"。然而到了 20 世纪 90 年代晚期，剑桥大学发起了一系列有关技术转化结构和政策的改革，尽管大学改进技术转化的目标是为了增强其在相关领域的能力，但是这些改革却打破了该地区已有的微妙平衡。

三 剑桥大学科技转化政策的嬗变

理论和实践表明，政策是经济发展的重要因素，在政策制定和实施过程中，存在适时、适宜和适度的问题。因此，制定合理、高效的科技

---

① 蔡跃洲：《科技成果转化的内涵边界与统计测度》，《科学学研究》2015 年第 1 期。

成果转化政策，可以更好、更快地推动高校科技成果转化。[1] 剑桥大学在成立初期，因为资金匮乏和支持教员拥有发明权的政策，对科技转化采取了较为宽松的政策。但从 20 世纪 90 年代晚期开始，在政府压力之下与其他因素的作用下，剑桥大学在科技转化政策上进行大幅度调整，从最初的强调研究人员拥有较大自由权，亦称自由之手（free hand）式技术转化方法，转变到由中央集权控制的技术转化政策模式。

（一）知识产权的宽松时代（1987—1998 年）

Shane 认为，在 20 世纪 80 年代以前，西方很少有大学参与创办衍生企业和从事商业化的活动，而在这之后，大学衍生企业呈现迅猛发展的态势，最根本的原因就是国家技术转移政策的转向，通过制定系统的法律法规来支持大学的创业活动。[2] 虽然国家层面有统一的知识产权政策，但是大学内部的技术转化政策对大学的科技转化活动有更为直接的影响，大学对知识产权的所有权能够刺激对知识创造的投入，这不但是大学其他私有资金来源的收入，同时也是可持续经济增长的基础。因此，大学内部知识产权政策的嬗变正是本节的主要关注领域之一。具体到剑桥大学内部的知识产权政策，虽然该大学从 20 世纪 60 年代开始，就已经在技术转化政策上进行多次调整，"但是剑桥大学直到 1987 年才制定一个正式的知识产权政策"[3]，第一个正式知识产权政策规定，剑桥大学的研究人员在科技成果转化的知识产权上拥有宽松和自由权。"剑桥大学也因这种较为宽松、自由化的知识产权政策才与当地企业构建起了紧密的合作关系"。[4]

可以说，20 世纪 80 年代在世界科技界中享有的"剑桥现象"正是该宽松和自由化的知识产权政策的最好体现。直到 1998 年，剑桥的知识产权法才具备了灵活的体系框架，根据新构建的技术转化办公室——沃尔夫森企业联络办公室（Wolfson Industrial Liaison Office）的要求，即研究人员获得任何研究资助必须向该技术转化办公室汇报和咨询，然而，值

---

① 杜海平：《我国高校科技成果转化研究：政策的视角》，《教育发展研究》2015 年第 13—14 期。

② Shane S. , "University technology transfer to entrepreneurial companies", *Journal of Business Venturing*, No. 6, 2002.

③ Mike Clark, The Cambridge University Policyon Intellectual Property Rights, people. ds. cam. ac. uk/mrc7/cuipr/#2001, 2016–01–16.

④ Segal Quince Wicksteed, *The Cambridge Phenomenon：The growth of high technology industry in a university town*, Cambridge, UK：Segal Quince Wicksteed, 1985, p. 47.

得一提的是，研究人员的知识产权并非强制性地要向学校提交，"多数情况下，研究赞助者或教员都会保留对发明的所有权"。① 这主要是因为实际上大学本身并没有领导科技转化这一领域的资源，而研究人员自己有权决定是否愿意与大学分享知识产权的未来收益。

剑桥大学这种技术转化政策的宽松性相比英国其他大学而言是独一无二的，因为按照英国 1997 年专利法（the 1997 Patent Act），其他所有符合 1997 年专利法的大学都拥有赞助过发明的所有权。鉴于剑桥大学在当时并未真正参与到研究人员的科技转变过程中，即使是新成立的技术转化办公室也只负责为外界提供接触大学的渠道，以及为企业和学者提供合同、专利和认证方面的帮助。根据该办公室前任主管理查德·詹宁斯（Richard Jennings）曾说过的一句话，我们可以更清楚地了解剑桥大学当时对技术转化政策所持有的态度，"对企业关系的总体意识具有重要的战略价值，并且大家都在努力实现这样的价值，但是大学实践做法是展示出色的研究成果，并没有特别重视科技转化政策和官僚的中央管理体制"。②

（二）知识产权政策集权化时代（1998 年至今）

剑桥大学的宽松、自由化的知识产权政策在 1998—1999 年期间发生了转变，剑桥大学在当时采取一种更为架构化的办法去管理雇员的发明。有研究者指出，"这一政策的转变主要是由于政府的压力和促使技术转化资金的最大化"。③ 这些技术转化新资金的注入是推动剑桥大学技术转变的基石，大学还借此创建了研究服务部（the Research Services Division）。大学也一改当时赋予研究人员宽松、自由化的科技转化原则。例如，2001 年《剑桥大学报道者》（Cambridge University Reporter）发布报道声

①　TmMinshall, Celine Druilhe, David Probert, "The Evolution of 'Third Mission' Activities at the University of Cambridge: Balancing Strategic and Operational Considerations", *Elsevier*, No. 5, 2007, pp. 7 – 21.

②　Shiri M. Breznitz, *The Fountain of Knowledge: the Role of Universities in Economic Development*, California: Stanford University Press, 2014, p. 100.

③　Hatakenaka Sachi, Flux and flexibility: a Comparative Institutional Analysis of Evolving University – industry Relationships in MIT, Cambridgeand Tokyo, Massachusetts Institute of Technology Dissertations, 2002.

称:① 由外界资助的研究所产生的知识产权，除了得到学校的特殊允许以外，都将归属于本校；除非赞助者提出了具体的要求，否则大学是不会争夺那些常规学术出版物（包括书籍、文章、演讲等）的版权——这些研究成果获得了外界的资助。

2005 年 12 月 13 日，剑桥大学对知识产权政策进行了最新一次改动。② 学校现在对除资金来源以外的所有领域进行控制。发明者必须走完剑桥大学技术转化办公室——剑桥企业（Cambridge Enterprise）所规定的所有程序。技术转化办公室负责为发明申请专利，并判定是否需要颁发技术认证或者以此建立新公司。如果剑桥企业参与了商业化过程，发明产生的收入将会在发明者、相关部门和大学之间分配（见表 5 - 3）。

表 5 - 3　　　　发明者、相关部分和大学之间的知识产权分配

净收入（英镑）	发明者	部门	剑桥企业
第一个 10 万	90%	5%	5%
第二个 10 万	60%	20%	20%
超出 20 万的收入	34%	33%	33%

如果发明出自非常规的大学活动，那么发明者可以选择自行商业化。在这样的情况下，发明者需要承担相应的费用，并且还要支付大学和相关部门一笔额外的费用（见表 5 - 4）。如果衍生公司是基于发明而创建的，那么大学拥有该公司的股权，具体比例则存在变化。

表 5 - 4　　　　非常规资金资助下发明者、相关部分和大学
之间的知识产权分配

净收入（英镑）	发明者	部门	中央基金
第一个 5 万	100%	0%	0%
超出 5 万的收入	85%	7.5%	7.5%

---

① Mike Clark The Cambridge University Policyon Intellectual Property Right, people. ds. cam. ac. uk/mrc7/cuipr/#2001，2016 - 01 - 16.

② Cambridge University Reporter, Third Joint Report of the Council and the General Board on the Ownership of Intellectual property right（IPRs）: Notice, www. admin. cam. ac. uk/reporter/2004 - 05/weekly/6008/3. html, 2016 - 01 - 16.

大学最近一次知识产权改革对风险资本家和生物技术公司的影响大于对大学学者的影响，出现一种政策上"有心栽花花不开，无心插柳柳成荫"的悖论。很多人担心这一转变会阻碍技术转化和商业化过程，并且还会堵死外界通向大学知识产权的渠道。实际上，这种担心已经成为现实，剑桥地区的一些生物技术企业和风险投资公司开始将大学这种技术转化政策的转变视为一种阻碍交流和技术商业化的隐患，他们认为，提出知识产权版税的变化将会使得认证过程的难度和官僚化程度提高。例如，剑桥地区的生物技术企业执行官和风险资本家对剑桥大学的技术转化政策转变分别表达了以下忧虑："如果我在认证技术时能够从剑桥大学、帝国学院和牛津大学中进行选择，那我更愿意选择帝国学院或是牛津大学。"[1]（生物技术企业执行官语）

"我认为他们（大学管理者）就是一个障碍，在大学管理者和学者之间存在一个艰难的工作环境。以我的观点来看，他们就是阻碍，在我们决定创建公司的时候，时间对我们来说是一个很重要的因素。但是这些管理者行动缓慢，完全达不到商业要求，要想组建公司就不能与他们合作。"[2]（风险资本家语）

很多学者反对新的政策，因为他们相信改变知识产权的所有权会对基础研究产生负面影响，此外，剑桥地区公司的成果要归功于研究人员早已拥有的知识产权和宽松的商业化政策。[3] 如此看来，自从20世纪60年代以来，剑桥大学的知识产权政策经历了诸多混乱的变化。最近的一次转变让大学独揽了脱胎于校内研究的技术。

四　剑桥大学科技成果转化组织架构的变革

由技术成果转化进而商业化直至大学衍生公司雏形的形成，这一过程基本上都诞生于大学内部的非商业化环境，缺少市场知识是其面临的最大挑战，为了帮助技术成果顺利地走进市场，同时将上述大学的知识产权政策和资源加以落实，大学内部都建立了多样化、用以支持科技成果转化的组织架构，为大学衍生企业的创建、发展乃至成功保驾护航。

---

[1]　Shiri M. Breznitz, *The Fountain of Knowledge：the Role of Universities in Economic Development*, California：Stanford University Press, 2014, p. 102.

[2]　Ibid.

[3]　Elizabeth Garnsey, Paul Heffernan, "High - technology Clustering through Spin - out and Attraction：The Cambridge Case", *Regional Studies*, No. 11, 2005.

始料未及的是，剑桥大学在对科技转化组织进行多次的调整和转变之后，导致大学科技成果转化的组织架构呈现了功能模糊、难以对接服务的被动境况。对此沙驰·哈塔肯纳卡（Sachi Hatakenaka）直接指出，剑桥大学科技转化组织架构的变革让整个过程变得更加模糊（fuzzy）。[①] 剑桥大学的科技转化组织架构，有的由校级层面创建，有的由学院自身创建，甚至大学内部的其他部门也有自己的技术转化的组织架构。此外，从 20 世纪 90 年代早期开始，组织结构、名称和管理上的持续变化给技术转化营造了一个不稳定的商业环境，组织之间缺乏相互了解，其中有的组织会提供重复性服务（duplicate services）——这使得学者、学生和企业代表难以接触和理解大学的技术转移政策。

（一）由大学中央行政机构管理的技术转化

在 1967 年英国政府发布了《莫特报告》（Mott report）和 1970 年三一学院创建了剑桥科学园之后，工程学部马上就建立自己的技术转化部，1983 年，该部门更名为沃尔夫森企业联络办公室，主管大学内容所有的研究商业化。[②] 该办公室只有两名工作人员，分别负责物理工程和生物医学问题。显然，作为一个与整所大学合作的小型办公室，它具备自己的优势和劣势。一方面，所有需要专业帮助的人员都知道办公室的职员，并且都是在与办公室的主管对话。另一方面，办公室职员明白自己的时间有限，并不能顾及所有的公司。换言之，由于办公室的规模较小，并不能与每个人合作，也没有法律团队和专家队伍。因此在教员需要帮助的领域，以及在他们不愿意或不能推广一项重要的技术时，发明往往得不到足够的发展。值得一提的是，该阶段的大学内部知识产权政策规定，教员仍持有发明的所有权，所有研究者在研发过程的自由度和热情上都是非常高的。

从 1999 年起，在英国政府敦促大学为国家经济发展服务的政策导向下，剑桥大学开始重构校内技术转化部门。《达林和桑斯布瑞报告》（The

---

① Hatakenaka Sachi, Flux and flexibility: a comparative institutional analysis of evolving University - industry relationships in MIT, Cambridgeand Tokyo, Massachusetts Institute of Technology Dissertations, 2002.

② TimMinshall, Celine Druilhe, David Probert, " The Evolution of 'Third Mission' Activities at the University of Cambridge: Balancing Strategic and Operational Considerations", *Elsevier*, No. 6, 2007, pp. 7 - 21.

Dearing and Sainsbury Reports) 就揭示了政府压力问题, 该报告强调了大学通过技术商业化来为经济做出贡献的需要, 报告还促使英国政府为大学提供额外的资金, 以推动校企关系和技术商业化的发展。

客观地讲, 也正是英国政府在资金上的投入, 剑桥大学的技术商业化组织的变革和新单位的创建才能得以进行。因此, 剑桥大学开始将沃尔夫森企业联络办公室转变为技术转化办公室, 随后又将所有的单位整合到研究服务部 (The Research Services Division) 和剑桥创业中心 (The Cambridge Entrepreneurial Center)。

2000 年 3 月, 沃尔夫森企业联络办公室和研究拨款与合同办公室 (The Research Grants and Contracts Office) 合并, 组建了研究服务部 (The Research Services Division RSD), 研究服务部专门负责研究团体、企业和慈善组织赞助的研究。新组建的研究服务部由 MRC 分子生物学实验室 (The MRC Laboratory of Molecular Biology) 的科学家大卫·斯切尔 (David Secher) 负责, 从 2002 年开始, 他还负责管理沃尔夫森企业联络办公室 (即后来的技术转化办公室)、大学挑战基金、剑桥创业中心 (The Cambridge Entrepreneurial Center)、企业联络办公室 (The Corporate Liaison Office)。

2002 年, 为了建立一个专门负责技术转化的组织以及应对政府施加的压力, 剑桥大学组建了一个新单位——剑桥企业 (Cambridge Enterprise)。由以前管理剑桥创业中心的彼得·希斯考克斯 (Peter Hiscocks) 负责。剑桥企业建立在研究服务部之上, 是通过将研究服务部的技术转化部和大学挑战基金组合而成。有趣的是, 到 2003 年时则出现了相反的变化, 剑桥企业又重新划归研究服务部管理。与此同时, 剑桥创业中心则一分为二: 一部分加入了校内的技术转化部; 教学部则改建为创业学习中心——隶属于现在由沙·维雅克拉南 (Shai Vyakranam) 领导的法官商学院 (the Judge Business School)。中心的任务是通过教育活动去激励参与者, 培养创业实践技能, 传播 "企业精神" (spirit of enterprise)。

但是, 在 2005 年 8 月, 在另一轮的重构完成之后, 剑桥企业再次恢复了之前单一企业的身份。新任主管是安·杜布里 (Ann Dobree), 新任主管工作不到一年之后便于 2006 年 2 月离职, 同年 8 月又任命了新的主管——特里·威利 (Teri F. Willey), 组织领导者频繁更换, 剑桥企业于 2011 年 12 月迎来了新一任领导——托尼·雷威 (Tony Rave)。2006 年 12

月，剑桥企业成为一家有限公司——由剑桥大学独资的子公司，剑桥企业内拥有技术转化功能和剑桥大学挑战基金两部分。

2006 年时剑桥企业拥有 18 名员工，其中 12 名员工具有博士学位，15 名员工具有企业工作经历，2013 年，企业的员工已经增到了 48 名。该办公室内包含了之前的企业联络办公室和合同谈判小组。图 5 - 7 向我们清晰地呈现了这几年来剑桥大学在技术转化组织上的蜕变过程。

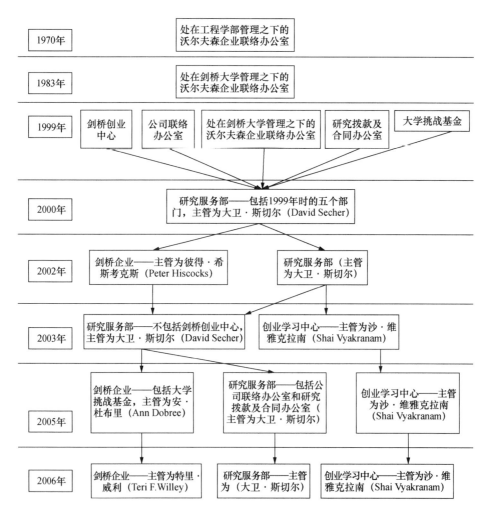

图 5-7　剑桥大学技术转化组织的蜕变过程

资料来源：Shiri M. Breznitz，*The Fountain of Knowledge*：*the Role of Universities in Economic Development*，California：Stanford University Press，2014，p. 113。

（二）由学院和部门管理的技术转化

剑桥大学的最大特色是学院制，目前有 31 所学院，每所学院在经济上自负盈亏，在招生、教学、行政、财务上都有很大的自主权，每所学院都有各自的规章制度。除了学院外，还有 150 多所科研机构，负责大学的学术和研究工作。① 因为剑桥大学内部的学院都是独立的实体，因此，其他这些学院也成立了技术转化组织，还有的学院已经开发了自己的技术转化项目，这也是导致剑桥大学技术转化政策如此混乱的原因之一。

1970 年，剑桥大学成立最早的三一学院，在时任财务主管约翰·布朗菲尔德（John Brownfield）的组织下创建了剑桥科学园。科学园离剑桥大学东北部 2.7 英里，目前拥有 71 家公司。其中大部分的公司从事科学研发，也有一些公司负责提供支持服务，例如专利和风险投资。科学园内并没有孵化器空间，也不会为成熟的公司提供服务。因为它的成本高于一般的科学园，所以很多新公司并不能负担在此运营的高昂成本。接着，1983 年，圣约翰学院建立了圣约翰创新中心，并在 1987 年开始投入运作。圣约翰创新中心在三个不同层面进行运作，首先是承租人，包括 50 家主要是以知识为主的企业和少数大学衍生公司。尽管有些生物技术公司在这里拥有业务，但是该创新中心并不适合生物技术企业的发展，因为这里营造了一种以办公室为主的环境。其次，创新中心拥有 192 个成员。在这个层面上，中心为在家完成工作的人提供虚拟办公空间、会议室、管理以及物流服务。它已经创建了一个小型商业网——网络中的公司要小于其他组织内的公司，但是也进行实时通信和常规会议。最后，公众资助的合同——例如创新之路（Gateway to Innovate），其目标在于鼓励地方公司进行创新。该中心完成由英格兰东部发展局（The East of England Development Agency）资助的政府项目。只要是符合具体项目标准的公司都将会获得相应的援助。

其他学院也开始竞相效仿上述两个学院的做法，例如在 1995 年和 1996 年，彭布罗克学院（Pembroke College）建立了"彭布罗克学院企业合作项目"（The Pembroke College Corporate Partnership）。这是一个致力于推动企业和大学合作的项目，设立该项目的初衷就是为了满足具体企业的需求——例如与某个实验室或者教员建立关系，或者收集大学现在所

---

① 赵建林：《英国"剑桥模式"的启示》，《工业和信息化教育》2015 年第 2 期。

进行的研究的信息。学院会向参与此项目的企业收取一定的费用，收费标准是企业的规模和业务类型。2004 年 12 月，参与该项目的公司有 11 家，并且其中有 3 家公司同时参与了研究服务部的"企业联络项目"。[①]

剑桥大学其他一些部门也创建了自己的技术转化项目。例如，在 2000 年，化学部创建了"企业联合计划"（the Corporate Associates Scheme）旨在推动化学部和企业之间的正式合作。今天，该联合计划的参与者达到了 30 个。正如彭布罗克学院的技术转化项目一样，化学部的联合计划也会根据规模大小而向参与合作的公司收取一定的费用。"企业联合计划"带来的好处包括有关化学部的研究信息、潜在的合作来源、研究讲座、教学课程等。该计划让企业能够现场招募学生，并且还与合作伙伴共享部门的图书馆和设备。[②]

五 剑桥大学促进科技转化导致反面影响的证据

剑桥大学科技转化政策和组织结构的调整，其终极目的是为了加强自身的科技转化能力，而科技转化能力的主要体现指标是通过科技转化成果，究竟产生了多少大学衍生企业。换言之，通过考察剑桥大学在科技转化政策和组织结构调整期间，大学衍生企业数量的变化，我们就可以窥探出了其政策和组织结构调整所产生的效应。

总体而言，从 2000 年开始，由剑桥大学衍生的企业呈下降的趋势。大学衍生公司的数量从 1991 年的 1 家稳步增长到 1999 年的 6 家；可是在 2000 年急转直下，降到了 1 家；2001 年时又回升至 7 家；自那以后，每年都会关闭 1—2 家公司（见图 5 - 8）。值得注意的是，同一时间段内，英国的牛津大学、美国的麻省理工学院、耶鲁大学的大学衍生公司都是呈现上涨的趋势，例如，麻省理工学院虽然现在衍生公司的数量不如 20 世纪 90 年代那么多，但每年都以 2—3 家的速度增长，而耶鲁大学衍生公司的速度从 1993 年的 3 家上升至 2004 年的 7 家。[③] 从剑桥大学与差不多同等条件的一流大学相比呈现的反趋势来看，我们暂时可以认为，这背

① Shiri M. Breznitz, "Impoving or Impairing? Following Technology Transfer Changes at the University of Cambridge", *Regional Studies*, No. 4, 2011.

② Department of Chemistry, University of Cambridge. Corporate associates scheme, http://www – cas. ch. cam. ac. uk/about/. 2006.

③ Shiri M. Breznitz, *The Fountain of Knowledge: the Role of Universities in Economic Development*, California: Stanford University Press, 2014, p. 60.

后与 20 世纪 90 年代和 21 世纪初期的全球高科技危机没有太大的关联。

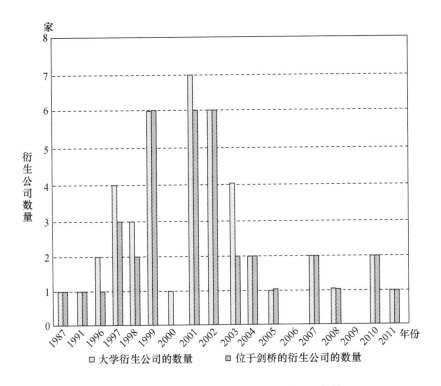

图 5 - 8　1987—2011 年剑桥大学衍生公司数量

资料来源：Shiri M. Breznitz, *The Fountain of Knowledge: the Role of Universities in Economic Development*, California：Stanford University Press, 2014, p. 107。

值得注意的是，英国在这一领域的总体趋势是上涨的，全国衍生公司的数量从 1997 年的 94 家上涨至 2003 年的 125 家，而且牛津大学的衍生公司从 1993 年的 1 家变为 2004 年的 4 家。① 此外，全球生物技术企业从 2001 年的 4284 家上涨为 2003 年的 4471 家。② 因此，我们可以认为，对比美国耶鲁大学、麻省理工学院、牛津大学以及其他全球生物技术企业的增长趋势，就可以发现剑桥大学在该领域表现出疲软的一面并不能

① Shiri M. Breznitz, "Impoving or Impairing? Following Technology Transfer Changes at the University of Cambridge", *Regional Studies*, No. 4, 2011.

② Shiri M. Breznitz, *The Fountain of Knowledge: the Role of universities in economic development*, California：Stanford University Press, 2014, p. 107.

代表整个全球增长趋势，也并非国家层面的原因，造成这一下降趋势是大学的内部原因，比如说，科技转化政策的调整，技术转化组织的变革等。例如，剑桥地区的当地企业就认为："剑桥大学在科技转化政策和组织结构上的变化过程是不专业、封闭和令人迷惑的，这一变化带来的后果就是，该地区的企业拒绝与剑桥大学合作。"[①] 因此，我们可以推断，尽管剑桥大学对知识产权政策和组织解耦进行了大量的变革，以求改进大学将技术商业化的能力，但是却没能取得建设性的成果，反而导致大学衍生公司的数量呈现下降的趋势，对科技转化能力造成一定的负面影响。

六　结语

本节旨在分析剑桥大学 20 世纪后期开始，在科技转化政策和组织结构上进行的一系列变革举措，这些变革举措不但没有达到剑桥大学改革的初衷，反而导致科技转化能力出现下降的趋势。必须承认，剑桥大学与当地企业的紧密关系在全球科技创新集群中有着"剑桥现象"的美誉，大学内部也拥有支持大学技术转化的文化，但是剑桥大学的技术转化存在于各个部门、学院和领导办公室三个层面，对技术转化做出的改变是为了应对政府的要求和赢得政府的资金，因而，剑桥大学推行的技术转化政策和组织机构变革只停留在校级层面，缺乏与其他院系、部门的技术转化部门、校外的利益相关者（例如，风险投资公司、科技园和当地企业）进行的协调与沟通。换言之，剑桥大学在多次的技术转化政策和组织结构调整过程中，并没有考虑到衍生公司、风险投资商等创新主体的参与，采取的是单方面的行动，这种单方面的行动后来导致当地企业对大学在技术转化政策上出现服务脱节、功能模糊的现象，例如，很多情况下，当地企业不知道与校内哪个技术转化组织讨论新技术的转化问题，进而使当地企业不愿意与之合作，拒绝为大学的研究和衍生公司提供支持，最后导致大学衍生公司每年关闭 1—2 家的境况。

由此我们发现，首先，大学在进行技术转化政策和组织机构调整时，必须与利益相关者进行充分的协调和沟通，"不同的利益相关者所提供的支持要素并非单独地、线性地对企业产生影响，而是相互作用形成一个

---

① Shiri M. Breznitz, *The Fountain of Knowledge: the Role of universities in economic development*, California: Stanford University Press, 2014, p.108.

支持网络"。① 单方面的行动不但抑制了大学内部研究人员的积极贡献，也危及外部风险投资公司对大学衍生公司提供资源支持的能动性。

其次，推动地方乃至国家经济发展，需要大学等创新主体的协同合作。剑桥大学调整技术转化政策和组织结构的目标是为了增强在相关领域的能力，其终极目的是响应政府号召为国家经济发展做贡献，但是，从剑桥大学的改革经验来看，这些举措产生的效果却适得其反，究其主要原因是，大学在推行这些改革中缺乏与当地企业等创新主体协同合作，采取特立独行的方案。显然，推动区域和国家经济发展，必须调动大学、当地政府、地方主要公司、新企业及风险投资商的积极性，让这些利益相关者的创新主体都明白变革的重要性，并且都能够与剑桥大学合作，以推动国家经济发展，才属于良策。"当然，国外的理论与实践不能完全套用于我国，所以在政策实践中，应灵活运用这些原则，不能硬性而僵化地实施"。②

第四节　三所研究型大学在区域创新集群中的经验总结

鉴于将学术机构的研究和技术发现更迅速地传递到市场中的需求不断上升，研究型大学在区域经济发展理论中发挥着越来越重要的作用。研究型大学已经被视为一个知识生成的机构，鼓励创新根源，并且培养技能型人才和创业者。本章旨在通过探讨学术创业领域背后的动态及影响其发展的因素。为达到这一目标，我们通过案例的形式分析了三所研究型大学在激励学术创业和创建新公司方面取得的经验与教训。这些研究分析一所大学如何将自己界定为区域的一部分，以及通过哪些活动使大学的商业化策略影响其区域环境背景下的衍生活动。理解这些不同的行动及其结果可以为特定的经济成果是以何种方式实现的提供一个非常必要的解释，从而允许对地方经济发展做出切实可行的预测并对高校持

①　李雯、夏清华:《大学衍生公司的创业支持网络研究——构成要素及有效性》，《科学学研究》2013 年第 5 期。

②　庞文、丁云龙:《大学衍生公司创生及其成功的政策原则》，《科研管理》2014 年第 11 期。

有合理的期望。

从我们的分析中得出,政策制定者和大学领导层意识到设计一个有效的衍生项目时需要考虑两个重要的注意事项。首先,因为衍生项目可能需要花费几年甚至几十年才能产生正面的投资回报,认识到建设成功的技术商业化项目是一个长期的努力,而且需要持久的承诺和财政资源支持。由于历史因素,基础设施缺乏,或人文条件的原因,学术机构为变革所做出的努力,其影响并不会即时出现,相反地,这必须被视为一个需要花费许多年甚至几十年的过程。例如,麻省理工学院可以说已经从 19 世纪就开始朝这一方向努力,并且不晚于 1945 年。加州大学圣地亚哥分校和耶鲁大学花了更少的时间,但尽管如此,他们为此做出的努力也有三四十年。此外,任何熟悉高集群相关文献的人会意识到硅谷和波士顿附近的"128 公路"上的公司群并不是突然冒出的,而且如果没有大量的规划、"生产互动正循环"以及准备工作,它们也不会自发地或随机出现。本章的研究结果表示,在大学建立创业公司的问题上不存在快速和简单的解决方案。没有任何能够替代促进高校创业公司的制度性承诺。无论制定何种制度,成功的关键在于对教师、学生、员工和校友的创业行为予以支持的持久承诺。

其次,从本章中可以看出,衍生项目的成功与能够使知识迁移和创新涌现的制度安排相关。在本章节的分析中可以清晰地得出,为了促进区域经济发展,大学可以推行多种不同的技术商业化战略。比如,本章中加州大学圣地亚哥分校、耶鲁大学和剑桥大学都采取不同的技术转化策略,由此我们可以看出,不同的大学所制定的技术转化策略是不同的,但其目的都是为了提升支持衍生项目成功、实践以及校园环境。而且应该注意的是,一些大学为创业活动提供支持和指导的方法对于机构创业环境是不同的。例如,剑桥大学一直以来都在素有"剑桥现象"的剑桥地区,其技术转化政策的制定采用低支持、低选择性的政策开发创业集群。与此相反,拥有一个欠发达区域风险生态系统的耶鲁大学,则在培养学生和教师的创业思维、发展商业合作关系,以及对其衍生计划提供正式的培养能力方面发挥着更为积极主动的作用。

同样重要的是要认识到大学衍生项目的问题不能孤立地从外部因素理解。以创业为本的大学,其发展除需要一所大学内部的努力外,还需要大量的规划及外界的帮助。在某些情况下,政府必须积极参与创新事务。我们已发现，自上而下和自下而上的大学举措，或者两者的结合，都可以为区域经济的发展带来成功。因此我们得出的结论是虽然不同大学的管理技术转让和商品化的方式不同，但是仍然会为当地经济带来类似的积极成果。因此，对于"如何做到这一点"可能并不存在一个单一的模式。不过，在本章节中我们也可以归纳出一般的发展趋势，并总结其经验。

一　大学领导力的重要性

综观本章节的研究，始终在强调领导力的作用，支持促进学术创业的结构和政策。学术领导力可以在形成一所大学的特色和建立一个创业传统方面增加一种很强的目的意识，无论其是作为一个隐性的存在或是作为一股构建和庆祝校园创业氛围的更加积极主动的力量。对于耶鲁大学、加州大学圣地亚哥分校而言，创建一个共同的愿景领导力是非常重要的，因为其在提升以大学为基础的创业方面提供了一种隐性支持和指导。获得支持的学科带头人做出的承诺引领着从各实验室应运而生的各种想法，这些学科带头人对于他们从事的工作以及预期可实现的成果有强烈的信念。大学的使命是作为一个先导以改进技术转让活动，通知大学在向前发展过程中所需的结构和政策。同样耶鲁大学将自己视为对经济发展"有贡献的制度化公民"，而非一个被动的观察者。这一愿景是大学中学术创业行为出现和转化的催化剂。

二　与产业界和政府合作

大学的区域背景是衍生活动的另一个驱动力。大学、产业界和政府之间的本地连接可以为大学提供额外的研究经费，并获得市场相关知识。本章节的研究显示了三边关系是如何持续出现在成功实施创业的大学所在领域的，虽然他们处于不同的发展阶段，继承了不同的社会经济系统和文化价值。在一些实例中，我们可以看到高校有望服务于本土创新，帮助产业解决问题或联合建立研发中心和科技园。反过来，鼓励产业界依靠大学研究更新现有的或实现新的技术创新和产品。在加州大学圣地亚哥分校，大学、产业和政府资助的研究项目之间的联系使科研经费增长并获得市场的相关知识。为了促进这些合作活动，耶鲁大学的崛起也是大学与当地环境/政府合作的一个例子，通过其合作研究办公室，耶鲁大学成为当地经济发展的催化剂。

虽然没有明确规则，但区域经济发展的各利益方必须沟通和协作。

根据 Walshock 和 Lee 在他们分析加州大学圣地亚哥分校创立产业集群的作用显示，历代圣地亚哥人已经了解到为了让该区域保持活力，所有相关各方必须"共享资源"。大学、政府和当地业界通过共享议程设置，分担投资和风险以及共享奖励来一道支持前途未卜的新企业。该地区已经开发了两个并行的文化，大学中的"创业科技"以及社区中的"创业公司"。他们通过具体的机构机制联系在一起，极大地促进了该地区公司的发展，提供更多的就业机会，并带来财富的显著增长。圣地亚哥现在因其世界级的创新和繁荣的经济享誉世界。

第六章 "创新驱动"阶段大学内部的变革路径：微观层面的案例研究

第一节 构建全球化知识企业：新加坡国立大学创新创业策略及启示

一 引言

新加坡国立大学（National University of Singapore）创建于 1905 年，是新加坡最古老和最大的公立大学，该校一共 3 个校区设有 16 个院系，在校学生总数为 36966 名学生，其中 3/4 的学生为本科生：有 20% 的国际留学生、1000 多位研究生、22 个校级研究中心、4 所卓越研究中心。[①] 尽管在 21 世纪初期陆续兴起了南洋理工学院、新加坡管理大学和新加坡科技设计另外三所公立大学，但是相对新加坡国立大学而言，它们在研究领域和课程种类，尤其在推动创新创业举措上仍然具有一定的局限性，新加坡政府的教育政策也向新加坡国立大学倾斜，是其主要的驱动者和经费提供者。

表 6-1　　　　　2011—2012 学年新加坡国立大学规模　　　单位：个，篇

指标	2011—2012 学年
教师数量	2196
研究人员数量	2820
注册本科生数量	25107
注册研究生数量	7901

① http://www.eusentrepreneurshipcentre.sg/about-us, 2011-11-10.

续表

指标	2011—2012 学年
总研究基金	4.36 亿新元
发表在 SCI/SSCI（2011 年）上的文章总数	4411
累计发表文章数（1990—2011 年）	50067
累计获批专利数（1990—2011 年）	290

注：总研究基金仅指外部拨款的数额。

从表 6-1 中可以看出，新加坡国立大学拥有超过 4.36 亿新元的研发（R&D）年度预算经费，占据 2012 年新加坡政府研发经费总资金支出的 5%。除此之外，新加坡国立大学的教学人员和研究人员也呈现快速增长的趋势，两者的总数超过新加坡全国科学技术研发全体成员总数的 10%。由于近年来该校在研究水平和优秀的教学质量等综合实力上表现出的卓越成就，在 2014—2015 年，《泰晤士报高等教育》世界大学排名中排在第 25 名。① 特别是工程与科技、生命科学这些学科表现出显著的进步（如表 6-2 所示）。

表 6-2　　　　　　　　　　新加坡国立大学综合排名

	2010—2011 年排名	2011—2012 年排名	2012—2013 年排名
总排名	34	40	29
生命科学	50	44	33
临床医学、临床前医学和卫生学	39	41	37
物理科学	50	50	39
工程学和技术	16	19	12
社会科学	50	47	39
艺术与人文科学	50	38	43

资料来源：The World University Ranking Website. www. timeshighereducation. co. uk/world – univeristy – rankings/。

作为英国曾经的殖民地，新加坡国立大学与其他在英联邦文化熏陶

---

① 泰晤士报高等教育官方网站，The World University Ranking Website. www. timeshighereducation. co. uk/world – univeristy – rankings/，2015 – 05 – 06。

下成长起来的公立大学一样，过去一直把教学当作大学的第一要务，研究位居第二。[1] 20 世纪 80 年代以来，随着新加坡经济向创新驱动要素的经济转型，大学研究日益受到人们的重视。1992 年，新加坡国立大学开始创建技术转化办公室（Technology Transfer Offices），即便如此，当时的专利活动还是相当低迷，即使在科技最为发达的美国，到 1997 年也只有 21% 的美国专利获得许可。简言之，在 2000 年以前，大学科技成果转化率低，教授或学生参与衍生企业创业的事例非常罕见。

1997 年，亚洲金融危机在次年引起了新加坡经济的衰退，这在一定程度上促成了新加坡国立大学转型的变革。"新加坡政府开始构建了一套经济重建策略以此激发经济繁荣发展"。[2] 在这一规划中，向创新型、知识经济加速转型的必要性得到一致认可，并形成了政府投入、社会配合、高校推进三者互相配合、互动的动态关系。必须提及的是，在这个关键时期上任的新加坡国立大学新校长 C. F. Shih 是该校发展模式转型主要推动者，Shih 校长曾受教于哈佛大学，并且具有在美国顶级公司（通用电气）和执掌美国常春藤名校布朗大学的研究生院院长的重要工作经历，也正因为如此，新加坡国立大学从 Shih 任期开始便使用"President"而非"Chancellor"作为校长译名，以此来说明新加坡国立大学开始向全球基准的美国大学模式转变，在新加坡政府的强力支持下，Shih 校长不仅在大学转型过程中发挥至关重要的领导作用，更为重要的是，为大学向创业型大学模式转型构建一套系统策略。

二 全球化知识企业：新加坡国立大学创新创业的定位

定位是为事物发展确定方位，是方向性、根本性问题。[3] 其实，早在 1997 年，新加坡前总理吴作栋就做出指示，要把新加坡定位于建立一个"东方波士顿"，即区域教育中心的愿景。当时的主要目标之一是把新加坡国立大学和南洋理工学院建成世界一流大学，现在新加坡国立大学已跻身于世界一流大学的行列，这一目标已基本实现。但面对全球竞争、国家经济发展的转型和高等教育发展的新形势，原有定位已不能满足需

---

① Thomas J. Allen，Rory O'Shea，*Building Technology Transfer within Research Universities：An Entrepreneurship Approach*，Cambridge University Press，2014：288，293，301.

② Economic Review Committee（ERC）．2002．Report of the Entrepreneurship and Internationalization Subcommittee．13 September 2002．Singapore：Ministry of Trade and Industry.

③ 杨晓慧：《我国高校创业教育与创新型人才培养研究》，《新华文摘》2015 年第 7 期。

求，要在继承基础上着力创新，于是，Shih 校长把新加坡国立大学明确定位为"全球化知识企业"（Global Knowledge Enterprise）的策略目标。

这种大学发展战略的定位一定程度上阐释了，新加坡国立大学将在全球范围内参与同行竞争，并希望取得一定的国际声誉；更重要的是，必须把培育学生创业技能、激发学生创新创业精神嵌入教学和科研活动中，这两方面是紧密结合、相辅相成的。一方面，新加坡是一个人口仅500万的"城邦之国"，国内自然资源匮乏，市场份额很小，这就意味着知识商品化的成功需要大学具有参与全球化竞争的精神和能力，因此创业型活动必须要有全球化的取向；另一方面，对创业活动的追逐不能以牺牲科研和教育为代价。事实上，正是这种大胆的战略规划定位才让新加坡国立大学能够在 21 世纪屹立于世界名校的行列中，同时也促使了该校在人事招聘组织结构变革等方面的重大转型。

"全球化知识企业"最重要的核心战略之一就是为招募世界上著名的科学家、工程师以及其他人才营造宽容和创造的氛围，以美国顶尖大学为标准，新加坡国立大学的招聘和晋升政策严格根据绩效考核标准。为了帮助新加坡国立大学顺利转型，新加坡政府给予大学的公共资助都在稳定上升，甚至颁发财政激励政策，即新加坡国立大学在指定阶段顺利完成特定指标要求后，政府将继续追加更多的资金以支持新加坡国立大学在更深层次和更广泛地推进创新创业策略，充分调动大学等创新主体的积极性和创造性，可以看出，这个自然资源稀缺、人口基数少的岛国却有着与众不同的创新雄心，这也正如华盛顿大学前校长李·亨茨曼（Lee Huntsman）所指出的，"新加坡政府是风险投资公司伪装的政府"。①

三　组织结构整合：新加坡国立大学创新创业的需求

新的大学发展战略规划必须具备与之相配套的组织结构，这样所推行的变革举措才能顺利进行。新加坡国立大学校长 Shih 在完成"全球化知识企业"战略规划之后，随即成立了一个新的部门——新加坡国立大学企业（National University of Singapore Enterprise），为新加坡国立大学走向创业型大学之路试做先锋，他任命雅各布·芳（Jacob Phang）为首任首席执行官（CEO），雅各布·芳来自工程学院，是新加坡通过创业将自

---

① John Kao, *Innovation Nation: How America is losing its Innovation Edge, and What We Can do to Get it back*, New York: Free Press, 2007, pp. 45, 48, 90.

已科研成果商业化的先驱之一，他负责整合和管理这个组织内所有与技术商业化和企业化相关的活动，其主要目标是促使新加坡国立大学更加企业化。为了激励这个新部门，校方每年拨给该部门经费低于新加坡国立大学总经费支出的1%，这将迫使这所新部门像企业一样积极增加收益和吸引外部资金来支持自己的研发活动。

新组成的新加坡国立大学企业主要通过整合和协同的方式来践行创新创业活动。例如，在2001年成立，到了2003年，在经过两年初期的试验之后，为了更好地履行各部门在实施创新创业活动中的任务，"新加坡国立大学企业"合并了所有主要的运作单位（见表6-3）。

表6-3　　　　　　　　新加坡国立大学企业组织结构演进

2003年新加坡国立大学企业组成单位	核心功能	2006年后调整过的结构
创业中心	*创业教育 *外延拓展活动	扩展后包括了新加坡国立大学企业孵化器
	*创业、创新、应用研究和思维领导	
产业与技术联络办公室	*技术认证和知识产权管理 *产业联络	重新命名"产业联络办公室"
咨询部	*咨询服务	中断
扩展部	*继续教育	
出版部	*大学出版	
风险支持部	*商业孵化 *风险支持服务 *学校有关公司的种子基金	被吸收进创业中心，并改名为新加坡国立大学企业孵化器
海外学院	*海外高科技新公司的实习和教育项目	

从表6-3中可以看出，在2003年，也就是"新加坡国立大学企业"成立的第3年，其最初的组织结构又整合而成5个主要运作部门：创业中心（NUC Entrepreneurship Centre）、产业与技术联络办公室（Industry and Technology Relations Office）、咨询部（NUC Consulting）、扩展部（NUC

Extension）以及出版部（NUC Publishing）。其中，创业中心主要承担大型创业活动，而产业与技术联络办公室主要负责管理知识产权的科技许可等任务。此外，该部门的负责人还创建了海外学院和风险支持部两个新单位。

每个新部门的运作都不是一帆风顺的，"新加坡国立大学企业"也不例外。该部门在最初成立的3—4年里，有时候运作甚至陷入杂乱无序的状态，这主要是因为该部门的领导者运营过程中侧重于目标导向，导致缺乏长期规划，把主要精力投入在满足于短期的数量目标上，在这样的情况下，2006年年初，首任院长雅各布·芳辞去了新加坡国立大学企业首席执行官职务。新的首席执行官是由具有丰富风险投资经验和生物技术企业运营背景的陈莉莉（Lily Chen）担任。陈莉莉除了继承整合组织结构的传统外，她还通过联合一些较为分散的单位来加强新加坡国立大学企业内部单位之间的协调性和合作性。例如，风险资助单位现在被创业中心合并为创业孵化器（Entrepreneurship Incubator），产业与技术联络办公室也被进行重组并重新命名为产业联络办公室（Industry Liaison Office），目前，"新加坡国立大学企业"内部各子部门已形成分工明确又通力合作的新布局（见图6-1）。

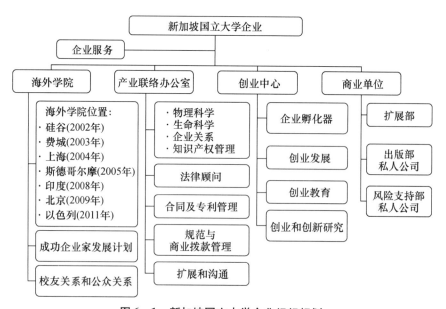

图6-1 新加坡国立大学企业组织规划

四 协同推行项目：新加坡国立大学创新创业的新布局

（一）创业中心的创新创业举措

新加坡国立大学企业的创业中心主要利用教育项目来激发新加坡国立大学社区的创业热情和通过科研来发展新加坡和地方的技术风险政策和实践知识。[①] 创业中心通过在校园内外传播和加速外部创业经济系统，使新加坡国立大学变成一个创业网络活动的凝聚地（Magnet），紧密地连接新加坡国立大学附近社区和外部创业经济系统，显而易见，这种举措对于新加坡薄弱的外部风险系统而言至关重要。例如，创业中心在 1999 年举办了一年一度的国家商业计划大赛——"新加坡创业"（Startup@Singapore）。尽管这个比赛是借鉴美国麻省理工学院的"MIT MYM50K Entrepreneurship Competition"[②]，但是，创业中心根据新加坡具体的创业境况做了相应的调整，参赛对象不局限于新加坡国立大学的学生，而是面向整个新加坡有意愿参赛的选手。除此之外，创业中心负责人还模仿了硅谷天使团（Band of Angels in Silicon Valley）的运作模式在新加坡创建了东南亚地区创业商业天使网络（Business Angel Network Southeast Asia），并担任了该组织的主席。

创业中心还成立了一个专门面向所有新加坡国立大学本科生的技术创业辅修项目（Technology Entrepreneurship Minor Program），重点关注科学和工程领域的学生，这项举措主要想唤起学生的商业意识和激发学生的创业精神，弥补了新加坡国立大学课题体系中缺乏创业课程的缺陷。尽管创业中心不是一个学术部门，但是在校方的大力支持下，创业中心建立了一个特殊的学术教学单位来开设课程，利用了该中心丰富多彩的课外教育活动和富有乐趣的创业项目，"技术创业"课程注册者从第一学年的不足 200 人迅速增加到 2005—2006 学年的 3000 多人，并在 2007 年并入商学院。随后，创业中心又举行"成功企业家发展计划"（Innovative Local Enterprise Achiever Development）新项目，为脱颖而出的本科生高科技创业者提供为期 7 个月的实习机会和两周的海外访学之旅，这个

---

① Thomas J. Allen, Rory O' Shea, *Building Technology Transfer within Research Universities: An Entrepreneurship Approach*, Cambridge University Press, 2014: 288, 293, 301.

② MIT MYM50K 是由麻省理工学院在 1989 年发起的全球最知名的大学创业竞赛，从 2006 年开始升级为 MITMYM100K，该活动 20 多年来已成功鼓励 120 家新创公司成立，提供了 2500 个工作机会，并且创造了 125 亿美元的市值。

项目于 2010 年被转入 NUS 海外学院（NUS Overseas Colleges）。

2009 年，在国家研究基金会（National Research Foundation）的大学创新基金（University Innovation Fund，UIF）的资助下，该中心发起了多个创业教育活动以丰富创业教育体系，其中包括针对博士生的实习项目外部挑战（Extra Chapter Challenge），此项目为论文选题具有商业潜力的博士生提供为期 6 个月的外部联谊拓展训练，并为此项目配备具有丰富创业经历的导师。诚然，这对具有创业意识的博士生而言将是难得的商业机遇。该中心还提供了创新和创业实践（Innovation and Entrepreneurship Practicum）授予计划，该计划提供最高 10 万新元的种子资金给每个学生来开发他们的创新理念。

（二）企业孵化中心的创新创业举措

大学衍生企业最初诞生于非商业环境，因此其最大的难题是缺少市场知识。[1] 为了帮助企业了解目标市场，同时将大学的政策和资源支持加以落实，为初创企业的创建、发展直至成功保驾护航，新加坡国立大学通过整合以前的风险资助单位，最终建立了企业孵化中心，主要通过商业化试点基金、原型开发计划和种子基金等帮助衍生企业跨越"死亡之谷"（Death of Valley）。[2] 为了鼓励大学研究人员和学生的创业意愿和激发他们的创业精神，企业孵化中心投入大量的资金，对衍生企业每次资助最高可达 30 万新元，该组织成立不到两年已经资助了 21 家衍生公司。

值得一提的是，即使企业孵化中心是独立于创业中心的一个组织，但两个单位在推行创业活动中经常通力合作。例如，当企业孵化器单位成立管理投资委员会时，经常倾听来自创业中心单位专家的建议和管理支持，企业孵化器单位经常引入富有成功创业经历的企业家、投资者、高级管理人员为新加坡国立大学衍生公司提供定期指导。

（三）海外学院创新创业举措

2001 年，新加坡国立大学成立海外学院（NUS Overseas College），这项新举措整合了全球化和创业两种发展趋势。按照新加坡国立大学校长最初的构想，成立海外学院的基本理念是把最聪明的和最具有创业精神

---

① Geenhuizen M. V. , Soetanto D. P. Academic Spin – Offs at different ages: A case study in search of key obstacles to growth, 2009, 29（5）: 671 – 681.

② 所谓"死亡之谷"（Valley of Death）是指公共资助的基础研究由于缺乏资金支持难以实现应用研究成果转化。

的本科生输送到世界五大创业枢纽中心，让他们在高科技衍生企业中实习一年，其间他们也可以在每个地区的合作院校（partner university）注册学习有关创业的课程。实际上，这是一种"沉浸式"学习创业的经历，也就是说，让学生作为学徒，沉浸到一个国外地区的高科技衍生企业中，使他们每天在这样的创业实践和外国企业文化中耳濡目染，引导学生在认识和体会国外高科技衍生公司的实践创新过程中，潜移默化地激发学生的创造热情、增强学生的创新意识、培育创新创业价值观。该项目被认为是培养学生具有全球化思维和社会网络整合能力所做的长期投资。

与此同时，海外学院也没有催促学生毕业之后马上进行创业，而是通过培养他们的创业实践能力和激发他们的创业精神和创业意识，这种思维将会把他们未来的研究导向商业创新，也会影响他们的职业选择，使他们更倾向创业型和创新型职业。而且，这个项目也能帮助他们和顶级海外高科技创业社区建立长远的社会网络，这样他们就可以带着国际化的视野做好高科技创业的准备。

2002 年新加坡国立大学第一次与硅谷进行合作建立了第一所海外学院，2003 年在费城与宾夕法尼亚大学合作成立了生物谷海外学院、2004 年与我国复旦大学合作建立第三所海外学院、2005 年至今分别在斯德哥尔摩、班加罗尔（2006）、北京（2009）、以色列（2011）开设海外学院[①]（见表 6 - 4）。海外学院每年招收 200 名学生，而且海外学院的运作并非是独自运作，它与创业中心紧密合作，通过和海外地区的合作院校（如硅谷的斯坦福大学、上海的复旦大学、斯德哥尔摩的皇家理工学院、北京的清华大学）建立伙伴关系来为海外实习项目提供教育支持和实践锻炼的机会。

表 6 - 4 新加坡国立大学海外学院一览

成立年份	海外学院
2001	美国加州硅谷，斯坦福大学，高科技中心
2003	美国费城，宾夕法尼亚大学，生物谷
2004	中国上海，复旦大学，联合研究生院
2005	瑞典斯德哥尔摩，皇家理工学院，移动 IT

① 新加坡国立大学官方网站（http：//www.nus.edu.sg/enterprise/aboutus/index.html#3），2015 年 5 月 5 日。

续表

成立年份	海外学院
2008	印度班加罗尔，科技园区，IT 行业
2009	中国北京，清华大学，高新技术企业
2011	以色列特拉维夫

（四）产业联络办公室的创新创业举措

产业联络办公室（Industry Liaison Office）是 2006 年通过整合产业与技术联络办公室（Industry and Technology Liaison Office）而成，这种整合的目的是要在大学—产业的研究合作和技术让渡之间建立更大的协同作用。为了筹划大学的技术力量版图，指导未来创新方向和建立专利布局，在入选的技术区域达到群聚效应，办公室的专业人员配置必须得到加强。整合完成之后，产业联络办公室的业务范围也拓展至为大量新的国际合作研发项目承担知识产权管理，这些项目主要由新加坡国立大学与海外著名院校合作发起，其中包括新加坡国立大学与麻省理工学院的"新加坡—麻省理工学院联盟"（Singapore – MIT Alliance）项目。

近几年，产业联络办公室在培养科研成果转化领域的职员上采取了多种举措，包括开展培训工作组来帮助教授、研究生和博士后研究人员理解技术商业化和资产拆分过程，以及为他们的发明做市场应用潜力的评估。其中最为典型的例子就是，在 2013 年，产业联络办公室通过与创业中心的合作，发起了一个"精良新加坡发射台"（Lean Launchpad@Singapore）项目，该项目面向新加坡国立大学的全体教授和研究人员，并且由美国加州大学伯克利分校的 Jerry Engel 和 Steve Blank 来帮助推行，在美国国家科学基金会的委托下，这两位教授已经具有推行 Lean Launchpad 项目的丰富实战经验。

五 硕果累累：新加坡国立大学创新创业策略的成就

尽管新加坡国立大学开始向创业型大学转型只有短短的十几年，整体而言，尚处于一种初始阶段的创业型大学运作模式。但是，在新加坡政府和新加坡国立大学领导层的通力合作下，该大学已经在外国人才引进、企业家能力提升、技术商业化等领域取得显著的成就，尤其是新加坡政府在整个过程中起推波助澜的作用，其创新的决心在 2006 年 1 月国家研究基金会成立时表现得再清楚不过了。它明确提出要通过生物医学

的研究将国家研究扩展到另外两个领域——环境和水工程以及互动数字
传媒，这点被看作是"要在亚洲及世界上保持快速增长"。国家研究基金
会得到了 5 年 33 亿美元的预算，该预算和其他政府议案一起提出，说明
新加坡在 2010 年以前研究开发的费用将占到国内生产总值（GDP）的
3%，而这一比例美国仅为 2.7%①，2013 年中国在研发经费支出上占
GDP 的 1.98%。②

（一）专利技术授权活动呈稳定上升的趋势

自 20 世纪 90 年代末开始，新加坡国立大学的专利申请和专利授权等
项目已经有明显的增长。1997—2002 年，该校的专利申请总数每年不到
100 份，但在 2003—2012 年专利申请每年多于 150 份。③ 仅限于本科生群
体的专利数量也有明显的提升，从 1997—2002 年每年不到 20 份增长到
2003—2012 年的每年多于 30 份。仅在 2011 年新加坡国立大学就持有 290
份授权许可的专利，位居新加坡本土的第七大发明持有者。

自从 2000 年以来，技术商业化的转化率也有了明显的增长。1995—
2002 年，该大学平均每年颁发的授权书不到 10 份，但这个数量在 2002—
2012 年期间则增长至每年超过 20 份。在 2011 财政年末，新加坡国立大
学已经签署了 330 项技术授权协议，其中大约 80% 技术授权是在 2000 年
之后签署的，这也佐证了新加坡国立大学在 2001 年向创业型大学转型后
所取得的成就。

（二）大学衍生企业呈快速增长的趋势

自确定向创业型大学转型之后，新加坡国立大学通过鼓励研究人员
创建大学衍生公司来进一步促进技术商业化，这种举措也取得显著的进
步。在 1991 年到 2011 年期间成立的 114 家大学衍生公司，其中超过 95%
是在 2000 年及其之后成立的。大学衍生公司在初创阶段由于缺乏资金支
持等因素往往将面临"死亡之谷"的"瓶颈"，因此新加坡国立大学持续
为大学衍生公司提供种子基金、孵化、独有的知识产权保护等关照。例
如，截至 2011 年，62 家大学创办企业中就有 58 家受到企业孵化中心的

① John Kao, *Innovation Nation：How America is losing its Innovation Edge, and What We Can do to Get it back*, New York：Free Press, 2007, pp. 45, 48, 90.
② 叶檀：《院士被抓说明了什么》，《金融时报》2014 年 10 月 13 日。
③ Thomas J. Allen, Rory O'Shea, *Building Technology Transfer within Research Universities：An Entrepreneurship Approach*, Cambridge University Press, 2014, pp. 288, 293, 301.

帮助，这58家受资助企业当中就有14家受到新加坡国立大学知识产权保护，其中还有受到种子基金的援助。总的来说，截至2011年年底，已经有超过120家衍生公司至少获得一种形式的支持服务。实际上，在新加坡国立大学附近一公里之内就有140家大学衍生企业和20个孵化器和科研成果转化加速器①，已经形成初具规模的区域产业集群，这对确保衍生企业成功以及新加坡国立大学向创业型大学顺利转型至关重要。因为"产业集群能为初创的大学衍生企业提供关键资源，包括成熟的地区工业体系、密集的社会网络、丰富的资本市场、开发的人才市场、创业导向的社会文化氛围等"。②

由于大多数衍生企业还处于发展早期，很少有在商业领域取得重大成就的案例，但是，截至2011年年底，已经有20%的衍生企业获得外部天使投资者和风险资本家的青睐，这些公司得到的外部投资总额超过了2500万新元。此外，新加坡国立大学还协助超过12个衍生企业成功地竞标到很多政府概念证明（Proof of Concept）拨款计划。

（三）校企合作更加频繁和融洽

校企合作是进一步发展基于大学研究科技成果和科技商业化的重要渠道，尤其当大学与企业在技术发展和推销阶段，由于信息、动机的不对称以及科学、技术和商业企业之间存在的制度距离，那么校企合作对于帮助和填补他们之间的资金缺口（funding gap）就显得意义重大了，应该说，这种合作取得了优势互补、互惠互利的效果，新加坡国立大学自定位走向创业型大学以后，校企合作更加频繁和融洽。1995—1997年，大学与企业的研究合作协议（RCAs）每年大约只有36份，2005—2011年年均涨至近50份。除了与产业的合作协议外，新加坡国立大学也通过咨询合同和产业界互动，仅2003—2004年就有700项咨询，可见新加坡国立大学已经承担了重要的咨询工作。

（四）全球优秀人才呈现快速增长的趋势

"羞答答的儒家社会、严格课税以及居民会因为品行不端而被实行公

---

① Koichi Hishida, *Fulfiling the Promise of Technology Transfer: Fostering Innovation for the Benefit of Society*, Springer, 2013, p. 99.

② Saxenian A., *Brain drain or brain circulation? The Silicon valley—Asia Connection*, Modern Asia Series: Fall. Harvard University Asia Center, 2000, pp. 137 – 144.

开的惩罚"①，这是新加坡留给公众的形象，现在已今非昔比了。其中最好的体现就是为吸引世界上最好的科学家和工程师以及国际留学生营造宽容和创造的氛围，吸引创造性人才，迫切需要为新加坡营造一个开放的文化环境，从而帮助新加坡从以效率为驱动的国家转变成一个创新型国家。

在 1997 学年至 2012 学年期间，外国留学生占学生总数比重从 13% 上升至 30% 以上，翻了 2 倍多。类似情况还有，在 1997 学年至 2005 学年期间，国外教师在教师队伍中的所占比重也从 39% 上升到 50%，在研究人员队伍中从 70% 上升到 80%。"新加坡宽容和创造的氛围有助于吸引世界上最好的人才，不管是全职还是兼职，新加坡的各种咨询委员会现在聚集了'数字传媒活材料科学领域的世界级天才'，这些卓越人物有来自斯坦福大学的电子商业顾问保罗·塞弗（Paul Saffo）；施乐帕洛阿尔研究中心前领导人约翰·西利·布朗（John Seely Brown）；全球商业网络主席彼得·施瓦茨（Peter Schwartz）；斯坦福研究院总裁（SRI International）柯蒂斯·卡尔森（Cutis Carlson）；美国国家科学基金会前主席，马里兰大学生物科学教授丽塔·科尔威尔（Rita Colwell）"。② 可见，吸引世界范围内的人才对于一个国家抑或大学走向创新型发展是至关重要的，这正如新加坡国立大学校长陈祝全所言："亚洲大学如何抓住新的机遇创造辉煌？我认为吸引、培养、留住顶尖人才是最关键的策略。关键还在于为外来人才和本土人才创造良好的环境，使他们有充分的机会不断成长、创造辉煌、实现学术价值，也只有如此，才能留住他们。"③

六 启示

（一）营造宽容的学习和工作环境

当前，我国正在实施创新驱动发展战略，推进以科技创新为核心的全面创新，实施创新驱动发展战略需要创造良好的市场环境，繁荣竞争。"政府要充分利用政策工具促进市场体系的完善，促进产学研的合作"。④

---

① John Kao, *Innovation Nation*: *How America is losing its Innovation Edge, and What We Can do to Get it back*, New York: Free Press, 2007, pp. 45, 48, 90.

② Ibid.

③ 马海涛：《全球化高校的创建策略探析——以新加坡国立大学为例》，《中国高校科技》2014 年第 4 期。

④ 冯之俊、方新：《适应新常态 强化新动力》，《科学学研究》2015 年第 1 期。

但是在这一过程中，营造一个宽容、开放和多样化的社会环境是至关重要的，因为创新人才喜欢聚集在兼容、开放等宽容特质的地区，而创意人才的聚集又将带来技术、投资、就业，只有如此，一个创新型的国家才有发展的强劲势头。必须指出的是，宽容的社会不仅仅要能够宽容差异，还要能主动地去拥抱差异，这种差异性能够使社区生活更加活泼有趣，不但娱乐，创意的灵感也源源不断。

新加坡国立大学通过营造宽容的工作和学习环境吸引了一大批国际卓越人才和优秀留学生，人才被吸引是因为他们知道在新加坡国立大学可以得到蓬勃的发展，并且可以自由地交流思想。换言之，任何一个大学想要激起最理想的创造力和创新合作精神，它需要为教师和学生提供比较松散的空间，不管是国外的旧金山、纽约、加州的硅谷还是中国小岗村村民、中关村的创新创业者，他们的成功都得益于宽容的社会环境和政策。在"大众创业、万众创新"的背景下，我国大学更需要营造一个宽容、开放、自由的校园环境，从而释放民智民力，丰富思想交流，吸引卓越人才。也就是说，大学只有为创新创业者清障搭台，创新创业精神才能在更大的范围内散播开来。

（二）建设卓越的创新创业师资队伍

专业化的创新创业师资队伍是大学创新创业提升水平、获得认可的基本前提，是培育创新型人才和培养学生创业技能的基本要求。新加坡国立大学国外卓越教师占据教师队伍的50%以上，他们都是世界各地在特定领域的卓越人才，为吸引世界优秀人才，新加坡国立大学给予他们丰厚的待遇，并为他们创建一流的高科技研究机构、国家级研究中心。为了发现和发展最优秀的人才，并网罗其加入新加坡，新加坡政府甚至在许多科学期刊上刊登醒目的广告，画面是一些科学家和技术人员画出五彩缤纷的背景，标题简短但切中要害："如果你是世界级的生命科学家，你就该成为新加坡人。"[1] 目前，我国高校创业教育的实施主体主要是高校负责就业工作的职能部门、创业学院或商学院教师，这是推进创业教育的骨干力量，但数量和质量总体上不能满足现实需求，没有形成

---

[1] John Kao, *Innovation Nation: How America is losing its Innovation Edge, and What We Can do to Get it back*, New York: Free Press, 2007, pp. 45, 48, 90.

顺畅的晋升发展机制与完备的培养培训体系①，因此，建立一支数量充足、结构合理、素质较高的专业化师资队伍是创新驱动发展战略背景下的紧迫任务之一，其中吸引国外优秀人才，尤其是创新创业体系较为成熟的英美国家人才，是建设卓越创业人才队伍的主要路径之一。

（三）跨国界协同创新模式培养

在全球化的背景下，对学生国际视野和国际意识的要求也与日俱增，而培养创新创业人才更要定位于国际范围内，切忌闭门造车。新加坡国立大学通过创建海外学院使学生有机会参与国际学术合作项目，进入高科技企业实习，并且学习美国等发达国家创新创业体系较为成熟的创业课程，以此来培养学生的创业技能，激发学生的创新精神，此举取得了显著积极效果，赢得了学生称颂。"在创新驱动发展战略背景下，国家所需要的创新型人才，需要依靠高等教育来培养，但我国现有的高等教育体制还不足以满足创新型人才培养的需要"②，因此，充分利用国外优质学术资源，参与前沿研究工作，通过合作项目为学生进入国外高科技企业实习，认识和体会发达国家大学衍生企业的运作原理和实践体验，对改变我国长期以来注重知识传授和理论教学的创新创业培养路径具有借鉴价值，而且进一步凸显创新创业教育的特色是实践育人、案例教学和体验教学，进而提高大学创新创业教育的针对性和实效性。

第二节 美国顶尖理工大学创新创业人才培养机制探究——以伍斯特理工学院工程教育培养为例

美国马萨诸塞州的伍斯特理工学院（Worcester Polytechnic Institute）创建于1864年，是美国历史最悠久的三所理工院校之一，该校以"真理和实践"为校训，以课程理论与实践经验的结合为办学使命，旨在让学生对社会和全球的复杂性有深入的理解。伍斯特理工学院力图培养在技术、科学、工程、管理和人文学科领域的创新型领军人物，通过理论与

① 杨晓慧：《我国高校创业教育与创新型人才培养研究》，《新华文摘》2015年第7期。
② 同上。

实践的结合，给予学生获得现实世界体验的机会，发展他们的专业技能、团队合作及应对挑战的能力。目前，该校 70% 的专业仍为工程专业，机械工程占到 30%，是该校的品牌专业。更值得关注的是，20 世纪 90 年代末以来，伍斯特理工学院一直是美国新英格兰地区最好的学校，并始终位居全美前 50—60 名，"2011 年《美国大学择校指南》认为，伍斯特理工学院是学生优先考虑的全美前 10 所本科工程院校之一"。① 那么，伍斯特理工学院是如何培养工程教育领域的创新创业人才呢？

一 以项目设计为导向培养创新创业人才

该学院认为，在当今社会急剧变化，技术日益复杂的背景下，伍斯特理工学院未来的毕业生首先应该了解世界的复杂性，学院应教会学生具有将来从事工程行业所需的创造性，理解工程工作可能对人类社会的福祉所产生的巨大作用，培养未来工程界的创新型领军人物，需要一种跟得上时代要求和工程技术发展要求的培养理念和课程计划。于是，伍斯特理工学院在课程体系构建上采取与传统学校完全不一样的培养模式，即通过突出问题研讨会（The Great Problems Seminars GPS）、人文艺术工程（a Humanities and Arts Projects）、交互式认证项目（the Interactive Qualifying Project IQP）、专业资格考试工程（the Major Qualifying Project MQP）四个项目设计来构成主要课程体系，学生要拿到学位必须完成以上四个研究计划。总体而言，本科四年的学习时间里，伍斯特理工学院学生至少要接触 30 个设计项目，到了最后一个学期，学生还要完成一个毕业专项，这不同于传统的毕业论文，这个专项的要求是成果在毕业后可以应用到产业层面。接下来，笔者主要介绍伍斯特理工学院如何在本科四年时间内合理地安排和分配这些项目课程的学习。

伍斯特理工学院要求大学一年级新生注册两门突出问题研讨会课程，该课程为 6 个学分，这些研讨会与当下时事、社会问题和当前全球最重要的主题紧密关联。在课程开始的第一天，参与突出问题研讨会的新生们通过为大范围的社会和技术问题提供创造性解决方案，使自己专注于解决世界上最迫切的一些问题中。该学院近期开设的突出问题研讨会有"重大挑战"和"拯救世界"研讨会（the Grand Challenges and Heal the

① Worcester Polytechnic Institute. Awards & Accolades, http：//www.wpi.edu/about/awards.html.

World Seminars）。"重大挑战"研讨会主题关注的是工程和材料科学，涉及一系列的团队和个人探究计划，这些计划与 21 世纪工程科学面临的挑战，包括能源、交通、住房、粮食分配、再回收利用、可持续性及医疗健康密切联系在一起。"拯救世界"研讨会则以传染病生物学为研究起点，然后延伸到疾病控制的管理。该研讨会指派若干个由 3—5 名学生组成的小团队去完成一个主要的探究计划，并且最后要公开呈现研究发现及解决方案。

在大学二年级的时候，伍斯特理工学院的学生需要完成人文学科领域的课程要求，这些要求与该校其他学位要求一致，并且尤其重视基于探究式的学生学习方法，该课程为 3 个学分。这一阶段主要通过以下方面的目标使学生投入到理论与实践中：① （1）向学生介绍人文学科中所表现的人类经验的宽广性、多样性以及创造性；（2）充实学生对自身的理解；（3）鼓励学生去反思他们对于区域、国家以及全球群体的责任；（4）鼓舞学生发展批判性思维和独立思考的能力；（5）增强学生以一种开放和合作的精神与他人有效交流的能力；（6）加强学生通过连续批判探究在一个关注的主题领域运用概念与技能的能力；（7）激发学生对于人文艺术类学科的长远兴趣。

为了顺利毕业，学生们在大三、大四的时候需要参加伍斯特理工学院专题研究项目。这些项目是在教师指导下，与公共及私人雇主合作完成两个重要的计划——"交互认证项目"和"专业资格考试工程"。自 1972 年伍斯特理工学院实行该项目以来，已有数以千计的学生项目在企业、非营利性组织和公共组织的合作下得以完成。这些专题研究项目使雇主有机会和伍斯特理工学院携手，一起为未来的工程师、科学家以及商业经理提供工作经历。在项目实施的整个过程中，学生们会接受伍斯特理工学院教师的监督和建议。与此同时，外部赞助者也会发挥支持顾问的作用。为了拿到理学士学位，学生必须向他们的导师和赞助商提交两份专业水平的报告，并且鼓励在赞助商的工作地点作口头陈述，最终所有项目的摘要都会被发表。

在大学三年级的时候，学生们必须完成"交互认证项目"的要求，

---

① Clifton Conrad, Laura Dunek, *Cultivating Inquiry – driven Learners：A College Education for the 21th Century*, Baltimore：The John Hopkins University Press, 2012, pp. 23, 34.

该项目为 9 个学分。在一个或多个导师的直接指导下，学生们以 2—4 人的团队为单位，解决科学技术在面临社会挑战和人类需求时产生的问题，这种跨学科的要求帮助伍斯特理工学院的毕业生以一个公民或专业人员的角度去理解他们的职业如何对社会产生更大的影响。交互认证项目的想法，部分来自外部赞助商，部分则来自教师和学生自己。简单来说，一个交互认证项目涉及至少一个单元的学术工作，这相当于三门课程，完成该项目既可以在一个学期之内，也可以延长至多个学期，交互认证项目是一个意图宽广的综合体验。必须指出的是，该项目团队成员通常来自不同的学科，而且学生运用解决项目问题的方法与自己本身的专业没有太大的相关性，例如，参与该项目的学生通常使用社会科学和人文科学领域的研究方法。

尽管很多交互认证项目的完成与伍斯特理工学院有关系，但是大概 60% 的计划都是通过该学院全球化视野计划（Global Perspective Program）完成的，这些计划出自伍斯特理工学院分布于非洲、美洲、亚洲、澳大利亚和欧洲的专题研究中心。自从 20 世纪 80 年代该计划实行以来，已有 5000 多名学生在分布于五大洲的超过 25 个工程中心完成了校外计划。伍斯特理工学院的项目对个人、不同组织和全世界的机构产生了积极的影响。例如，在威尼斯，学生通过工程设计项目的参与和方案的实施，保护运河两岸的建筑免受海平面上升所引起的洪水侵袭；在泰国，伍斯特理工学院的学生将太阳能带到了边远部落，评估孔堤贫民窟（the Klong Teoy slum）内的贫民正面临的环境威胁。[①]

在大学四年级的时候，学生们需完成一个"专业考试资格工程"，该项目为 9 个学分。该工程为学生提供机会去获得本专业领域的高水平设计或非常有趣的研究经历。专业考试资格工程通常以团队的形式进行，并且经常获得公司或其他外部组织的赞助，该毕业论文项目是伍斯特理工学院以项目深化教育的必要组成部分，并且还作为学生通向职业生涯、成为研究生以及开启有收获的个人及公共生活的起点。每年的春天，伍斯特理工学院所有学术部门的学生团队都会在年度模范学生展示会上向导师和外部赞助商就他们的专业项目展开公开陈述。

---

① Clifton Conrad, Laura Dunek, *Cultivating Inquiry – driven Learners：A College Education for the 21th Century*, Baltimore：The John Hopkins University Press, 2012, pp. 23, 34.

二 构建创新生态系统培养创新创业人才

近年来，美国高校学生对创新创业课程的兴趣大涨，截至 2006 年，美国高校就开设了 500 门关于创业的正规课程，这个数量是 1975 年的 4 倍。可以说，在过去几年中，创新创业课程的数量呈指数般增长。[①] 与此同时，美国现在至少有 450 所大学和学院拥有创业项目[②]，但创业课程通常是由商学院开设的，而且这类课程还没有完全渗透到科学学科内部或将科学发现的理念与构想与产品明确挂钩。

伍斯特理工学院试图通过构建创新生态系统来将创新理念与生产产品之间构建桥梁，从学生进入大学的第一天直至毕业，学院把这些创造性原则与学生的课程紧密地联系在一起，旨在为每一个学生营造一个鉴赏和培养创造力的氛围，并在整个学科中关注创业和创新文化的重要因素，这完全契合最近有关培养学生创造力的实证研究结果，即"在教育中有三个推动创造力的重要步骤，它们分别是为教授创造力提供手段和培训机会；使创造力培养成为课程中的必要组成部分；减少阻碍创造力发展的任务规定"。[③] 伍斯特理工学院所构建的创新生态系统主要通过基于证据的，并与以下列出的四个具体目标协调一致的措施来提升毕业生的创业和创新能力，每一个目标都具有跨学科的元素并且需要所有领域的教职工支持并参与其中。

（1）在每学年的课程中通过将创业思维原则与他们所需的课题研究相联系来丰富对学生的教育；

（2）在学生职业生涯的初期为他们提供特定学科创新和创业的具体例子；

（3）考察校园中的创新生态系统，并将重点放在师资和课程建设上；

（4）为了建立一个科技创新生态系统，通过宣传措施分享最佳实践。

---

① Kauffman, *Entrepreneurship in American Higher Education*: *A Report from the Kauffman Panel on Entrepreneurship Curriculum in Higher Education*, kauffman. org/uploadedfiles/entrep_ high_ ed_ report. pdf, 2008.

② U. S. Department of Commerce, *The Innovative and Entrepreneurial University*: *Higher Education, Innovation & Entrepreneurship in Focus*, The Office of Innovation and Entrepreneurship at the Economic Development Administration, Vol. 10, 2013, p. 15.

③ Barriers to Creativity in Education: Educators and Parents Grade the System, https://wwwimages2. adobe. com/content/dam/Adobe/en/education/pdfs/creativity - study - infographic. pdf, 2013 – 08 – 21.

对于学生而言，为其提供创造力和创新思维领域的锻炼机会对掌握这一领域的关键技能是至关重要的，这正如人类学习方式原则研究报告所指出的，"如果学生想要掌握某一学科领域，那么应该给他们提供多种机会去实践并接收反馈是至关重要的"。① 为了确保这些技能能够在学生所选择的研究领域中进行学习迁移，培养创新和创业思维的技能融入他们的学科作业中并且在整个课程体系中融会贯通，为了使这一过程能够跨学科，并且能够迁移到其他机构中，应该将各个模块合并在一起：即开头介绍创新过程，随后呈现商业化原则、技术转化，在最后引入创业的实际应用。设计这些模块时应该联系学生现有的课程，并且在那些需要学生完成任务的课程中，这些模块最为有效。创业原则从学生开始大学学业的最早期阶段就在其课程设置中相互交织是最为关键的。

（一）将创业技能与项目设计相连接

在伍斯特理工学院，超过一半的大学一年级的学生参与由来自不同学科的团队教师所开设的讲座。每一次讲座都会讨论全球面临的七大挑战之一，如拯救世界、让全世界人口的温饱问题、推动全球的发展等。在这些讲座中，学生以小组合作的方式为这些领域中规定的问题制订解决方案，在他们的项目作业中，小组会使用到许多成功企业家所必需的技能，例如创造力、发散性思维、团队协作、有效沟通、理解人的行为以及拥抱多元化（见图6-2）。然而，讲座很少专门深入讨论这些技能或者将其与他们未来的职业生涯相联系；相反，重点在于该项目的结果而非完成项目的过程。作为整合模块过程中的一部分，允许学生认同和识别他们开发的技能是提升他们创新能力和发展企业家思维的第一步。

随着学生在课业中取得的进步，他们逐渐学会欣赏和理解商业化进程。在学生三年级的时候，学校要求他们以团队合作的形式完成一个项目，并且每个团队必须生产出有形的产品，例如，滤水系统（Water Filtration Systems）、母乳储存系统（Breast Milk Storage Systems）以及为发展中国家的棚户居民设计的可持续利用的隔热纸（Sustainable Paper Insulation）。

---

① *How People Learn*: *Brain*, *Mind*, *Experience*, *and School*, Washington: National Academic Press, 2000.

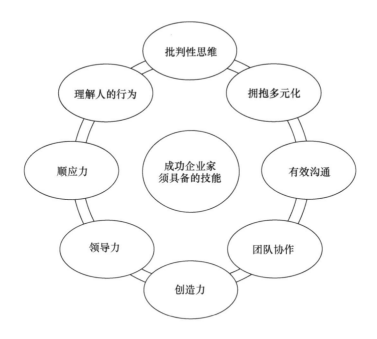

图 6 - 2 成功企业家技能构成

这些小组被设计成跨学科的团队，要求工程师、生物学家、数学家共同完成任务，很多团队开发了一些非常有创意的想法，但是由于生产成本等因素而被搁置，因此，学生在这一阶段必须意识到自己所设想的创新创意理念应与现实因素相契合，必要时可能需要对好的创意加以修正或者是需要重新思考另外的解决方案，要做到这一点，必须在模块中囊括解决方案实用性和市场价值的训练。换言之，如果学生想要成为创新型人才和企业家，他们必须了解市场的需要和需求并且愿意顶着这些压力前进。

（二）提供创新创业实例强化学生的创新创业理念

通过向学生提供具体学科中创新和创业的实例，使他们在其职业生涯早期就能够将自己设想成革新家，这样这些成功的案例便容易在具体学科的课程中得到强化和产生榜样作用。这些成功的案例主要包括使安全银行得以实现的数论和现代密码学之间的联系，对果蝇眼睛进化的研究导致发现了目前研究最多的治疗癌症的途径之一，对煤沥青的研究涉及布料的紫色染料等，将这些例子整合进课程会给学生提供在他们所选择的领域中所产生的创新型的、有关现实世界的解决方案，并且应该在学生学习初期就强化创业的理念。

在整个课程内整合并强化创新和创业理念会为学生提供深入学习的最佳机会。给学生提供多个场合去实践所需的技能并且就他们的进步提供反馈意见。通过大学四年的经验，学生有时间反思自己的经历。随着将创业理念与他们的课业联系起来，学生可以通过采用与他们的个人利益和目标更相关的方式处理事务，而非通过由商学院提供的独一标准的创业课程。"实践，反馈，反思，情感联系和动机是人类学习方式的所有关键原则"。① 而且该模型反映出上述原则创建了一个具有深度和高效学习经验的最佳环境。

（三）促使教职工参与到创新生态系统

大学推行创新创业教育需要有一定比例的来自校外的有实践创业经验或是有企业丰富经历的师资，他们的存在有助于高校与社会保持畅通对接，使创业教育氛围的情境真实性能够更好地营造，使创业知识的时效性能够得到更好保障；与此同时，大学也需要一批孕育自校内的专业学识严谨、商业头脑敏锐，具备很好创业意识的师资，他们的存在使高校创业项目和课程设计能够更好地符合教育规律，更顺利地与高校其他教育内容实现高效整合。② 因此，构建一支倾向于以企业家精神解决现实问题，拥抱差异的师资队伍对于促进学生创新创业教育是很关键的。鉴于此，伍斯特理工学院在师资队伍建设过程中着重解决以下几方面的问题：（1）我们的教师在创业方面受过何种培训？（2）怎么样才能让我们的教师在将创新原则融入进自己的课堂时感到舒适？（3）哪些因素影响我们最具创业精神的教师成为创新者以及我们能否开发出将企业家精神灌输给下一代的最佳实践？

伍斯特理工学院主要通过开发培训讲习班以及制订针对教师的支援方案，来帮助教师推动他们的创新潜力并且培养他们为学生提供创业指导的自信心。教师发展是成功的关键所在，为了支持教师队伍建设，该学院还从工商界招聘领军人物给教师提供在商业化、知识产权、发展科研转化、商业规划等领域的现时及现实指导，这也有利于为学生们提供

---

① *How People Learn：Brain，Mind，Experience，and School*，Washington：National Academic Press，2000.

② 严毛新：《走向差异：高校创业教育的应有格局》，《高等工程教育研究》2015 年第 2 期。

成功范例和"英雄"实例。例如，伍斯特理工学院校友会和知名企业家科特·卡尔森（Curt Carlson）在他的创新公式上开发了教师研讨会。

（四）通过跨学科和对话形式培养创新创业人才

20世纪80年代以来，通过跨学科和对话的形式培养创新型人才已经成为发达国家制定高效发展战略的重要举措，因为人类社会发展的复杂性等引起的重大问题，不是单凭哪一个学科领域的专家就能解决的，往往需要汇聚一批具有跨学科思维、掌握多学科理论知识和方法、善于学习和借鉴与创新的高层次复合型人才。很显然，如爱迪生般在森严的实验室中隐居已不再成为当代科学研究的规范，高校越来越重视跨学科作业、共享专业知识与发现，可以肯定地说，跨学科培养是伍斯特理工学院努力贯彻的基本原则。

伍斯特理工学院在创新创业人才培养过程中极为重视学生的多学科知识的学习和实践锻炼，例如，学生在大学三年级的时候需要完成必修课程"交互认证项目"，这个项目要求学生做一个非专业的课题，目的是体现作为一个工科学生或者工程师其所做出的成果对社会发展的意义。举例而言，学院让一组机械工程的人研究校园的交通流量问题，哪个校门应该限制、有什么地方不合理，这是实际的技术问题但是非本专业的技术问题，完成这个项目首先要定义这个问题究竟是什么问题，学生肯定看不懂，导师也可能不懂，就要查资料访问适当的人，分析有几种可能的解答；继而引申到其他类似的情况，找到可比性。[1] 这种通过跨学科教育平台对现实问题做出的回应也构成了伍斯特理工学院投建创新生态系统的重要组成部分，"一个生态系统是团体成员为了回应环境变化而在不断演变中的一张错综复杂的关系网，为了让创新与创业的生态系统更好地发挥功能，应该实时监控这些变化并且采取合理措施以保证团体的顺利合作"。[2] 美国最大的专门支持创业教育的考夫曼基金会也进一步指出："学术生态系统需要对外部变化力量做出回应，这些力量主要包括：学生及其愿望的交织、社会的需要、经济形态，机构内外资源的性质及

---

① 融亦鸣：《基于项目的教育：美国伍斯特理工学院的"双塔传统"》，《中国高校科技与产业》2008年第11期。

② Tara Mann, Karen Oates, Jerry Schaufeld, Boosting Innovation and Entrepreneurship: An Ecological Approach in Higher Education, Proceeding of the International Conference on Innovation & Entrepreneurship, 2014（3）.

其可利用性，这既是行政管理层面的挑战，也是生命力和创造力的源泉。"①

三 余论与思考

伍斯特理工学院在创新创业人才培养路径上主要是以项目驱动构成课程体系、以结果导向培养机制以及通过构建创新生态体系这种独辟蹊径的培养方式。伍斯特理工学院这种充满新意的培养之道在美国工程教育界独树一帜，获得各界的好评，"达到了学生满意、企业满意、学校满意、家长满意，可资证明的是，公司不仅花时间、精力、金钱全力支持伍斯特理工学院的项目，还要求继续扩大；美国工科本科生的平均年薪是 4.5 万美元，而伍斯特理工学院工科毕业生年薪是近 6 万美元"。② 诚然，随着当前经济增长和发展的需要，为开发学生及教师队伍的创新潜能而开展这方面的投资对于可持续性发展而言是至关重要的，但是随着当今市场的迅速发展，伍斯特理工学院的毕业生究竟能否继续如期所望而成为工程界的创新创业领军人物，这个问题现在讨论还为时尚早。

但是，我们可以看到的是：第一，伍斯特理工学院着重于培养学生即时了解全球市场动态以及对其做出回应，并且在培养方式上强调学生的"做中学"教学模式，为了使学生通过课程学习实现"做中学"，伍斯特理工学院结合自身的条件和资源开设了"人文艺术工程"、"交互式认证项目"、"专业资格考试工程"三种项目设计，并通过一切途径使这些项目得以实施。更值得注意的是，为了让大学毕业生去适应不断变化的环境，甚至要参与到这种持续的不断重构的环境中，该学院所开设的项目设计都是当代社会亟待解决的紧迫问题，而不仅仅是对知识的简单获取抑或运用现有知识，"21 世纪的大学教育必须培养学生对自身知识与思想进行反思的能力，对紧迫的社会问题作出回应，如爆炸式人口增长、自然资源的急剧短缺、特定区域的水资源不足、石化燃料能源的供不应求、全球气候和生态环境的恶化、全球政局的不稳定、核武器的扩散等。归结而言，只有人类学会同情他人，感激那些勇于面对这些挑战的人们，

① Kauffman, Entrepreneurship in American Higher Education: A Report from the Kauffman Panel on Entrepreneurship Curriculum in Higher Education, kauffman. org/uploadedfiles/entrep_ high_ ed_ report. pdf, 2008.

② 融亦鸣：《基于项目的教育：美国伍斯特理工学院的"双塔传统"》，《中国高校科技与产业》2008 年第 11 期。

更重要的是，采取行动去保护他人，我们才能在这个复杂、岌岌可危的环境中得以生存"①。

第二，20 世纪后期以来，美国在工程教育领域存在的一系列问题日益引起政府和社会各界的重视，呼吁工程教育必须做出某些改变的要求一直都没有停止过，有研究者指出，"工程人才短缺和工程教育质量问题，是全世界面临的共同问题，于是，从 1986 年开始，美国国家科学基金会（NSF）、美国国家研究委员会（NRC）、国家工程学院（NAE）和美国工程教育学会（ASEE）纷纷展开调查和制订战略计划，积极推进工程教育改革"。② 作为美国工程教育界著名的理工科学院，伍斯特理工学院正在努力尝试新的工程人才培养理念和实践，这无疑是对近年来工程教育批评的切实回应，相信这些举措对工程教育的发展前景而言也是种积极的信号，尽管伍斯特理工学院当前所取得的成就与理想仍有一定的距离，但是路漫漫其修远兮，这种勇于大胆变革和创新的勇气和精神对整个工程教育界而言是值得称颂的。

第三节 来自伦敦大学国王学院的案例

一 伦敦大学国王学院的创新创业发展战略

（一）基本概况

伦敦大学国王学院（King's College of London，KCL）成立于 1829 年，是伦敦高校中历史最长、规模最大的学校之一。KCL 现有九大学院，13800 名本科生和大约 5300 名研究生。③ KCL 还是罗素大学集团④的成员。KCL 的研发经费常年位居伦敦地区高校研发费用拨款的前列，2014—2015 年获得的政府拨款和合同收入超过了 1.01 亿英镑，总收入为

---

① Clifton Conrad, Laura Dunek, *Cultivating Inquiry – driven Learners：A College Education for the 21th Century*, Baltimore：The John Hopkins University Press, 2012, pp. 23, 34.

② 查建中：《工程教育改革战略"CDIO"与产学合作和国际化》，《中国大学教学》2008 年第 5 期。

③ King's College London Website, http：//www. kcl. ac. uk/index. aspx.

④ 罗素大学集团（The Russell Group）成立于 1994 年，由 24 所英国最顶尖的研究型大学组成，包含了著名的金三角名校，是英国重点研究型大学联盟，被称为英国的"常青藤"。

3.64亿英镑。[1] 在 2011 年的《研究评估考核》（Research Assessment Exercise）中，KCL 共有 24 个领域的教师队伍质量获得了 5 * [2]的评价，而研究水平的评价也达到了很高的 5 分，这意味着该校的研究已处于国际卓越的水平。KCL 的校训是"促进知识进步，在服务社会中学习和理解知识"。[3]

（二）创新创业发展战略定位

定位是为事物发展确定方位，是方向性、根本性问题[4]，是指引事物往后发展的主枢纽，具有导向性作用。KCL 的创新创业发展战略主要是为解决知识转化和商业化过程中的障碍，其具体举措如下：[5] 第一，采取保护措施，以防止因教学、研究和管理的需要而将知识转化边缘化；第二，加强各学院推销和商业发展的能力；第三，学校将改善投资计划和各个学院的相关风险管理文化；第四，学校还将进一步提升创业意识和创业活动；第五，通过提供技术孵化器来防止衍生公司的损失。学院的目标是成为英国高校中知识转化领域的佼佼者。

这种创业发展战略的定位在一定程度上阐释了，该学院必须始终将企业家精神和创业意识的培养作为主要发展目标，把企业家精神嵌入创业课程、创业教学、创业习得的过程中，"在这里，之所以高度重视创业精神和创业意识培养，是因为在人们缺乏创业精神准备，因此还不想自己创办企业的情况下，着重向他们讲怎样去创办企业是没有用的，通过这些启蒙教育，在学生头脑之中植入强烈的创业愿望，种下对创业心向往之种子，以期这粒种子在将来遇到合适的水分和土壤发芽、开花、结果"。[6] 当然，要推行这些创新创业发展战略，并确保它们落到实处和产

---

① Thomas J. Allen, Rory O'Shea, *Building Technology Transfer within Research Universities: An Entrepreneurship Approach*, Cambridge University Press, 2014, p. 223.

② 1996 年英国开展了 20 世纪的最后一次科研评估中将原来的 5 级制评定形式改变为 1—5 * 的 7 级评定，原来的等级 3 区分为 3a 和 3b 两个等级，并新增了 5 * 这个最高等级。

③ 伦敦大学国王学院的官方网站，http://studyacrossthepond.com/universities/kings - college - london? gclid = Cj0KEQjwqsyxBRCIxtminsmwkMABEiQAzL34PbjuqSTqjzNjEodRgk5YvhfQHeJPN_ yEtmhv2pRQO - kaAoP68P8HAQ。

④ 杨晓慧：《我国高校创业教育与创新型人才培养研究》，《新华文摘》2015 年第 7 期。

⑤ Thomas J. Allen, Rory O'Shea, *Building Technology Transfer within Research Universities: An Entrepreneurship Approach*, Cambridge University Press, 2014, p. 243.

⑥ 王占仁：《"广谱式"创新创业教育的体系架构与理论价值》，《教育研究》2015 年第 5 期。

生积极的成效，必须让创业生态系统的构成要素各自发挥本身承担的职责，各要素之间的信息流和知识流相互交融，在知识溢出中进一步提高知识资源的配置效率，这样所推行举措才能顺利进行和持续发展。

二　KCL 创业教育生态系统建设的构成要素

创业生态系统是从自然生态系统中借用的一个主要概念，生态系统概念的提出体现了研究范式的转变：由关注系统中要素的构成向关注要素之间、系统与环境间的动态过程转变。[①] 因此，这部分也将借鉴自然生态系统中的生产者、分解者、消费者、催化剂之间的相互作用的思想，来分析 KCL 创业教育生态系统的构成要素（见表6－5）。

表6－5　　　　　　　　　创业教育生态系统构成要素

生态角色	对应名称	作用
内部环境	创业精神和文化	培育良好的创业氛围
外部环境	行业、区域	与外部环境交换
生产者	课程体系、师资力量	创意产生，形成创业意愿
分解者	机构组织	评估想法的可行性、完善创业理论教育，提供技术支持
消费者	企业	吸收和转化创业成果
催化剂	创业行为及活动	加速产生创业想法，建立新创企业

资料来源：何郁冰、周子琰：《慕尼黑工业大学创业教育生态系统建设及启示》，《科学学与科学技术管理》2015 年第 10 期。

（一）生产者——课程体系和师资力量

课程体系的设置和开展是推行创业教育的基础性工作，是创业教育的精神食粮，通过创业课程的学习和实践性教学方法的体验，能使学生转变创业态度。KCL 的创业课程体系具有系统化和多样化的特色。在课程内容上着重强调对创业理论和实践的融合，培养学生的创业意识和实践能力，突出实践的可操作性，注重解决"如何去做"（How）和"为什么去做"（Why）的问题培养，这在一定程度上超越了很多高校的商学院和课程设置上仅仅培养学生"知道什么"（What），但却无法让学生知道

[①]　曾国屏、苟尤钊、刘磊：《从"创新系统"到"创新生态系统"》，《科学学研究》2013 年第 1 期。

"为什么"和"如何"的人文情怀。换句话讲,在创业精神和创业意识的培养中,学生如果仅仅只知道要创办企业,而不知道为什么要创办企业抑或说要如何去创办企业,这些培养方式是没有可持续性的。KCL 创业课程融合了学习"知道什么"等理论层面的知识与"学习为什么"和"怎样去做"的实践问题,把理论与实践融为一体。

以该校组织的《企业家和创业》(Entrepreneur and Entrepreneurship)这门课为例,该课程包括四个部分:(1)邀请富有创业经验的企业家进行讲演,并与学生互动;(2)针对学生撰写的商业计划举行研讨会进行讨论;(3)学生撰写创新日志,追踪最新的相关市场商业新闻,这有助于他们更好地理解在当前社会和经济背景之下的商业问题;(4)与当地的企业合作,定期进入企业观摩和浸入式学习。必须指出的是,该校没有采用仅仅基于案例的教学方式(Case – based only),因为他们认为这种方法对于缺乏工作经验的传统本科生而言是不够的。[①] 简言之,KCL 的创业课程主要关注方面包括对全校有意愿的学习创业课程的学生进行指导和检测、采用体验性、实践学习的方法(Experiential,Practice – based learning),构建了一个涵盖全校性的跨学科课程体系。

除了开发富有特色的课程体系,KCL 还鼓励研究人员创办企业,并拥有股权。近几年来,英国的大学开始投入更多的精力来评估学者对知识产权的拥有权。《英国 1997 年专利法案》(The UK Patent Act 1997)的条款规定,只要雇佣合同中白纸黑字写下来,具有明显的发明潜力的雇员的发明将归雇主所有,这在一定程度上激发了研究人员的创业积极性。

(二)分解者——支持性机构组织

以中介组织为主的支持性机构组织为国王学院的创业项目、知识商业化策略以及大学衍生公司的发展提供了全方位的支持,推进一个富有前景的创意理念快速地转变为商业机会。各支持性机构及其角色如表 6 – 6 所示。

1. 主导性综合机构

主导性综合机构在 KCL 创业生态系统中处于核心位置,它统筹该校相关创业活动的全面工作,是负责该校知识资本化和研究技术转化和商

---

① Bruse Kingma,*Academic Entrepreneurship and Community Engagement*,Cheltenham:Edward Elgar,2011,p. 18.

业化开发的主阵地，这类工作主要由国王学院企业（KCL Enterprise）负责。其主要职能包括：为研究成果寻求商业化机会、开发新的合作战略、寻找资金、销售、专利申请和知识产权保护、许可、指导衍生公司运作和管理，商业化合同谈判和管理临床试验协议。在许可收益（licensing income）方面，其目标是在 3 年以内让收益翻倍；而对于衍生公司的创建，主导性综合部门希望每年开办 2—3 家具有增长前景的衍生公司，然而它并没有对目标收益进行细化，因为在企业发展的早期就将预期收益具体化显得为时过早，这完全符合初创企业发展规律。

表 6−6 　　　　　　　　　　KCL 创业支持性机构组织

组织名称	角色作用
KCL 企业部（KCL，Enterprise）	主导性综合机构
公司发展部（Business development）	研究机构
研究拨款与合约部（Research Grants and Contracts）	研究机构
KCL 咨询公司（Kcl Consultancy）	研究机构
技术转化部（Technology transfer office）	技术机构
企业孵化部（Enterprise Incubators）	技术机构
大学挑战基金（University Challenges funds）	资金支持

资料来源：笔者根据相关文献整理。

该部门在管理知识转化和商业化过程中并没有一切以利益收入为导向、唯利是图，而是在遵循知识转化细则和衍生公司发展规律的基础上，对它们进行管理，例如，KCL 的高级管理团队想要提高知识转化活动的回报率，但是管理人员却意识到很难做出相关预算，因为这些活动没有具体可循的规则，很难预测，所以便在多方磋商和研讨的基础上确定了应对举措，当获得回报的时候，该部门会将利润分配给发起活动的技术机构、研究机构等部门，而剩余的部分就会留给学校，用作创新活动的战略投资。

2. 技术机构

为 KCL 创业教育活动提供技术支持的机构主要包括技术转化办公室（TTO）和企业孵化部。它们与研究机构一起形成了 KCL 创业教育生态系统的两翼。

　　技术转化办公室的职责主要是与研究者共同寻找新的商业机会、知识产权的保护、尽职调查、实施商业化战略、推销、与潜在的技术认证者进行谈判和执行认证协议。在直接的外部认证中，技术转化人员会参与衍生公司创建时的项目团队。此外，技术转化人员还会与研究拨款和合约部的同事合作，向与研究基金有关的知识产权提供建议。而企业孵化部的职责是，把经过技术转化部确认可行的创意构建模型后进行孵化，它是学生抑或研究人员创意理念成型后巩固其生存率的主要环节。

　　3. 研究机构

　　公司发展部、研究拨款和合约部（Research Grants and Contracts）、联合临床试验办公室（Joint Clinical Trails Office）、国王学院咨询公司（KCL Consultancy）是 KCL 的主要研究机构，它们不仅为该校的创业活动提供理论支持，而且在知识转化的后期阶段，即发展衍生公司阶段发挥了主导作用。

　　在管理范围上，公司发展管理团队在内部主要关注学校的各个学院和部门，该团队与各个学院通力合作，与它们一同制定商业化和技术转化的决定。例如，为了增加与制药企业的联系，公司发展团队组织了开放日、会议和大型的企业会议。公司发展团队还会与 KCL 的校友建立长期合作关系，同时也会发展与顾问的关系网络。公司发展人事部门的目标是对整个行业有着全面的了解，这样他们才能够充分利用跨学科的优势去寻找和发展商业化机会。

　　公司发展团队分为健康组和艺术与科学组。健康组的成员都具有科学博士学位，他们中的有些人曾在企业工作，有些人曾在博士后流动站学习，还有的则参与过其他公司发展活动。公司发展团队的官员被认为必须接受过科学的培训，并拥有寻找和发展商业化机会的能力。为了发展特长和建立关系，团队鼓励成员到合作的部门进行实习或外部其他单位交换学习。比如，该团队就与伦敦发展局（London Development Agency）之间存在双向的交流学习。公司发展团队的成员并没有在新企业或金融界工作的经历，但是他们都深知知识产权问题对于研究商业化的重要性。艺术与科学组涵盖的领域包括艺术和人文、社会科学、物理科学和工程学。鉴于其在伦敦的优越地理位置，艺术和文化企业为之提供了很多商业化的机会。他们已经与很多机构建立了合作，比如国家剧院（The National Theatre）、国家电影院（The National Film Theatre）、莎士比亚环球中心（Shakespeare's Globe）和泰特现代艺术馆（TATE Modern）、英国国家大剧院（The English National Opera）和大不列颠博物馆（The British Museum）等。由此可以看出，作为为整个创业过程提供理论支撑的公司发展部，无论在科学还是人文理论知识上都具有很强的基础。

（三）消费者——行业与企业

消费者作为创业教育生态系统的重要组分，是维系该系统正常运作的重要驱动力。[1] 为促进创业教育落到实处，KCL 已经与制药、生物技术、医疗设备等共超过 100 家新老企业建立了合作关系，这些合作关系为企业伙伴们提供了早期的技术发展、关键决策指导、高质量的临床试验服务以及创业资金支持。为了让 KCL 的大学衍生公司能够与外部企业和行业实行长期的合作关系，KCL 通过与外界社会事业慈善基金会合作设置创业基金的形式来资助和鼓励该校创业教育，例如，成立于 1998 年 3 月的大学挑战基金，其成立之时基金数额为 4500 万英镑，其中政府提供了 2500 万英镑，维尔康信托基金（The Wellcome Trust）提供了 1800 万英镑，盖茨比慈善基金（The Gatsby Charitable Foundation）提供了 200 万英镑，2001 年 10 月，基金会又获得了 1500 万英镑的捐赠。在大学、政府、社会携手合作支持下，这些资金支持显著地影响了 KCL 的创业行为，对于该学院开展创新创业活动和进行创新创业课程开发起到了巨大的推动作用。[2]

不仅如此，KCL 还与知识产权投资公司 IP 集团建立合作关系。IP 集团的核心业务是通过把源于研究密集型机构的知识产权商业化，以为利益相关者和合伙人创造价值。该集团建立于 2001 年，过去的唯一合作伙伴是牛津大学。到目前为止，IP 集团在为利益相关者和合伙人创造价值方面表现得十分出色，其中有八家投资组合公司进入了"可选投资市场"（the Alternative Investment Market）名单，还有一家已经出售。除了它与伙伴将知识产权商业化的核心活动以外，IP 集团还有三家主要的附属机构：顶尖技术企业（Top Technology Ventures）、现代生物科学中心（Modern Biosciences）和现代水中心（Modern Water）。

---

① 何郁冰、周子琰：《慕尼黑工业大学创业教育生态系统建设及启示》，《科学学与科学技术管理》2015 年第 10 期。

② Allen Gibb, Towards the Entrepreneurship University, http：//ncee. org. uk/wp – content/up-loads/2014/06/towards_ the_ entrepreneurial_ university. pdf.

（四）催化剂——创业活动

为了促进该学校的创新创业教育的发展，KCL 还经常组织一系列以创新创业为议题的创新创业比赛，为致力于为创新创业教育的研究人员和学院提供相互交流的平台，施展他们的创造性思想，例如，科学企业挑战赛（The Science Enterprise Challenge）成立于 1999 年，其目标是在英国的大学范围内建立一个联结中心的网络，进而关注向科学和技术专业的学生传授企业和创业知识。此外，该挑战赛还希望通过大学衍生公司的发展来促进新商业的增长。截至目前，为该挑战赛投入了 2890 万英镑，共创造了 13 家科学企业中心（Science Enterprise Centers），英国总共有超过 60 家大学和高等教育机构参与了这一过程。

必须提及的是，KCL 在创新创业平台的构建上，高等教育创新基金会（The Higher Education Funds）在衔接和强化 KCL 和企业联络办公室、促进商业化，增强知识产权优势、孵化支持、商业建议和指导等方面都做出了巨大贡献。从 2011 年 6 月到 2014 年 8 月，高等教育创新基金会共授予了 KCL 89 个奖项，这进一步促进和鼓励了该校在区域技术转化和国家经济发展上做出更大贡献。

三　KCL 创业生态系统的要素互动

自然生态系统中的生态性和互动性是维持系统正常运作的两个最主要特征。正是这种互动性促使创业生态系统与外部环境，以及系统内部各要素之间打破壁垒，呈现一种开放的姿态，实现多渠道互动与交流。KCL 在创新创业发展战略定位的目标驱动下，将研究者、相关创业基金、构建支持创业平台等"软"、"硬"资本投入创业教育活动中，并且调动政府、企业、科研机构一起为该校的创业活动投入科研创新资金和创业指导。

（一）促进从创业的"消费者"到"生产者"的信息流和资金流

如由英国政府、维尔康信托基金、盖茨比慈善基金共同捐赠的大学挑战基金的创建，为 KCL 的学生和研究者实行创业教育活动提供了丰富的资金支持。换言之，只有作为企业的"消费者"与作为研究人员的"生产者"实行真正的互动和通力合作才能使创业活动真正落到实处。

（二）加强创业的"生产者"到"分解者"的知识流和支持机制

如果研究人员和学生在产生富有市场前景的创新理念之后无法得到"分解者"支持性机构的支持和认可，那么他们的想法就有可能搁浅抑或"夭折"在实验室。因此，在研究人员和学生提出某种创意后，KCL 的主导型综合机构、研究机构、技术部门会在既分工又合作的职能分配下对其进行评估鉴定，然后对可行的想法进行模型构建和理论支持。在此阶段，企业孵化部门发挥了重要作用，它通过与有意的创业者合作，共同建立新的衍生公司部门，并在企业建立后为外部的服务商和投资者提供支持，以及扮演企业与 KCL 之间的沟通渠道，为企业等"消费者"输送相应的创业型人才及创业成果。

（三）不同类型的创业"催化剂"促进了创业生态系统各个环节的循环流动

除了通过"生产者"创业课程的基础性支持外，KCL 还通过定期举办科学企业挑战赛、大学挑战计划等商业计划大赛为学生提供创意发展平台，不断激励它们投身于创新创业活动中，提高实践能力。

在 KCL 的创业生态系统中，从最初的"生产者"（创业课程和研究人员）的投入到"分解者"支持性机构的大力支持和制度支撑，再到通过"催化剂"等商业计划大赛的实行，KCL 的校园的各类创业活动进行得如火如荼，校园创业氛围蔚然成风，为企业和科研机构输送了大量创业型人才和产生了许多大学衍生公司，他们不但促进了当地经济的发展，而且反过来进一步促进了 KCL 在创业人才培养和创业活动上的支撑力度。

总之，在定位于加强大学衍生公司创建的目标驱动下，KCL 为学生和大学研究人员创办大学衍生公司提供了良好的创业人文环境、支持性创业平台和其他社会资源，逐步形成了以发展大学衍生公司为核心，整合内外部资源和信息的创业教育生态系统。

四 KCL 创业生态系统对我国创业教育体系构建的启示

国王学院作为英国高校最为典型的创业型大学之一，近年来，依托丰富的外部资源及创业社交网络，开展了各种类型的创业活动，产生了许多大学衍生公司，对当地经济产生了积极影响，提供了就业机会，培养了一批有技能的劳动力。例如，自 1991 年建立以来，KCL 已经创建了33 家衍生公司，在与知识产权投资公司 IP 集团合作过程中也产生了66家投资组合公司。截至 2014 年年底，这 33 家衍生公司仍有 28 家活跃在商界，并在 2014 年年底时共创造了 480 个岗位。[①] 同样地，大学对当地

---

① Thomas J. Allen, Rory O'Shea, *Building Technology Transfer within Research Universities: An Entrepreneurship Approach*, Cambridge University Press, 2014, p.224.

区域的投资与贡献最终也使自己受益,因为在创业生态系统中,知识和信息等通过各创新主体之间自由流动,不但扩大了知识的多元性,实现了知识共享,还增强了各创新主体之间的合作,实现了协同创新,因此总结国王学院逐步建构起的创业生态系统的成功经验是非常有必要的。

第一,KCL创业生态系统的建设再次有效地证明创业型大学的构建并不是单靠领导层和管理层的白上而下的推行,营造良好的创业文化才是关键。但是,要形成良好的创业文化并不是一种口号或隔空喊话,最终还是要落实到现实举措中。例如,学生通过参与企业科学挑战赛、参与浸入式企业实习有助于他们逐渐形成应对创业挑战的支持网络,而且还为学生提供与学术企业家一道参与商业化项目的机会,有助于加大使新创企业更快地取得成功的可能性;研究人员沉浸于技术转化和商业化的鼓励和激励之下,有效地激发他们的创业动力和信念。换句话讲,大学作为一个整体必须以创业为本并且响应研究人员、学生以及学术企业家创业的需求,将积极的文化信念及设想渗透至校园的各个方面。

第二,应该构建指导学生创业活动的支持性专业机构。在党中央国务院的号召下,虽然我国高校正在如火如荼地推动和鼓励大学生积极参与创业活动中,但是总体而言,负责创业活动的部门仍然是以往负责就业率调查的就业指导部门,显然,这种就业指导部门在数量和质量上都无法满足现实的需求。KCL的研究机构为创业者提供理论知识支撑,技术部门通过市场评估帮助创业者洞悉研究成果是否具有可持续性的商业化机会,这些支持性机构无疑对具体落实KCL的创业活动具有非常重要的作用。因此,我国高校应在支撑学生创业活动的专业性机构上出台具体的政策,设置结构合理的研究机构和技术部门,开发出更具完善和针对性的创业课程体系,构建一支专业性较强的教师队伍,这些要素对于创业起步较晚的国内大学而言是构建创业生态系统和推动学生参与创业活动的必备因素。

第三,衔接创业生态系统中的"生产者""分解者""消费者"以及"催化剂"等支持机构的互动机制,打破各支持机构中单打独斗、自成体系的现象。KCL通过与医药、生物技术等上百家公司建立了合作伙伴关系,帮助学生在毕业前进入这些公司进行耳濡目染的浸入式学习和体验,目睹企业运作过程,以此来培养学生的创业技能。我国学者刘宝存曾经指出,"长期以来,企业、高校、科研院所、政府几方面力量各成体系、各自为政的局面尚未真正扭转，分散、封闭、低效仍是我国科技创新存在的最大问题"①。因此，我国高等学校应该重视加强创业生态系统各要素之间互动机制，并且出台具体政策来鼓励学生有固定的时间进入企业浸入式实习，从参与初创企业构建中锻炼自己的创业实践能力。不仅如此，已有研究也发现："参与完成企业实习的学生与没有参与实习的学生相比，能够更好地为找工作做好准备和更快地获得第一份工作，以及具有更高的薪水和岗位满意度。"②

---

① 刘宝存：《美国产学研协同创新机制什么样——评蓝晓霞〈美国产学研协同创新机制研究〉》，《中国教育报》2015 年 3 月 10 日。

② Bruse Kingma, *Academic Entrepreneurship and Community Engagement*, Cheltenham：Edward Elgar，2011，p. 24.

第七章 我国大学构建创新系统的历史进程

随着我国社会经济转型发展的升级，以创新驱动为主题的国家发展战略被提上日程。大学与其他创新主体的互动机制是创新主体各自运行、相互协作的有机联合体，直接影响创新驱动的发展活力和实施效果，所以，研究大学与其他创新主体的互动机制问题，是国家创新驱动发展战略实施背景下非常重要的内容。历史、现状及发展趋势是事物发展的三个阶段，是对某一事物发展状态的三种认识方式，但是三者不是完全割裂的，三者统一于事物本身，是一种统合的认识论，更有利于认识事物发展运行的整体规律。从历史、现状及发展趋势三种角度去认识大学与其他创新主体的互动机制，能够实现对其整体发展状态和变化规律的认识。为此，下面将从历史、现状及发展趋势三个方面分析我国大学与其他创新主体互动机制。

第一节 中国大学与其他创新主体
互动的历史演变

虽然，我国现代大学建立之初，在"中学为体，西学为用"的指导方针下培养实用性人才，要求大学"究心经济，力戒浮嚣"，"博通时务，讲求实学"，以实现国家富强和统治太平。但是，早期大学与其他创新主体的互动是基于人才培养而不是科研创新。

新中国成立之后，我国以苏联科技研发体制为样本，建立具有我国特色的科技研发体制。大学与其他创新主体的互动主要以政府的行政命令为纽带，以政府宏观统筹和计划为基础。大学以学科为基础进行单科系列的划分，形成了单一学科群的专业性、规模化的研究机构。以国家计划经济为基础的体制中，以国家强制力量为基础建立起了各种类型、各种规模的公有制企业，这些企业规模庞大、组织内部结构功能齐全，较多的企业建立研发部门。另外，还成立了专门的研究组织如中国科学院、中国社会科学院，各省级行政机构也成立了相应的省级社科院等，成为独立于大学之外的另一重要研究机构。新中国成立初期，虽然，我国社会中存在大学、专门科研机构及企业研发机构三大类创新主体，但是，这些创新主体之间并没有特别的联系，甚至成为相互独立的三类社会组织。"文化大革命"时期是对科技工作全面否定的时期，大学与其他创新主体的互动机制遭到严重的削弱，整个社会的创新能力、创新氛围遭到严重破坏。如天津大学，49 个实验室被砸烂 29 个，其中 20 个实验室仪器被毁。[①] 从国家层面正式提出和推进大学与其他创新主体积极进行科研创新是党的十一届三中全会之后，因为这一时期国家发展战略转移到以经济建设为中心，大学与其他创新主体的创新活动从国家边缘逐渐走向中心。所以，下面将以党的十一届三中全会召开的 1978 年为时间起点，研究我国大学与其他创新主体互动机制的历史演变。

一　创新意识萌发阶段（1978—1996 年）

"文化大革命"结束之后，随着教育领域"拨乱反正"的进行，教育教学及科学研究体制逐渐恢复，科研创新体制得到正常运转，科研创新活动逐步推进，批斗科研创新者、砸烂科研创新体制的社会风气得到扭转，知识、人才重新被尊重，科研创新活动重新被纳入国家重要事业中来。如 1979 年 1 月 4 日的《人民日报》明确提出"在从事体力劳动和脑力劳动的工人阶级内部，巩固地建立起亲密无间的关系，相互学习，共同进步是实现四个现代化的基本条件之一"。"文化大革命"结束之后对知识分子的尊重和对科技工作的肯定，使广大科技工作者的工作热情得到提高，科研创新活动繁盛，科技互动日益频繁。但是科研创新活动并没有变得积极主动，科研创新工作者仍处于寻求身份和地位认同的阶段。在"科学技术是第一生产力"和《中共中央关于教育体制改革的决定》的指引下，我国大学管理走向自主创新之路，为今后一段时期我国教育科技工作的发展指明了方向。大学教育科研体制、科研院所及企业研究机构等迅速恢复，政府和社会对科研技术创新变得包容和接纳，但是此

① 王炳照、李国钧、阎国华：《中国教育通史（中华人民共和国卷）》（下），北京师范大学出版社 2013 年版，第 300 页。

时在国家层面还没有形成创新意识。国家创新意识出现的显著表现是
1995 年江泽民在全国科学技术大会上的讲话和 1995 年党中央、国务院发
布的《中共中央、国务院关于加强科学技术进步的决定》中提出"科教
兴国"战略。江泽民在 1995 年全国科学技术大会上指出:"科教兴国,
是指全面落实科学技术是第一生产力的思想,坚持教育为本,把科技和
教育摆在经济、社会发展的重要位置,增强国家的科技实力及向现实生
产力转化的能力,提高全民族的科技文化素质,把经济建设转移到依靠
科技进步和提高劳动者素质的轨道上来,加速实现国家的繁荣强盛。"
1995 年党中央、国务院发布的《中共中央、国务院关于加强科学技术进
步的决定》明确指出:"从现在起到 21 世纪中叶,是实现我国现代化建
设三步走战略目标的关键历史时期。这一时期,科学技术的迅猛发展,
必将对经济、社会产生巨大推动作用,也将给人类的生产、生活方式带
来革命性的变化。科学技术实力已经成为决定国家综合国力强弱和国际
地位高低的重要因素。"可见,这个时期国家已经把科技创新作为增强国
家竞争能力的重要工具来认识,国家创新意识实现了从接纳科研创新活
动向重视科研创新活动的转变。

这一时期大学与其他创新主体互动的主要特点是大学、科研院所及
企业的创新活动由批判转向认同和重视,它们的创新意识逐渐萌生和增
强。但是大学、科研院所及企业的创新活动是在不断寻求被认同的过程
中进行的,国家在恢复创新体系和推动创新活动积极开展方面发挥了积
极的作用。

二 创新体系初步构建阶段（1997—2005 年）

大学与其他创新主体互动机制发展的第二阶段特征是国家创新体系
初步建立,其互动机制开始了系统化的建设,主要标志是 1997 年 12 月中
国科学院向国务院提交了《迎接知识经济时代,建设国家创新体系》的
报告,该报告提出要从知识创新系统、技术创新系统、知识传播系统和
知识应用系统四个方面建设国家创新体系。为了研究如何建设国家创新
体系,1998 年成立了以朱镕基为组长的国家科技教育领导小组,并召开
了从财政上支持知识创新工程试点的工作会,强调要从财政上对科技和
教育进行优先照顾。此工作会的召开,标志着我国开始有意识地进行国
家创新体系建设。为了尽快建设创新型国家,国家专门制订了《面向 21
世纪教育振兴行动计划》（以下简称《计划》）,《计划》提出"瞄准国家

创新体系建设的目标，造就一批高水平的具有创新能力的人才；加强科学研究并使高校高新技术产业为培育经济发展新的增长点做贡献"。为了积极促进创新型国家建设，江泽民出席了 1999 年的全国技术创新大会。江泽民在大会讲话中进一步强调，全社会要把创新放到国家发展和民族进步的高度实施，要求各级领导干部和全社会都要支持创新，他指出："科技创新越来越成为当今社会生产力解放和发展的重要基础和标志，越来越决定着一个国家、一个民族的发展进程。如果不能创新，一个民族就难以兴盛，难以屹立于世界民族之林。对这个问题，不仅各级领导干部要有很强的政治意识，而且要使全社会都树立这样的意识。"1999 年，党中央、国务院发布的《中共中央、国务院关于加强技术创新，发展高科技，实现产业化的决定》提出："通过深化改革，从根本上形成有利于科技成果转化的体制和机制，加强技术创新，发展高科技，实现产业化。"这项规定进一步深化了国家创新体系建设方式，强调要从机制体制改革方面来构建国家创新体系，强调创新内部体制改革。2000 年在中国科学院第十次院士大会、中国工程院第五次院士大会上，江泽民又明确提出："要坚持不懈地在全体人民中普及科学知识，提倡科学方法，弘扬科学精神，努力形成在全社会学习科学、相信科学、依靠科学的良好气氛。尤其要加强对广大青少年的科学教育，使他们从小就养成科学观念，逐步培养起科学精神。"

　　这一时期大学与其他创新主体互动的主要特点是国家注重从系统的角度来设计促进大学与其他创新主体互动创新体系，包括知识创新系统、技术创新系统、知识传播系统和知识应用系统四个方面。这一时期的创新机制建设不断强调大学与其他创新主体要进行互动创新，而且强调大学与其他创新主体的创新成果要向实践转化，重视创新与社会经济的具体结合。

三　创新体系稳步推进阶段（2006—2014 年）

　　我国大学与其他创新主体互动机制发展的另一阶段特征是从建设创新型国家的战略高度来进行，此阶段的标志是 2006 年出台的《国家中长期科学和技术发展规划纲要（2006—2020 年）》和胡锦涛在全国科学技术大会上做的题为《坚持走中国特色自主创新道路，为建设创新型国家而努力奋斗》的讲话，两者明确提出要建设创新型国家。在 2006 年出台的《国家中长期科学和技术发展规划纲要（2006—2020 年）》中提出：

"必须把提高自主创新能力作为国家战略，贯彻到现代化建设的各个方面，贯彻到各个产业、行业和地区，大幅度提高国家竞争力"、"基础科学和前沿技术研究综合实力显著增强，取得一批在世界具有重大影响的科学技术成果，进入创新型国家行列，为在 21 世纪中叶成为世界科技强国奠定基础。""建成若干世界一流的科研院所和大学以及具有国际竞争力的企业研究开发机构，形成比较完善的中国特色国家创新体系。"同年，党中央、国务院召开了全国科学技术大会，提出要走中国特色自主创新道路、努力建设创新型国家的战略决策，胡锦涛指出，"建设创新型国家是时代赋予我们的光荣使命，是我们这一代人必须承担的历史责任。全党全国各族人民要统一思想、坚定信心、奋发努力、扎实苦干，坚持走中国特色自主创新道路，以只争朝夕的精神为建设创新型国家而努力奋斗"。这说明我国创新体系建设已经上升到国家战略角度，注重创新体系建设的自主性，彰显自己的特色。

这一时期大学与其他创新主体互动的主要特点是大学与其他创新主体互动要体现出我国的特性，走具有自身特色的发展道路。同时，大学与其他创新主体互动机制的建设已经上升到国家战略层面，要从增强国家国际竞争力的角度建设大学与其他创新主体的互动机制。

四 创新体系全面深化推进阶段（2015 年至今）

现阶段大学与其他创新主体互动机制建设走向全面深化阶段，从创新驱动战略实施创新，并提出"大众创业、万众创新"，其主要标志是2015 年 1 月李克强在全国科学技术奖励大会上的讲话，他在讲话中提出要深入实施创新驱动发展战略，激发全社会的创新激情，在全社会范围开创大众创新、万众创业的新局面。李克强指出，"国家繁荣发展的新动能，就蕴含于万众创新的伟力之中。我们将坚定不移地走创新驱动发展之路，进一步解放思想，解放和发展社会生产力、激发和增强社会创造力，促进社会公平正义，使人人皆可创新、创新惠及人人，在全社会兴起万众创新的热潮，使中华大地处处充满无限生机和创造活力"。2015 年3 月出台的《中共中央国务院关于深化体制机制改革加快实施创新驱动发展战略的若干意见（全文）》提出，"加快实施创新驱动发展战略，就是要使市场在资源配置中起决定性作用和更好发挥政府作用，破除一切制约创新的思想障碍和制度樊篱，激发全社会创新活力和创造潜能，提升劳动、信息、知识、技术、管理、资本的效率和效益，强化科技同经济对接、创新成果同产业对接、创新项目同现实生产力对接、研发人员创新劳动同其利益收入对接，增强科技进步对经济发展的贡献度，营造大众创业、万众创新的政策环境和制度环境"。

这一时期大学与其他创新主体互动的主要特点有三方面：一是把创新作为驱动发展战略来实施，通过创新实现社会经济的全面发展和升级；二是大学合作创新中面对的不只是科研机构及企业，而且还包括个体，因为国家提出要把大众创新、万众创业的全社会创新激情激发，让个体积极投入到创新活动之中；三是通过超越制度改革的方式，从体制机制和文化这两个最根本性的因素出发来扫除影响创新的障碍，创新改革触及根本性问题。

第二节　中国大学与其他创新主体的
互动现状研究

现状是事物内在属性的外观反映，展现着事物的自有状态。现状研究的本质是对事物自有状态的判断性描述，即需要有选择性地描述事物的自我状态。下面将从特征和问题两个维度，判断性地描述我国大学与其他创新主体的互动现状。

一　我国大学与其他创新主体的互动特征

"国家创新系统具有自组织形态演变发展的特点"[1]，这既是我国大学与其他创新主体互动机制发展历史的烙印反映，也是其与我国社会经济发展环境及国际社会经济发展环境相互影响、相互适应的表现。我国大学与其他创新主体的互动机制的具体特征表现在以下几方面：

（一）行政命令方式发挥着强有力的推动作用

我国的社会主义国家特征决定了我国的社会管理由政府主导，以政府行政命令的方式对社会资源进行调节和配置。虽然，改革开放以来，国家强调市场在资源配置中的基础地位，但是，政府行政管理方式仍然在社会管理中发挥着重要作用。在推进大学与其他创新主体积极互动方面，政府以行政命令方式发挥着强有力的作用，它是政府促进社会资源

---

① 姜念云：《构建有利于促进知识生产和应用的国家创新体系》，《科技观察》2010 年第 5 期。

进行配置、实现社会和谐稳定发展的本职职能，也是政府实现国家宏观战略的重要使命。政府的推动作用主要表现在对大学及科研机构的活动行为进行规范和引导，对其他创新主体的活动较少管理，具体表现在：

一是对大学及科研机构的创新活动进行政策引导。改革开放之后，1985 年出台《中共中央关于科学技术体制改革的决定》，提出要加强研究机构、大学要与企业之间加强协作，通过进驻企业等形式促进与企业密切结合。1988 年出台《国务院关于深化科技体制改革若干问题的决定》，提出科研机构及大学可以和企业联合经营，鼓励进入企业、发展科研型企业等。我国逐渐试行市场经济体制，最终在十二大提出要建立社会主义市场经济体制的改革目标。为了适应市场经济体制改革和发展的需要，1993 年通过《科学技术进步法》，以法律的形式明确提出大学、科研机构及企业在技术创新中的联合协作。同年，《中国教育改革和发展纲要》出台提出职业教育和高等教育要积极创新，积极走产学研相结合的发展道路，职业教育的具体要求是"要在政府的指导下，提倡联合办学，走产教结合的路子，更多地利用贷款发展校办产业，增强学校自我发展的能力，逐步做到以厂（场）养校"。高等教育的具体要求是"根据不同条件，大力开展技术开发、推广应用和咨询服务，兴办科技产业，使科技成果尽快转化为现实生产力"。为了迎接新世纪以科技创新为核心的知识经济时代，我国出台了《面向 21 世纪教育振兴行动计划》，对新世纪我国教育创新能力的发展提出了明确的要求："瞄准国家创新体系的目标，培养造就一批高水平的具有创新能力的人才；加强科学研究并使高校高新技术产业为培育经济发展新的增长点作贡献；深化改革，建立起教育新体制的基本框架，主动适应经济社会发展。"政府利用政策这项行政管理手段，以明文规定的方式，对教育科研创新活动的发展提出了明确的要求，产生了引导和规范的效果。

二是对大学及科研机构的创新活动进行"工程"引领。采用"工程"引导的方式是政府促进大学及科研机构与其他创新主体有效互动的另一重要措施。"科技支撑计划""高技术研究发展计划""火炬计划""国家科学技术奖励"等，都是以政府行为促进大学及科研机构进行创新活动的"工程"，体现了政府的意志和国家的力量。"卓越工程师培养计划""高等学校学科创新引智计划""211 工程""985 工程""高等学校创新能力提升计划"等，都是政府加强大学及科研机构建设、促进大学及科研机构创新能力提升的重要举措。通过"工程"引领大学及科研机构的创新活动，增强了创新队伍、创新经费，对促进创新质量的提升、促进大学与其他创新主体的积极互动产生了重要作用。

三是对大学及科研机构的创新活动进行平台建设。政府还采取了一系列措施为大学和科研机构的创新活动建设平台，如大学科技园、国家技术开发区、高新技术开发区。大学科技园是将大学创新活动与社会经济发展密切联系的重要平台，为大学与其他创新主体的互动提供了便利场所。《国家大学科技园认定和管理办法》明确提出："大学科技园是国家创新体系的重要组成部分和自主创新的重要基地，是高校实现产学研结合及社会服务功能的重要平台之一。"政府还对大学的校办产业进行了鼓励，促进大学开办校办产业，把大学自身的创新活动运用到市场，促进大学与市场的充分互动。国家技术开发区、高新技术开发区是政府建立的一个国家级项目，把科技知识、管理水平、资金等资源充分集中，促进创新主体密切联系、相互融合。在 2001 年，科技部首批认定了北京大学、清华大学、西南科技大学等 23 所国家大学科技园①，截至 2014 年，国家已经进行了十个批次共 115 个国家大学产业园认定。② 为规范国家大学产业园的管理，科技部、教育部先后出台了《国家大学科技园管理试行办法》《科技部、教育部关于进一步推进国家大学科技园建设与发展的意见》等。财政部、税务总局还下发了《关于科技企业孵化器税收政策的通知》、《关于国家大学科技园税收政策的通知》等，大学产业园的财政税收政策进一步明确和规范，产业园的企业管理制度得到完善，有效促进了企业与大学的科研合作与创新。新时期，大学产业园发展的主要方向是："进一步拓宽大学科技园功能定位，提升在高等教育改革发展中的地位与作用，强化创新创业人才的培养，提升综合服务能力，推动区域经济发展，促进国内外的交流与协作，抓住机遇，锐意进取，努力开创大学科技园建设和发展的新局面。"③

---

① 《科学技术部、教育部关于认定首批国家大学科技园的通知》，http：//www. moe. edu. cn/publicfiles/business/htmlfiles/moe/moe_ 16/200105/165. html。

② 《全国共设立 215 个国家级经济技术开发区》，http：//www. chinairn. com/news/20140 912/174930756. shtml。

③ 《努力开创大学科技园建设发展新局面——科技部教育部联合召开第三次全国大学科技园工作会》，http：//www. moe. edu. cn/publicfiles/business/htmlfiles/moe/moe _ 1485/201011/ 110915. html。

(二) 市场配置资源的作用逐渐突出

大学与其他创新主体的互动日益频繁和深入，互动的范围、规模和程度都得到扩大和加深。在社会主义市场经济体制得到明确确定之后，整个社会的发展都以市场为改革和发展方向，特别是我国加入 WTO 之后，与国际社会的融入程度大幅度地提升，市场的作用得到极大的发挥，市场已经在社会资源配置中发挥着关键性作用。在市场化浪潮的推动下，我国大学与其他创新主体的互动行为明显地受到市场力量的推动，以增强市场化竞争为基础，相互联合推动技术创新。大学主体与其他创新主体之间进行联合，这既不是大学给予其他创新主体的恩赐，也不是其他创新主体给予大学的恩赐，而是双方出于共同利益需要进行的自愿联合。这种需要或是企业技术创新的需求，或是大学及科研机构提高学术水平和获取科研经费的需求而形成的。市场在推动大学与其他创新主体互动方面的作用主要表现在：

一是大学与其他创新主体趋向于以市场为中心的产品创新。大学以创造高深知识为主要目的，以研究博雅之学问、传播传统之文化为其根本，但是，大学并没有仅限于此类活动，而是展开了基于市场需求的产品创新。大学向联合企业提供基于产品升级的技术、向市场出卖自己的新型技术、向市场直接出卖自己的新型产品、向企业出卖自己的管理技术等。大学与其他创新主体所进行的产品创新是基于市场需求的，是在对市场需求进行分析的基础上进行的，在于解决市场产品所存在的问题和不足，促进产品更符合用户需求。例如，河南科技大学研制出一次性技术脑棉无菌包装托盘，此托盘缩短了中间传递环节，缩短手术时间，提高效率，避免交叉感染，并且脑棉数量一目了然，提高了清点效率，具有非常好的市场前景。又如，南开大学计算机与控制工程学院段峰副教授带领研究团队成功研发出了"脑控汽车"，这种"脑控汽车"能够实现人脑脑电信号与汽车系统的"联结"，这种研发产品将有望解决传统手脚并用的汽车驾驶模式，更加方便人们使用汽车，具有极大的市场应用前景。

二是大学与其他创新主体以增强经济利益为目的进行协同创新。大学与其他创新主体进行的协同创新存在追求经济利益的行为倾向，为了获取最大的经济效益相互联合进行产品创新。相互联合能够减少信息搜集、谈判、契约签订等方面的交易成本，间接提高了创新的经济效益。

相互协同创新可以是科斯式的横向联合，也可以是威廉姆森式的纵向联合，关键在于相互密切联合能否减少交易成本。相互联合的另一层经济意义在于相互联合便于开发更加符合市场需求的产品，以便迅速、有效地占领市场，从而获取更多的经济收益。相互协同创新产品既可以是关于产品技术的联合，也可以是服务与产品研发的联合，甚至是实验室等研究基础设施设备与产品研发力量的联合等。例如，湖南中医药大学和湖南省中医药研究院于 1991 年成立湖南国华制药有限公司。2014 年 2 月 27 日，北京大学医学部、北京大学第六医院与北大医疗产业集团签署了成立合资公司的三方战略合作协议，三方将举办"北京大学心理医院"，开展高端精神卫生业务，打造中国最大、最专业的精神卫生领域医疗管理集团。北京大学常务副校长柯杨明确指出，"北大医学部全力支持北大医疗在社会资本办医领域的实践，无论是即将开业的非营利性的北京大学国际医院，还是今天敲定的营利性的北京大学心理医院，都将成为北大医学部重要的教学、医疗科研基地和产学研实践平台"。①

三是大学与其他创新主体以增强竞争能力为目的进行协同创新。市场的基本特征是自由竞争，市场会对主体优胜劣汰，只有能力强的主体才能在市场中求得生存和发展。在市场竞争机制日益深入社会各个角落的时候，大学与其他创新主体相互联合的目的还在于增强竞争能力。相互联合是基于优势资源互补、优势资源相互利用理念之上的，是利用其他主体优势来增强自身能力十分有效的方式。相互提供信息、相互进行创新思维启发、相互进行人财物的利用等，有效避免了单一主体在信息、创新思维、人财物等方面的匮乏和不足，为各个主体创新提供不竭的资源，能够大幅度提升创新主体自身的竞争能力。协同创新还能够促进竞争联盟的形成，对其他竞争者进入联盟竞争构成障碍，通过有限垄断的方式阻止了其他主体的竞争，提高了自身的竞争能力。例如离子膜薄如蝉翼，是氯碱工业和新能源汽车的核心部件，其核心关键技术长期为杜邦公司垄断，上海交通大学张永明教授团队，与山东东岳集团长期合作，历经八年科技攻关和产业化工程研究，打破了国外垄断，增强了竞争能力。2007 年由鞍钢、宝钢等钢铁集团与北京科技大学、上海大学等联合

---

① 《北大六院与北大医疗将共建心理医院》，2014 - 03 - 02，http：∕∕xbcy. pku. edu. cn∕ Shownews. asp? id = 796。

成立的"钢铁可循环流程技术创新联盟"。中国航天科技集团公司、上海电气集团、上海交通大学、哈尔滨工业大学等联合成立的"煤炭开发利用技术创新战略联盟"等。

（三）产学研系统创新模式逐渐形成

在计划经济时代，社会各个主体的活动受政府指令指导，主体行动的自觉性不强。由计划经济向市场经济的转变，是社会主体由被动向自主的转变，是增强社会主体自觉意识的转变，极大地调动了社会各主体行动的自主性，各主体协同创新的自觉意识逐渐增强。因为在市场环境中，大学与其他创新主体要对自身的生存和发展负责，受生存危机和发展需求的影响，自觉地相互协同创新变得必要。例如，新中国成立时期组建的科研机构几乎与大学完全隔绝，科研机构主要从事科研创新，大学主要从事人才培养，但是，近年来，科研机构与大学联合研究的现象逐渐增加，据统计，研究机构与高校之间合作研究所占比例占到2.28%[1]，协同创新自觉意识的增强表现在：

一是在政府政策指导的协同创新中，大学与其他创新主体协同创新范围更广、程度更深。在产学研活动中，政府积极推动大学、科研机构与企业联合。《科学技术促进法》提出"国家建立以企业为主体，以市场为导向，企业同科学技术研究开发机构、高等学校相结合的技术创新体系，引导和扶持企业技术创新活动，发挥企业在技术创新中的主体作用"，认为科研机构具有"与其他科学技术研究开发机构、高等学校和企业联合开展科学技术研究开发"的权利。《中华人民共和国促进科技成果转化法》规定，"国家鼓励研究开发机构、高等院校等事业单位与生产企业相结合，联合实施科技成果转化；研究开发机构、高等院校等事业单位，可以参与政府有关部门或者企业实施科技成果转化的招标投标活动"（第12条）。这些法律肯定了大学及其科研机构实施科研转化的权利及合法性，法律规定"可以"进行科研转化，而不是"应该"、"必须"进行科研转化，是对产学研活动的许可而不是强制推行，但是，大学及其科研机构在具体活动中却在积极推行产学研相结合的发展方式，许多大学成立教育基金会、产学研办公室等组织来积极促进大学的产学研发展。

---

① 邵一华：《国家创新系统中的大学：国际比较研究》，《科学学与科学技术管理》2002 年第 3 期。

　　二是在非政府政策指导的协同创新中，大学与其他创新主体能够进行协同创新，这种创新表现在两个方面：（1）大学积极与其他创新主体积极互动，主要表现在三方面：第一，一些大学与地方政府签订协议，建立相互合作的战略框架，如清华大学与甘肃省人民政府、贵州省人民政府建立战略合作框架，北京大学与广东省人民政府、河北省人民政府建立战略合作框架。第二，还有一些研究实力较强的大学在研究实力较弱的大学建立联合研究基地，一些大学还与地方政府积极合作，在当地建立研究院或研究中心，促进大学创新研究与当地社会经济发展密切联系，这些研究院或研究中心一般建在经济发展或研究资源优势突出的地方。如清华大学与地方政府先后组建了深圳清华大学研究院、北京清华工业研究院、河北清华发展研究院、浙江清华长三角研究院，已与重庆市、苏州市、无锡市、常州市、长沙市、福州市等22个城市（区）合作设立了产学研合作办公室，共同组织各类产学研合作活动500余次，项目合同额近3亿元。① 北京大学已与全国24个省（自治区、直辖市）建立合作关系，在深圳建立研究院、在东莞建立东莞光电技术研究院。深圳虚拟大学园就已引进43所著名高校，形成了国内一流的人才培养和科研基地，由高校78个国家级重点实验室、工程中心组成的"深圳虚拟大学园重点实验室平台"已经启动。第三，一些大学利用自己附属中小学的教育资源优势，在其他地方建立附属中小学等。（2）一些企业积极寻求大学合作，通过向大学提供科研资金、共建实验室、引进大学教授管理公司等方式把大学科研力量引入公司，希望借助大学的科研力量促进本企业的科技创新，如北京大学与北京万东医疗成立北京大学—万东医疗磁共振成像联合研发中心、海鑫科金公司与清华大学自动化系合作、神州数码与北京航空航天大学合作。北京师范大学分析测试中心与多家企业建立联合实验室、嘉兴学院与嘉兴梦迪进出口有限公司建立联合实验室，上海交通大学建立"上海交通大学—上海电气集团股份有限公司工程实践教育中心""上海交通大学—上海通用汽车有限公司工程实践教育中心""上海交通大学—中航商用飞机发动机有限责任公司工程实践教育中心"等。西安工业大学建立泰勒·霍普森（Taylor Hobson）公司精密

　　① 清华大学网，清华大学地方合作，http：//www.tsinghua.edu.cn/publish/newthu/newthuc-nt/research/Research - 3 - 2.html。

检测技术培训基地、德国莱宝（LEYBOLD）公司薄膜技术研究地、北方光电有限公司—西安工业大学红外技术联合研发中心、利达光电股份有限公司光学制造联合研究基地、西安炬光科技有限公司战略合作及共建人才创新培养基地、兵器试验测试技术研究中心等联合培养基地和研究中心等。

（四）技术性创新活动频繁

大学与其他创新主体既可以从事人文性的创新活动，也可以从事理工类的创新活动；既可以从事基础性的理论性创新活动，也可以从事应用型的技术性创新活动。我国大学、科研机构等创新主体长期在政府的指令下从事科研创新活动，对外界环境的感知性不强，缺乏产学研结合的研究意识。但是，随着创新型国家战略的实施，大学、科研机构等创新主体的科研创新意识逐渐增加。《科学技术促进法》《中华人民共和国促进科技成果转化法》是国家促进大学等创新主体从事创新活动最为明确的意志表现。但是，在大学等创新主体的互动创新中，技术性创新活动频繁，因为技术性的创新活动对社会发展具有最直接的作用，与社会发展关系最为密切，容易产生市场比较认可的产品，这些产品能够直接应用于市场并产生经济效益。我国大学与其他创新主体在创新活动中重视技术性创新活动，具体体现在以下两方面：

一是以理工科研究见长的大学及科研机构创新活动最为活跃。在最近几十年的发展中，以理工科研究见长的大学及科研机构参与当地社会经济的发展，拓展与大型企业的合作，积极把自身的创新研究与社会实践相结合。例如上海交通大学与宝钢、中海油、中广核、中海运、中航商发、中国电信等20多家国有大企业集团建立了全面战略合作关系，与国家电网、上海电气、新奥集团、华锐风电等多家大型企业分别建立了面向新能源技术的联合研发中心。华中科技大学依靠自身的理工科研究特长，2005年以来，华中科技大学广东产学研合作项目总数达1000余项，项目总经费过3亿元；与行业龙头企业共建技术中心、实验室等创新载体近30个，牵头或参与的创新联盟10余个，选派企业科技特派员

120 余人。①

　　二是在专利申请中技术性项目最多。从对外专利申请数量来看，我国申请的专利主要集中在技术性的项目，进行基础理论创新的成果较少。"2000—2007 年间，对外发明专利申请数量排名前六的 IPC 大类依次为：电子通信技术（H04），医学、兽医学、卫生学（A61），基本电器元件（H01），有机化学（C07），家具、家庭用的物品和设备（A47）以及计算、推算、计数（G06），其中电子通信技术领域更是达到 2000 余件"。②另外，从《德温特世界专利索引数据库》（DWPI）的统计来看，我国对外专利申请数量排在前列的专利类型为数字计算机、天然产品和聚合物、电话和资料传输系统等，具体如表 7 - 1 所示，这些专利也具有明显的技术性特征。

表 7 - 1　　　　　　　　　2013 年获得专利授权较多的类别

	类别	专利授权数
1	数字计算机	25747
2	天然产品和聚合物	12541
3	电话和资料传输系统	8475
4	未标明的杂项物品，包括造纸、唱片、清洁剂、食品及其他生活应用品	7167
5	工程仪器	5441
6	电性有（无）机物、导体的化学特性、电阻器、磁铁、电容器和开关、放电灯、半导体和其他材料、电池、蓄电池和热电装置	5037
7	其他粮食与处理，包含食物、奶类、奶制品、奶油替代品、食用油和油脂、非酒精饮料、人工甘味剂、食品添加剂和动物饲料的保存	4826
8	医学、牙医、兽医、彩妆	4573
9	科学仪器	4271
10	电子应用	4056

　　资料来源：中国科学技术信息研究所：《2014 年中国科技论文统计结果》，2014 年，第 53 页。

─────────────

　　① 《华中科技大学：创新思路为产学研工作提供强大动力》，http：//tech. southcn. com/t/2010 - 07/23/content_ 14097846. htmhttp：//www. cnpatent. com/list_ news_ zlxw. asp？id = 996，2010 - 07 - 23。

　　② 《我国近年对外发明专利申请分析》，http：//www. cnpatent. com/list_ news_ zlxw. asp？id = 996。

二 我国大学与其他创新主体互动中存在的问题

我国大学与其他创新主体进行协同创新的历史较短，且发展过程曲折，甚至出现了科研人员遭受批判、终止科研创新的现象，协同创新的文化观念不深、运行机制不够成熟和完善。我国大学与其他创新主体运行机制还处在探索阶段，相互之间还处在磨合之中，有效协同创新的互动活动还存在一些问题，这些问题主要表现在：

（一）大学合作创新意识不强

随着我国大学研究水平的提升，大学已经成为我国社会创新的主体，在科学研究中占有绝对主导地位。在 2013 年，我国大学发表 SCI 类型的文章达 168908 篇，研究机构发表 27046 篇，医疗机构发表 4996 篇，公司企业发表仅 922 篇，大学占到总数的 82.77%。[1] 但是，我国大学与其他创新主体的互动创新活动中，大学合作创新的意识不强，独立研究、封闭研究的现象比较普遍，这主要表现在以下几方面：

一是大学内部治理结构不合理，约束了大学教师和学生的创新动力与创新活力。在大学内部治理体系中，影响大学教师创新动力和创新活力的两大关键制度是职称评定制度和科研奖励制度，这两项制度注重教师和学生科研活动成果的数量而非质量，如论文数量、课题经费数量等，导致大学教师和学生重视科研数量产出，轻视科研创新，导致创新活力不足。例如，陕西师范大学对副教授晋升教授（文科）的科研要求是：在本学科核心及以上级别刊物上发表学术论文 5 篇，其中，在权威级别刊物上发表学术论文 2 篇；公开出版发行专著 1 部或译著 1 部（独立）；参编国家级教材或参编正式出版的通用高等教育教材 1 部，本人撰写 10 万字以上；主持省部级及以上科研项目 1 项；或咨询报告、决策建议等为省级政府部门采纳或上报国家领导层参阅；获省部级及以上科研成果奖 1 项（前 3 人）。又如华南理工大学副教授晋升教授的科研要求是：以科研为主的教师，发表 C 类论文 4 篇，其中语言类教师发表 C 类论文 3 篇，并发表 D 类论文 1 篇；理工类教师主持国家级项目 2 项，经管类教师主持国家级项目 2 项，其余文科类教师主持国家级项目 2 项，或主持国家级项目 1 项和省部级项目 2 项。

二是我国大学外部治理体制的行政干预现象比较明显，限制了大学

---

① 中国科学技术信息研究所：《2014 年中国科技论文统计结果》，2014 年，第 19 页。

创新的积极性和主动性。创新需要自由的空间和宽松的环境，这样才能让创新者去深入思考如何创新？创新什么？这是提升大学创新质量和水平非常关键的部分。如洪堡在洪堡大学管理中就特别强调大学的自由，"根据纯科学的要求，大学的基本组织原则有二：一曰寂寞，一曰自由，在洪堡看来，对于纯科学活动，自由是必需的，寂寞是有益的，大学全部的外在组织即以这两点为依据"①，纽曼在《大学的理想》中强调"大学教育有非常实际、真实、充分的目的，不过这一目的不能与知识本身相分离，知识本身即为目的"。② 然而，我国在社会主义建设过程中，政府长时期内对大学的学科建设、教师聘用、经费使用、学生招生等进行全面管理，大学自主权十分有限。在 20 世纪 80 年代之后，虽然我国对政府与大学的关系进行了一系列改革，并通过一系列政策及法律对两者的权力边界进行了规范，大学独立法人地位得到法律承认和保护，大学的办学自主权有所扩大和增强。但是，由于受到政府部门强大权力和传统管理思维延续的影响，大学的办学自主性扩大并不多，法律和政策已经明确规定的大学应有自主权仍然很难落实，特别是近几年来地方大学的自主权有被进一步剥夺的趋势。如许多地方大学招聘行政人员时，需要参加省教育厅组织的考试，只有通过省教育厅组织的考试，才能进入大学的招聘程序。

三是大学内部组织体系的自我运行环境没有被打破，大学自身仍处在相对封闭的环境中运行。大学是一个完善的组织，拥有各个领域的专家，创新力量全面而综合，大学组织的科研管理体系健全和完整，通过组织内部的资源运作就可以进行一定程度的创新，对外界创新力量的需求不强烈，积极联合其他主体进行创新的必要性不足。大学的独立研究模式，使得大学研究者不能有效深入社会发展实际、不能充分了解社会经济发展的创新需求，影响了大学对社会经济发展的直接带动作用。独立研究还会隔断大学与其他创新主体的交流，会阻断其他创新主体对大学的信息提供作用和创新活动的资源支持作用。在研究过程方面，大学的理工科研究主要围绕实验室，由几个实验室老师和一些硕士、博士组

---

① 陈洪捷：《什么是洪堡的大学思想》，《中国大学教育》2003 年第 6 期。
② ［英］约翰·亨利·纽曼：《大学的理想》，徐辉等译，浙江教育出版社 2001 年版，第23 页。

成的科研团队进行科研。人文社会学主要是老师本人和自己的硕士、博士组织在一起进行科学研究。在研究内容方面，科研课题的选择主要基于研究人员的兴趣而非社会经济发展的需要。研究人员重视课题的申报，轻视课题的研究和转化，这种科研思维严重影响课题选择的应用价值，影响科研创新活动与企业等创新主体的互动。

（二）创新合作机制不够完善

行为主体的互动需要相应的平台和取得共识的行为规则，因为平台是行为主体发生互动的载体，是连接各行为主体的纽带，而行为规则规定了各主体的互动方式、互动规范以及受益状况，两者的相互结合才能有效保证行为主体的有效互动。合作机制是行为主体互动平台和行为规则的综合，是促进大学与其他创新主体有效互动的基础和保障，但是，我国大学与其他创新主体的创新合作机制不完善，严重影响大学与其他创新主体的互动，创新合作机制的不完善表现在以下几方面：

首先，大学科研创新对外交流合作职能部门的作用发挥不足。大学从事管理科研的职能部门是社科处、科技处，对外交流的职能部门是国际交流与国际合作处。社科处、科技处的主要职责是组织本校教师申报课题的申报，对本校教师的纵向课题和横向课题进行管理。国际交流与合作处主要职责是促进学校与境外大学交流，如学生培养、教授讲学、教师学习等，而促进学术创新研究、产学研结合方面的作用很弱。大学缺乏促进对外创新交流合作的有效组织机构，如技术转化办公室、产学研转移中心等，不能广泛吸纳社会资源参与大学的创新，不能有效地将大学自身的研究与社会需求充分结合，影响了大学与大学、科研机构及社会企业的有效合作。

其次，大学与其他创新主体互动的平台较少。虽然，我国大学逐渐重视与其他创新主体的联系，逐渐重视互动平台建设，但是互动平台还比较少、平台不能有效支撑大学与其他创新主体的有效互动。截至2014年，国家级大学产业园为115所，占所建高等学校总数4420所的2.6%（注：高等学校数为2013年数据，包括研究生培养机构、普通高等学校、成人高等学校、民办的其他高等教育机构）。大学产业园、校办企业所发挥的主要作用是进行企业孵化或进行经营性生产，把其他知名企业引入园区，在促进大学与其他创新主体相互协同创新、把大学科研转化为市场产品的作用十分有限。例如上海交通大学国家大学科技园的主要业务是"从事科技园区开发运营、科技成果转化与科技企业培育、科技产业投资三大主要业务"①，但是，上海交通大学的科研成果转化率不足10%。② 上海交通大学产业园中的上海上生慧谷生物科技园在产业定位中强调要"吸引国内外知名的高科技生物技术企业入驻"、上海慧山科技园在产业定位中强调要"吸引国内外有知名度和拥有自主知识产权、发展前景良好的高科技企业"，都重视企业的引入，对协同创新、促进产学研结合的作用发挥不足。

最后，大学与其他创新主体互动的规则不完善。为了促进大学与其他创新主体互动，先后出台了《科学技术促进法》《中华人民共和国促进科技成果转化法》，但是，这些法律主要强调大学、科研机构及企业应该关注社会经济发展，引导科研创新主体参与社会经济发展的创新，规范了各科研主体的行为规范，对各科研创新主体如何相互合作，如何进行科研创新效益的分配等缺乏明确的规定和说明，对科研合作创新的组织、管理、激励、领导等活动缺乏相应的指导内容，严重影响大学与其他创新主体的互动。在许多科研项目中，重视科研项目申请，缺乏科研项目的市场转化规定等，影响大学与企业等主体的互动。

（三）科研合作的激励机制不健全

激励是一种满足需求的内在驱动力，直接决定大学与其他创新主体互动水平高低的问题，健全的激励机制能够激发大学与其他创新主体互动的积极性，提高大学与其他创新主体互动的水平。但是，我国现有的制度设计，还不能够有效激发大学与其他创新主体积极互动，主要表现在以下几个方面。

第一，项目申报中的合作激励作用不足。在重大项目申报中，许多项目并未要求与其他大学、科研机构或企业联合，即使有些项目申报鼓励申请者积极联合本校之外的参与者，但是，程序烦琐，影响参与者联合本校之外参与者的积极性，没有明确规定要给予相应的奖励。《关于申报2015年度陕西省社科基金项目的通知》要求第2条中强调：综合性较强的课题，鼓励开展跨部门、跨单位、跨学科的研究；其他课题，鼓励

---

① 上海交通大学国家大学产业园网，公司简介，http：//www.sjtusp.com/msg.php? id=50。

② 《上海名校为何无缘企业"订单"？》，http：//www.stcsm.gov.cn/xwpt/kjdt/338918.htm，2014－11－17。

学者之间、实际工作者与理论工作者之间开展联合攻关，虽然申报要求鼓励协同创新，但是相关规定没有给出相应的奖励，并且在申请书中要求有外单位的人员，需要外单位盖章，明显地增加了申请程序、影响了申请者协同创新的积极性。

第二，科学研究中的合作激励作用不足。大学人财物的管理体制限制了大学与其他创新主体的联合创新活动。在人员管理中，大学及其他创新主体的人员属于单位制，单位之间已经形成了强烈竞争意识，要求各自成员为本部门承担责任，强调研究成果第一作者、第一单位的重要性，甚至只把第一作者、第一单位认为是研究者的研究成果，合作研究中的第二作者、第二单位不能有效认可。如果教师和学生从事第二、第三作者和单位的工作，那么他们就处在帮别人打工的地位，工作成果得不到合理评价。这种考核机制中，教师及学生趋向研究的个体化和独立化，合作创新的现象不断被弱化。在科研资金分配方面，科研资金只投向本部门人员，其他部门人员为本部门科研创新做出的贡献不能得到有效奖励，影响了其他部门人员合作创新的积极性。另外，大学内部普遍实行竞争科研奖励制度，导致本部门科研人员走向个体化，影响部门内部的合作，因为部门内人员存在零和竞争的关系，一个人科研奖励的增加会导致其他人科研奖励的减少。研究设备使用中，重要科研设施设备都隶属于某个实验室或研究中心，同一所大学的不同单位要用某个实验室或研究中心的研究设施设备时，必须是在本中心不使用的前提下经过复杂的手续才能使用，甚至要收取使用费用，这严重影响了科研合作与创新。

第三，科研成果共享的激励机制不健全。大学科研研究重视项目申报，轻视研究成果的实际运用，科研成果鉴定主要强调发表论文、出版著作、咨询报告等，对研究结果能否转化为现实生产力、能否运用于社会生产发展实践缺乏相关要求和规定。虽然，国家在宏观层面出台了《中华人民共和国促进科技成果转化法》，鼓励大学等研究机构实施科研成果转化，如《中华人民共和国促进科技成果转化法》强调"国家鼓励研究开发机构、高等院校等事业单位与生产企业相结合，联合实施科技成果转化"。但是，对合作科技成果转化的具体收益、奖励等激励措施没有明确的规定，并且要求合作科研成果在转化过程中需要遵循这样的规则："国家设立的研究开发机构、高等院校和国有企业与中国境外的企业、其他组织或者个人合作进行科技成果转化活动，必须按照国家有关规定对科技成果的价值进行评估。"这种规定增加了合作科技成果转化的程序，使合作科技成果转化过程复杂化了，也影响了合作科研成果向市场的转化。

（四）风险承担机制不全

创新是需要资金投入，是"资金投入—资金使用—资金获益"的一个完整链条，只有保证链条的完整性，创新活动才能有效进行。但创新活动的资金具有投资时间长、投资额度大、收益不确定的特点，是一种极具风险性的活动，这种风险性包括市场风险、技术风险、合作风险、财务风险、政策风险等。以获取最大收益为目的的市场性资金具有逃避风险的本性，参与科研创新活动的积极性不高，这需要发挥政府的市场调节功能，促进市场资金调动从而促进资金参与合作创新。《科学技术促进法》规定"国家培育和发展技术市场，鼓励创办从事技术评估、技术经纪等活动的中介服务机构，引导建立社会化、专业化和网络化的技术交易服务体系，推动科学技术成果的推广和应用"（第27条）。但是，风险投资机制却还未真正地建立和完善起来，极大地影响着科研创新活动的开展。

我国科研合作创新项目的风险评估服务也不足，不能有效发挥风险评估服务对创新活动的支持和改进作用。科研合作创新需要进行项目风险评估，风险性评估为科研合作者是否继续进行科研创新提供参考，帮助科研创新者改进科研内容及方法，减少科研创新损失。风险性评估也为风险资金投资提供参考，降低风险资金的投资风险，发挥风险资金对其他创新项目的有效支持，提高风险资金的使用效率。我国风险项目评估服务提供不足，风险评估机构数量较少、从业人员的专业水平和实践经验不足，所开展的风险项目评估很难满足需求者的需要。风险评估机构的种类较少，不能满足各种类型的专业性评估，为风险投资机构的投资提供参考的服务水平不高。

我国科技合作创新在资金投入方面也存在不足，不能有效支持我国全民创新体系的建设，依靠风险投资来统合各种创新主体共同创新的作用发挥不足。风险投资主要依靠政府的财政性资金支持，以市场为基础的风险资金投入数量不足、种类较少，导致风险资金对市场信息识别的敏感性不足，影响科研创新对社会需求的敏感性，导致科研创新活动不能有效地与社会经济发展密切结合。财政性的风险投资重视直接性投资，没有充分发挥杠杆式的间接资金撬动作用，不能有效地盘活社会资金对科研创新活动的风险投资。

（五）合作创新的社会发育不成熟

为了促进社会创新，1993 年我国专门制定了针对科研创新的法律——《中华人民共和国科技进步法》，企图以此法律为支撑，建立国家创新体系。《中华人民共和国科技进步法》提出："国家坚持科学发展观，实施科教兴国战略，实行自主创新、重点跨越、支撑发展、引领未来的科学技术工作指导方针，构建国家创新体系，建设创新型国家。"（第 2 条）但是，我国社会中的创新氛围还不够浓厚，以科研创新为支撑的国家创新体系还未建立起来。

企业是推动创新的主体力量，是推动创新主体协同创新最为重要的力量之一。我国产品制造比较低端，对企业创新能力和创新水平要求较低，有效激发企业创新动机的作用有限。据中国科学技术信息研究所在《2014 年中国科技论文统计结果》中的研究表明，我国民营企业只有华为、中兴等少数企业在国外建立了研究基地。企业科研创新意识薄弱，导致企业对科技创新需求降低，影响企业的创新动机，对外联系其他创新主体的积极性、主动性降低。企业创新需求降低的另一影响表现在对知识技术市场的推动方面，"创新是一个市场行为，是一个经济行为，是一个企业家行为，没有这样一个体系，科学家的研究就失去了方向，科学家的研究就失去了动力，科学家的研究就失去了接力棒"。[①] 较少的创新需求会导致技术市场疲软，不能有效激发大学、科研机构等创新主体的技术创新活动，影响各类创新主体的协同创新。

创新社会环境的不成熟还表现在社会机构的创新服务供给能力方面。大学、研究机构企业是创新供给的重要力量，企业是创新成果需求的重要力量，创新供给和需求之间需要相关的社会服务机构来推进。社会服务机构的发展状况是由社会发育状况来决定的，成熟的社会所具有的社会服务机构数量庞大、种类繁多、服务质量较高，能够满足甚至以此促进社会快速发展。不成熟的社会所具有的社会服务机构数量较少、种类

---

① 《中国人不是没有能力搞科研而是缺乏创新的体系》，http：//www. gov. cn/wszb/zhi-bo506/content_ 2120235. htm，2012 - 04 - 23。

单一、服务质量较低，对社会发展产生阻滞作用。我国社会长期以来存在的社会形态是大政府、小社会，社会组织机构不发达，提供社会服务的能力十分有限，在促进大学、研究机构创新力量与企业创新需求之间的能力有限，影响创新主体之间的有效联合。社会服务机构信息提供能力不足，把企业需要什么样的创新产品和大学、研究机构等创新主体能提供什么样的创新产品不能充分对接，影响了创新需求和创新供给的匹配性。社会服务机构缺乏市场的敏感性，对市场将要产生重大需求的产品认识不足，不能具有预测性地组织大学、研究机构等创新主体进行产品创新或把预测性信息传递给大学、科研机构等创新主体。社会服务机构力量弱小，在组织和推动大学、科研机构等力量协同创新方面的力量不足，创新力量是否联合主要是由创新主体之间的自觉意识决定的，受社会服务机构推动的作用极其有限。

（六）创新成果突出，但市场转化率较低

随着国家创新战略的实施，大学与其他创新主体科技创新能力大幅度提升，特别从国际论文发表数量来看，我国科技创新水平已经处于世界前列。根据中国科学信息技术研究所的统计资料显示，2004—2014 年 9月，我国共发表国际论文 136.98 万篇，排在世界第 2 位。[1] 但是，我国创新成果的市场转化率较低，宋河发认为中国科技创新市场转化率很低，甚至远低于公开数据所表明的 10%。[2]

大学、科研机构等创新主体与企业互动的缺乏是造成我国创新成果市场转化率低的重要原因。我国大学、科研机构等机构重视自身的研究，研究主题主要是基于研究者自身的研究兴趣特长，研究的主要目的是完成职称晋升、取得科研经费等，对课题是否能够转化为具有市场需求的成果则不关心。企业的市场主体不但存在自身创新意识不强、不注重大学、科研机构等创新主体的创新成果，而且对大学、科研机构成果存在轻视的态度，认为大学、科研机构的创新成果太过于理论、创新成果落后于市场需求或与市场需求不符合。大学、科研机构与企业相互隔阂、缺乏有效的互动，创新成果转化出现鸿沟。一项实证研究显示：影响企

---

① 中国科学技术信息研究所：《2014 年中国科技论文统计结果》，2014 年，第 4 页。

② 《中国部分高校科技成果转化率不足 10%》，http://finance.sina.com.cn/roll/20150523/073922249546.shtml，2015 – 05 – 23。

业产学研转化的主要因素是技术不成熟、决策管理协调不够和权益分配不当，影响学研单位产学研转化的主要因素是权益分配不当、技术不够成熟、决策管理不协调。①

可见，我国科研创新呈现出创新成果与市场转化率不相匹配的特征。创新成果市场转化率低制约我国创新能力和水平，直接影响社会经济的快速发展。

第三节 中国大学与其他创新主体互动机制的发展趋势

在新世纪之初，为了更充分地迎接知识经济的挑战，我国提出要实施创新驱动的发展战略，要建立完善的国家创新体系，实现建立创新型国家的战略目标。在国家创新驱动战略推进的过程中，我国大学与其他创新主体互动呈现出了新的发展趋势，这种新的发展趋势主要表现在以下几个方面：

一 大学在国家创新体系中的作用增强

随着创新驱动国家战略的实施，大学在国家创新体系中的作用将增强，如《国家中长期科学和技术发展规划纲要（2006—2020年)》对大学的创新作用和性质进行了说明，强调"大学是我国培养高层次创新人才的重要基地，是我国基础研究和高技术领域原始创新的主力军之一，是解决国民经济重大科技问题、实现技术转移、成果转化的生力军"。大学在科研创新中所具有的作用和性质，决定了大学在国家创新体系中占有重要位置，陈至立部长在论述国家创新与教育的关系时就强调，"教育在国家创新体系中起着基础性的作用，实现教育与科技、经济的有机结合已经成为建立国家创新体系的关键"。②

我国大学人才培养的理念正在发生重大转变，从注重培养学生的知识理解能力转向培养学生的科研创新能力。在国家创新体系建设的过程

① 吕海萍、龚建立、王飞绒、卫非：《产学研相结合的动力——障碍机制实证分析》，《研究与发展管理》2004年第2期。
② 陈至立：《建设国家创新体系和教育的使命》，《中国科技信息》1998年第Z3期。

中，我国大学将主要从以下两个方面发挥积极作用：

第一，大学不断强化创新型人才的培养。大学在人才培养方面逐渐改变平均主义倾向，针对不同类型的人才逐渐采取不同的招生和培养方式，逐渐实现招生方式和培养方式的多元化，以便针对不同类型人才的成长规律采取不同的培养方式，以利于快速培养不同类型的创新型人才。如 2002 年，教育部出台《关于进一步深化高校自主选拔录取改革试点工作的指导意见》，提出要对高校的招生考试方式进行改革，要在一些重点大学试点自主选拔招生方式，以便把"偏才""怪才"能够选拔到大学。2014 年，中共中央又审议通过了《关于深化考试招生制度改革的实施意见》、国务院出台了《国务院关于深化考试招生制度改革的实施意见》（国发〔2014〕35 号），要求对目前的考试招生制度进行改革，逐渐建立具有我国特色的考试招生制度，要"形成分类考试、综合评价、多元录取的考试招生模式，健全促进公平、科学选才、监督有力的体制机制，构建衔接沟通各级各类教育、认可多种学习成果的终身学习'立交桥'"。同时，在创新人才培养环节中，教育部、地方教育管理部门和部分大学先后实施了一系列文件，通过不断改革教育教学质量、加强教师队伍建设、建立健全教育质量保障体系建设、完善课程体系等措施，促进学生培养质量提升，促进拔尖创新人才培养。例如，教育部出台了《关于实施高等学校本科教学质量与教学改革工程的意见》《关于进一步深化本科教学改革全面提高教学质量的若干意见》《关于启动高等学校教学质量与教学改革工程精品课程建设工作的通知》等文件，积极促进教育教学质量改革。教育部还启动了国家精品课程建设，通过加强课程建设提高人才培养质量，截至 2010 年年底，已经建立了 3700 多门国家级精品课程。此外，教育部又实施了"高等学校本科教学质量与教学改革工程""研究生教育创新计划""高等学校哲学社会科学繁荣计划""高等学校高层次创新人才计划"等一系列工程和计划，并适时启动了"211 工程"和重点一流学科建设、"985 工程"和优势学科创新平台建设，以强化大学对创新人才的培养能力。一些省市还专门出台了创新型人才培养计划，例如，天津市出台《"131"创新型人才培养工程》，西安市在《"十二五"人力资源和社会保障事业发展规划》中明确提出要进行创新型人才培养工程，河南省出台《河南省高层次创新型科技人才队伍建设工程（2011—2020 年）实施方案》等以此来促进本地区创新人才的培养。一些大学,如清华大学、复旦大学、上海交通大学、陕西师范大学等多所各类型、各层次的大学都不断深化教育教学改革、推进教育质量提升,并创建"基地班"、特殊人才培养学院等措施,促进创新人才培养。

第二,大学不断强化科研创新能力的提升。《国家中长期教育改革和发展规划纲要(2010—2020年)》对大学科研能力发展提出的明确要求是:"充分发挥高校在国家创新体系中的重要作用,鼓励高校在知识创新、技术创新、国防科技创新和区域创新中做出贡献。"为了进一步落实《国家中长期科学和技术发展规划纲要(2006—2020年)》,中共中央、国务院出台《关于深化科技体制改革加快国家创新体系建设的意见》,对科技创新目标提出了具体要求,即到2020年要实现这样的创新目标:一是国家创新体系要建成;二是原始创新能力和创新成果明显突出,关键领域实现重大突破;三是创新效益大幅度提高;四是创新环境优化、创新人才辈出。现阶段,我国大学已经把科研创新摆在学校发展的重要位置,并不断强化承担国家重大科研项目、服务区域社会经济发展、实现科技成果转化等方面的能力,大学科研创新朝注重原始创新、科技转化能力和主动参与区域社会经济发展的方向发展。如《国家中长期科学和技术发展规划纲要(2006—2020年)》强调,"积极支持大学在基础研究、前沿技术研究、社会公益研究等领域的原始创新。鼓励、推动大学与企业和科研院所进行全面合作,加大为国家、区域和行业发展服务的力度"。大学要产学研结合,注重科技成果转化,通过不断调整研究方向以适应当地社会经济发展需要,要加强重点学科和科研创新平台建设,加强与国际组织和国际一流大学合作,实现大学科研创新能力的快速提升。如党的十八届三中全会《决定》提出"建立健全鼓励原始创新、集成创新、引进消化吸收再创新的体制机制,健全技术创新市场导向机制,发挥市场对技术研发方向、路线选择、要素价格、各类创新要素配置的导向作用"。

二 创新体系逐步完善

我国大学与其他创新主体的互动创新主要是一种随时性的、单一片面性的,相关的服务系统、技术支持系统等不够完善,严重影响了大学与其他创新主体的有效互动。如《国家中长期科学和技术发展规划纲要(2006—2020年)》指出我国科技创新存在的问题是"各方面科技力量自成体系、分散重复,整体运行效率不高,社会公益领域科技创新能力尤其薄弱"。完整的创新体系是创新活动顺利进行的保证，也是提升创新效果的保证，所以，通过政府、大学和企业的共同努力，我国正在不断强化创新体系建设，以改变创新活动中效果不佳、效益不高、规模过小、层次过低的问题。我国大学与其他创新主体的创新互动活动，正在从单纯的、碎片化的发展向系统化的创新活动发展。如《国家中长期科学和技术发展规划纲要（2006—2020 年）》把政府、市场、创新主体以系统的思维联系在创新活动中，明确提出建立国家创新体系，提出"国家创新体系是以政府为主导、充分发挥市场配置资源的基础性作用、各类科技创新主体紧密联系和有效互动的社会系统"。创新体系是一个系统，其建设需要打破原有科研创新中相对独立、相对封闭的状态，强化创新主体之间的协同创新，形成一种既相互竞争又相互合作的运行机制。我国大学与其他创新主体的创新体系建设呈现出了以下两方面的趋势：

一是创新体系建设不断明确政府和市场的作用机制。政府与市场的关系是任何社会活动都必须面对的，对其活动产生重要影响。在创新体系建设中，政府和市场的关系将得到明晰，政府从事无巨细的管理事务中逐渐向宏观化的管理方向发展，市场将发挥对创新资源配置的主导作用，并将成为推动创新的主要力量。创新体系的建设离不开政府的领导、组织和管理职能，政府在创新活动中要发挥主导作用，但是，政府已不能进行行政命令式的强制管理，不能进行参与创新活动的具体事务，具体职能要向四个方面转变：（1）要建立全国性的决策机制，对全国重大创新事宜进行决策；（2）建立宏观协调机制，对创新活动中的矛盾、冲突进行协调，保证创新活动与社会经济发展密切联系；（3）加强评审与评估；（4）进行科技成果评价与奖励。市场是创新的推动力量，是建立国家创新体系的基础，要充分发挥市场在创新活动中的资源配置作用，对科技创新的发展方向进行引导。以市场为导向，把产、学、研结合，把创新活动与企业发展、地方经济发展相结合，把创新活动与增强自身竞争能力相结合。

二是创新体系建设不断深化创新主体合作机制建设。创新体系建设就是在大学、科研机构、企业等创新主体之间要形成一个开放、竞争、合作的互动机制。如《国家中长期科学和技术发展规划纲要（2006—2020 年）》提出要强化大学与其他创新主体的互动，"鼓励、推动大学与企业和科研院所进行全面合作，加大为国家、区域和行业发展服务的力度"。创新体系建设，主要从两个方面进行。首先，大学与企业的合作机制在不断完善，大学与企业将以市场化为导向，强化具有广泛市场前景科研项目进行合作，例如，党的十八届三中全会《决定》强调"发展技术市场，健全技术转移机制，改善科技型中小企业融资条件，完善风险投资机制，创新商业模式，促进科技成果资本化、产业化"。大学与企业在科研中的合作，主要朝三个方向发展：（1）建立联合实验室、科研创新平台为载体的共同创新平台越来越多；（2）共同设立科研风险基金的风险承担机制将更加普遍，将越来越重视联合抗击创新风险机制的建设；（3）大学与企业之间的创新成果转化机构将被建立，以便于把大学的科研成果、科研优势等信息及时向企业转化和传递，也能够更方便地把企业创新需求和资金支持及时传递和提供给大学，具有科研创新服务性质的中介机构将得到快速发展。其次，大学与企业联合培养学生的现象将越来越普遍，大学会更加重视委派学生、教师到企业实习和工作，重视企业对学生培养和教师科研创新的重要作用。大学的人才培养工作也将进一步向企业开放，企业参与大学课程设计和开发、参与学生课堂教学。大学与科研院所等研究类主体以科研项目为主导，更加积极主动地联合科研力量共同进行科研创新，单位制、区域性相互隔阂的现象会被打破。

三 创新研究走向深化综合

随着国家创新战略的实施和各创新主体创新意识的增强，我国大学与其他创新主体的创新研究逐渐向深化综合的方向发展，具体表现在以下三方面：

一是大学与其他创新主体的创新研究不断强化与国家发展战略的密切结合。如《国家中长期科学和技术发展规划纲要（2006—2020年）》提出："深化科技体制改革的指导思想是：以服务国家目标和调动广大科技人员的积极性和创造性为出发点，以促进全社会科技资源高效配置和综合集成为重点，以建立企业为主体、产学研结合的技术创新体系为突破口，全面推进中国特色国家创新体系建设，大幅度提高国家自主创新能力。"现阶段，我国大学与其他创新主体的合作创新不只是基于自身兴趣的任性研究，而是积极关注国家的战略发展，强调创新研究与国家发展战略密切结合，具体包括：（1）创新活动要关注国家在信息、经济、社会等领域中的安全问题，通过创新活动提高安全防护能力；（2）创新活动要与国际社会经济发展密切结合，重视国际社会经济发展的趋势，通过科研创新活动，提高国家对外经济竞争能力；（3）注重解决国家国内社会发展中面临的重大社会矛盾和问题，把创新活动与国内社会发展中存在的矛盾和问题解决相结合；（4）关注国家社会经济发展动向，积极发挥智库的服务作用，为国家战略决策提供咨询和指导。

二是大学与其他创新主体的创新研究不断与当地社会经济发展的密切结合。《国家中长期教育改革和发展规划纲要（2006—2020 年)》提出"充分发挥高校在国家创新体系中的重要作用，鼓励高校在知识创新、技术创新、国防科技创新和区域创新中做出贡献"，"发挥高等院校、科研院所和国家高新技术产业开发区在区域创新体系中的重要作用，增强科技创新对区域经济社会发展的支撑力度"。在这些教育规划和科技发展规划的指导下，我国大学与其他创新主体在科研创新中逐渐密切关注当地社会经济的发展，并以积极的态度促进当地社会经济的发展，为当地社会经济的发展服务，主要表现在两个方面：（1）科研创新活动要关注当地社会经济的发展，通过创新形成新技术产出中心和产业发展中心，创新新型产品、催生新的经济增长点，成为当地社会经济发展的重要支撑力量；（2）科研创新还要结合当地社会经济发展状况，解决当地社会经济发展中面临的困难和"瓶颈"，根据资源优势对当地社会经济发展进行研究和规划，筹划当地社会经济发展蓝图，为当地社会经济发展提供有效服务。

三是强化科研创新的原始性和基础性。原始性和基础性创新是创新持续不断发展的基础，是增强创新竞争力的关键因素。在我国创新活动日益受到重视的情况下，创新活动不再是单纯技术性的低端层次的创新，不能仅局限于技术移植、模仿等低端活动，要向高端技术创新的方向迈进，甚至要实现创新活动由技术创新向知识创新转变，强调创新质量和创新能力，注重创新的原始性和基础性，主要表现在：（1）原始性和基础性创新要求研究者要克服急功近利的研究态度，以认真、刻苦钻研的态度，研究对社会经济发展和学术研究能够产生重大影响力和推动跨越式发展的问题。（2）逐渐改变以课题级别、课题经费、论文数量等数量化的评价方式，转向重视研究质量，注重科研评价的长期性等有利于原始性和基础性创新的方向发展。（3）改变研究经费拨付制度，注重支持基础性学科的研究，强调课题研究的后期资助力度，促进持续性创新研究的发展。

四 大学主动协同创新意识增强

在 20 世纪 90 年代以前，我国大学较少受到市场的影响，大学发展主要依据政府指令进行。但是随着市场经济的发展，大学生存和发展的危机感增强，因为激烈的大学竞争，使大学面临被边缘化甚至被淘汰的危险，大学必须主动寻求外部资源的支持来获取自身的发展，必须主动加强与其他创新主体协同创新。特别是国家协同创新政策的出台，为大学加强与其他创新主体积极主动协同创新提供了契机。大学不断增强主动协同创新意识，具体表现在以下几个方面：

一是大学与企业的联系将更加密切。大学将更加积极主动地关注市场需求，主动挖掘具有广泛前景的市场需求信息，对产品进行创新，寻求科研创新的经济效益，满足大学组织对办学经费的需求，实现科研创新者的创新价值。大学还会把自己的创新能力作为知识资本向市场出售，通过向市场出售自身的创新服务实现经济效益。如兰州理工大学、清华大学、金川集团等组建了"镍钴金属材料创新中心"等。无论大学主动向企业出售自身的产品还是出售自身的服务，都是以实现经济利益为其直接目标，但是，经济利益的活动又为大学其他教育教学和基础科研的发展提供了客观的经费，有效支持了大学的持续发展。

二是大学与科研院所的联系更加深入。在创新意识不断深入、创新要求不断提高的状况下，从事原始性、基础性的创新，成为大学创新发展的需要。原始性、基础性创新具有复杂性、长期性等特点，需要整合研究经验、理论基础深厚的科研力量来联合攻关。但是，长期以来，大学专注于教学，科研院所专注于科学研究，科研院所中的科研人员专职从事科研研究，在科研创新方面更具有基础和经验，能够满足大学对原始性、基础性等问题进行研究的需要，大学加强与科研院所的联系，有利于促进大学科研水平的提高。所以，许多大学通过聘请科研院所人员为兼职教师，或聘请科研院所人员为课题组成员，或参与科研院所课题研究，或共同建立研究平台等形式与科研院所进行合作研究。如南京大学、中国南海研究院、海军指挥学院、中国人民大学、四川大学、中国社科院边疆史地中心、中科院地理资源所等组建了"中国南海研究协同创新中心"，浙江工业大学、浙江大学、上海医药工业研究院、浙江食品药品检验研究院、浙江医学科学院、药物制剂国家工程研究中心等组建了"长三角绿色制药协同创新中心"。合作研究主要对具有重大基础理论价值和原始创新的项目进行研究，研究周期较长、见效慢、基础性强，一般会对社会发展产生重要的影响。

五　以创新平台为重要方式促进科研合作创新

平台是合作创新的重要载体，是组织各创新主体协同创新的有形纽带，是科研合作创新取得成效的重要基础。我国科研创新实践已经证明构建重大平台建设对推动大学创新具有非常巨大的作用，如"211 工程""985 工程""2011 协同创新工程"等国家重大创新平台建设有力地促进了我国科研创新的能力和水平。在未来的大学科研创新活动中，我国大学将越来越重视创新平台的建设，以平台为基础和纽带，集合各个方面的人财物资源，强化科研创新能力发展。在平台建设中，我国大学将从以往只注重单一科研创新平台建设转向重视科研创新研究平台、服务平台和投融资平台共同建设，不断强化创新平台建设的综合性，具体表现在以下几方面：

一是科研创新研究平台建设。科研创新研究平台是协同创新主体相互联系的纽带，是整合科研创新资源的重要载体，是影响科研创新能力的重要因素。为促进大学与其他创新主体协同创新，进行科研创新平台建设是十分必要的，为此，《国家中长期教育改革和发展规划纲要（2010—2020 年）》提出"加强高校重点科研创新基地与科技创新平台建设"。《国家中长期科学和技术发展规划纲要（2006—2020 年）》明确强调科研创新平台建设对科研创新的重要意义，并提出了科研创新平台建设的主导思想和方法，具体包括两个方面：（1）强调科研创新研究平台建设对科研创新的重要意义，如《国家中长期科学和技术发展规划纲要（2006—2020 年）》中指出，"把国家重大建设工程作为提升自主创新能力的重要载体"；（2）强调构建研究平台的方式和方法，如《国家中长期科学和技术发展规划纲要（2006—2020 年）》指出，要构建"国家研究实验基地""大型科学工程和设施""科学数据与信息平台""自然科技资源服务平台""国家标准、计量和检测技术体系"等。一些大学在研究平台建设方面已经取得了良好成绩，如清华大学的科研创新平台建设为其创新能力的发展提供了重要保障，顾秉林指出："清华已经建立了不少的国家级、校级、院（系）级、跨学科和二级学科专业级的研究机构……科研组这种组织形式在充分调动每个教师的积极性、主动争取各类竞争性科研项目中，为清华近 20 年来的科研发展起到了非常重要的作用。"①

二是科研创新服务平台建设。科研创新服务平台建设的目的是为创新主体提供舒适的创新环境，让创新者专注于科研创新工作而不被其他因素所影响，是促进创新主体有效创新的重要条件。服务平台有政府建立的，也有社会组织建立的，有营利性的，也有非营利性的。一些技术创新能力强的国家和地区，通过政府、社会行业机构、社会公益机构、企业等组织组建了层次分明、类型众多的科研创新服务平台，这些服务平台通过信息服务、管理服务、组织服务、交易服务等形式，有力地促进当地创新活动的开展，形成了一整套体系完整、类型多样的创新服务产业链。随着我国创新活动的不断深入推进，我国的服务平台建设必将受到重视，如《国家中长期科学和技术发展规划纲要（2006—2020 年)》对服务平台建设提出了一些明确的设想，提出"构建技术交流与技术交易信息平台，对国家大学科技园、科技企业孵化基地、生产力促进中心、技术转移中心等科技中介服务机构开展的技术开发与服务活动给予政策扶持"。

三是科研创新投融资平台建设。科研创新投融资平台是创新活动得以开展的资源保证，是保证科研经费充足、长期、稳定的关键决策，对保证创新活动产生重大成果具有非常重要的意义。我国创新活动中重视创新研究力量和创新内容建设，轻视投融资平台建设，导致创新活动常常出现经费不足和不稳定的现象，严重影响了重大基础性创新和原始性创新活动的开展。在强化科研创新能力建设的过程中，必然要重视投融资平台建设，如《国家中长期科学和技术发展规划纲要（2006—2020 年)》提出"通过调整政府投资结构和重点，设立专项资金，用于支持引进技术的消化、吸收和再创新"。科研创新投融资平台的建设还要求积极发挥政府财政资金的撬动作用，促进社会资金的积极投入，构建以财政资金为杠杆的、社会资金积极参与的综合型社会投资平台建设，如《国家中长期科学和技术发展规划纲要（2006—2020 年)》明确提出"探索以政府财政资金为引导，政策性金融、商业性金融资金投入为主的方式，

---

① 原春琳：《顺应世界一流大学跨学科研究趋势——清华改革科研体制》，http://zqb. cy-ol. com/content/2004 – 01/01/content_ 799194. htm，2004 – 01 – 01。

采取积极措施，促进更多资本进入创业风险投资市场"。

六　构建"大众创业、万众创新"的社会创新环境

创新不仅需要强有力的创新主体和完整的创新体系，更需要理想的创新环境。创新环境是在社会中形成的一种思想观念和文化意识，是促进创新人才不断增加、创新成果不断涌现的重要手段。现阶段，创新已被提升到国家发展的战略高度，国家不断推动和强调创新对实现国家富强和民族复兴的重大意义，我国"大众创业、万众创新"的社会创新环境逐渐形成和发展，具体表现出以下趋势：

一是全民创新的文化氛围逐渐形成。创新文化氛围的形成是激发创新活力的有力工具，要在全社会范围培养创新文化氛围。《国家中长期科学和技术发展规划纲要（2006—2020 年)》明确提出了构建全民创新社会环境的方式和途径，指出要"实施全民科学素质行动计划"、"加强国家科普能力建设"、"建立科普事业的良性运行机制"，以此促进创新的社会环境建设。大学为促进创新能力的提升，会强化校园创新文化氛围的形成，促进老师和学生积极从事创新活动，特别是与校外其他创新主体协同创新的文化氛围逐渐会受到重视。如清华大学就强调要积极构建全新的校园创新文化，"努力营造一种敢为人先、宽容失败的学术氛围。……学校要发扬学术民主、鼓励好奇探索、鼓励团队合作和交叉学科协作".[①] 企业要树立通过创新来增强竞争力的知识经济意识，着力塑造企业的创新文化氛围，增强企业的创新能力。在大学、企业、科研院所创新文化的影响下，社会中的创新文化思潮会受到激发，全民创新的社会现象会出现。全民创新又为大学、企业和科研院所的协同创新提供了社会资源和文化氛围，会对这些创新主体产生积极的推动作用。

二是知识产权保护制度逐渐完善。知识产权体系建设是创新体系建设的重要组成部分，是对创新知识收益进行有效保护的关键，能够确保创新者的活动成果取得足够收益，便于激发创新者积极从事科研创新活动。《国家知识产权战略纲要》（国发〔2008〕18 号），明确强调"知识产权日益成为国家发展的战略性资源和国际竞争力的核心要素，成为建设创新型国家的重要支撑和掌握发展主动权的关键"，因此，要积极推进

---

① 原春琳：《顺应世界一流大学跨学科研究趋势——清华改革科研体制》，http：//zqb. cy-ol. com/content/2004 – 01/01/content_ 799194. htm，2004 – 01 – 01。

和完善我国的知识产权保护制度建设。为积极推进知识产权保护，我国先后出台了《专利法》《商标法》《著作权法》《反不正当竞争法》等法律，但是，我国知识产权保护制度还存在体系不够完整，相互扯皮、相互矛盾的现象。为了更系统、更长远地促进知识产权体系建设，国务院制定了《国家知识产权战略纲要》（国发〔2008〕18号），对知识产权体系进行超前谋划和系统设计，强调"要进一步完善国家知识产权制度，营造尊重和保护知识产权的法治环境，促进全社会知识产权意识和国家知识产权管理水平的提高，加大知识产权保护力度，依法严厉打击侵犯知识产权的各种行为"。我国知识产权制度建设将进一步明确产权确认、产权保护、产权收益等规则，注重以市场运作的形式来促进产权保护。

三是创新主体面向社会大众。在科研创新不断深入推进的过程中，科研创新主体由隶属于大学、科研机构及企业研发部门的人员向社会大众扩散，要形成人人能创新、时时在创新的社会创新现象。李克强在2014年夏季达沃斯论坛上明确指出，"用好创新这把金钥匙，着力推进体制创新和科技创新这两大方面。要进一步破除一切束缚发展的体制机制障碍，让每个有创业愿望的人都有自主创业的空间，让创新、创造的血液在全社会自由流动，让自主发展的精神在人民当中蔚然成风"。[①] 总理的讲话体现了政府在促进全民创新、塑造良好创新社会环境方面的决心和意志，必将成为我国创新发展的社会趋势。

---

① 刘彬：《全民创新的希望背后有隐忧》，http://news.hexun.com/2014-09-12/168393005.html，2014-09-12。

第八章 推进我国大学创新驱动阶段的政策导向与大学自身的变革路径

在知识经济快速发展的今天，创新能力已经成为促进社会经济发展的关键因素，直接决定社会经济发展的质量和效率。当今世界上的主要发达国家都是创新能力极强的国家，不仅这些国家的政府积极推动国家创新发展，这些国家的社会组织和个体也非常重视创新，创新已经成为这些国家的一种深层次观念和重要文化。目前，我国已经成为世界第二大经济体，但经济增速明显放缓，面临产业结构转型升级的严峻现实，需要积极实施创新驱动发展战略来实现经济转型。大学与其他创新主体的互动创新是实施创新驱动发展战略的核心内容，因为大学与其他创新主体是创新驱动发展战略的具体实施者，它们的互动创新问题直接影响着创新驱动发展战略的实施效果。但是，从我国大学与其他创新主体的互动状况来看，这种互动还存在规模、结构、层次、质量等多方面的问题，还不能有效支撑我国社会经济发展的战略需求，因此，需要研究相关措施，改进我国大学与其他创新主体的互动创新活动。

第一节 梳理现有政策的结构性矛盾，清除影响创新主体互动的制度障碍

C. Freeman 认为，政府推动创新的作用大于市场，政府要从三个方面来推动创新发展，"一是扶持、资助和鼓励基础技术创新；二是推动和促进创新的传播和应用；三是优化进口和促进广泛应用国外先进技术"[1]，

---

[1] C. Freeman, *Technology policy and economic performance: lessons from Japan*, London: Francis Pinter, 1987, p. 1.

可见，积极强化政府在创新中的管理作用，对创新发展具有非常重要的促进作用。为了适应我国社会经济转型发展的需要，我国积极实施国家创新驱动发展战略，先后出台了一系列促进创新的政策和法律，如《国家知识产权战略纲要》《国家中长期科学和技术发展规划纲要（2006—2020年）》《国家中长期教育改革和发展规划纲要（2010—2020年）》《专利法》《商标法》《著作权法》《反不正当竞争法》等。但是，创新就像 OECD 在研究中所指出的，"并不是政策或制度的简单叠加，并非意味着政策和制度制定得越多效果就越好"[1]，创新需要要素之间相互匹配，要解决系统失效问题。我国在创新活动中出台的一些政策及法律并没有构建一个完善、系统、顺畅的创新体系，存在影响创新主体互动的制度性障碍，创新体系之间存在结构性矛盾。促进大学与其他创新主体互动的首要任务是系统梳理现有政策结构性矛盾，清除影响创新主体互动的制度性障碍，各项政策的制定要形成一个充满创新活力的创新体系，具体而言就是"有利于创新系统的建立与完善，有利于社会主义市场经济体系的完善，有利于产学研的合作，有利于实现国家战略目标和提高国家的科技和经济的国际竞争力"[2]。具体措施包括：

一 强化创新主体联合生产机制建设

创新生产机制是创新主体从事创新的基本组织形式，是组合和调动各创新要素的基本方式，直接影响着创新能力的发挥和创新成果的出现。创新主体是创新活动中的活要素，具有非常强的积极主动性和创造发明性，是创新活动最为重要的因素，为了实现我国创新能力的跨越式发展，促进创新能力的提升和创新成果的不断涌现，一是必须重视大学、企业、科研机构等创新主体的联合生产机制建设，充分利用各种创新主体资源，增强创新成果的生产能力。首先，必须打通大学与企业、科研机构等机构联合创新的体制机制障碍，从联合创新、充分利用资源的角度出发，实现创新设施设备、创新人员的共享公用，国家实验室、工程技术中心等资源应该向社会开放，通过构建联合创新平台和纽带，促进创新主体协同创新。其次，要打破行政体制对创新人员的约束，以市场为基础，实现创新主体资源的自由流动和组合，允许企业科研人员进入大学、科

---

[1] OECD, *National Innovation Systems*, Paris: OECD Publications, 1997, p. 10.

[2] 韩款、石善:《我国国家创新系统存在的问题及对策》,《经济与管理》2003 年第 1 期。

研机构进行科研合作，允许大学科研人员进入企业、科研院所交流和合作。要建立国内科研人员与国外大学、科研机构及企业的交流合作机制，积极吸纳国外大学、科研机构及企业的科研人员参与我国科研创新项目，通过项目委托、项目合作、研究聘任等形式，积极利用国外科研创新力量。最后，政府部门还要不断推出大型科研创新攻关计划，以科研创新项目为纽带，积极调动大学与其他创新主体参与项目合作，促进政府、大学、科研院所与企业单位的合作，形成创新组织之间、创新推动组织与创新实施组织、创新实施组织与创新服务组织之间的有效协作，实现三类组织之间的有效互动，实现从创新知识需求、创新知识生产到创新知识运用的一整套体系，实现创新的无障碍运行机制。

　　二是强化公共机构和私人机构之间的交流合作机制。公共机构和私人机构是促进国家创新的两个重要主体，为此，有学者就强调国家创新系统是"公共和私人部门中的组织结构网络，这些部门的活动和相互作用决定着一个国家扩散知识和技术的能力，并影响着国家的创新业绩"。①以追求私人利益为目的的私人部门善于发现市场需求信息、能够及时有效地发现创新需求和创新信息，是创新的重要源泉和力量，但是，创新所需资源不足、创新力量薄弱、创新技术趋向保守。公共部门以追求公共利益为主要目标，重视创新技术的传播和扩散，以便促进社会整体福利的改进，进行创新的资源丰富且有保障。建立公共机构和私人机构的交流合作机制，能够把公共机构和私人机构的特点相结合，实现优势互补。政府要积极支持公共机构和私人机构的交流合作，去除公共机构与私人机构相互对立、私人机构不能增强社会公共服务的狭隘观念。政府要制定针对公共机构和私人机构合作的政策，通过政策引导公共机构和私人机构积极合作，要对公共机构、私人机构的合作方式进行规范和约束，促进两者规范交流、合法交流；政府要构建公共机构和私人机构交流合作的平台，减少两者合作所需要的交易成本，例如创新投资、创新技术人才技术需求等方面的网站、洽谈会、促进会等。公共机构和私人机构要加强人员之间的交往，通过举办讲座、进行创新研讨和联合项目攻关等形式，实现机构之间的人员交流，促进部门相互之间的信息沟通；

---

① 李正风、张成岗：《我国创新体系特点与创新资源整合》，《科学学研究》2005 年第 5 期。

公共机构要建立针对私人机构有关创新技术、创新资源需求的信息搜集机构，能够及时有效地帮助私人机构进行创新，并把创新成果迅速向社会扩散，把创新技术有效转化为社会生产力；私人机构要建立针对公共机构的联络部门，积极寻求公共部门的公共资助政策和创新需求，积极开展针对公共机构的资源开拓工作，争取公共机构对私人机构创新活动的支持。

三是促进市场技术需求政策的建立，建立创新技术供给与需求的平衡机制。进入 21 世纪以来，建立创新型国家已成为我国社会经济发展的重要目标，我国出台了一系列促进创新的政策、规划、法律等，胡锦涛在 2006 年全国科技大会上提出要在 2020 年建设成创新型国家。特别是 2008 年之后，我国社会经济发展明显减速，创新型国家建设问题受到前所未有的重视。2013 年 11 月 12 日中国共产党第十八届中央委员会第三次全体会议通过的《中共中央关于全面深化改革若干重大问题的决定》提出了要建设国家创新体系，提倡大众创业、万众创新。但是，我国创新政策主要集中于创新供给，忽视创新需求，容易导致创新供给与创新需求相脱节。创新体系的构建必须重视创新供给与创新需求相结合，只有把创新供给与创新需求相结合，才能导致创新活动的效果最大化，才能真正发挥创新活动对社会经济发展的推动作用。实现创新供给与创新需求的平衡，需要相应的机制来保障，应该建立以市场运行为基础、以政府宏观管理为辅助的供需平衡保障机制。需求与供给实现平衡的关键是信息的畅通性，只有需求信息准确地传达给供给者，供给者才能根据需求者的需求供给创新产品，才能实现供需的平衡性，而这种信息畅通性的实现需要发挥市场的基础性作用，通过市场的竞争机制自发调节创新供给与需求的信息传递问题。同时，要认识到市场机制在资源调节中具有滞后性、短视性、私人性和利益性等特征，需要政府采取宏观性的措施弥补市场机制的这些特征对创新供给与创新需求信息的有效传递问题。政府要制定战略性规划和相应的政策，对创新供给与创新需求进行超前规划和引导，要制定相关创新供给者、创新需求者甚至是中间组织的行为规则，防止创新供给与创新需求行为的短视性和对公共利益的损害。政府要建立相关的行为规范和信息平台，减少创新供给者与创新需求者信息交流的成本，促进两者畅通交流。另外，创新供给与创新需求的平衡性还受供给者与需求者的各自行为动机的影响，政府应该制定相关的奖励政策和税收优惠政策，对创新供给者和创新需求者的交往活动进行激励，还应设立相应的财产保护制度，确保创新活动所获得收益得到保护，以便确保行为者积极为自己私有财产增加积极努力。

四是完善创新能力发展与服务体系建设的配套机制。大学与其他创新主体的联合创新，不只是大学与其他创新主体积极努力的问题，还与创新联合体系建设的服务体系密切相关。好的服务体系不但不会阻碍大学与其他创新主体联合创新，而且能够产生积极的促进作用，坏的服务体系会对联合创新产生约束作用，甚至导致大学与其他主体联合创新积极性的丧失。我国创新服务体系建设存在不完善的地方，万钢指出："与创新有关的产业、科技、知识产权、贸易、财税等政策缺乏顶层设计和有效衔接。"要从整体性指导思想出发，把科研创新、产业发展、财税政策、知识产权保护等政策进行统一设计，保证各项政策的相互一致、相互配合。在服务体系建设方面，要加强与创新体系建设相适应的产业政策建设，政府要制定产业发展规划和指导政策，制定符合产业发展方向的创新活动的资助政策、奖励政策等。强化财税政策，对大学与其他主体联合创新且符合国家产业发展导向的政策进行财政支持和税收优惠，并对科研转化、产业成长给予财政补助和税收减免等。加强知识产权的保护，明确知识产权的认定、归属、保护和收益问题，解决联合创新、集体攻关中的产权归属、保护和收益中的认定、收益划分等难点问题。

二　加大科技研发经费投入，促进创新能力建设

研究与开发（R&D）经费投入是促进大学与其他主体联合创新的重要基础，只有充足的研究与开发（R&D）经费投入，才能促进大学与其他创新主体有事可做、能够做事。国外许多发达国家都非常重视研究与开发（R&D）投入，把研究与开发（R&D）经费投入作为推进国家创新工程最为重要的工具之一。2011 年全球研究与开发（R&D）投入领先的是韩国，达到 4.03%；其次是芬兰、日本、丹麦和中国台湾，分别达到 3.78%、3.39%、3.09% 和 3.02%；德国、美国、奥地利、法国、新加坡和比利时等国的比重都在 2.0% 以上，而我国仅为 1.84%。① 在我国创新发展中，要促进大学和其他创新主体积极联合创新，加大研究与开发

---

① 《世界各国科技研发投入的分析与思考——科技研发投入分析之一》，http：//www. gd-stats. gov. cn/tjzl. . /tjfx/201411/t20141110_ 184236. html，2014 - 09 - 17。

（R&D）经费投入是非常重要的，要从体制机制改革入手，解决研究与开发（R&D）经费投入与利用问题，促进大学与其他创新主体积极联合创新。

一是加强研究与开发（R&D）经费投入制度建设。研究与开发（R&D）经费投入制度是保障科研投入稳定性、持续性的重要保障，能够避免人为原因而导致研究经费减少和终止的状况，对于需要持续不断进行经费投入的科研创新来说十分重要。研究经费突然减少或终止会导致科研创新的停滞甚至终止，前面所从事的研究将前功尽弃，持续不断的科研经费供应将会导致科研创新在原有的基础上不断深入，产生出一批相关的创新成果。要实现研究与开发（R&D）经费单例机制，直接从国家财政预算制度中实现经费切割，防止建立现研究与开发（R&D）经费被其他项目经费挤占。建立研究与开发（R&D）经费预算机制，要求科研创新机构根据研究项目的具体需要进行项目预算，避免研究与开发（R&D）经费划拨的随意性、盲目性。建立研究与开发（R&D）经费的稳定增长机制，保证科研经费持续、稳定发展，促进科研创新实现连续性、稳定性、深入性发展。

二是加强经费拨款制度建设。研究与开发（R&D）经费的拨款制度直接影响大学和其他创新主体从事创新的积极性，加强研究与开发（R&D）经费拨款制度建设，在促进大学与其他创新主体积极从事科研创新活动方面具有重要的作用。研究与开发（R&D）经费应该分为自由经费、计划项目经费、后期资助经费、风险投资经费等类型，每种类型的投资要专注于该类型的创新活动投资，能够保证创新活动的各个方面都得到资助，经费拨款类型的划分实现了创新投资的多元化，避免单一类型的创新投资方式，避免统一经费资助制度中相互扯皮、经费分配不均衡的现象。每种类型的经费要采取相适应的投资方式，保证经费投入方式与创新活动类型相匹配，有助于实现研发经费投入的效果和效率，例如自由经费重在灵活性，可以采取自由申请的方式进行，风险投资经费重在风险承担，可以采用主动搜寻项目的方式等。

三是改进项目申请制度。项目申请要实行公开公正的原则，实行项目信息的公开透明，项目资助标准、项目申请人数、获批人数、评阅内容等都必须公开。建立网络评审平台，实行匿名公开评审，坚决杜绝关系项目和人为操作。建立项目申请人档案制度，利用网络平台的大数据资源对申请人所申请的项目信息进行查询，坚决抑制申请人多头申报、重复申报课题的现象，杜绝同时申请多项研究项目的现象。在项目申请制度中，要改变项目经费申报制度，在充分尊重科研创新项目人预算的基础上，对项目预算进行核算，核算之后的项目经费应该实行包干制度，以便增加经费使用的灵活性，不应再实施严格的报销制度，避免严格的报销制度导致经费流失。

四是改进项目结项评审制度。项目结项评审制度直接影响项目的创新质量和水平，严格的项目结项评审制度将促进科研创新人员积极努力从事科研创新，积极提高科研创新项目的质量和水平，不严格的项目结项评审制度将会造成科研创新人员得过且过、蒙混过关的心理，懈怠科研创新工作，科研创新的质量和水平受到影响。项目结项评审中，必须严把质量关，通过多重结项程序约束提升科研创新项目结项实行同行评价制度，经过同行的评审和推荐，再进行匿名评审制度，在匿名评审、推荐的基础上，进行答辩和专家评议。结项评价要注重评价项目的原始创新性，如理论创新、方法创新、思维创新，要改变传统结项评价中只重视项目完成，忽视项目成果社会应用价值和市场可转化性的弊端，强化研究成果的社会应用价值和市场可转化性，提高科研创新成果的市场转化率。

五是完善财税制度建设。创新活动包括创新资源投入、创新活动实施、创新成果运用三个阶段，财税制度不但直接关系到创新资源的投入，而且对创新活动实施、创新成果运用都具有非常重要的影响。在创新资源投入方面，充分发挥财政税收制度的杠杆作用，通过 PPP（政府与社会资本合作）形式，推动财政投入与社会投入资源的相结合，通过税收优惠和减免，促进社会资源对科研领域的投入。在创新活动实施方面，财政税收要采取灵活的手段，改革财政税收制度对创新活动花销过于严格、死板的限制，减少财政税收实施程序，尽量避免财政税收制度对创新活动的干扰。成立由政府财政资金、社会投入资金、政府与社会相结合的多种形式的风险投资基金，强化创新活动的初期投入，支持创新活动持续健康发展，实现战略性新兴产业和高技术产业的迅猛发展。在创新成果运用方面，以税收减免或财政补助的形式，引导企业积极采取创新成果，对把创新成果运用于市场的科研创新者给予资金奖励、资金补偿、产权收益确定、收益税收减免等各种形式的优惠制度，促进创新成果向实践转化。

三 改革创新制度环境，激发创新主体活力

"从制度创新的局部改变来说，制度创新的'首动者'则可能是各参与要素主体。通常是各参与主体首先认识到现有体制的弊端，从而进行局部的调整，这一局部的变化达到一定程度，引起政府的关注，政府从而采取更有效、有力的措施，通过法律、法规等进行较深层次的变革"①，可见，创新主体的创新活动对创新发展具有十分重要的作用。在推进大学与其他创新主体的互动中，必须重视激发创新主体活力，让大学和其他创新主体积极合作创新。

一是建立创新主体自由研究制度。创新力量的发挥离不开各主体的自由自主探索，各主体根据自己的兴趣、研究特长及优势从事自己力所能及的创新研究，将会促进创新研究的多样化，实现创新的繁荣。美国、日本等国家之所以创新能力非常突出，就在于他们建立了非常自由的研究制度，大学教授可以根据自己的研究兴趣自己研究，各个成员之间可以自由组织科研联盟。特别是日本对大学教授发表论文的数量、课题申报数量等方面的管理极为宽松，甚至不做要求。实现创新主体从事创新研究的自由制度建设，首先，要保证评价制度的开放性、多样性、长期性，创新主体的任何创新活动都能得到承认和认可，对创新主体的创新活动都能得到相应的评价和奖励，能够鼓励创新者的创新活动实现持续性、深入化研究，避免评价制度给创新者带来急功近利的短期效应。其次，减少制度的约束作用，让创新主体能够自由自主地从事创新活动，减少对创新行为的约束、减少对创新活动支持资源和服务提供的约束，让创新者能够积极自主地从事创新，什么时间进行创新、组建什么样的团队？从事什么内容的创新等，都应该让创新主体自行决策。最后，建立自由探索的资源支持和奖励制度，只要从事科研创新活动就应该提供相应的经费支持，改善科研创新活动资源不足问题，对自由探索的科研创新成果也要进行相应奖励，从物质和精神方面支持和鼓励自由创新活动。

二是完善知识产权保护和收益制度。"知识产权法律制度是创新的基

---

① 苏敬勤、吴爱华：《基于国家创新体系的创新机制分析》，《科技管理研究》2001 年第 2 期。

本动力机制和激励机制。知识产权法律制度是国家创新体系建设的重要组成部分。知识产权法律制度是国家创新体系建设的法律保证"。① 知识产权保护和收益制度是确定谁拥有知识、谁可以用知识来获取多少收益的制度，是调动创新主体积极性、促进创新主体积极创新最为重要的因素之一。从国际发展经验来看，哪个国家拥有更完善、更先进的知识产权保护和收益制度就越能激发社会创新活力。例如 1474 年意大利的威尼斯颁布了世界上第一部专利法，规定技术发明者拥有 10 年的技术垄断权，使当时的意大利威尼斯成为世界的经济商业中心。为了鼓励发明和创造，1624 年英国颁布了垄断法案，开启了现代意义上的知识产权保护和收益制度，1709 年，英国又颁布了《安娜女王法》，并对著作权进行保护。当时，英国的知识产权制度保护和收益制度在世界上是最先进的，率先实施的知识产权保护和收益制度有力地促进了英国社会创新发展的活力，使英国成为当时世界的经济科技创新中心。19 世纪初，法国开始对商标和商号等进行保护，1803 年颁布《关于工厂、制造场和作坊的法律》。1857 年法国又颁布了《关于以使用原则和不审查原则为内容的制造标记和商标的法律》，这是最早的一部商标法，关于知识产权保护和收益制度，法国更进一步，法国的创新能力得到迅速发展，成为欧洲大陆的经济科研创新中心。随后，美国逐渐建立起了先进的商标保护制度，1787 年制定的《美利坚合众国宪法》在第 1 条第 8 款第 8 项对知识产权制度进行了明确规定；1790 年，美国国会通过《促进实用技艺进步法案》；1793 年，开始实施专利注册制度，又通过不断修订制定了《美国专利法》，使美国的创新活力得到极大的激发，美国成为现阶段创新能力和创新水平最高的国家。我国必须进一步完善和修订有关知识产权保护与收益制度，保护条款必须强化知识的创新性和生成性、强化知识保护与社会发展实践相结合、强化知识保护与国际社会发展趋势相结合。要实现知识产权保护与收益制度的连贯性、系统性，理顺《中华人民共和国商标法》《中华人民共和国专利法》《中华人民共和国著作权法》《中华人民共和国反不正当竞争法》等知识产权保护与收益制度在内容、体系方面的一致性，消除这些法律之间存在的障碍。同时，要把知识产权保

_____

① 邱均平、王伟军、付立宏：《论国家创新体系建设中的知识产权保护》，《武汉大学学报》（社会科学版）2001 年第 2 期。

护与收益制度同财税制度、风险投资制度、法律申诉制度、产权确认制度等密切结合，实现制度之间的无缝对接。

三是完善产学研转化制度。产学研转化制度是将知识直接转化为经济效益并取得收益的最重要方式之一，是激励大学与其他主体积极创新的重要因素。完善的产学研制度将会把企业生产需求和生产能力、大学及科研机构的研究能力及研究成果有机联系，将使大学及其科研机构的知识创新获得经济收益，企业获得自己需要且能够直接转化为社会需要的技术。完善的产学研转化制度是促进社会创新能力提升的重要保障，是促进大学和其他创新主体密切联系的重要纽带。例如，创新能力非常强的日本就具有非常完善的产学研转化制度，早在1955年，在日本政府和社会财团共同推动成立的"日本生产性本部"设立了产学研协作委员会。1959年成立"产学协作中心"。1981年，日本科技厅和通产省确立了官产学一体性的科研制度。1983年，文部省成立国立学校与民间企业的共同研究制度。1986年制定了《研究交流促进法》，要求国有部门人员积极参与企业等创新主体的研究，国有部门创新设施设备也要向企业等创新主体开放。此后，又制定了《科学技术基本计划》《大学等技术转让促进法》《产业技术力强化法》《产学官合作促进税制》等，日本已经形成了民间与官方相结合、大学与其他创新主体相结合、技术转化与市场服务相结合、市场运行与政府管理相结合的产学研转化体系，具有非常完善的制度规范。我国在完善产学研制度建设的过程中，首先要改变对大学科研工作者的传统管理思维，不能把大学科研工作者限制在大学校园，要让大学科技工作者走出校园、深入社会实践、深入企业内部，了解社会真正的发展需求，建立大学科技工作者与其他创新主体的灵活流动机制，促进大学科技工作者与其他创新主体积极互动。要把大学的科研设施设备向其他创新主体开放，建立租赁、共用等基于经济补偿制度的公共设施设备运用机制，实现科研设施设备的充分利用。加强科技转化市场建设，积极培育和发展一批中介组织，例如创新供给与需求协调组织、科技创新成果认定组织、科技创新成果转化组织、科技创新成果产权诉讼组织等，积极创造条件，让各种类型的中介组织投入到科技转化市场服务之中，在大学和其他创新主体之间架起有效协作的沟通桥梁。

四是完善创新服务体系。创新服务体系是支撑创新活动得以顺利进行的保障，是激励创新者积极行动的重要方式。创新服务体系建设必须重视创新标准的制定与认定建设，建立风险投资评估、管理和保险制度，尽可能减少创新风险；建立创新咨询和指导制度体系，为创新者出谋划策，提高创新成果率；要建立创新成果认定和裁决体系，专门解决创新纠纷问题，规范创新活动等。

四　培育社会创新文化，发展合作创新意识

社会文化贯穿在社会每个成员的行为之中，无时无刻不影响着社会成员的行为，是促进社会成员有序运行的重要基础，是促进社会成员积极行为的重要动力。促进大学与其他创新主体积极合作，培育社会创新文化、增强各创新主体的创新意识是十分必要的。

一是加强大学创新教育，培养学生创新文化。大学是从事知识传播和培养学生的场所，在促进社会创新文化形成和发展中具有十分重要的作用。美国大学鼓励创新的校园文化非常浓厚，在教学中，学校特别重视创新课程的设置，强化学生的批判思维、创新思维教育，注重运用启发式、学生自主探索式教育，学生积极自主探索、自我创新的思想意识十分明显，我们熟知的比尔·盖茨、乔布斯、马克·扎克伯格等，都是在校园学习的过程中就具有了创新的意识和行为。在科研过程中，特别强调研究者的自我创新性，教师主要根据自己的科研兴趣和问题意识进行创新，导致科学研究呈现出多样化、差异化的发展，导致创新成果非常丰富。我国大学具有明显的传统教育特征，可积极鼓励学生在学习过程中进行批判教育教学的市场化特征特别明显，学校要利用自己知识传播的功能把创新知识向周边进行扩散，通过宣传海报、微信平台、教师和学生行为表现、广播宣传、研究报告等形式向社会发布，传播科技创新的研究成果，促进社会对科研创新的认识。大学要重视创新思维、创新方法等创新类课程的设置，培训学生的创新思维、创新能力，使培养出来的学生走入社会之后，能够在自己的工作岗位上具有创新意识和创新能力。

二是加强企业创新教育宣传，培养企业创新精神。企业是从事社会生产的直接单位，对社会人才有着非常巨大的需求，企业的人才需求标准和用人方式直接决定着人才的供给标准和供给方式。企业强化创新，有意识、有目的、有针对性地招聘一些乐于创新、勇敢创新的人才，给社会传导创新人才是非常重要的信息，会促进社会创新意识和创新氛围的形成。另外，企业本身就有为了获取最大利益而追求创新的本性，企业本身创新文化和创新能力的形成会对社会产生引导和示范效应，促进社会对创新重要性的认识，强化社会创新意识的形成和发展。特别是美国、日本、韩国等国的高科技企业，对创新具有高度的依赖性，其发展壮大就是创新能力的发展壮大，在国际范围内的相互竞争特别能体现出创新能力对企业发展的重要性，对本国甚至世界范围内的社会公民都会产生创新驱动引导效应。我国企业在经济转型升级的过程中，必须重视科技创新，必须把企业发展与创新能力发展密切结合，依靠创新推动企业发展，强化创新人才建设，强化创新教育，培养企业创新精神，推动企业创新型发展，从人才招聘标准和高科技效应两方面促进社会创新文化的形成和发展。

三是强化社会公民创新意识，激发社会创新活力。"观念的创新是具有先导性的，在科学研究和技术创新上，这一特征表现得最为明显"①，创新意识是创新活动非常重要的因素，只有形成创新意识，才能把创新变为一种自觉性的行为，就能够在具体实践活动中时时创新、事事创新。也只有在全社会范围内强化公民的创新意识，促使每个人都成为创新主体，才能激发全社会的创新活动，在全社会范围内形成大众创新的繁荣局面。"一个有效的国家创新系统，应该可以使科研院所、高校在市场机制的作用下，不断加深对自然规律和国情特点认识的同时，为应用需求提供更多更好的解决手段，并培育出具有探求知识、运用知识能力的人才；而企业则能够在有效的需求分析的基础上，在国家整体发展条件和要求规范下，不断提出技术应用需求，触发知识的集成和应用创新，升级产业技术，开发新产品。因此，国家创新系统具有自组织形态演变发展的特点"②，这说明国家创新系统的有效发展必然是科研创新供给者和科研创新需求者以市场为运行基础的自动性结合，市场意识的形成是有效创新系统形成和发育成熟的重要标志。在强调以市场为运行基础的社会公民创新意识的过程中，必须重视社会系统的建设，通过构建有效的创新系统对社会公民的创新活动进行统筹，通过社会创新系统，把社会

---

① 霍明远：《三论中国国家创新体系的有机构成——观念与文化创新》，《资源科学》2001年第4期。

② 姜念云：《构建有利于促进知识生产和应用的国家创新体系》，《科技观察》2010年第5期。

公民创新活力有机结合，对社会公民的创新活动进行支持和激励；同时，通过构建完善的社会创新系统将进一步激发和强化社会公民创新意识的形成。社会创新系统要把大学、企业和科研机构等社会主体密切结合，相互衔接，形成一个完善、系统的创新系统，成为社会系统非常重要的一种系统性组织活动，成为支撑社会系统不断发展的重要动力。

四是培育社会创新舆论，塑造社会创新氛围。社会舆论是引导社会成员行为的重要因素，是对社会成员施加影响的精神手段，是反映社会力量的重要方式，对社会成员具有非常重要的指引作用。在西方国家，具有非常浓厚的社会创新舆论氛围，美国社会非常鼓励创新，无论是科研人员还是学生，都力求新意，要求对前人研究进行批判和创新，要求科研创新人员在全社会范围之内制造创新舆论，通过专家讲座、邀请企业家报告、电视广播、网络广播等形式，在全社会范围内传播创新思想和创新文化。我国社会要形成鼓励创新、崇拜创新的社会氛围，改变传统思想中把创新创业看作是不正当工作的错误观念，树立创新光荣、创新高尚的思想观念，树立尊重创新者为英雄的新型观念。要树立宽松的社会创新舆论氛围，让科研创新者能够自由自主地从事科研创新研究，不能出现急功近利的科研氛围，不能形成焦躁的社会科研风气。要营造宽容的社会创新氛围，允许创新者进行各种形式的尝试创新，社会要允许创新者失败，容忍创新者失败。

五　搭建创新平台，强化创新合作

科技创新需要平台的支撑，创新平台是集聚创新资源、汇聚创新成本、凝聚创新人才的有效载体，融合了科研创新领域的顶尖专家学者、大型科研设备、完善的知识信息服务网络等创新资源要素，构成各个要素之间相互影响和相互作用的复杂系统。在培养创新型人才、创新优秀科研成果、建设创新型国家方面发挥着重要作用。目前，在我国已搭建的创新平台发展过程中还普遍存在结构趋同、规模小、技术水平低、R&D投入不足、创新能力弱以及运行机制不完善等问题。因此，加强科研平台建设，搭建一批创新资源配置更优、联合创新能力更强、开放服务水平更高、具有良性自我发展机制的高校技术创新平台，已成为各级政府、高校日益关注的重点。要从以下几方面来促进创新平台建设。

一是积极发挥政府在科研创新平台建设中的作用。政府作为社会事务的管理者，掌控着资源分配权力，对创新平台建设具有非常重要的影响作用，主要从以下几方面发挥政府的科研平台建设作用：（1）积极发挥政府的政策引导作用。政府统筹管理社会各项事务，能够宏观性地把握社会经济发展大势，能集合各方面的力量了解各行业的发展前沿和趋势，适时出台政策引导各行业的有序发展。（2）积极发挥政府的资金支持作用。政府掌握着庞大的财政资金分配和使用权，政府通过分配财政资金的方式能够解决创新平台建设中资金不足的问题，特别是通过财政杠杆的作用，能够进一步引导社会资金的参与。（3）积极发挥政府的规范管理作用。政府履行社会事务管理职能，要对科研创新平台建设状况进行规范管理，确保科研创新平台建设不受外界的干扰和破坏，确保科研创新平台建设合法规范。

二是建立健全法律政策体系。健全的法律政策体系是促进科研创新平台有效建设并积极发挥作用的保证。一些科研创新能力突出的国家都具有完整的科研创新法律政策体系，如美国。这些法律政策体系包括：（1）知识产权保护政策。美国是世界上实行知识产权制度最早的国家之一，已基本建立起一套完整的知识产权法律与政策体系，一贯拥有尊重知识产权的传统和保护产权的得力机制。早在新中国成立之初，美国就在其宪法第一条第 8 款规定："国会有权保障作者和发明人对其作品和发明在一定期限内的独占（专利）权利。"1790 年，美国颁布实施了第一部《专利法》，现行的《专利法》则是 1952 年颁布的，此后，又进行了多次修改。这些规定既推动了高校的科技成果转化，又为高校科研团队创新提供了有力的知识产权保护，同时也有力地推动了产学研一体化合作创新。（2）财政税收优惠政策。美国税法规定：高校和独立科研机构是非营利性组织，可以享受减免待遇；同时规定：任何企业或者个人向高校或从事公益性活动的科研机构捐款，都可以获得减免税待遇。（3）科研经费资助政策。为了使政府科研机构和高校之间的研究达到一定的平衡，美国联邦政府调整了对高校科研的支持政策，加强了对高校包括直接费用和间接费用在内的所有费用的资助，使教授能比较容易申请到课题，使高校科研团队有充足的经费支持。（4）促进产学研一体化政策。产学研一体化是指将企业、高校、科研机构结合成一个有机整体，集科学研究与科技开发、人才培养及培训、技术推广及开发应用、生产与销售为一体，发挥各自的优势、推动科技与经济的结合，发展生产、发展科技的过程。法律保障产学研一体化，推动高校科技创新。美国政府出台的高校创新平台构建的政策，使研究型大学在全国的研发活动中占据着核心地位。这些大学的研发活动，被认为是工业部门中新技术的主要来源，对美国经济的发展具有极其重要的推动作用。

三是全方位的资金投入。高校创新平台的投入主要分为建设经费和运行经费。部分从事基础研究的创新平台，不仅需要前期的建设经费投入，更需要后期持续稳定的保障性经费支持，为平台保持先进科研条件和维持日常运转提供基本保障。如果没有稳定的经费支持，就不能满足平台开展需要长期进行的基础研究项目以及创新探索型科研项目的需求，影响平台科研方向的持续性、内容研究的前瞻性和队伍的稳定性，在一定程度上造成了科技资源的低效产出。创新具有高投入、高风险和高收益的特点。高投入来自实验室运营—实验成果—产业三个阶段所需要的巨额资金。高风险来自研发的难度和高失败率，同时还有来自技术寿命周期缩短而随之可能被新技术替代的风险。作为前期的基础研究，由于前景不明，成功率较低，风险较大，难以吸引企业的前期投资，一般需要国家各种资金的支持和资助。通过吸引多方投资，可以增加研发和产业化投资，将失败的风险分散到各个组织，共同承担风险，有助于把握伴有较大风险的试样机遇，提高研发成功的可能性，尽快投入市场，回收成本，从而大大降低风险，降低创新成本。

美国高校创新体系的有效运转，与其全方位的科技创新资金支持体系密不可分。美国的科技创新资金支持体系包括：联邦政府的研究与开发（R&D）投入、大型企业的研究与开发投入、风险资金投入、私人基金会以及高等院校自身投入。作为世界科技创新的中心，美国的 R&D 投入一直位居世界前列。联邦政府更是通过加大 R&D 投入，推动美国经济发展，提升美国的科技竞争力。此外，联邦政府还另外拿出 310 亿美元设立"21 世纪研究基金"，支持美国的科学研究。2012 年 2 月，奥巴马向国会提交 2013 财年政府预算报告，预算报告表明 2013 年 R&D 投入将整体上增长 1%，达到 1400 亿美元。1995 年企业的 R&D 投入，是联邦政府 R&D 投入的 1.5 倍以上。至此，美国的 R&D 投资主体开始转变为企业。研究型大学也开始日益寻求与企业形成科技创新的合作关系。风险投资是风险投资家为新建或扩展公司筹集的货币供应，是企业第三方投资者为主的合伙契约资金。私人基金会是指拥有自己的主要资金，并有董事会和管理机构，旨在促进社会教育、科技慈善和其他公益事业的非政府非营利组织。基金会在资助大学和科研机构的项目时遵循比例资助制，其余由受资单位筹备。推行这种比例资助制的意图是要保持大学和科研机构的独立性和学术自由。总之，基金会的资助从某种程度上弥补了现代大学科研费用猛涨，而联邦资助有限的局面，一定程度上为高校创新平台的构建提供了资金支持。

四是多元化的主体参与。高校创新平台的构建以及运行并不是单一主体能够统筹协调的，同时创新平台的成果并不局限于高校内部。因此，在创新平台的构建中需要多方主体的共同参与，达到高效、顺利、节约的目的。美国高校创新平台构建过程中不仅有高校自身的参与，更是得到了联邦政府、企业、科研机构的支持。各个主体之间的有效沟通协调，能够迅速实现信息的整合，及时指导相关政策的制定及规范的出台。同时，也在一定程度上保证了政策规范的科学性、可行性，从而降低了创新平台失败的成本。在高校创新平台的建构中，联邦政府通过制定有利于科技创新的政策和法律、法规，为科技创新提供一个良好的创新环境。在美国，企业不仅作为科技创新的主体，成果的主要享有者，更是技术创新的主要投资者和执行者。由于企业在科技创新方面的一些先天优势，比如在产品的设计、生产、销售和售后服务都能够直接参与，对市场反应敏感性等。企业在高校创新平台中的技术参与以及资金支持，极大地提高了创新成功的概率，降低了失败的风险，从而节约了创新成本。美国的科研机构主要包括联邦政府实验室和美国联邦研发中心。科研机构同高校自身一样为高校创新平台的构建提供了知识储备、人才资源、专家团队，为创新工程的顺利实施提供了专业的团队、科学的方案，从而促进创新实施过程的可行性、顺利程度等。高校的创新体系是一个由各个参与主体相互交织形成的成熟的互动网络，这个网络中的各个主体相辅相成、相互作用，形成了一个能够高效运转的有机整体，促进了创新工程的顺利进行，降低了失败的风险，从而节约了创新成本。因此，优化高校创新平台建设，降低创新成本，既是培养创新人才的需要，也是促进创新型高校长远发展的需要。

创新平台的构建以及系统运行并不是单一主体能够统筹协调的，其收益主体也并不局限于实施主体。因此，在创新平台的构建和发展过程中必须按照"政府引导、市场化运作、企业化管理、专业化服务"的指导方针，有针对性地扶持创新平台的专项政策，进一步创造和优化平台

的发展环境。根据上述指导方针，我国的高校创新平台应该按照"企业
为主体、政府为引导、大学和科研机构为基础、市场为导向"的建设思
路，建设成一个网络结构平台。各主体在创新平台建设中的作用如图 8 -
1 所示。

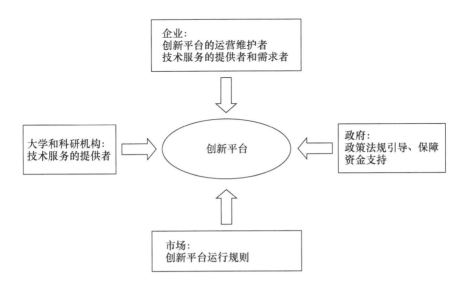

图 8 - 1　基于创新平台的各创新主体作用

构建高校创新平台多元的参与主体，并不是简单地将各行为主体聚
集，而是建立一个大学和科研机构为基础、企业为主体、政府为引导、
市场为导向各方积极参与紧密合作的研发战略联盟，是官、产、学、研
合作的一种高级形式。通过创新平台这一载体，参与平台的各方建立战
略联盟，彼此之间通过加强合作，将分散到不同组织的资源和核心能力
进行整合，凝聚力量，避免各个主体在人力、财力和物力方面的重复投
入，降低组织之间的交易成本，发挥整体科研协同优势。同时，多方的
参与合作也能够加快创新研发速度，及时攻坚克难，提高创新工程的科
学性、合理性，提高创新成果转化率，进而降低创新运营成本。

五是强化政策法规引导规范。创新的高消费特征一部分原因在于创
新的风险，这种风险正是来源于政策法规的欠缺。创新活动过程类似于
生命的发展，创新主体不停地构思、寻求创新资源、研究开发、工程化
和市场化。这一过程的顺畅实施离不开完善的制度建设和健全的保障机

制。因此，在高校创新平台的构建中应该强化政策法规引导，政府积极引导各项政策规范的建立出台。例如，严格完善知识产权保护制度。不仅推动高校的科技成果转化，又使高校可以从知识产权的转移中获取研究经费，对科技发明的商品化起到极大的促进作用；制定财政税收优惠政策。任何企业和个人向高校或者从事公益活动的科研机构捐款，可以获得减免税待遇。以此帮助高校赢得资助和捐赠，促进企业参与高校科研的积极性；促进产学研一体化政策。与产学研直接相关的法律法规和财政支持，是推动产学研一体化的关键。与此同时，高校要进一步完善适应社会发展要求的符合国家各项方针政策的大学管理体制机制，建立健全学校相关政策，完善科技开发计划，形成科技为社会服务的良好机制。同时要完善各类资源的配置方式，建立健全绩效优先、协同发展的资源分配机制和评价机制。此外还要建立公开、公平、公正的竞争机制，为高校创新平台的构建创造良好条件。

高校创新平台的提出，有着深刻的时代背景，既是国家为适应当今世界经济发展潮流和建设创新型国家的战略选择，又是产学研合作发展到一定阶段的必然产物。我国自1984年开始建设以国家重点实验室为代表的科技创新平台以来，高校作为国家创新体系的重要组成部分，依托其多学科优势，承担建设了国家、部委、省市等政府部门设立的各类科技创新平台。经过30多年的建设与发展，高校科技创新平台体系规模有了较大的增长，发挥了高校承担重大科研项目、产出高水平科研成果和培养高层次人才的重要载体作用。而与之相伴的是，高校创新平台的构建过程中巨大的创新成本压力也为创新平台的运行带来了不可忽视的阻碍和困难。为了保证高校创新平台的顺利运行，只有根据实际，不断科学合理优化创新平台构建机制，才能充分调动和发挥各行为主体的积极性和创造性，才能从根本上降低高校创新成本，才能共同建设具有强大生命力的高校创新平台。

六 成立风险基金，减少投资风险

高新科技是知识密集产业，同时又是资本密集产业，其发展离不开相当数量的资金支持。但是高新技术的产生所需要的投资面临极大的风险。高新技术投资的高风险体现在投资过程中有很多不确定性，例如，投资一般都是投资于拥有高新技术的初创企业，这些初创企业的新技术能否在短期内转化为市场认可、接受的产品，是不确定的。20世纪80年代，我国已开始探索风险投资，1985 年 3 月，中共中央在《关于科学技术体制改革的决定》中指出："对于变化迅速，风险较大的高技术开发工作，可以设立创业投资给以支持。"并于同年成立了"中国新技术创业投资公司"，这是我国第一家专营风险投资业的全国性金融机构。发展我国风险投资是发展高新科技的趋势，我国风险投资目前已经有一定规模，并在一定程度上促进了我国科技成果转化，但目前我国大学在设计风险投资方面还存在各种问题。我国应从以下方面对风险基金进行管理：

一是政府加强风险投资法律政策的支持和完善。美国联邦政府很少直接进行风险投资，主要是通过法律支持和政策调整，给予风险投资业宽松、稳定的政策环境，美国政府时刻关注大学需求并注意调整政策，改善科技成果转让方面的工作方式，提高了大学参与地方经济建设和科技成果转让的积极性。早在 1953 年，美国政府就成立了中小企业管理局，为高科技中小企业提供银行贷款担保。1957 年国会通过修改《国内税法》减轻小型企业的税收负担；1978 年把长期资本收益税的最高税率从 49.5% 降到了 28%，1981 年又进一步降至 20%。[1] 同时美国政府对创业企业的优先采购政策分散了创业企业的发展风险，起到了风险基金的吸引和放大效应。1980 年又通过了《小企业投资鼓励法》、ERISA 的"安全港"法规，放松了风险投资政策限制，降低了投资风险。

风险投资的高风险是客观存在的，为了鼓励社会资本融资，政府可以通过财政资金注入风险投资以分担和释放一部分投资风险。政府可以设立种子基金，吸引其他资金注入，从而支持高校高科技成果转化。政府的支持也为大学进行技术成果转让提供了保障。另外，还需完善相关法律：（1）制定《风险投资法》，主要是调整投资人、基金公司、基金托管银行、其他监管部门之间的投资权益和义务关系，对风险投资主体、对象、运行机制、退出机制及相关法律责任等做出具体规定，指导我国风险投资业发展；（2）制定《风险投资基金法》，主要是通过专业人员的管理募集资金以分散投资风险，规定风险基金的投资主体、资金的投资状态、募集形式、交易方式及基金的监管等；（3）《高技术知识产权保护法》，在现有《知识产权法》基础上，探寻符合国际水平的知识产权保护形式，保护技术知识产权；（4）修改《税法》《公司法》《保险法》等，

---

① 戴国强：《风险投资：美国经验及其对中国的启示》，《经济体制改革》2003 年第 2 期。

给风险投资基金创设宽松的政策环境，鼓励社会资本进入风险投资业。

二是成立专门的技术转让机构。在科研创新实力强劲的美国，发达的技术转让机构起到了非常重要的作用。目前，美国各大学均设有专门的技术转让机构，负责转化科技成果。美国大学的技术转让机构已成为美国科技成果产业化和社会经济增长的重要力量，从 20 世纪 90 年代到 2011 年年末（除 2009 年外），美国大学的专利申请量每年以近 15% 的速度增长，累计申请专利数量达到 147827 项，大学技术转移收入达到 25 亿美元。① 为了引导监督各大学的技术转让工作，也为了促进联邦政府资助项目的研发和科研成果的转移，1989 年 7 月美国联邦支持成立美国大学技术转移经理协会（简称 AUTM），该协会属于非营利机构，会员包括技术转移的各个领域。AUTM 搭建了信息平台，为会员提供技术转移方面的培训，每年还对政府资助项目的机构各个方面进行调查统计，并发布调查结果。AUTM 在技术转移信息共享、技术提高方面起到很大作用，是美国大学实施技术转让的重要支持机构。②

美国主要通过制定法律鼓励、设立专门机构支持、成立风险投资基金保障等方式保证高技术成果转让成功。技术转让机构的主要功能包括：寻找有市场价值的新技术发明，保护这些新技术发明的知识产权，并为其申请专利；联系适合的企业，并与企业协商签订技术转让合同；确定该新创建高技术企业的管理人员。大学在进行科技成果转让过程中，需要专业机构协助评估市场价值、联系企业、评估转让收益、解决相关法律问题等。中介机构汇集了各方面专业人才，能够弥补风险投资家和企业家的不足，为风险企业和风险投资公司提供有力智力支持。③ 我国在建立该技术转移机构时，应由国家出台完善的技术转移相关政策法律，并对技术转移机构的运作予以制度规范，切实促进大学技术转让工作的发展。William Bygrave 和 Jeffrey Timmons 在《处在十字路口的风险投资》一书中指出，一个国家（或地区）发达的风险投资业应具备：①制定完善的法律保护风险投资者的利益，减少投资风险；②制定优惠的税务政

---

① 李小丽：《美国大学专利技术转移组织运营的宏观机制探析及启示》，《管理现代化》2013 年第 5 期。

② 同上。

③ 许长青：《论大学与产业科研合作的风险防范机制》，《现代大学教育》2007 年第 2 期。

策。①　另外，还需建立完备的风险投资中介机构、鼓励社会资金参与风险投资、健全风险资本退出机制等。

三是实施多种类型的风险投资模式。我国各级政府通过对科技研发的财政支持、科技成果转化资金支持和所得税优惠等方式，对风险投资给予了很大规范和支持，风险投资得到了快速发展。截至 2001 年年底，我国共建立 250 多个风险投资机构，仅拥有风险资本大约 400 亿元人民币，其中 65% 的风险资本来源于各级政府的直接投入。②　到 2002 年和 2003 年分别高达 35% 和 33%，具体数据见表 8 - 1。③

表 8 - 1　　　　中国各类风险资本总量所占比重的年度比较　　　单位:%

年份	政府	国内企业	外资	金融机构	其他类型
1994	58.7	4.7	36.2	0.4	0
1995	56.5	8.2	34.9	0.4	0
1996	55.7	9.4	34.4	0.5	0
1997	48.9	8.9	29.9	11.7	0.6
1998	49.1	16.2	23.6	10.2	0.9
1999	45.7	24.1	22	6.4	1.8
2000	34.6	35.6	23	4.3	2.5
2001	34.3	37	21.9	4.1	2.7
2002	35	23	35	4	3
2003	33	30	29	5	3

从表 8 - 1 中可以看出，近几年来我国社会资本逐渐注入风险投资业，但政府的财政资金仍占据着主导地位。与美国风险投资资本来源的多样化相比，我国风险投资业资本主要来源于政府财政和国有企业，我

①　William Bygvare & Jeffrey Timmons, Venture Capital at the Crossroads, 1992.
②　戴国强:《风险投资:美国经验及其对中国的启示》,《经济体制改革》2003 年第 2 期。
③　资料来源:中国科技促进中心风险投资研究所《中国风险投资发展报告 2002》《中国风险投资发展报告 2003》。

国的风险投资渠道明显单一，由于民间资本参与不足，我国风险资本增长较慢，严重制约了我国高科技产业发展的需要。首先，我国要实施多种类型的风险投资模式，如合伙制的私营公司，小型投资公司，其他各类金融机构（包括养老基金、银行基金和保险基金等社会资金）。其次，促进风险投资资金来源多样化，美国风险资本来源广泛，能够充分利用民间资金，使得其风险投资业发展迅速，见表 8-2。而我国风险资本主要由政府负担，这种"官办"形式有违风险投资业的商业性质，不利于风险投资业良性发展，也压制了民间投资主体的积极性。因此，风险资金来源应该多元化，资金来源一般也反映了资金的流向和结构是否合理，决定了风险资本的承受能力。最后，要集合多种分散的投资基金组成风险资本，由专业机构按照分散风险、平衡协调、组合投资的原则，投资于科技成果企业，按投资者出资比例分享利润。

表 8-2　　　　　　　　　1998 年美国风险资本的来源构成①

资金来源	比例（%）	资金来源	比例（%）
养老金	60.0	个人和家庭	10.6
银行和保险公司	6.6	国外	0.8
公司	11.4	捐赠和基金会	5.9

七　完善退出机制

1971 年美国纳斯达克②的创建为小企业提供了更好的融资平台，纳斯达克主要为无资格在证券交易所上市的中小企业进行股票交易服务，作为美国第二板股票市场，其相对宽松的上市标准为风险投资的退出提供了保障，见表 8-3。风险企业一旦公开上市，风险投资者即可获得丰厚的收益，这就刺激了风险资本的更大投入，保证了风险资本的良性流入和退出。

---

① 戴国强：《风险投资：美国经验及其对中国的启示》，《经济体制改革》2003 年第 2 期。
② 纳斯达克（NASDAQ），全称美国全国证券交易商协会自动报价表，其创建是为了规范混乱的场外交易和为小企业提供融资平台，目前已成为全球第二大证券交易市场。

表 8-3　　　　　　　　　　　美国风险资本退出机制

退出方式	平均周期（年）	平均收益（倍）	不同退出渠道所占比例（%）
公开上市	4.2	7.1	20
大公司并购	3.7	1.7	40
公司自行收购	4.7	2.1	20
失败	4.1	0.2	20

由于我国尚未建立多层次的资本市场体系，一般只能通过被国内企业收购或是由创业者回购两种方式退出项目，如表 8-4 所示。

表 8-4　　　　　　　　　　2003 年中国风险投资项目退出情况①

退出方式	上市	被国内企业收购	被国外企业收购	创业者回购	管理层收购	清算	没有注明退出方式
退出项目数目	9	56	12	42	19	25	5
比例（%）	5.36	33.33	7.14	25	11.31	14.88	2.98

从表 8-4 中可以看出，通过上市方式退出的项目为 9 个，仅占退出项目的 5.36%，企业收购仍然是我国风险资本退出的主要渠道。1998 年，我国第一个风险投资企业，即中国新技术风险投资企业宣布破产，其失败原因主要在于风险资金没有找到合适的退出机制，资本固化不能从事后续投资。风险资本没有完善的退出机制是目前我国风险投资业发展的极大障碍。

风险投资不是要长期控制企业，而是为了获益，这就要求等风险企业发展到一定阶段，投资方要通过转让股权收回资本，再进行下一轮风险投资活动。风险资本的退出保证了风险资本的合理流动，实现了社会和经济效益增长。因此，风险资本要有完善的退出机制，这是风险投资能否成功的重要环节。很多风险投资运作较为成功的国家和地区都建立了完善的退出机制，一般包括股份转让、公开上市和清算（投资失败），其中最理想的退出方式是通过公开上市收回资本。政府部门可以帮助大学联系大企业和外资企业收购兼并高科技风险企业，我国应在规范的证券主板市场以外设立以自动化电子报价系统为依托的、旨在为运作良好、

---

① 资料来源于中国科技促进中心风险投资研究所《中国风险投资发展报告 2004》。

成长性强、科技含量高的中小企业提供直接融资的创业板市场，为风险投资业提供良好退出机制。①

第二节　高校服务区域经济发展的战略选择研究：创业型大学的视角

随着知识经济的发展，在传统的教学与科研基础上，大学的使命被不断赋予新的内涵，大学越来越需要积极参与社会创新过程，为区域经济发展服务。美国学者马丁·卡诺依（Martin Carnoy）曾指出："伴随着全球化知识经济的到来，高等教育对于经济发展的促进作用明显增加。"②但是，在高等教育发展过程中，高校与区域经济发展之间的互动还存在一些困境，如人才培养与区域应用型人才短缺的矛盾突出，高校培养的人才创新及实践能力与区域经济发展的适切性有待加强；科研成果与区域市场需求脱节，科技成果转化缺乏资金和政策支持等。如何更好地促进高校参与和推动区域经济发展，成为摆在我们面前的新课题。创业型大学的提出，无疑拓宽了高校的发展思路。

一　创业型大学的崛起

从世界范围来看，20世纪后期，欧美一些大学开始对学校的教学、科研注入各种新因素，如重视科研成果的转化及孵化，鼓励师生利用知识创新成果引资创办企业；参与更多、更直接的商业化研究活动，畅通大学与企业之间的知识转移运作机制；多渠道吸纳发展资金等。在这些大学转型的先行者当中，既有像斯坦福大学、麻省理工学院等知名的研究型大学，又有像英国沃里克大学、新加坡南洋理工大学等普通地方大学；既有像澳大利亚莫纳什大学（Monash）这样的发达国家学校，也有像智利天主教大学（Catholic）这样的发展中国家学校③，一类以创新创业活动促进区域发展的大学新范式——"创业型大学"正在形成。

---

① 许长青：《论大学与产业科研合作的风险防范机制》，《现代大学教育》2007年第2期。
② ［美］M.卡诺依：《教育经济学国际百科全书》，闵维方等译，高等教育出版社2000年版。
③ 许晓云：《国外创业型大学特征及成功因素分析》，硕士学位论文，华中科技大学，2010年。

创业型大学的快速发展是大学对各种社会变革做出的回应。①② 首先，创业型大学的崛起离不开知识经济的时代背景。知识经济的发展促使知识超越劳动力成为最重要的经济因素和生产因素，大学作为知识创造、传播、应用的场所之一，必然需要在新的背景下重新做出自己的定位。其次，政府大量削减大学拨款，导致学校办学经费急剧下降，经费的压力促使大学积极寻求更加多样化的资金来源渠道，大学开始走上转型的道路。最后，社会经济发展也使政府和产业界对大学有了更多期待，希望大学能从区域创新的边缘者转向区域创新的主体，成为促进区域社会经济发展的动力源和引擎。

二　创业型大学促进区域经济发展的特征分析

由上可知，创业型大学是高等教育在与社会经济变革的互动过程中衍生出的一种类型，它以促进经济发展为目的，主动寻求组织创新以适应内外部变革，与产业界、政府等其他机构密切互动，教学和研究更注重实际问题，不断拓宽资金来源渠道，其发展的必然结果就是与企业、政府共同推进区域经济发展。区别于其他类型的大学，为经济发展服务的愿望和能力，对创业型大学来说是统一的，创业型大学呈现出更明显的促进区域经济发展的内在特征。

（一）基于应用背景的知识生产模式

一般性大学以教学和科研为基本职能，通过教学向社会提供高质量人才，通过科研为产业发展提供基础的研究成果，固化于教学科研的模式，导致在促进区域创新发展上动力不足。创业型大学则以知识应用为重心，知识的生产基于"问题导向"，强调实用价值，当知识的创造功能越来越多地掺杂了区域特征，大学也就自然而然进入与区域交互的创新流程中。创业型大学通过建立跨学科研究中心、加大对跨学科平台设施的投入，鼓励不同领域的科学家突破学科界限相互合作，将出色的学术业绩和创业活动进行巧妙的融合。以 MIT 为例，该校拥有 50 多个跨学科研究实验室和研究中心，可以更便捷地突破学科界限、更好地实现创新。

（二）支持学术创业的大学文化

创业型大学的教师角色开始多重化，那些以前只关注学术本身、论

文发表或同行评审的学者，开始越来越多地把目光转向市场，从纯粹的学术研究人员身份向兼具市场开发者、项目管理者或是企业家的身份转变。一些教师以自己的研究小组及其研究成果作为创建公司的基础，一些教师通过提供咨询、技术转移等方式与企业形成战略联盟。MIT 提出了著名的"五分之一原则"，允许教师每周有一天的时间用于咨询服务或者参与企业活动，在支持学术创业的大学文化氛围中，这样的制度没有受到任何质疑。创业型大学支持学术创业的大学文化同样也改变着学生的观念，他们开始自觉地由服务市场转向创造市场，一些毕业生更是放弃优厚待遇选择创办自己的企业。总之，无论是教职人员还是学生，对"知识成果的转移或者大学须增进与企业界的联系"均持赞同观念，并为此做出积极的举动。

（三）源于三螺旋关系的组织结构

三螺旋模型理论认为大学、产业、政府三者在区域经济发展中形成的三螺旋作用应成为区域创新系统的核心。[1] 创业型大学日益形成的多种与院系并肩成长的创新性组织结构，正是源于这样一种关系。当前最值得注目的组织变革就是建立各种技术转让办公室，尽管各所学校的名称不一，但核心功能不外乎作为技术的中转机构，帮助学校的科技成果向社会转移。还有一些为了解决特定问题而成立的组织，多以研究中心、研究项目、实验室等形式存在，运转灵活，即有新的科研项目时，具有不同学科背景的研究人员会被组织在一起，为解决共同问题而合作，问题解决后，有些组织会解散，也有一些会长期存在下来。除此之外，很多创业型大学还参与创建跨越大学和社会边界的组织，如大学产业园、大学科技园等，通过这些外围组织，促进科研成果向现实生产力的转化，带动大学附近整个地区的发展，密切企业和学校的联系。

三 创业型大学促进区域经济发展的典范：滑铁卢大学的案例[2]

滑铁卢大学创建于 1957 年，是滑铁卢地区（Waterloo）为数不多的知识创新中心之一，作为一所以创业型大学为发展愿景的学校，其在区域产业经济发展中扮演了催化剂的重要角色。滑铁卢大学与区域产业经

---

① 亨利·埃兹科维茨：《三螺旋》，周春彦译，东方出版社 2005 年版。

② Allison Bramwell, David A. Wolfe., "Univerdities and regional economic development: The entrepreneurial University of Waterloo", *Research Policy* 37（2008），1175–1187.

济紧密联系的成功，主要表现出四个方面特性：

（一）创新人才培养模式，为地方产业发展培养优秀的创业型人才，增加地方经济隐性知识的存量

大学促进区域经济发展最关键的一个变量就是提供大量的高质量人才，这些人才不仅可以直接提供知识和技术，还能带来驱动创新的隐性知识转移，激发团队的其他成员。从这一层面讲，滑铁卢大学对地方产业发展最重要的贡献就在于培养了大量优秀创业型人才，尤其是数学、计算机科学和工程等学科领域的毕业生，更是享有国际盛誉，这些毕业生成为当地高科技人才的主要来源。

滑铁卢大学毕业生具有突出的创新创业能力，得益于学校在专业和课程设置过程中，紧密结合区域发展需要，积极吸取地方产业联盟与社会团体对于用人需求、课程内容等的建议，及时调整和充实专业结构、课程和教学内容。无论是在常规的本科课程，还是在一些特设招生项目中，创新创业能力都是突出强调的一类培养目标，一些院系甚至会为具有创业潜力的学生设计并提供相关的教学资源。尤其值得一提的是，学校的创新性国际化合作教育项目——CO－OP 项目。CO－OP 教育模式的核心内容如下：参与项目的学生通常要经历 5 个学年的学习，在这 5 年时间里，除了常规课堂学习之外，有 4—6 个工作学期，要求学生在指导老师帮助下根据自己的情况选择不同的工作学期和不同的工作地方比如工厂、企业、社会服务机构等进行实习，或是以自由创业的形式完成工作学期的教学计划，每个工作学期为 4 个月。在这种模式下，学生经历的不再是简单的参观实习，而是要实际参与到实习部门的项目中去，将完成企业任务课作为他们课程的一部分，做到课堂内容与实际工作紧密结合，当学生从产业部门重回课堂时，又可巩固与当地产业的紧密联系。除了上述显性的优势，CO－OP 项目还使学校培养的人才很好地成了联系地方产业和大学资源的润滑剂，一方面，有利于协助地方产业项目获得大学的技术支持；另一方面，确保学校课程跟上不断变化的行业技术前沿。

（二）促成短期研发合作，为地方产业发展提供便利的技术支持及资源保障，推进地方产业技术创新

大学自主专利许可及衍生企业对经济发展的作用可能很难直接测量，但是，可以通过知识转移与地方产业维持紧密联系，这种作用主要表现

在为地方企业发展提供研发支持。除了传统的基础性研发支持之外，滑铁卢大学对地方高新企业的作用更趋向于以下两种类型：一是支持渐进式创新的短期研发合作；二是企业加盟的基础性项目研发合作。

通常情况下，当企业想投资于研究并发展关于现有产品或过程的渐进式创新，即强调性能改进或解决某一特定问题而非开展密集性的研究型创新时，会倾向于选择与大学签订有偿的研发服务协议，获得学校的专家、设备和信息资源的支持。就基础性研究项目而言，不同于全球性的大企业会就某些核心项目与大学保持长期的合作伙伴关系以确保获得并拥有最新的知识产权，一些中小企业通常仅仅是期望能快速了解到所从事领域的最新研究发现，这种情况下，加盟到由大学发起的基础性研究项目，在不需要人力和设备投入情况下这些企业就有机会获得最前沿的研究发现，在合作过程中，还可能获得他们希望雇用到的优秀毕业生。滑铁卢大学与地方企业的合作就以非正式的短期合作为主，尤以持续一两个月时间的居多，有效解决了研究者和企业在对知识产权所有权与商业化期限上存在期望值差异的问题，并且更快速易得，为企业共享大学的学科专家及实验设施提供了便利。非正式形式的合作也促成更多的大学教师到企业兼职，或者企业兼职教师与大学的互动。

（三）疏通全球化知识获取管道，为地方与外界联系搭建桥梁，加速隐性知识的互动交流

在区域经济发展过程中，知识流的生产除了源自大学的创新，更多的是通过全球化管道转移而来，尽管这是一个非核心的知识转移机制，但是区域经济发展持续良性循环的地区往往在搭建和管理获取全球化知识的多样化渠道上表现突出。在当前知识转移机制仍以个体为主要渠道的情况下，大学依旧可以在这一过程中发挥关键性作用。

滑铁卢大学鼓励学者通过发表学术论文、参加学术会议等传统形式以及一些非正式研究网络快速获取学科领域的前沿知识，促进大学全球化管道的联通，加速隐性知识的互动交流。从这个层面讲，人才是渠道畅通与否的关键，因此，学校很重视吸引并留住人才这个现实问题，通过设立研究联席职位，持续激发充满活力的国际知识交流，为当地企业创造了众多与全球范围内专业领域专家合作解决问题的机会，帮助企业预测未来5—10年专业领域的领先发展状况，为本地产业界传递创新知识。同时，通过与学校的合作，许多地方企业还打开了全球知名度，这

些都从侧面凸显了滑铁卢大学在基于个体知识转移方面的成功。

（四）引领创业文化发展，成为地区文化推广的主导者，促进区域创业文化价值观的逐渐明晰

几乎每所高校都会有创业活动，而创业型大学的特点则在于：师生对"知识成果转化或大学加强与企业的联系"持普遍接受态度进而以一种更为积极的方式参与其中，最终形成"学术和创业共存"的价值观念和行为方式，创业文化就此逐步推广开来。以知识产权转化为例，滑铁卢大学的师生对其发明创造拥有完全产权，更为关键的是，他们在校方富有远见的行政管理支持、方案设计创新、相关政策配套的条件下，公开被鼓励促进校内自主知识产权的商业化，强化与地方产业的联系，包括给予官方协助，将服务地方产业明确为学校职责，成立企业家协会等。在滑铁卢大学，教授创办公司不再被认为是不务正业，师生也逐渐形成对创新创业精神的广泛认同的文化氛围，并扩散到更大区域范围。

同时，滑铁卢大学还根植于区域发展，成为当地创业文化的积极推动者。一方面，学校建立了多个地方级别的统筹发展创业教育和创业活动的组织机构。商业、创业与技术中心（CBET）为地区高新企业的专业人士提供协作网络，促进解决研究者与企业界之间技术转移的障碍问题，也为一些经验不足的科学家和企业家试图创办企业提供交流场地。隶属于工程学院的创新研究所，在推动大学内创业活动的同时，也致力于创造、传播和应用跨学科研究以推进当地高新企业的发展。另一方面，学校陆续推出一些创业教育培训项目以促进创业文化的传播。比如商业、创业和技术硕士项目（MBET），旨在传授鉴定、开发和建立新的商业机会的关键技能和创新技术，吸引了世界各地潜在的创业者；CO－OP 合作教育项目也在不断发展和完善，本科生通过参与企业带薪实习项目，有机会在那里将自己的想法商业化，该项目还为部分学生提供小额创业资助。

四　对我国地方高校战略转型的启示

作为创业型大学服务地方建设的成功案例，滑铁卢大学近些年将发展的眼光更多地放在促进区域经济发展上的举措对其自身的发展也起到了巨大的推动作用，我们认为，创业型大学并不一定首先是研究型大学，从创业型大学对区域经济发展适切性来看，地方高校完全可以结合自身特点，通过对办学理念和发展模式的适时调整，摆脱现有的发展困境，

走出一条独具特色的创业型大学之路。

（一）深入挖掘服务地方的主题，快速响应区域社会的需求

大学汇集着大量优秀人才，拥有重点学科、重点实验室、工程研究中心等学科专业特色优势，完全有能力成为区域创新的主体。[①] 而创业型大学坚定走产学研结合的办学理念正是其成功实现为区域经济发展服务的基石。地方高校可以通过搭建多渠道的开放式交流平台，增进学校与地区发展的互动，主动融入区域创新体系的建设，帮助学校对社会的需要做出最敏锐和快速的反应，提升高校在区域创新过程中的领头作用；通过建立专业化的技术转移组织或跨学科研究中心，大力扶持和培育高校的技术转移机构，吸引地方产业的注资合作，促进产学研战略联盟集聚区的形成；通过建立科研成果转化的信息收集和公开体系，为推进产学研用的结合，加快知识成果的转化。

（二）激活创业人才培养的活力，突出创业实践教育的优势

人才是区域经济社会发展的核心需求，地方高校要想顺利从区域创新的边缘者转型为区域创新的主体者，必须始终抓好人才培养这一主线[②]，其中，创业教育突围是一个现实的选择。创业教育的最大特点是实践性与经验型，地方高校要激活创业人才培养的活力，教学过程就不能再以孤立的、理论的形式存在，而应将教学、研究、经济发展融合在一个共同的框架中，比如：开发基于创业生态系统设计优质的创业课程，强化课程建设的创业指向；开发多元互动的全日制创业教育合作项目，加强教学过程中的实践指向；加大创业教育在其他学科的渗透与延伸，增强学科教学的跨学科属性；重视创业实践性教学环节与社会企业的开放式融入等。

（三）引领区域创业文化传播，促成内外共生的和谐文化发展

创业型大学是一种具有变革活力、兼容并包、面向需求的大学样态，地方高校在从过去的封闭式走向与社会协同发展的开放式过程中，必须对学校的文化生态系统进行一次重构，使创业文化成为大学文化概念中与学术文化等同的应有内涵。在此基础上，可以通过基于市场导向的多

---

① 黄兆信、王志强：《论高校创业教育与专业教育的融合》，《教育研究》2013 年第 12 期。

② 黄兆信、曾尔雷：《地方高校融合创业教育的工程人才培养模式》，《高等工程教育研究》2012 年第 5 期。

元化创业活动鼓励创业文化与实践和应用紧密相连，在地区和社群中不断应用；通过形成支持学术创业的一套整体框架和行为边界，为浓郁创业文化提供一个积极的战略和环境条件；推动大学创业文化与地方社会文化的双向互动，实现创业文化在集聚和整合创业资源上的凝聚功能，地方特色逐步得到强化，促成区域创业文化的良性循环发展。

参考文献

中文文献

1. ［英］安迪·格林：《教育与国家形成》，教育科学出版社 2004 年版。
2. ［美］伯顿·克拉克：《建立创业型大学：组织上转型的途径》，王承绪译，人民教育出版社 2003 年版。
3. ［美］彼得·德鲁克：《创新与企业家精神》，机械工业出版社 2009 年版。
4. ［美］彼得·圣吉：《第五项修炼——学习型组织的艺术与实务》，三联书店 1988 年版。
5. ［英］伯纳德·巴伯：《科学与社会秩序》，生活·读书·新知三联书店 1999 年版。
6. ［美］道格拉斯·诺斯：《经济史上的结构与变迁》，商务印书馆 2009 年版。
7. ［美］德里克·博克：《走出象牙塔——现代大学的社会责任》，徐小洲、陈军译，浙江教育出版社 2001 年版。
8. ［美］冯·贝塔朗菲：《一般系统论：基础、发展和应用》，清华大学出版社 1987 年版。
9. ［荷兰］范·杜因：《经济长波与创新》，译文出版社 1993 年版。
10. ［美］玖·迪德、约翰·本珊特、凯斯·帕维特：《创新管理：技术变革、市场变革和组织变革的整合》，清华大学出版社 2004 年版。
11. ［英］杰勒德·德兰迪：《知识社会中的大学》，北京大学出版社 2010 年版。
12. ［美］亨利·埃兹科维茨、劳埃特·雷德斯多夫：《大学与全球知识经济》，江西教育出版社 1999 年版。
13. 克拉克·科尔：《高等教育不能回避历史——21 世纪的问题》，浙江教育出版社 2001 年版。

14. ［美］克劳斯·维赛：《美国现代大学的崛起》，北京大学出版社
2011 年版。

15. ［美］罗伯特·艾伦：《创新理论大师熊彼特》，马春文等译，吉林人
民出版社 2003 年版。

16. ［英］迈克尔·吉本斯、卡米耶·利摩日、黑尔佳·诺沃提尼：《知
识生产的新模式——当代社会科学与研究的动力学》，陈洪捷、沈文
钦译，北京大学出版社 2011 年版。

17. ［美］迈克尔·波特：《国家竞争优势》，李明轩、邱如美译，华夏出
版社 2004 年版。

18. ［德］马克斯·韦伯：《新教伦理与资本主义精神》，上海人民出版社
2011 年版。

19. ［美］内森·罗森博格：《探索黑箱——技术、经济学和历史》，商务
印书馆 2004 年版。

20. ［美］托马斯·麦克劳：《创新的先知——约瑟夫·熊彼特传》，陈叶
盛、周瑞明、蔡静译，中信出版社 2010 年版。

21. ［美］威廉·鲍莫尔：《资本主义的增长奇迹》，中信出版社 2004
年版。

22. ［美］万尼瓦尔·布什：《科学——无止境的前沿》，商务印书馆
2004 年版。

23. ［美］希拉·斯劳特、拉里·莱斯利：《学术资本主义：政治、政策
和创业型大学》，北京大学出版社 2010 年版。

24. ［美］约瑟夫·熊彼特：《资本主义、社会主义与民主》，吴良建译，
商务印书馆 1999 年版。

25. ［美］约瑟夫·熊彼特：《经济发展理论：对于利润、资本、信贷、
利息和经济周期的考察》，何畏译，商务印书馆 1990 年版。

26. ［美］约瑟夫·熊彼特：《经济发展理论》（中译本），商务印书馆
1990 年版。

27. ［美］亚瑟·科恩：《美国高等教育通史》，北京大学出版社 2010
年版。

28. ［挪］詹·法格博格、［美］戴维·莫利、［美］理查德·纳尔逊主
编：《牛津创新手册》，柳卸林、郑刚、蔺雷译，知识产权出版社
2009 年版。

29. ［美］朱迪·埃斯特林：《美国创新在衰退》，翁一飞译，机械工业出版社 2010 年版。

30. ［美］G. 帕斯卡尔：《斯坦福大学的成功之道》，夏洪流、周刚译，《高等教育研究》1999 年第 3 期。

31. ［美］亨特·罗林斯：《现代研究型大学：知识创新者与文化桥梁》，《北京大学学报》（哲学社会科学版）2006 年第 1 期。

32. 马尔库斯·C. 贝克尔、汉斯·U. 埃布林格、乌尔里奇·海德克、T. 克钮德森：《熊彼特之经济发展理论、商业周期理论和民主理论的缺环——评熊彼特的〈发展〉》，《南大商学评论》第六辑。

33. 白明、李国章：《市场竞争与创新：熊彼特假说及其实证检验》，《中国软科学》2006 年第 11 期。

34. 陈安国、张继红：《论研究型大学的技术转移模式及制度安排》，《科学学与科学技术管理》2003 年第 9 期。

35. 陈超：《从联邦政府的三次干预透视美国研究型大学的发展》，《比较教育研究》2008 年第 10 期。

36. 陈桂尧、孙伯灿：《国家创新系统中的高校、市场与技术转移——中国高校科技企业再探讨》，《高等工程教育研究》2003 年第 4 期。

37. 成良斌：《文化传统、社会资本与技术创新》，《中国软科学》2006 年第 11 期。

38. 陈其广：《创新是经济发展的重要推动力——论熊彼特创新理论的合理性》，《中国社会科学院研究生院学报》1987 年第 4 期。

39. 陈绍宏、陈玉林：《万尼瓦尔·布什与美国科技文化的建构》，《东北大学学报》（社会科学版）2007 年第 6 期。

40. 段芳芳、吴添祖：《国家创新体系及其运行方式》，《科技进步与对策》1999 年第 3 期。

41. 董晋曦：《关于国家创新体系的若干思考——兼论高校应当成为知识创新体系的第一执行主体》，《研究与发展管理》1999 年第 6 期。

42. 丁娟：《创新理论的发展演变》，《现代经济探讨》2002 年第 6 期。

43. 董金华：《美国国家创新体系三大主体角色新动向的启示》，《科学学研究》2005 年第 5 期。

44. 樊春良：《国家 R&D 计划在建设国家创新系统中的作用》，《中国软科学》2006 年第 10 期。

45. 冯庆斌：《创新群落研究动态及其展望》，《中国科技论坛》2006 年第 5 期。

46. 甘德安：《知识经济创新论》，华中理工大学出版社 1998 年版。

47. 郭继贤：《战争与科学——第二次世界大战期间的 OSRD》，《自然辩证法通讯》1981 年第 2 期。

48. 勾瑞波、陈三奇：《浅析大学科技园与高新技术产业开发区的关系》，《研究与发展管理》2002 年第 5 期。

49. 葛霆、周华东：《国际创新理论的七大进展》，《中国科学院院刊》2007 年第 6 期。

50. 葛霆、周华东：《构建以创新关联为中心的创新测度立体模型》，《科学学研究》2008 年第 2 期。

51. 顾新：《区域创新体系的失灵及完善措施》，《四川大学学报》（哲学社会版）2001 年第 3 期。

52. 谷贤林：《在自治与问责之间——美国公立研究型大学与州政府的关系》，《比较教育研究》2007 年第 10 期。

53. 耿益群：《美国研究型大学跨学科研究中心与大学创新力的发展——基于制度创新视角的分析》，《比较教育研究》2008 年第 9 期。

54. 贺国庆：《近代欧洲对美国教育的影响》，河北大学出版社 1994 年版。

55. 贺国涛、曾德明：《知识创新生态系统的理论框架与运行机制》，《情报杂志》2008 年第 6 期。

56. 韩宇：《美国高技术城市研究》，清华大学出版社 2009 年版。

57. 黄燕：《创新理论的演进及其近期研究进展》，《江汉论坛》2001 年第 12 期。

58. 黄缨、赵文华：《美国在研究型大学创立国家实验室的启示》，《研究与发展管理》2004 年第 3 期。

59. 黄宇红：《知识演化进程中的美国大学》，北京师范大学出版社 2008 年版。

60. 韩振海、李国平：《国家创新系统理论的演变述评》，《科学管理研究》2004 年第 2 期。

61. 何建坤、孟浩、周立：《研究型大学技术转移及其对策》，《教育研究》2007 年第 8 期。

62. 何建坤、史宗恺：《论研究型大学的技术转移》，《清华大学教育研究》2002 年第 4 期。

63. 计海庆：《"创新"与"发明"的哲学分野》，《理论界》2008 年第
     6 期。

64. 靳涛：《关于演化经济学思想的比较：凡勃伦、熊彼特、哈耶克》，
     《经济科学》2002 年第 4 期。

65. 刘宝存：《美国研究型大学的产生与发展》，《高教探索》2005 年第
     1 期。

66. 刘宝存：《不合时宜的真理——赫钦斯大学理念述评》，《比较教育研
     究》2003 年第 10 期。

67. 刘宝存：《何谓大学——西方大学概念透视》，《比较教育研究》2003
     年第 4 期。

68. 刘军仪：《建立创业型大学——来自美国研究型大学的回应》，《比较
     教育研究》2009 年第 4 期。

69. 林海芬、苏敬勤：《国家创新体系研究评价及其启示》，《管理学报》
     2010 年第 4 期。

70. 李茂林：《大学群落的地域性经济贡献探究——以美国波士顿地区的
     八所研究型大学为例》，《比较教育研究》2009 年第 1 期。

71. 梁妮、苗招弟：《中美研究型大学区域分布比较研究——基于人口、
     GDP 的视角》，《江苏高教》2007 年第 2 期。

72. 吕荣胜、原伟：《创新经济学的理论的演进轨迹与发展趋势研究》，
     《河北科技大学学报》（社会科学版）2007 年第 2 期。

73. 李湘桔、詹勇飞：《创新生态系统：创新管理的新思路》，《电子科技
     大学学报》2008 年第 2 期。

74. 路甬祥：《百年科学技术之回顾》，载《2000 年科学发展报告》，科学
     出版社 2000 年版。

75. 连燕华：《国家创新系统的一种新的分析框架》，《科学学研究》2000
     年第 4 期。

76. 林玉体：《美国教育思想史》，九州出版社 2006 年版。

77. 李正风、曾国屏：《创新系统理论中知识流分析的两个视角》，《科学
     学与科学技术管理》2002 年第 4 期。

78. 李正风、曾国平：《OECD 国家创新系统研究及其意义——从理论走
     向政策》，《科学学研究》2004 年第 2 期。

79. 冒橙、操太圣：《走出象牙塔：西方创业型大学的实践及启示》，《全球教育展望》2009 年第 3 期。

80. 孟浩、王艳慧：《研究型大学创新能力转移的机理分析》，《科技进步与对策》2008 年第 8 期。

81. 孟捷：《熊彼特的资本主义演化理论：一个再评价》，《中国人民大学学报》2003 年第 2 期。

82. 冒荣、赵群：《两次学术革命与研究型大学的发展》，《高等教育研究》2003 年第 1 期。

83. 马万华：《研究型大学知识生产模式的变革与学术研究的多元发展机制》，《北京大学教育评论》2009 年第 1 期。

84. 南佐民：《〈拜杜法案〉与美国高校的科技商业化》，《比较教育研究》2004 年第 8 期。

85. 宁钟、司春林：《国家创新系统的演化及不同层级的集群含义》，《科研管理》2003 年第 5 期。

86. 邱均平：《论国家创新系统建设中的知识产权保护》，《武汉大学学报》（社会科学版）2001 年第 2 期。

87. 石定寰主编：《国家创新系统：现状与未来》，经济管理出版社 1999 年版。

88. 沈红：《从美国研究型大学看我国国家创新体系的建设》，《高等教育研究》1998 年第 4 期。

89. 史静寰、赵可、夏华：《卡内基高等教育机构分类与美国的研究型大学》，《北京大学教育评论》2007 年第 2 期。

90. 孙锐、王战军：《研究型大学的演化动力分析》，《高等教育研究》2003 年第 1 期。

91. 宋伟：《存在与本质：研究型大学中的学术权力》，《教育研究》2006 年第 3 期。

92. 苏英：《美国创新政策的演变及其启示》，《科学学与科学技术管理》2006 年第 6 期。

93. 邵一华：《国家创新系统中的大学：国际比较研究》，《科学学与科学技术管理》2002 年第 3 期。

94. 孙仪政、张辉鹏：《国家创新体系国际比较》，《中国科技论坛》1998 年第 2 期。

95. 腾珺：《多元、公平、合作、创新：世界高等教育发展的新趋势——解读 2009 年 UNESCO 世界高等教育大会公报》，《比较教育研究》2009 年第 12 期。

96. 王本东：《美国研究型大学地区经济贡献评估及其启示》，《比较教育研究》2005 年第 9 期。

97. 王保星：《威斯康星观念的诞生及对美国高等教育的影响》，《河北师范大学学报》2000 年第 1 期。

98. 王春法：《论综合国力竞争与国家创新体系》，《世界经济》1999 年第 4 期。

99. 王成军：《官产学三重螺旋研究》，社会科学文献出版社 2005 年版。

100. 王大明：《美国二十世纪科学大厦的建筑工程师——万尼瓦尔·布什》，《自然辩证法通讯》2002 年第 6 期。

101. 王缉慈：《增长极概念、理论及战略探究》，《经济科学》1989 年第 3 期。

102. 王缉慈：《知识创新与区域创新环境》，《经济地理》1999 年第 1 期。

103. 王孙禹：《从威斯康星大学看美国公立大学的若干社会职责及特点》，《清华大学教育研究》1994 年第 2 期。

104. 王欣爽、白莽：《我国高校在国家创新体系中的定位》，《中外科技信息》1999 年第 5 期。

105. 吴晓波、胡松翠、章威：《创新分类研究综述》，《重庆大学学报》（社会科学版）2007 年第 5 期。

106. 武学超：《美国研究型大学技术转移政策研究》，博士学位论文，西南大学，2009 年。

107. 万青云：《产学研紧密结合，发挥高校技术创新作用》，《研究与发展管理》2000 年第 1 期。

108. 王英杰：《在传统与创新之间——斯坦福大学的发展道路》，《北京大学教育评论》2004 年第 3 期。

109. 王永杰、陈家宏、陈光、马跃：《研究型大学在知识创新中的地位和作用》，《科学学研究》2000 年第 2 期。

110. 郗海霞：《美国研究型大学对城市经济和产业的贡献》，《清华大学教育研究》2007 年第 6 期。

111. 谢江平：《创新及其历史》，《前沿》2010 年第 19 期。

112. 谢亚兰：《美国联邦政府对研究型大学建设资助的实证研究》，《清华大学教育研究》2008 年第 4 期。

113. 邢源源：《制度创新与美国技术创新体系的变迁》，《中外科技信息》2003 年第 5 期。

114. 谢治国、胡化凯：《冷战后美国科技政策的走向》，《中国科技论坛》2003 年第 1 期。

115. 徐祖广：《研究型大学在建设国家创新体系中的地位和作用》，《清华大学教育研究》1999 年第 2 期。

116. 殷朝辉：《研究型大学与政府科研机构的关系——国际比较研究》，《自然辩证法研究》2006 年第 4 期。

117. 殷朝晖、沈红：《美国研究型大学与产业界的合作及其启示》，《江苏高教》2006 年第 2 期。

118. 严诚、龚六堂：《熊彼特增长理论：一个文献综述》，《经济学》（季刊）2009 年第 3 期。

119. 易高峰、赵文华：《〈美国竞争法〉对我国研究型大学研发的启示——兼评中美研究型大学研发现状》，《比较教育研究》2008 年第 8 期。

120. 易高峰、赵文华：《创业型大学：研究型大学模式的变革与创新》，《复旦教育论坛》2009 年第 1 期。

121. 易红郡：《美国高等院校技术转移的成功经验初探》，《比较教育研究》2002 年第 2 期。

122. 袁辉：《约瑟夫·熊彼特传》，人民邮电出版社 2009 年版。

123. 俞可平：《创新：社会进步的动力源》，《马克思主义与现实》2000 年第 4 期。

124. 殷群、谢芸、陈伟民：《大学科技园孵化绩效研究——政策分析视角》，《中国软科学》2010 年第 3 期。

125. 余雪莲：《美国研究型大学职能发展演变的经验》，《比较教育研究》2007 年第 5 期。

126. 朱斌：《当代美国科技》，社会科学文献出版社 2001 年版。

127. 曾德明、王叶静：《基于知识流动视角的国家创新系统与创新政策体系互动关系研究》，《湖南大学学报》（社会科学版）2006 年第 7 期。

128. 周放：《美国创新体系的现状与未来》，《全球科技经济瞭望》2001

年第 10 期。

129. 湛军:《对世界创新现状的几点分析——基于创业学的最新数据》,《科技进步与对策》2007 年第 6 期。

130. 周寄中:《在国家创新系统体内优化配置科技资源》,《管理科学学报》2002 年第 3 期。

131. 张立昌:《创新·教育创新·创新教育》,《华东师范大学学报》(教育科学版) 1999 年第 4 期。

132. 赵黎明:《国家创新系统运行机制探析》,《科学学与科学技术管理》2004 年第 10 期。

133. 赵可、史静寰:《研究型大学在美国科技研发中的地位与作用》,《高等教育研究》2006 年第 10 期。

134. 张三保、李锡元:《走向正和博弈的知识交流与共享》,《科学管理研究》2005 年第 6 期。

135. 钟书华:《创新集群:概念、特征及理论意义》,《科学学研究》2008 年第 2 期。

136. 张炜、杨选留:《国家创新体系中高校与研发机构的作用与定位研究》,《研究与发展管理》2006 年第 4 期。

137. 郑晓齐、王定慈:《试析美国研究型大学基层学术组织模式》,《高等教育研究》2007 年第 12 期。

138. 张云源:《美国政府对技术创新政策的研究》,《国外科技政策与管理》1990 年第 2 期。

139. 郑永平、党小梅:《国家科技创新体系下研究型大学的技术转移模式探讨》,《研究与发展管理》2008 年第 4 期。

140. 赵中建:《创新引领世界》,华东师范大学出版社 2007 年版。

141. 赵中建:《美国创新潮透视》,《全球教育展望》2007 年第 2 期。

英文文献

1. Arrow K. J. , "Economic Welfare and the Allocation of Resources for Invention", in The Rate and Direction of Inventive Activity, 1962.

2. Arthur Levine, *Higher Learning in America* 1980 – 2000, The Johns Hopkins University Press.

3. Alec Couros, Innovation, Change Theory and the Acceptance of new Technologies: A Literature Review, http://www.educationaltechnology.ca/

couros/publication_ files/unpublishedpapers/change_ theory. pdf. 2010 – 06 – 11.

4. Aldo Geuna, Ben R. Martin, University Research Evaluation and Funding: An International Comparison, http: //www. sussex. ac. uk/Units/spru/pub-lications/imprint/sewps/sewp71/sewp71. html, 2011 – 08 – 12.

5. Aldo Geuna, The Governance of University Technology Transfer, http: // www. sussex. ac. uk/Units/spru/publications/imprint/sewps/sewp71/ sewp71. html, 2011 – 08 – 12.

6. Aubrey Poon, A Comparison of the Theories of Joseph Alois Schumpeter and John Maynard Keynes, http: //www. mannkal. org/downloads/scholars/ schumpeter – keynes. pdf. 2010 – 10 – 21.

7. Amanda H. Goodall, "Highly Cited Leaders and the Performance of Research Universities", *Research Policy*, 38 (2009), pp. 1079 – 1092.

8. Alasdair Reid, Systems Failures and Innovation Policy: Do National Policiesre-flect Differentiated Challenges in the EU27 ? www. proinno – europe. eu/.../ Systems_ failures_ and_ innovation_ policy_ presentation. pdf, 2010 – 6 – 11.

9. Anthony Warren, Ralph Hanke, Daniel Trotzer, "Models for University Technology Transfer: Resolving Conflicts between Mission and Methods and the Dependency on Geographic Location", *Cambridge Journal of Regions, Economy and Society*, 2008, 1, pp. 219 – 232.

10. Annamária Inzelt, "The evolution of University – industry – government re-lationships during transition", *Research Policy*, 33 (2004), 975 – 995.

11. Thackray, University – Industry Connections and Research: An Historical Perspective, National Science Board, University – Industry Research Rela-tionship: Selected Studies, Washington D. C, 1982.

12. Albert N. Link, "Generating Science – Based Growth: An Econometric A-nalysis of the Impact of Organizational Incentives on University – Industry Technology Transfer", *The European Journal of Finance* Vol. 11, No. 3, 169 – 181, June 2005.

13. Albert N. Link. John T. Scott, "Opening the Ivory tower's Door: An Analy-sis of the Determinants of the Formation of U. S. University Spin – off Com-

panies", *Research Policy*, 34 (2005), pp. 1106 – 1112.

14. Albert N. Link, John T. Scott, "The Economics of Intellectual Property at Universities: An Overview of the Special Issue", *International Journal of Industrial Organization*, 2003 (21), pp. 1217 – 1225.

15. Albert N. Link, "Universities as Partners in US Research Joint Ventures", *Research Policy*, 2005 (34), pp. 385 – 393.

16. Albert N. Link. University Related Research Parks, http://www. universi-tyresearchpark. org/uploads/University%20Research%20Park%20Strategic%20Plan%20Update. pdf, 2011 – 7 – 10.

17. Albert N. Link. U. S. Science Parks: The Diffusion of an Innovation and Its Effects on the Academic Missions of Universities, http://www. proyec-toumas. com/bibliografia/The%20Diffusion%20of%20an%20Innovation%20and%20Its%20Effects. pdf, 2011 – 7 – 21.

18. Albert N. Link. On the growth of US science parks, http://ideas. re-pec. org/a/kap/jtecht/v28y2003i1p81 – 85. html, 2011 – 7 – 21.

19. Albert N. Link. U. S. University Research Parks, http://ideas. repec. org/a/kap/jtecht/v28y2003i1p81 – 85. html, 2011 – 7 – 21.

20. Allan N. Afuah, "The Hypercube of Innovation", *Research Policy*, 24 (1995), pp. 51 – 76.

21. Arlington, VA: National Science Foundation (Vol. 1, NSB 10 – 01; Vol. 2, NSB 10 – 01A).

22. Andrew J. Nelson, "Measuring Knowledge Spillovers: What Patents, Li-censes and Publications Reveal about Innovation Diffusion", *Research Poli-cy*, 38 (2009) 994 – 1005, 2011 – 6 – 12.

23. Ajay Vohora, Mike Wright, "Critical Junctures in the Development of Uni-versity high – tech Spinout Companies", *Research Policy*, 33 (2004), pp. 147 – 175.

24. A Strategy for American Innovation: Driving towards Sustainable Growth and Quality Jobs, http://www. whitehouse. gov/assets/documents/innovation_one – pager_ 9 – 20 – 09. pdf. 2010 – 9 – 24.

25. American Association for the Advancement of Science, 2008. AAAS Report XXXIII: Research and Development FY 2009. Intersociety Working Group,

AAAS Publication 08 – 1A.

26. AUTM. US. Licensing Survey: FY 2010, http://www.autm.net/FY_ 2010_ Licensing_ Survey/7019. htm.

27. AUTM Licensing Activity Survey, http://www.autm.net/FY_ 2010_ Licensing_ Survey/7008. htm.

28. Anthony Warren, Ralph Hanke, "Models for University Technology Transfer: Resolving Conflicts between Mission and Methods and the Dependency on Geographic Location", *Cambridge Journal of Regions*, 2008 (1), pp. 219 – 232.

29. Andre, A Review of the Influence of Long – term Patterns in Research and Technological Development (R&D) Formalization on University – industry links, SPRU Electronic Working Paper. www.sussex.ac.uk, 2011 – 2 – 15.

30. Allan P. Rudy, *Universities in the age of Corporate Science*, Temple University Press, 2001.

31. Bob Macteer. Schumpeter in his own words. Economic Insights Vol. 6, 32. http://www.dallasfed.org/research/ei/ei0103. pdf. 2010 – 10 – 21.

32. Benoit Godin, National Innovation System: the System Approach in Historical Perspective, http://www.csiic.ca/PDF/Godin_ 36. pdf, 2010 – 9 – 15.

33. Ben R. Martin, Henry Etzkowitz, The Origin and Evolution of the University Species, www.sussex.ac.uk, 2011 – 5 – 12.

34. Bo Carlsson, Staffan Jacobsson, Magnus Holmen, Annika Rickne, "Innovation Systems: Analytical and Methodological Issues", *Research Policy*, 31 (2002) 233 – 245.

35. Benoit Godin, National Innovation System: the System Approach in Historical Perspective, http://www.csiic.ca/PDF/Godin_ 36. pdf, 2010 – 9 – 15.

36. Benoit Godin, Yves Gingras, "The Place of Universities in the System of Knowledge Production", *Research Policy*, 29, 2000, pp. 273 – 278.

37. Bhaven N. Sampat, "Patenting and US Academic Research in the 20th Century: The World before and After Bayh – Dole", *Research Policy*,

2006（35），pp. 772 – 789.

38. Bernard Beelson, *Graduate Education in the United States*, New York: McGraw – Hill 1960, p. 14.

39. B. Cohen, "Science and Growth of the American Republic", *Review of Politics*, 38（1976）359 – 398.

40. Brent Goldfarb, "Bottom – up Versus top – down Policies towards the Commercialization of University Intellectual Property", *Research Policy* , 32（2003）, pp. 639 – 658.

41. Brubacher J. S. , *On the Philosophy of Higher Education*, San Francisco: Jossey Bass, Inc. 1982, p. 16.

42. Bruce S. Tethe, Abdelouahid Tajarr, "Beyond industry – university links: Sourcing knowledge for innovation from consultants, private research organizations and the public science – base", *Research Policy*, 37（2008）, pp. 1079 – 1095.

43. Blumenthal D. , Causino N. , Campbell E. , et al. Relationships between academic institutions and industry in the life sciences—An industry survery, The New England Journal of Medicine, 1996, 8, pp. 368 – 373.

44. Battelle Technology Partnership Practice. Characteristics and trends of north American university research park, http: //www. battelle. org/ASSETS/286E374D8FE447D59A5431489670332B/univresearch. pdf.

45. Branco L. Ponomariov P. Craig Boardman, "Influencing Scientists' Collaboration and Productivity Patterns Through New Institutions: University Research Centers and Scientific and Technical Human Capital", *Research Policy*, 39（2010）, pp. 613 – 624.

46. Bronwyn H. Hall, University – Industry Research Partnerships in the United States, Kansai Conference Paper. 2004, http: //elsa. berkeley. edu/ ~ bhhall/papers/BHH04_ Kansai. pdf, 2011 – 1 – 18.

47. Björn Johnson, Charles Edquist, Bengt – Åke Lundvall. Economic Development and the National System of Innovation Approach, First Globelics Conference, Rio de Janeiro No. 3 – 6, 2003.

48. Chaminade, Cristina, Edquist, Charles, From Theory to Practice: The Use of Systems of Innovation Approach in Innovation Policy, http: //

folk. uio. no/ivai/ESST/Outline%20V05/edquist02. pdf，2011 - 6 - 19.

49. Carlos Rosell, Ajay Agrawal, "Have University Knowledge Flows Narrowed? Evidence from Patent Data", *Research Policy*, 38 (2009) 1 - 13.

50. Colin Clipson, *Managing Innovation*, Sage Publications, 1991.

51. C. Freeman, *Technology policy and economic performance：lessons from Japan*, Printer, 1987.

52. C. Freeman, "History, Co - evolution and Economic Growth", *Research Policy*, 1995, pp. 76 - 95.

53. Chris Freeman Continental, National and Sub - national Innovation Systems—complement and Economic Growth, http：//www. deu. edu. tr/userweb/sedef. akgungor/dosyalar/freeman. pdf, 2011 - 2 - 10.

54. Christopher Newfield, IVY and Industry：Business and the Making of the American University, 1880 - 1980, Duke University Press, 2003.

55. Cole. Jonathan R. The great American university：its rise to preeminence, its indispensable national role, and why it must be protected. Public affairs, New York, 2009.

56. Charles M. Vest, *The American Research University from World War Ⅱ to World Wide Web*, University of California Press, 2007.

57. Carnegie foundation for the advancement of technology, http：//classifications. carnegiefoundation. org/downloads/2000 _ edition _ data _ printable. pdf.

58. Coopers, Lybrand L. L. P. Trendsetter Barometer, January 26, 1995.

59. Christine A. Gulbranson, "Proof of Concept Centers：Accelerating the Commercialization of University Innovation", *Technology Transfer*, 2008 (33), pp. 249 - 258.

60. Charles W. Wessner, Editor; Committee on Comparative Innovation Policy：Best Practice for the 21st Century; National Research Council Understanding Research, Science and Technology Parks：Global Best Practice：Report of a Symposium, http：//www. nap. edu/catalog/12546. html, 2011 - 7 - 12.

61. Clusters and Cluster Initiatives, http：//www. clusterobservatory. eu/upload/ClustersAndClusterOrganisations. pdf, 2011 - 2 - 7.

62. Claudia De Fuentes, Gabriela Dutrénit. A three – stage model of the Acade-my – Industry linking process: the perspective of both agents, http://www. lu. se/upload/CIRCLE/workingpapers/201006 _ De _ Fuentes _ Dutrenit. pdf, 2011 – 2 – 9.

63. Cluster Hiring Initiative, http://www. clusters. wisc. edu.

64. Creso M. Sa. " 'Interdisciplinary Strategies' in U. S. Research Universi-ties", *High Education*, (2008) 55, pp. 537 – 552.

65. Dante Di Gregorio, "Why Do Some Universities Generate More Start – ups than Others?" *Research Policy*, 32 (2003), pp. 209 – 227.

66. David C. Mowery, N. Rosenberg, *Technology and the Pursuit of Economic Growth*, Cambridge University Press, 1989.

67. David C. Mowery, Richard R. Nelson, Bhaven N. Sampat, and Arvids A. Ziedonis. The Effects of the Bayh – Dole Act on U. S. University Re-search and Technology Transfer: An Analysis of Data from Columbia Uni-versity, the University of California, and Stanford University, www. citeseerx. ist. psu. edu, 2011.

68. David C. Mowery, The U. S. National Innovation System: Origins and Pros-pects for Change, http://www. sciencedirect. com/science? _ ob = ArticleURL&_ udi = B6V77 – 45GSHDM – 15&_ user = 10&_ cover Date = 04%2F30%2F1992&_ rdoc = 1&_ fmt = high&_ orig = gateway&_ origin = gateway&_ sort = d&_ docanchor = &view = c&_ searchStrId = 1691286469&_ rerunOrigin = google&_ acct = C000050221&_ version = 1&_ urlVersion = 0&_ userid = 10&md5 = 4eceb3c96ad5674 bfb-cc964ba0faf26e&searchtype = a, 2011 – 2 – 18.

69. David C. Mowery, The US National Innovation System: Recent Develop-ment in Structure and Knowledge Flows, http://www. oecd. org/datao-ecd/2/15/2380128. pdf, 2010 – 10 – 27.

70. David C. Mowery, Richard R. Nelson, "The Growth of Patenting and Li-censing by U. S. Universities: An Assessment of the Effects of the Bayh – Dole act of 1980", *Research Policy*, 2001 (30), pp. 90 – 119.

71. David C. Mowery, "The Bayh – Dole Act of 1980 and University – Industry Technology Transfer: A Model for Other OECD Governments?" *Journal of*

Technology Transfer, 2005, pp. 115 – 127.

72. David John Frank, *Reconstructing the University*, Standford University Press, 2006.

73. Donald S. Sigeal, David A. Waldman, Leanne E. Atwater, Albert N. Link, "Commercial knowledge transfers from universities to firms: improving the effectiveness of university – industry collaboration", *Journal of High Technology*, 2003 (14), pp. 111 – 133.

74. Dennis K. Winters, The Economic Contribution of University Research Parks, http://www. universityresearchpark. org/uploads/Documents/URP_ Economic_ Contribution_ Report_ 2010. pdf. 2011 – 10 – 17.

75. David B. Audretsch, "Innovative Clusters and the Industry Life Cycle", *Review of Industrial Organization*, 11: 253 – 273, 1996.

76. David B. Audretsch and Steven Klepper, *Innovation, Evolution of Industry and Economic Growth*, Edward Elgar Pub. , 2000.

77. David B. Audretsch, "Do University Policies Make a Difference?" *Research Policy*, 34 (2005), pp. 343 – 347.

78. David. Lampe, *The Massachusetts Miracle: High Technology and Economic Revitalizaiton*, The MIT Press, 1988.

79. David H. Hsua, Edward B. Roberts, Charles E. Eesley, "Entrepreneurs from technology – based universities: Evidence from MIT", *Research Policy*, 36 (2007), pp. 768 – 788.

80. David J. Frank, *Reconstructing the University: Worldwide Shifts in Academia in the 20th Century*, Stanford University Press, 2006.

81. David M. Hart, *The Emergence of Entrepreneur Policy: Governance, Start – ups, and Growth in the U. S. Knowledge Economy*, Cambridge University Press, 2003.

82. David M. Hart, "Accounting for Change in National Systems of Innovation: A Friendly Critique Based on the U. S. Case", *Research Policy*, 38 (2009), pp. 647 – 654.

83. David M. Hart, "Antitrust and Technological Innovation in the US: Ideas, Institutions, Decisions, and Impacts, 1890 – 2000", *Research Policy*, 30 (2001), pp. 923 – 936.

84. Diana Hicks, Tony Breitzman, Dominic Olivastro, Kimberly Hamilton, The changing composition of innovative activity in the U. S. – a portrait based on patent analysis, http：//ideas. repec. org/a/eee/respol/v30y 2001i4p681 – 703. html, 2011 – 3 – 5.

85. Everest Rogers, *Diffusion of Innovations*, The Free Press, 1983.

86. Edwin Mansfield, Jeong – Yeon Lee, "The Modern University：Contributor to Industrial Innovation and Recipient of Industrial R&D Support", *Research Policy*, 1996 (25), pp. 1047 – 1058.

87. Edwin Mansfield, "Academic Research and Industrial Innovation", *Research Policy*, 1991 (20), pp. 1 – 12.

88. European Innovation Scoreboard 2006：Strengths and Weaknesses of European Countries, http：//www. trendchart. org/tc _ innovation _ scoreboard. cfm, 2010 – 5 – 17.

89. Edquist, C, *Systems of Innovation：Technologies, Institutions in the Generation of Innovation*, London：Printer, 1997.

90. Edquist, Charles, Comparing National Systems of Innovation in Asia and Europe：Theory and Comparative Framework, http：//swopec. hhs. se/lucirc/abs/lucirc2008_ 010. htm, 2011 – 3 – 18.

91. Elias G. Carayannis. Past, Present and Emerging Innovation Metrics and Indicators, http：//www. usinnovation. org/pdf/astra_ innovationmetricscarayannis207. pdf, 2010 – 6 – 12.

92. Einar Rasmussen, Odd Jarl Borch, "University Capabilities in Facilitating Entrepreneurship：A Longitudinal Study of Spin – off Ventures at Mid – range Universities", *Research Policy*, 39 (2010), pp. 602 – 612.

93. Experiences on the US Knowledge Transfer and Innovation System, www. proinno – europe. edu, 2010 – 9 – 21.

94. Esben Sloth Andersen, Evolutionary Econometrics：From Joseph Schumpeter's failed Econometrics to George Price's General Evometrics and Beyond, http：//www. business. aau. dk/evolution/esapapers/esa04/evometrics. pdf. 2011 – 7 – 19.

95. Edmund S. Phelps, Further Steps to a Theory of Innovation and Growth – On the Path Begun by Knight, Hayek and Polanyí, http：//www. ae-

aweb. org/assa/2006/0107_ 1015_ 0303. pdf, 2010 – 9 – 10.

96. Egbert L. W. Jongen, Innovation – based growth theory. Peter Howitt, http: //www. nake. nl/pdf – files/howittrep. pdf, 2011 – 6 – 12.

97. Edward. Roberts, *Technology in the Garden*, Oxford University Press, 1991.

98. Experiences on the US Knowledge Transfer and Innovation System, www. proinno. europe. eu, 2011 – 7 – 9.

99. Freeman (1987), *Technology Policy and Economic Performance: Lessons from Japan*, London: Pinter.

100. Fagerberg, J., *The Dynamics of Technology, Trade and Growth*, Edward Elgar Publishing Ltd. , 1993, pp. 198 – 221.

101. Fred Block, Matthew R. Keller. Where do innovations come from? Transformations in the US economy, 1970 – 2006, http: //ser. oxfordjournals. org/content/7/3/459. full. pdf, 2011 – 1 – 15.

102. Frederick Rudolph, *The American College and University: A History*, New York: Random House Inc. , 1962, pp. 261 – 262.

103. Frank T. Rothaermel, "Incubator Firm Failure or Graduation? The Role of University Linkages", *Research Policy*, 34 (2005), pp. 1076 – 1090.

104. Final Report of the Expert Group on Enterprise Clusters and Networks, http: //www. sea – mist. se/tks/ctup. nsf/ (WebFiles) /728464CC5 D72546BC1256F4A00590E1B/MYMFILE/EuropeanClusters% 20eu. pdf, 2011 – 6 – 7.

105. Gary Rhoades, Sheila Slaughter, "Academic Capitalism, Managed Professionals, and Supply – Side Higher Education", *Social Text*, No. 51, Academic Labor (Summer, 1997), pp. 9 – 38.

106. Gooch J. (1995), *Transplanting Extension: A New Look at the Wisconsin Idea*, Madison Wisconsin: UW – Extension Printing Services.

107. Gideon D. Markman, Peter T. Gianiodis, Phillip H. Phan, David B. Balkin, "Innovation Speed: Transferring University Technology to Market", *Research Policy*, 34 (2005), pp. 1058 – 1075.

108. Hugh Davis. Graham, America Research Universities: Elites and Challenges in the Postwar Era, The Johns Hopkins University Press, 1997.

109. Heather Whipps, A brief history of US Innovation, http：//www. live-science. com/5589 – history – innovation. html, 2009 – 08 – 04.

110. Hans Loof, Anders Brostrom. Does Knowledge Diffusion between University and industry increase innovatiness, http：//ideas. repec. org/p/hhs/cesisp/0021. html, 2010 – 10 – 25.

111. Henry Etzkowitz, Loet Leydesdorff, "The Dynamics of Innovation：from National Systems and 'Mode 2' to a Triple Helix of University – industry – government Relations", *Research Policy*, 2000 (29), pp. 109 – 123.

112. H Etzkowitz, The Dynamics of Innovation：from National Systems and "Mode 2" to a Triple Helix of university – industry – government relations, http：//cmapspublic3. ihmc. us/rid% 3D1223538615937 _ 1419971854_ 1861/etzkowitz – innovation% 2520triple% 2520helix. pdf, 2011 – 4 – 19.

113. Henry Etzkowitz, Andrew Webster, Christiane Gebhardt, "Branca Regina Cantisano Terra", *Research Policy*, (29) 2000, pp. 313 – 330.

114. Hackett. E. 1990, "Science As a Vocation in the 1990s：The Changing Organizational Culture of Academic Science", *Journal of Higher Education*, 61 (3), pp. 241 – 279.

115. Highlight History of Extension in Wisconsin 1862 to 1999, http：//www1. uwex. edu/about/history. cfm.

116. Howard Dickman, The Imperiled Academy, Transaction Publishers, 1993.

117. Intersociety Working Group, Research and Development FY2005, AAAS, Washington DC, 2005.

118. Irwin Feller, "Impacts of Research Universities on Technological Innovation in Industry：Evidence from Engineering Centers", *Research Policy*, 2002, 31, pp. 457 – 474.

119. Innovate America, http：//www. compete. org/images/uploads/File/PDF % 20Files/NII_ Innovate_ America. pdf.

120. Innovative Clusters, Drivers of National Innovation Systems, OECD Paris, 2001.

121. Innovation Associates, Inc. Developing High – Technology Communities：

San Diego, http：//archive. sba. gov/advo/research/rs198. pdf. , 2011 - 6 - 17.

122. Innovation, Technology and Knowledge Management, www. e - el-gar. com, 2011 - 6 - 9.

123. Jane Henry, David Walker, *Managing Innovation*, Sage Publications, 1991.

124. James D. Adams, Grant C. Black, J. Roger Clemmons, Paula E. Ste-phan, "Scientific teams and institutional collaborations: Evidence from U. S. universities, 1981 - 1999", *Research Policy*, 34 (2005), pp. 259 - 285.

125. James S. Fairweather, *Entrepreneurship and Higher Education*, ASHE - ERIC Higher Edcuation, 1998.

126. James R. , *Perkins The University in Transition*, Princeton University Press, 1966.

127. Jason Owen - Smith, "From Separate Systems to a Hybrid Order: Accu-mulative Advantage Across Public and Private Science at Research One U-niversities", *Research Policy*, 32 (2003), pp. 1081 - 1104.

128. Joseph Schumpeter, *Capitalism, Socialism and Democracy*, Harper and Row, New York, 1942.

129. Jacob Rubaek Holm, Schumpeter's Models of Competition and Evolution, http：//dimetic. dime - eu. org/dimetic _ files/Holm. pdf. 2010 - 11 - 17.

130. Jan Fagerberg, A Layman's Guide to Evolutionary Economics, http：// www. duo. uio. no/publ/tik/2003/13936/WPnr17 _ Fagerbergs _ Laymans_ Guide. pdf. 2010 - 11 - 17.

131. Jan Fagerberg, Martin Srholec, "National Innovation Systems, Capabilities and economic development", *Research Policy*, 37 (2008), pp. 1417 - 1435.

132. Jonathon R. Cote, *The Research University in a Time of Discontent*, The John Hopkins University Press, 1994.

133. Jack Stark, the Wisconsin Idea: the University's Service to the State, Wisconsin Bluebook by the Legislative Reference Bureau, 1995.

134. Janet E. L. Bercovitz, "Fishing upstream: Firm Innovation Strategy and U-

niversity Research Alliances", *Research Policy*, 36 (2007), pp. 930 – 948.

135. Jeffrey L. Furman, "Catching up or Standing Still? National Innovative Productivity among 'follower' Countries, 1978 – 1999", *Research Policy*, 33 (2004), pp. 1329 – 1354.

136. Jeffrey L. Furman, Michael E. Porter, "The Determinants of National Innovative Capacity", *Research Policy*, 31 (2002), pp. 899 – 933.

137. Jerry G. Thursby, Richard Jensen. Objectives, Characteristics and Outcomes of University Licensing: A Survey of Major U. S. Universities, http: //sippi. aaas. org/utt/ThursbyJensen. pdf. , 2011 – 4 – 13.

138. Jerry Thursbya, Anne W. Fuller, Marie Thursbyc, "US faculty patenting: Inside and outside the university", *Research Policy*, 38 (2009), pp. 14 – 25.

139. Jerry G. Thursby, "Growth and Productive Efficiency of University Intellectual Property Licensing", *Research Policy*, 31 (2002), pp. 109 – 124.

140. J. Sylvan Katz, "Indicators for Complex Innovation Systems", *Research Policy*, 35 (2006), pp. 893 – 909.

141. John Howells, "A Socio – Cognitive Approach to Innovation", *Research policy*, 24 (1995), pp. 883 – 894.

142. Joel Wiggins, David V. Gibson, "Overview of US incubators and the Case of the Austin Technology Incubator", *Entrepreneurship and Innovation Management*, Vol. 3, Nos. 1/2, 2003.

143. John W. Hardin. North Carolina's Research Triangle Park: Overview, History, Success Factors and Lessons Learned.

144. John Hagedoorn, Albert N. Link, "Research partnerships", *Research Policy* 29 _ 2000. 567 – 586.

145. John Aubrey Douglass, C. Judson King, Irwin Feller, *Globalization's Muse: Universities and Higher Education Systems in a Changing World*, Berkeley Public Policy Press, 2009.

146. Kira R. Fabrizio, University Patenting and the Pace of Industrial Innovation, http: //icc. oxfordjournals. org/content/16/4/505. abstract, 2011 – 3 – 9.

147. Koen Frenken, Technology Innovation and Complexity Theory, http: // econ. geog. uu. nl/frenken/frenken. html. 2010 – 12 – 27.

148. Kleinman. D. L. and S. Vallas 2001, "Science, Capitalism, and the Rise of the Knowledge Worker: the Changing Structure of Knowledge Production in United States", *Theory and Society*, 30 (4), pp. 451 – 92.

149. Kenneth L. Simons, Judith L. Walls, The US national Innovation System, http: //www. rpi. edu/ ~ simonk/pdf/USNIS. pdf. 2011 – 1 – 15.

150. Kent Hill, Universities in the National Innovation System, https: //wp-carey. asu. edu/seidman/reports/innovation. pdf, 2010 – 11 – 15.

151. Keith Pavitt, Knowledge about Knowledge Since Nelson & Winter: a Mixed record, http: //ideas. repec. org/p/sru/ssewps/83. html, 2011 – 5 – 11.

152. Keith Pavitt, "The Social Shaping of the National Science Base", *Research Policy*, 27, 1998, pp. 793 – 805.

153. Kwansoo Kim, Bradford Barham, Jean – Paul Chavas, Research and Development at U. S. Research Universities: An Analysis of Scope Economies, http: //www. aae. wisc. edu/foltz/Scope% 20at% 20US% 20Univs. pdf, 2011 – 4 – 12.

154. Kauffman – Planck Summit on Entrepreneurship Research and Policy, The Future of the Research University. Meeting the Global Challenges of the 21st Century, www. kauf fman. org, 2011 – 4 – 2.

155. Lee S. Shulman, The Carnegie Classification of Institutions of Higher Education, http: //www. oecd. org/dataoecd/9/41/37800086. pdf, 2011 – 4 – 19.

156. Lundvall, National Systems of Innovation: Towards a Theory of Innovation and Interactive Learning, Printer London, 1992.

157. Liu X. and White S. (2001), "Comparing Innovation Systems: A Framework and Application to China's Transitional Context", *Research Policy*, 30, pp. 1091 – 1114.

158. Loet Leydesdorff, The Triple Helix: An Evolutionary Model of Innovations, http: //www. rvm. gatech. edu/bozeman/rp/read/31701. pdf, 2011 – 5 – 7.

159. Loet Leydesdorff The Triple Helix Model and the Study of Knowledge – based Innovation Systems, http: //arxiv. org/ftp/arxiv/papers/0911/0911. 4291. pdf, 2011 – 5 – 9.

160. Loet Leydesdorff. The Triple Helix of University – industry – government Implication for policy and evaluation, http：//www. topopleidingen. org/ TIM – ZWN/Triple – Helix. pdf, 2011 – 5 – 11.

161. Loet Leydesdorff, Wilfred Dolfsma, Gerben Van der Panne, "Measuring the knowledge base of an economy in terms of triple – helix relations a- mong 'technology, organization, and territory'", *Research Policy* 35 (2006), pp. 181 – 199.

162. Louis G. Tornatzky, Innovation U：New universities roles in a knowledge economy, http：//www. google. com. hk/url? q = http：//www. south- erngrowth. com/pubs/pubs _ pdfs/iu _ report. pdf&sa = U&ei = sWj8TvvgIuSRiQfKtOzAAQ&ved = 0CBIQFjAA&usg = AFQjCNFZD- KGoLW0dv9QulJnpP_ 0tYsJnsw, 2011 – 6 – 11.

163. Lionel Nesta, Vincent Mangematin. The Dynamics of Innovation Networks, http：//ideas. repec. org/p/sru/ssewps/114. html, 2011 – 6 – 11.

164. Martin Kenney, Donald Patton, "Reconsidering the Bayh – Dole Act and the Current University Invention Ownership Model", *Research Policy*, 38 (2009), pp. 1407 – 1422.

165. Marianne van der Steen, Jurgen Enders, "Universities in Evolutionary Systems of Innovation", Creativity and Innovation Management, Vo. 17, No. 4, 2008, pp. 281 – 291.

166. Michael D. Ensley, Keith M. Hmieleski, "A comparative study of new venture top management team composition, dynamics and performance be- tween university – based and independent start – ups", Research Policy 34 (2005), pp. 1091 – 1105a.

167. M. Gibbons, C. Limoges, H. Nowtony, Schwartzman, P. Scott, M. Trow, 1994.

168. Mark Dodgson, David M. Gann, Ammon J. Salter, The Intensification of Innovation, http：//www. future – agricultures. org/farmerfirst/files/ T1c_ Uphoff. pdf, 2011 – 7 – 18.

169. Michael E. Porter, Scott Stern. The New Challenge to America's Prosperi- ty：Findings from the Innovation Index, the Council on Competitiveness. www. compete. org.

170. M. E. Porter, "Cluster and the New Economics of Competition", Harvard Business Review, 1998.

171. M. E. Porter, Research Triangle, http: //www. compete. monitor. com/ App _ Themes/MRCCorpSite _ v1/DownloadFiles/A. % 20% 20 Research% 20Triangle% 20Report. pdf, 2011 – 5 – 12.

172. Michael D. Santoro, "Firm Size and Technology Centrality in Industry – university Interactions", Research Policy, 31 (2002), pp. 1163 – 1180.

173. Michael. E. Porter, Clusters and the New Economics Competition, http: //iic. wiki. fgv. br/file/view/Clusters + and + the + New + Economics + of + Competition. pdf. 2011 – 1 – 6.

174. Michael M. Crow, Christopher Tucker, "The America Research University System as America's De Facto Technology Policy", Science and Public Policy, 2001, 28 (1), pp. 2 – 10.

175. Michael E. Gorman, "Types of Knowledge and Their Role in Technology Transfer", Journal of High Technology, 2002 (1), pp. 219 – 237.

176. Mike Wrigh, "University spin – out Companies and Venture Capital", Research Policy, 35 (2006), pp. 481 – 501.

177. McCarthy C. (1912), The Wisconsin Idea. New York: McMillan Company. http: //www. library. wisc. edu/etext/WIReader/Contents/ Idea. html.

178. Marshall, Alfred, Principles of Economics, London, 1920.

179. Mary Lindenstein Walshokx Expanding Roles for Research Universities in Regional Economic.

180. Development, http: //www. cals. cornell. edu/cals/devsoc/outreach/cardi/calendar – events/upload/ExpandingRolesForUniv. pdf, 2011 – 5 – 19.

181. Michael Luger, Harvey Goldstein, (1991) Technology in the garden, The University of California Press.

182. Michael L. Katz. R&D Cooperation and Competition, http: //www. euussciencetechnology. eu/uploads/docs/woerter_ bolli_ competition_ collaboration. pdf, 2011 – 9 – 12.

183. Markus Balzat, Horst Hanusch. Recent Trends in the Research on National Innovation Systems, http: //www. econstor. eu/bitstream/10419/22777/

1/254. pdf，2011 - 3 - 7.

184. Markus Perkmann，Kathryn Walsh，"University - industry relationships and openinnovation: Towards a research agenda"，*International Journal of Management Reviews*，Volume 9 Issue 4，pp. 259 - 280.

185. Nelson R. R.，*National Innovation Systems: A Comparative Analysis*，Oxford: Oxford University Press，1993.

186. N. Rosenberg，Civilian "Spillovers" from military R&D Spending: The U. S. experience since world war Ⅱ. Sanford lakoff and Randy willoughbe. Strategic Defense and the Western Alliance. Health，Lexington，1987.

187. N. Rosenberg，"American Universities and Technical Advances in Industry"，*Research Policy*，1994 (23) 323 - 348.

188. National Science Board. Science and Engineering Indicator - 2010，Washington，D. C.，U. S: Government Printing Office，2010.

189. National Science Foundations，Survey of Research and Development Expenditures at Universities and Colleges，http: //www. nsf. gov/statistics/srvyrdexpenditures/.

190. North Carolina Board of Science and Technology，High - Tech Clusters in North Carolina，http: //www. urban. uiuc. edu/faculty/feser/Pubs/Supplementary%20Data%20Tables. pdf. 2011 - 5 - 10.

191. Nicola Baldini，"Implementing Bayh - Dole - like laws: Faculty problems and their impact on university patenting activity"，*Research Policy*，38 (2009)，pp. 1217 - 1224.

192. Nicholas S. Vonortas，"Research Joint Ventures in the US"，*Research Policy*，26 (1997)，pp. 577 - 595.

193. Otto Auranen，Mika Nieminen，"University Research Funding and Publication performance—An international Comparison"，*Research Policy*，39 (2010)，pp. 822 - 834.

194. OECD，National Systems for Financing Innovation，Paris: OECD，1995.

195. OECD，The Knowledge - based Economy，Paris: OECD，1996.

196. OECD，Managing National Innovation Systems，Paris: OECD，1999.

197. OECD, Dynamising national innovation systems, Paris: OECD, 2002.

198. OECD, Olso Manual: guidelines for collecting and interpreting innovation data, http: //www. oecd. org/document/33/0, 3343, en _ 2649 _ 34451_ 35595607 _ 1 _ 1 _ 1 _ 1, 00&&en – USS _ 01DBC. html, 2010 – 5 – 15.

199. OECD, Factbook 2008: Economic, Environmental and Social Statistics, http: //www. oecd. org/dataoecd/17/53/41558958. pdf, 2010 – 11 – 19.

200. OECD, DSTI/STP/TIP (96), http: //www. OECD. org/dsti/sti.

201. OECD, Knowledge Management in the Learning Society, Paris: OECD, 2000.

202. Ohns Brubacher and Willis Rudy, *Higher Education in Transition, a History of American Colleges and Universities*, New Brunswick and London Transaction Publisher, 1997: 166.

203. Pamela Mueller, "Exploring the Knowledge Filter: How Entrepreneurship and university – industry relationships drive economic growth", *Research Policy* 35 (2006), pp. 1499 – 1508.

204. Pedro de Faria, Francisco, Lima, Rui Santos, "Cooperation in innovation activities: The importance of partners", *Research Policy*, 39 (2010), pp. 1082 – 1092.

205. President's Council of Advisors on Science and Technology, University – Private Sector Research Partnerships in the Innovation Ecosystem, http: //www. nasa. gov/pdf/404101main_ past_ research_ partnership_ report_ BOOK. pdf, 2010 – 10 – 07.

206. President's Council of Advisors on Science and Technology, http: // www. whitehouse. gov/files/documents/ostp/PCAST/past _ research _ partnership_ report_ BOOK. pdf. 2010 – 11 – 17.

207. Philipp G. Altbach, *In Defense of American Higher Education*, The Johns Hopkins University Press, 2001.

208. Philippe Laredo, Philippe Mustar. Research and Innovation Policies in the New Global Economy: An International Comparative Analysis, http: // books. google. com. hk/books/about/Research _ and _ innovation _ policies_ in_ the. html? id = id – X1mifzkMC, 2011 – 6 – 11.

209. Paul M. Swamidass, "Why university inventions rarely produce income? Bottlenecks in university technology transfer", *Technology Transfer*, 2009 (34), pp. 3433 – 363.

210. Paula E. Steapher, "Educational Implication of University – Industry Technology Transfer", *Journal of High Technology*, 2001 (6), pp. 199 – 213.

211. P. Craig Boardmana, Elizabeth A. Corley, "University research centers and the composition of research Collaborations", *Research Policy*, 37 (2008), pp. 900 – 913.

212. P. Craig Boardman, "Government centrality to university – industry interactions: University research centers and the industry involvement of academic researchers", *Research Policy*, 38 (2009), pp. 1505 – 1516.

213. Pike Powers, Building the Austin Technology Cluster: The Role of Government & Community Collaboration in the Human Capital, http://www.kc.frb.org/PUBLICAT/newgovernance04/Powers04.pdf, 2011 – 6 – 10.

214. Rossi, Federica, Innovation policy in the European Union: instruments and objectives, http://mpra.ub.uni – muenchen.de/2009/1/MPRA_paper_ 2009.pdf, 2010 – 6 – 12.

215. Rory P. O'shea, "Entrepreneurial orientation, technology transfer and spinoff performance of U. S. Universities", *Research Policy*, 34 (2005), pp. 994 – 1009.

216. Richard C. Atkinson, William A. Blanpied, "Research Universities: core of US Science and Technology Systems", *Research Policy*, 2008, 30, pp. 30 – 48.

217. Richard K. Lester, *Innovation—the missing dimension*, Harvard University Press, 2004.

218. Roger G. Noll, *Challenges to Research Universities*, Brookings Institution Press, Washington D. C., 2002.

219. Richard R. Nelson, "The Role of Knowledge in R&D Efficiency", *The Quarterly Journal of Economics*, Vol. 97, No. 3 (Aug., 1982), pp. 453 – 470.

220. Richard E. Just, Wallace E. Huffman, "The economics of universities in a

new age of funding options", *Research Policy*, 38（2009）1102 – 1116.

221. Raymond Smilor, The research university and the development of high technology centers in the United States, http：//edq. sagepub. com/content/21/3/203. abstract, 2010 – 11 – 27.

222. Roger L. Geiger, *American Research Universities since World War* Ⅱ：*Research Rlevant & Knowledge*, Tranaction Publishers, 2004, p. 189.

223. Robinson R. D. , *The International Transfer of Technology：Theory, Issues, and Practice*, Cambridge：Ballinger Publishing Company, 1998.

224. Robert Huggins, "Universities, Knowledge Networks and Regional Policy", *Cambridge Journal of Regions, Economy and Society*, Vol. 1, Issue 2, pp. 321 – 340, 2008.

225. Robert P. Merges, Richard R. Nelson, "On limiting or Encouraging Rivalry in Technical Progress：the Effect of Patent Scope Decisions", *Journal of Economic Behavior and Organization*, Vol. 25（1994）, pp. 1 – 24.

226. Roberto Fontana, Aldo Geuna, Mireille Matt, "Factors affecting university – industry R&D projects：The importance of searching, screening and signaling", *Research Policy*, 35（2006）, pp. 309 – 323.

227. Roberto Fontana, Aldo Geuna, and Mireille Matt. Firm Size and Openness：The Driving Forces of University – Industry Collaboration, http：// www. sussex. ac. uk/spru/, 2011 – 1 – 12.

228. Report of the Cluster interdisciplinary Advisory Committee to Evaluate the Cluster Hiring Initiative, http：//www. provost. wi sc. edu/2008 clusterreport. pdf. , 2009 – 10 – 19.

229. Report of the President's Council of Advisors on Science and Technology. University – Private Sector Research Partnerships in the Innovation Ecosystem, http：//www. nasa. gov/pdf/404101main_ past_ research_ partnership_ report_ BOOK. pdf, 2010 – 7 – 18.

230. Rannveig Røste, Studies of innovation in the public sector：a literature review, http：//www. anao. gov. au/uploads/documents/Suppliment_ Literature_ Review. pdf, 2011 – 10 – 19.

231. Sanjay Jain, Gerard George, Mark Maltarich, "Academics or entrepreneurs? Investigating role identity modification of university scientists in-

volved in commercialization activity", *Research Policy*, 38 (2009), pp. 922 –935.

232. Solow R, "Technological Change and the Aggregate Production Function", *Review of Economic and Statistics*, Vol. 39, 1957, pp. 312 –320.

233. Stephen Feison, National innovation systems overview and country cases, http：//www. cspo. org/products/rocky/Rock – Vol. 1 – 1. PDF, 2010 – 9 – 16.

234. Steven W. Popper, Caroline S. Wagner, New Foundations for Growth：The U. S. Innovation System Today and Tomorrow, http：//www. rand. org/content/dam/rand/pubs/monograph_ reports/2005/MR1338. 0. pdf, 2011 – 9 – 23.

235. Smilor, Gibson, and Kozmetsky, "Creating the Technopolis：High Technology Development in Austin, Texas", *Journal of Business Venturing*, 4, pp. 49 –67.

236. Simcha Jong, "Academic organizations and new industrial fields：Berkeley and Stanford after the rise of biotechnology", *Research Policy*, 37 (2008), pp. 1267 – 1282.

237. Slaughter S. , 2004, *Academic Capitalism and the New Economy*, Johns Hopkins University Press.

238. Slaughter S and L. L. Leslie, 1997, *Academic Capitalism：Politics, Policies, and the Entrepreneur Universities*, Baltimore：Johns Hopkins University Press.

239. Susan, Rosegarnt, David. Lampe, *Route* 128：*Lessons from Boston's High – Tech Community*, MIT Press, 1991.

240. Thomas S. Kuhn, *The Structure of Scientific Revolution*, University of Chicago Press, Chicago and London, 1996.

241. Timothy bresnahan, *Building High – tech Clusters：Silicon Valley and Beyond*, Cambridge University Press, 2004.

242. Timothy J. Sturgeon, How Silicon Valley Came tobe, http：//web. mit. edu/ipc/publications/pdf/00 – 014. pdf, 2011 – 7 – 3.

243. From Martin Kenney, Understanding Silicon Valley, Understanding an Technology and the Economy：the Key Relationships, OECD Paris,

1992.

244. Ulrich Schmoch, Christian Rammer, *National Systems of Innovation in Comparison: Structure and Performance Indicators for Knowledge Societies*, Springer Published, 2006.

245. Umut Toker, Denis O. Gray, "Innovation spaces: Workspace planning and innovation in U. S. University Research Centers", *Research Policy*, 37 (2008), pp. 309 – 329.

246. University – Private Sector Research Partnerships in the Innovation Ecosystem, Report of the University of Wisconsin, Madison, http://en. wikipedia. org/wiki/University_ of_ Wisconsin% E2% 80% 93 Madison.

247. Wisconsin Idea Story, http://wisconsinidea. wisc. edu/category/features/.

248. UW – Madison strategy plan 2009 – 2014, http://www. cio. wisc. edu/plan – framework. aspx. 2011 – 3 – 17.

249. University of Wisconsin – Extension. http://www. uwex. edu/about/cooperative. html.

250. University Research Park, Charlotte, North Carolina, www. uli. org.

251. WARF annual report, http://www. warf. org/uploads/media/WARF_ annualreport_ final1. pdf, 2011 – 4 – 15.

252. Wisconsin Higher Education Business Roundtable: A Brief History of the Wisconsin Idea, http://www. wiroundtable. org/Web_ S2011 – 3 – 17 ite_ PDFs/Nov16 _ meeting/Roundtable _ Wisconsin _ Idea _ FINAL. pdf, 2011 – 3 – 17.

253. "What Do We Know About Innovation?", *Research Policy*, 33 (2004), pp. 1253 – 1258.

254. Wu Weiping, Dynamic Cities and Creative Clusters, World Bank Policy Research Working Paper 3509. http://ideas. repec. org/p/wbk/wbrwps/3509. html, 2011 – 7 – 11.

255. Working Together, Creating Knowledge: The University – Industry Research Collaboration Initiative, http://www. acenet. edu/bookstore/pdf/working – together, pdf, 2011 – 6 – 12.

256. Yukio Miyata, "An empirical analysis of innovative activity of universities

in the United States" *Research Policy*, 2010 (4), pp. 317 – 331.

网络资源

1. 《美国新闻周刊封面故事：正在衰竭的美国创新力》，http：//finance. sina. com. cn/roll/20091117/20406977849. shtml，2010 – 9 – 17。

2. 《美国联邦政府 R&D 经费分配趋势》，http：//www. stic. gov. tw/stic/policy/sr/sr8904/SR8904T2. HTM。

3. 中华人民共和国国务院：《国家中长期科学和技术发展规划纲要》，ht-tp：//www. gov. cn/jrzg/2006 – 02/09/content ＿ 183787. htm，2011 – 10 – 17。